W0356928

PRAXISBUCH SELBST-VERSORGUNG

RICHARD GIANFRANCESCO

PRAXISBUCH SELBST-VERSORGUNG

Wie man sich natürlich und gesund aus dem eigenen Garten ernährt

Bassermann

ISBN 978-3-8094-2938-8

Deutsche Erstausgabe © 2012 Verlagsgruppe Weltbild GmbH, Steinerne Furt, 86167 Augsburg
Genehmigte Ausgabe 2012 für Bassermann Verlag, ein Unternehmen der Verlagsgruppe Random House GmbH, 81673 München

Die Originalausgabe dieses Buches ist 2011 unter dem Titel *Grow your own food* erschienen bei
Apple Press
7 Greenland Street
London NW1 0ND
www.apple-press.com

Copyright der Originalausgabe
© 2011 Quarto Inc.

Konzipiert und gestaltet von
Quarto Publishing plc
The Old Brewery
6 Blundell Street
London N7 9BH

Die Verwertung der Texte und Bilder, auch auszugsweise, ist ohne Zustimmung des Verlags urheberrechtswidrig und strafbar. Dies gilt auch für Vervielfältigungen, Übersetzungen, Mikroverfilmung und für die Verarbeitung in elektronischen Systemen.

Cheflektorat: Ruth Patrick
Lektorat: Corinne Masciocchi
Design: John Grain
Artdirektion: Caroline Guest
Illustrationen: Kuo Kang Chen, Rob Shone, John Woodcock
Fotografien: John Grain, Colin und Jenny Guest, Mark Winwood
Producing der deutschen Ausgabe: Dr. Alex Klubertanz
Übertragung ins Deutsche: Dr. Ulrike Kretschmer
Umschlaggestaltung: Atelier Versen, Bad Aibling

Die Ratschläge und Informationen in diesem Buch sind von Autor und Verlag sorgfältig erwogen und geprüft, dennoch kann eine Garantie nicht übernommen werden. Eine Haftung des Autors bzw. des Verlags und seiner Beauftragte für Personen-, Sach- und Vermögensschäden ist ausgeschlossen.

Druck und Bindung:
1010 Printing International Ltd.
Printed in China
817 2635 4453 6271

MIX
Paper from responsible sources
FSC® C016973
www.fsc.org

INHALT

VORWORT

Was mir als Kind am meisten Spaß beim Gärtnern machte, war das Essen! Frische Erbsen, Himbeeren und Pflaumen im Garten zu pflücken und sie an Ort und Stelle zu verzehren, war eine meiner Lieblingsbeschäftigungen im Sommer. Doch mittlerweile macht das Gärtnern einen größeren Teil meines Lebens aus, und Anbau und Pflege der Pflanzen wurden immer wichtiger. Glücklicherweise habe ich nun selbst Kinder, die ebenso gerne frisches Obst und Gemüse essen; und solange ich das anbaue, was sie mögen, darf ich so viel Zeit in meinem Garten verbringen, wie ich will.

Seit zehn Jahren experimentiere ich nun schon in meinem Garten und habe versucht herauszufinden, wie man die Zeit am effektivsten nutzen und das Beste aus seinem Garten herausholen kann. Eine verbesserte Bodenqualität, eine reduzierte Bewässerung, der Anbau passender Pflanzen und bestimmter Sorten sowie eine effektive Schädlings- und Krankheitsbekämpfung – all das spart auf lange Sicht Zeit, egal wie groß der Garten ist. Es lohnt sich, die Grundlagen der Gartenarbeit zu erlernen und dabei mit einigen Mythen aufzuräumen, die immer noch durch viele Gartenbücher geistern. Doch das Wichtigste ist und bleibt der Spaß am Gärtnern!

ÜBER DIESES BUCH

Dieses Buch versteht sich als praktische Schritt-für-Schritt-Anleitung zur Planung, zum Anlegen und zur Pflege eines produktiven Obst- und Gemüsegartens. Die Informationen sollen Ihnen dazu dienen, das meiste aus Ihrem Garten herauszuholen, wie groß er auch sein mag. Hier finden Sie alles, was Sie wissen müssen.

Teil 1: Der geeignete Ort (S. 12–25)
Wie Sie Ihren Obst- und Gemüsegarten gestalten und das Beste aus dem Grundstück machen

GESTALTUNGSVORSCHLÄGE

Die Fotografien vermitteln Ihnen einen Eindruck von den Möglichkeiten Ihres Gartens.

STARPFLANZE

Pflanzen mit dieser Kennzeichnung sind besonders zu empfehlen.

BEWERTUNG

Auf einer Skala von 1 bis 5 wird die Pflanze nach verschiedenen Kriterien bewertet.

STEPFOLGE

Detaillierte Darstellung der Techniken wie Aussaat, Anpflanzen und Pflegen

Teil 2: Pflanzenporträts (S. 26–193)
Hier werden die einzelnen Pflanzen mit einer ausführlichen Beschreibung von Anbau, Pflege, Ernte und Lagerung aufgelistet.

DAS GARTENJAHR

Was Sie wann tun müssen, um optimale Ergebnisse zu erzielen.

SORTEN

Liste der empfohlenen Sorten

ZUSATZINFORMATIONEN

Hier finden Sie zusätzliche Informationen zu den jeweiligen Themen, insbesondere zu Aufzucht und Pflege der Pflanzen.

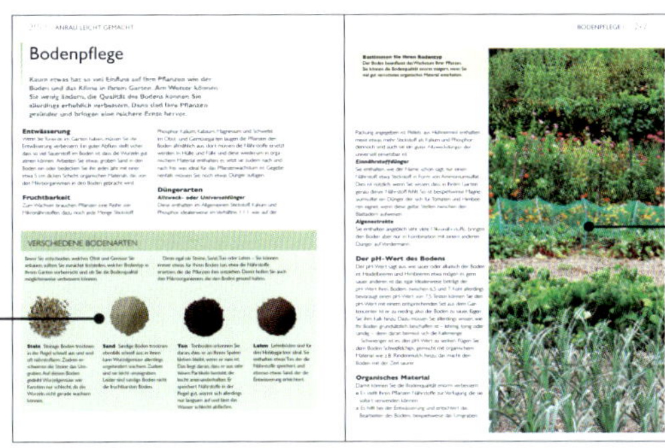

Teil 3: Anbau leicht gemacht (S. 194–227)
Die wichtigsten Informationen zu grundlegenden Gartentechniken

AUSSAGEKRÄFTIGE ABBILDUNGEN

Jedes Thema wird detailliert bebildert und verdeutlicht die vorgestellte Technik.

DIE TECHNIK SCHRITT FÜR SCHRITT

Jede Konservierungstechnik wird in Wort und Bild beschrieben.

Teil 4: Die Ernte konservieren (S. 228–243)
So machen Sie die reichhaltige Ernte haltbar.

REZEPTE

Zu jeder Konservierungstechnik werden eigene Rezepte vorgestellt.

EINFÜHRUNG

Achten wir heute mehr auf unsere Ernährung? Machen wir uns Sorgen wegen der Pestizide, die wir beim Verzehr von handelsüblichem Obst und Gemüse aufnehmen? Oder haben wir einfach nur den Wunsch, zur Natur zurückzukehren? Was auch immer der Grund sein mag – fest steht, dass immer mehr Menschen ihre Zeit mit Gärtnern verbringen und dass Obst und Gemüse aus dem eigenen Garten längst keine Seltenheit mehr sind. Ob Kräuter vom Fensterbrett oder Früchte vom Feld – das Verarbeiten von Selbstangebautem verschafft uns ein tiefes Gefühl der Befriedigung. Stammen die Zutaten zu einer Mahlzeit – und sei es nur die Petersilie zum Garnieren – aus dem eigenen Garten, erhält man einen völlig neuen Zugang zu den Lebensmitteln.

Frisches Obst und Gemüse sind gut für Sie. Da sie voller Vitamine, Antioxidanzien und anderer wertvoller Nährstoffe stecken, könnten Lebensmittel aus dem eigenen Garten gesünder nicht sein.

Die Frische wirkt sich natürlich auch auf den Geschmack aus, wie jeder weiß, der einmal Erdbeeren und Erbsen frisch vom Strauch oder soeben gestochenen Spargel gegessen hat. Außerdem ist der eigene Anbau gut für die Umwelt: keine langen Transportwege, weniger Pestizide, weniger Dünger, weniger Abfall. Warum also baut nicht jeder schon längst selbst Obst und Gemüse an?

Der Anbau erfordert Zeit – und meist leider auch Geld. Deswegen zielen die Ratschläge in diesem Buch darauf ab, Ihnen so viel Zeit wie möglich zu sparen. Darüber hinaus wird auch der Anbau von Sorten beschrieben, die als Delikatessen im Supermarkt viel Geld kosten oder die zwar nicht besonders exklusiv sind, dafür aber hohe Erträge bringen. Es gibt also definitiv mehr Argumente für den Anbau von Obst und Gemüse im eigenen Garten als dagegen.

Mehrjähriger Frühjahrsgenuss
Spargel ist tatsächlich eine sehr dankbare Sorte. Einmal angepflanzt, verwöhnt das mehrjährige Gemüse Sie im Frühling jahrelang mit zartgrünen Spitzen.

Kartoffelernte
Im eigenen Garten angebaute Kartoffeln aus dem Erdreich zu graben, gehört zu den angenehmsten Arbeiten im Gartenjahr.

Wie Sie anbauen Für viele endet das Abenteuer des eigenen Obst- und Gemüsegartens nach bereits einem Jahr damit, dass die Ernte nicht so reich ausfällt wie erwartet und dass es dem Hobbygärtner einfach an Zeit mangelt. Dieses Buch hilft Ihnen nicht nur beim Anlegen eines Gartens, sondern macht Sie über viele Jahre zum erfolgreichen Selbstversorger. Im dritten Teil des Buchs (siehe S. 194–227) finden »alte Hasen« ebenso viel Wissenswertes wie »junges Gemüse«.

Zunächst müssen Sie sich mit dem Platz vertraut machen, den Sie für das Gärtnern haben. Wichtig sind grundlegende Dinge wie Bodenbeschaffenheit und Klima, aber auch potenzielle Problemquellen wie Unkraut, Schädlinge und Pflanzenkrankheiten. Zudem spielt es eine Rolle, ob Sie im Boden, im Gewächshaus oder in Kübeln anpflanzen wollen, ob Sie die Pflanzen selbst ziehen – und wenn ja, wie und wo Sie das tun – und ob Sie das Hauptgewicht auf die pflegeleichteren, aber raumgreifenderen Obstbäume legen.

Der Anbau eigener Lebensmittel ist nicht unbedingt mit kilometerlangen Gemüsebeeten und stundenlangem Wässern und Unkrautjäten gleichzusetzen. Es kommt immer auf die Auswahl der richtigen Pflanzen an.

Saatgut mit Potenzial
Bereits mit wenigen Päckchen Saatgut können Sie Ihren eigenen Obst- und Gemüsegarten anlegen.

Das Auge isst mit
Ein durchdacht gestalteter Garten – etwa mit mehreren, separat angelegten Hochbeeten – sieht nicht nur gut aus, sondern erleichtert auch den Anbau.

Wo Sie anbauen Überlegen Sie auch, welche Art Gärtner Sie sind: Mögen Sie mit dem Lineal gezogene Beete oder hätten Sie es gern etwas unkonventioneller? Welcher Raum steht Ihnen zur Verfügung? Wenn Sie ein großes Anwesen haben, können Sie die Pflanzen weit auseinander setzen, um den maximalen Ertrag zu erzielen; in einem kleinen Garten werden Sie jeden Quadratzentimeter Boden ausnutzen wollen. Machen Sie sich vorab Gedanken darüber, wo der beste Ort für Ihre Pflanzen ist und wie Sie den vorhandenen Platz einteilen können. Antworten auf Ihre diesbezüglichen Fragen finden Sie im ersten Teil dieses Buchs (siehe S. 12–25).

Was Sie anbauen Von größter Wichtigkeit ist es, die Pflanzen auszuwählen, die zu Ihrem Lebensstil passen. Nicht nur Pflanzen, die Sie gerne essen – auch Pflanzen, die zu Ihrem Zeitbudget passen. Es ist wenig sinnvoll, das ganze Frühjahr über Tomatenpflanzen zu pflegen, wenn Sie im Urlaub sind, sobald die Früchte geerntet werden können. Es gibt zwar nichts Einfacheres, als Stangenbohnen anzupflanzen – doch haben Sie auch jede Woche eine Stunde Zeit, um sie zu ernten? Und was machen Sie dann mit ein paar Kilo Bohnen pro Woche? Den Aufwand, den Anbau, Bewässerung und Ernte der Sorten erfordern, müssen Sie in Ihre Überlegungen mit einbeziehen.

Produktive Pflanzen
Obacht: Ein einziges Päckchen Saatgut kann Sie mit einer wahren Flut von Gemüse überschwemmen. Meist jedoch kann man die Überproduktivität entweder eindämmen oder die reiche Ernte konservieren.

Die detaillierte Beschreibung der einzelnen Pflanzen (siehe S. 26–193) umfasst neben Gemüse, Salat und Obst auch Nüsse und essbare Blüten. Jeder Eintrag beginnt mit der Bewertung, wie pflegeleicht und produktiv die Pflanze ist. Bewertet wird auch, wie gut sich die Ernte lagern lässt: Manche Früchte müssen sofort verzehrt werden, andere halten sich monatelang und sorgen auch im Winter für Vitamine auf dem Tisch. Für mehrjährige Pflanzen ist der Temperaturspielraum angegeben; so sehen Sie, ob der Winter bei Ihnen für die betreffende Pflanze nicht zu streng ist.

Jeder Eintrag verzeichnet die beste Art, die Pflanze anzubauen und ob sie für den Anbau im Kübel geeignet ist. Im Kasten »Das Gartenjahr« finden Sie zeitgebundene To-do-Listen – wann gesät, umgepflanzt, zurückgeschnitten und geerntet werden muss.

Wenn es um das Einpflanzen von Setzlingen und ähnlich sensible Arbeiten geht, brauchen Sie hochwertige Erde. Im Idealfall ist das selbst hergestellter Kompost. Sollten Sie diesen nicht oder nicht in ausreichender Menge zur Verfügung haben, können Sie auf Blumenerde aus dem Gartencenter zurückgreifen. Wenn im Folgenden also von Kompost die Rede ist, ist immer auch Blumenerde gemeint.

Wenn Sie sich für eine Pflanze entschieden haben, werden Ihnen verschiedene Sorten empfohlen. Die Empfehlungen folgen entweder Ratschlägen unabhängiger Gartenbauexperten oder stammen aus meiner eigenen langjährigen Erfahrung bezüglich Ertrag, Qualität, Lagerfähigkeit und Geschmack der geernteten Früchte. In Erwägung gezogen wurde auch die Fähigkeit der Pflanze, Krankheiten und Schädlinge abzuwehren. Und schließlich findet sich in jedem Eintrag ein Vorschlag zur Verarbeitung und Lagerung der Früchte.

Hübsche Auslagen
Denken Sie bei der Planung Ihres Gartens daran, dass Gemüse und essbare Blüten durchaus nicht nur funktional sein, sondern auch als Zierbeete dienen können.

TEIL I: DER GEEIGNETE ORT

Bevor Sie das erste Saatgutpäckchen aufreißen oder einen jungen Himbeerstrauch kaufen, sollten Sie sich zunächst einmal in Ihrem Garten umsehen. Wie groß ist er? Liegt er im Schatten oder voll in der Sonne? Welche Art Garten gefällt Ihnen?
Überlegen Sie sich vorab genau, wie Sie Ihren Garten nach den jeweiligen Gegebenheiten gestalten wollen. Denn auf Dauer zahlt sich nur ein Obst- und Gemüsegarten aus, der für Sie, Ihre Familie und Ihre Küche arbeitet.

Gartenarten

Wo auch immer Sie Ihren Obst- und Gemüsegarten anlegen: Sie sollten wissen, welche Art Garten Sie wollen und wie Sie ihn nutzen möchten. Natürlich hängt das auch von dem Raum ab, der Ihnen zur Verfügung steht, sei es ein Balkon, ein Innenhof oder ein Stück Land; dennoch ist es nicht nur wichtig, was, sondern auch wie es angebaut wird.

Hochbeete
Hochbeete entstanden überall dort, wo die Boden- oder Klimabedingungen problematisch waren. Heute gelten sie auch als optisch sehr attraktiv. Durch ihre geringe Größe sind sie außerdem pflegeleicht.

Es gibt unzählige Gartenarten, aus denen Sie auswählen können, ob es sich dabei nun um einen Ziergarten oder um einen Garten zum Anbau von Lebensmitteln handelt. Traditionelle Gemüsegärten bestehen aus ordentlichen, parallel angelegten Beeten, zwischen denen schmale Wege Zugang zu den Pflanzen bieten. Hochbeete zählen zu den neueren Techniken, auch wenn sie auf den ersten Blick altmodisch wirken. Bei kleineren Grundstücken muss der Gemüsegarten oft in den restlichen Garten integriert werden. Ein Küchengarten, in dem zwischen dem Gemüse Blumen wachsen, kann ebenfalls sehr attraktiv und produktiv sein. Bei noch weniger Platz sind meist Kübelpflanzen und kleine Hochbeete die einzige Option. Doch bei guter Planung können auch sie hohe Erträge bringen.

Ideal für kleinere Gärten
Auch der Anbau auf der Terrasse kann sich lohnen. Paprika, Auberginen und Tomaten gedeihen bestens in sonnigen Innenhöfen, müssen aber gut gewässert und gedüngt werden.

Ertragreiche Grundstücke
Kleingärten wie dieser erfordern in der Hochsaison zwischen 16 und 20 Stunden Pflege pro Woche.

Der Kleingarten

Mit Kleingarten ist ein größerer Bereich des Gartens gemeint, der dem Anbau von Lebensmitteln vorbehalten ist. Rechtlich handelt es sich dabei meist um ein von der Gemeinde gepachtetes Grundstück. Die Pflege eines Kleingartens erfordert viel Zeit, zahlt sich auf lange Sicht aber aus, insbesondere dann, wenn der Garten von Grund auf durchdacht angelegt ist. Dafür gibt es ganz einfache Regeln, die Sie beachten sollten, bevor Sie den Spaten ins Erdreich senken (siehe S. 18–25).

Größere Grundstücke, auf denen ausschließlich Obst und Gemüse angebaut wird, sehen nicht immer fantastisch aus. Besonders im Winter ist es hier recht trist; dann können höchstens Rosenkohl und Wurzelgemüse wie Pastinaken geerntet werden, je nach Klima vielleicht noch Kopfsalat. Wenn Sie wollen, dass Ihr Garten das ganze Jahr über attraktiv ist, ist der Kleingarten nichts für Sie. Wenn Sie ihn allerdings nur besuchen, um ihn zu pflegen und zu ernten, gehört der Kleingarten sicherlich zu den produktivsten und pflegeleichtesten Gärten überhaupt.

In den meisten Obst- und Gemüsegärten findet sich alles, was gebraucht wird, an Ort und Stelle: ein Geräteschuppen, ein Komposthaufen, Frühbeete und ein Stuhl oder eine Bank, auf der Sie die Früchte Ihrer Arbeit genießen können. Meist befindet sich in diesen Gärten eine Reihe von Beeten oder Hochbeeten mit schmalen Wegen dazwischen. Der Einfachheit halber sind die Beete oft nicht gerahmt, dieser zusätzliche Aufwand lohnt sich aber auf Dauer. Die Wege bestehen in der Regel aus Rasen oder sind mit Holzspänen oder Stroh bedeckt; es spricht jedoch nichts dagegen, sie mit Stein oder Beton zu pflastern. In einem solchen Garten geht es vor allem darum, so viel Erdreich wie möglich den Pflanzen vorzubehalten.

Dauerkulturen wie Obstbäume und Beerensträucher sowie mehrjähriges Gemüse wie Spargel brauchen ihren eigenen Ort. Dadurch erhält das Grundstück Struktur, vor allem in den Wintermonaten. Auf den übrigen Beeten sollten nur einjährige Pflanzen und Kräuter im Fruchtfolgesystem angebaut werden (siehe S. 22f.).

Der Küchengarten

Für viele Menschen erschöpft sich Gärtnern in der Pflege eines kleinen Küchengartens – mal eben schnell nach draußen und ein paar Kartoffeln oder Zuckerschoten fürs Abendessen holen. Und warum auch nicht? Die wenigsten besitzen ein großes Grundstück, auf dem ausschließlich Obst und Gemüse angebaut werden kann, und außerdem soll der Garten ja nicht nur produktiv, sondern auch attraktiv sein.

Und hier kommt eben jener Küchengarten ins Spiel, in dem sich Blumen neben Gemüse, Kräutern und Früchten tummeln. Dort werden die Pflanzen und damit auch die Ertragsmenge aufgrund des eingeschränkten Platzes zwar nicht so groß, und zudem kann die Arbeit in einem »unordentlichen« Kräutergarten viel zeitaufwendiger sein als in einem Garten, in dem sich Beet schmuck an Beet reiht. Doch schließlich geht es darum, mit dem zurechtzukommen, was Sie haben. Wenn Sie also sowohl Schnittblumen fürs Wohnzimmer als auch Lebensmittel für die Küche haben wollen und Sie es mögen, wenn Ihr Garten duftet, voller summender Insekten und farbenprächtig ist, kommt der Küchengarten definitiv für Sie infrage.

Sie können Ihren Küchengarten als beinahe reinen Ziergarten anlegen, in dem die Blumen überwiegen, oder Sie pflanzen Blumen nur am Eingang und am Wegrand. Am besten ist es, wenn sich Blumen und Gemüse die Waage halten und gemeinsam in mehreren Beeten mit schmalen Pfaden dazwischen angelegt werden, ähnlich wie in einem

TIPPS: DER KÜCHENGARTEN

Beim Anlegen eines Küchengartens gibt es keine strengen Regeln; lassen Sie Ihrer Experimentierfreude mit Blumen, Gemüse und Obst also ruhig freien Lauf. Hier noch einige Tipps dazu:

- Statt eines Zierholzapfels können Sie auch einen Birnbaum wählen, und statt Rosen können Sie an einem Zaun auch Brombeeren oder Sauerkirschen anpflanzen. Das bedeutet zwar, dass Sie auf etwas Farbe verzichten müssen, dafür können Sie aber etwas ernten.
- Es gibt Gemüsesorten, die hübsch aussehen, und es gibt Sorten, die schlicht, aber produktiv sind. Der wunderschöne Schwarzkohl macht jeden Garten zum Erlebnis, ebenso wie die zweifarbigen Blüten einiger Kletterbohnensorten. Randpflanzen wie Lollo bianco oder Kräuter wie Schnittlauch und Petersilie sind sowohl optisch als auch kulinarisch attraktiv.
- Denken Sie daran, dass Ihr Garten nicht nur eine Länge und Breite, sondern auch eine Höhe hat. Dafür kommen Pflanzen wie Bohnen und Erbsen infrage; aber auch Kürbis kann so geschnitten werden, dass er in die Höhe wächst. Und es gibt einjährige Kletterpflanzen – etwa die Duftende Platterbse –, die sich auch als Schnittblumen eignen.
- Wählen Sie Blumenarten, die sich für die Vase eignen – Ringelblume, Chrysantheme, Sonnenblume, Kornblume –, und welche mit essbaren Blüten (siehe S. 116f.).

Bepflanzung mit Blumen und Gemüse
Das Anpflanzen von Blumen neben Gemüse bietet eine Reihe zusätzlicher Vorteile: Einige Blüten – etwa Kapuzinerkresse – sind essbar, andere – etwa Ringelblumen – halten Schädlinge fern. Außerdem hellen die farbenprächtigen Blumen jeden Garten auf.

Kleingarten. Dabei sollte immer sichergestellt sein, dass Sie vom Beetrand aus auch die Mitte des Beets erreichen können, ohne dabei auf das Erdreich treten zu müssen.

Die Terrasse als Garten

In kleineren Gärten haben Sie meist nicht den Luxus, Blumen neben Obst und Gemüse anbauen zu können; doch das bedeutet noch lange nicht, dass der Blick von Ihrer Terrasse Sie den Großteil des Jahres über traurig stimmen muss. Auf der Terrasse kommen Topfpflanzen und kleinere Blumenbeete besonders gut zur Geltung, und dabei ist immer auch noch Platz für Gartenmöbel, in denen Sie gemütlich in der Sonne sitzen und die Pflanzenpracht genießen können.

In manchen dieser Gärten kann sogar noch ein einzelnes Hochbeet untergebracht werden – damit vergrößert sich die Erntemenge natürlich erheblich. Dort können Sie auch Gemüsesorten wie Kohl oder Zuckermais ziehen, die sich normalerweise nicht als Kübelpflanzen eignen. Ebenfalls eine Zierde jeder Terrasse sind Kopfsalat, Erdbeeren und Kräuter.

TIPPS: DIE TERRASSE

Auch beim Gärtnern auf der Terrasse gibt es keine strikten Regeln, nur ein paar Tipps:

- Wenn Sie sich auf Topfpflanzen beschränken müssen, sollten Sie nur eine Sorte pro Topf anpflanzen. Wenn Sie unterschiedliche Töpfe nebeneinanderstellen können, fällt die Monokultur nicht weiter auf und wird nicht langweilig.
- Besonders gut für Töpfe eignen sich Kräuter. Wenn Sie dabei u.a. immergrüne wie Lorbeer und Rosmarin wählen, haben Sie auch im Winter immer etwas Farbe auf der Terrasse.
- Auch Obst kann in Töpfen angebaut werden. Dazu gehören beispielsweise Heidelbeeren sowie Himbeeren und Johannisbeeren.
- Einjährige Kräuter wie Koriander und Petersilie sehen im Topf besonders hübsch aus und gedeihen aufgrund ihrer geringen Größe auch sehr gut.
- Stellen Sie die schönsten Töpfe in die erste Reihe und verbannen Sie weniger attraktive – etwa Kübel, in denen Sie Kartoffeln angepflanzt haben – nach hinten.
- Versuchen Sie es auch mit Hängetöpfen. Dafür eignen sich Gurken, Tomaten und Melonen auf einer sonnigen Terrasse sowie Kürbis auf einer schattigen.

Eine wahre Augenweide
Der Anbau von Obst und Gemüse geht nicht notwendigerweise mit kleingartenähnlichen, zeitweise brachliegenden Feldern einher. Essbare Blüten machen sich optisch genauso gut wie diese Tomatenpflanzen. Das Verhältnis von Blumen und Gemüse sollte jedoch ausgewogen sein.

Den besten Platz wählen

Auch wenn Ihr Garten klein ist, werden Sie wahrscheinlich immer noch entscheiden müssen, wo Sie Ihre Pflanzen positionieren. Ist das nicht der Fall, sollten Sie Pflanzen wählen, die sich an die natürlichen Gegebenheiten anpassen. Ansonsten will jeder Garten gut geplant sein. Der hintere Teil des Grundstücks eignet sich aufgrund großer Bäume, einer schlechten Entwässerung und frostiger Stellen nicht immer für einen Gemüsegarten. Insgesamt müssen Sie sechs Faktoren in Ihre Überlegungen mit einbeziehen.

Sonne und Schatten

Ob Ihr Garten im Winter genug Sonne abbekommt, ist nicht entscheidend; wichtiger ist, dass die Sonne in den Sommermonaten in jeden Winkel dringen kann. Es gibt zwar auch Obst und Gemüse, das im Schatten gut gedeiht, doch das ist eher die Ausnahme. Wählen Sie einen offenen Ort in einiger Entfernung von großen Gebäuden, Mauern und Bäumen, dort hat die Sonne die größten Chancen. Vielleicht müssen Sie dafür bereits existierende Bäume beschneiden oder blickdichte Zäune durch Spaliere ersetzen. Letztere können Sie auch gleich zum Anbau von Kletterpflanzen nutzen.

Mehr als nur Pflanzen
Zu einem Garten gehören auch eine Regentonne, ein Geräteschuppen und eventuell ein Gewächshaus. Der beste Platz für eine Regentonne ist unter einem Dach, wobei Sie jedoch auch bedenken sollten, wie weit Sie das Wasser dann tragen müssen. Investieren Sie, falls nötig, in eine Pumpe.

Boden

Auf den meisten Grundstücken ist die Bodenqualität an allen Stellen gleich (siehe S. 218). Sehen Sie sich den Boden genau an – vielleicht müssen Sie die Zusammensetzung und Fruchtbarkeit verbessern. Möglicherweise kann auch die Entwässerung ein Problem darstellen.

Wind

Meiden Sie Stellen in Ihrem Garten, die ständig kräftigem Wind ausgesetzt sind. An der Küste ist dies manchmal nicht ganz einfach, doch auch dort können Sie mit einigen Tricks Ihre Pflanzen gut vor Wind schützen.

Dabei spielt als Erstes die Begrenzung Ihres Gartens eine Rolle. Auf den ersten Blick scheinen solide Zäune und Mauern die beste Wahl zu sein; allerdings können sich hier Turbulenzen bilden, die den Wind tatsächlich verstärken. Besser sind Barrieren, die etwas Wind durchlassen, da sie die Luft filtern und bremsen – idealerweise Hecken, die jedoch Jahre zum Wachsen brauchen. Als Übergang können Sie Windbrecher aufstellen.

Wasser

Alle Pflanzen brauchen Wasser, das Sie immer parat haben sollten. Ist der Wasserhahn weit weg, sollten Sie einen Gartenschlauch zu den Pflanzen legen.

Das meiste Wasser bekommen Sie gratis von oben, doch können Mauern und Bäume die Regenmenge, die tatsächlich zum Boden und zu den Wurzeln Ihrer Pflanzen vordringt, erheblich verringern. Im Sommer nehmen Bäume und Ziersträucher eine ungeheure Wassermenge

Ein traditionell gestalteter Garten
In einem durchdachten Garten bieten Sie Ihren Pflanzen die bestmöglichen Bedingungen: jede Menge Sonne, eine gute Bodenqualität und möglichst wenig Konkurrenz zu den Pflanzen in der Nähe. Ein offener, ebener Platz ist ideal.

aus dem Boden auf, dessen obere Schicht trocken und unproduktiv zurückbleibt. Bauen Sie Ihr Gemüse also nie in der Nähe größerer Bäume an.

Temperatur

Die Temperatur beeinflusst das Wachstum der Pflanzen ebenfalls, doch können Sie im Allgemeinen nicht viel daran ändern – abgesehen von Frost. Insbesondere auf abschüssigen Flächen hält sich der Frost meist länger als an anderen Stellen: Dort sammelt sich kalte Luft in Vertiefungen im Boden. Solche Abhänge sollten Sie beim Anbau nach Möglichkeit meiden. Sie können den »Frostfallen« aber auch zu Leibe rücken, indem Sie beispielsweise am Fuß eines Zauns einen Graben ziehen, in den die kalte Luft ausweichen kann.

Abhänge

Abschüssiges Gelände stellt für den Gärtner allgemein eine Herausforderung dar. Ist es nur leicht abschüssig, können Sie das Bodenniveau eventuell mit entsprechend angelegten Hochbeeten ausgleichen. Bei regelrechten Abhängen bietet sich ein Terrassengarten an – mit Treppen senkrecht zum Abhang dazwischen.

Gemüse »en bloc«
Oft wird Gemüse in Rechtecken oder Quadraten angepflanzt. So hat jede Pflanze die optimalen Bedingungen, die sie für ihr Wachstum braucht. Zudem wird der vorhandene Platz am effektivsten genutzt: Ist eine Sorte geerntet, kann die nächste an ihrer Stelle angepflanzt werden.

Den Garten gestalten

Wenn Sie sich für eine bestimmte Gartenart entschieden und den am besten geeigneten Ort für Ihre Pflanzen gewählt haben, sollten Sie sich etwas Zeit nehmen, um die Anlage des Gartens zu planen. Sind erst einmal Beete gegraben und Setzlinge gepflanzt, können Sie nur schlecht von vorn beginnen. Am besten fertigen Sie zuerst einige grobe Skizzen auf Papier an. So sehen Sie am besten, was wohin passt und wie viel Platz Sie für die einzelnen Sorten haben.

DER PERFEKTE OBST- UND GEMÜSEGARTEN AUF PAPIER

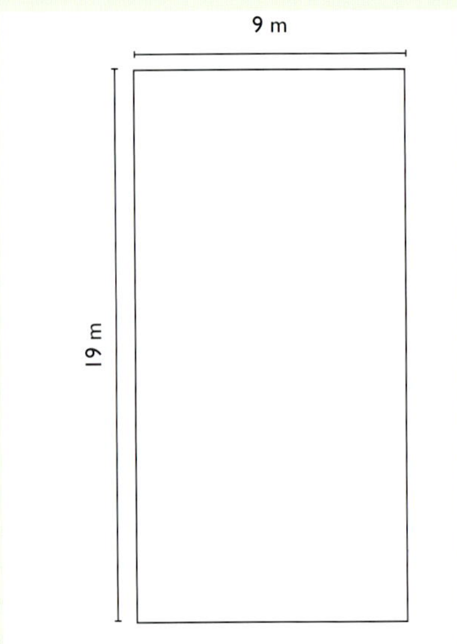

1 Messen Sie als Erstes den Garten aus und berechnen Sie den Platz, der Ihnen zur Verfügung steht. Fertigen Sie eine maßstabsgetreue Skizze Ihres Gartens an.

2 Finden Sie heraus, wo auf Ihrer Skizze Norden ist, und markieren Sie die Himmelsrichtung mit einem Pfeil auf Ihrem Plan.

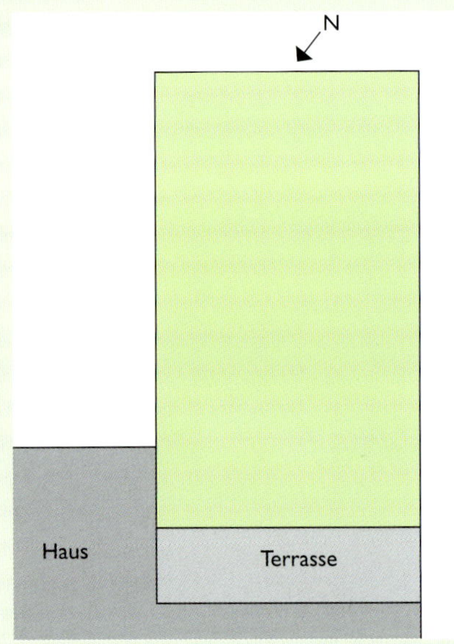

3 Zeichnen Sie alle um oder in Ihrem Garten stehenden Gebäude auf Ihrer Skizze ein, etwa das Haus oder die Garage. Versuchen Sie zu ermitteln, wie viel Schatten diese werfen.

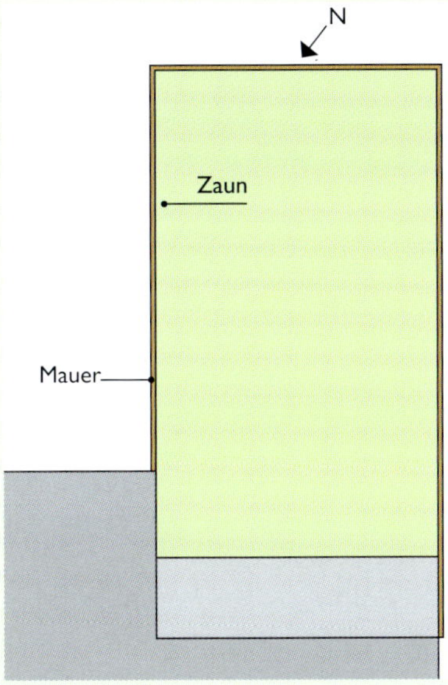

4 Zeichnen Sie Zäune und Mauern ein, vor allem die, die Sie bepflanzen können.

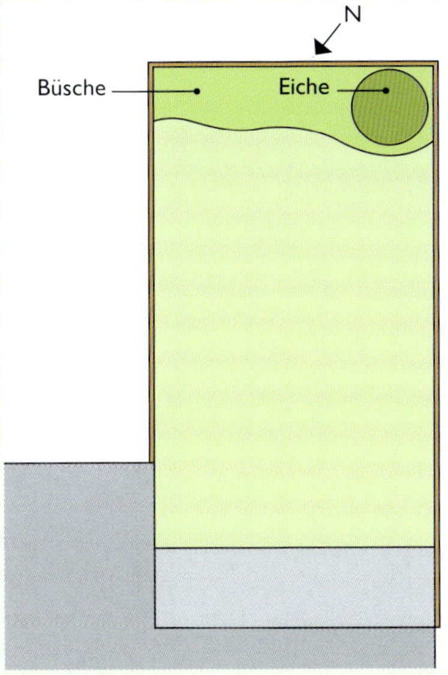

5 Tragen Sie in Ihre Skizze alle natürlich in Ihrem Garten vorhandenen Pflanzen wie etwa Bäume ein.

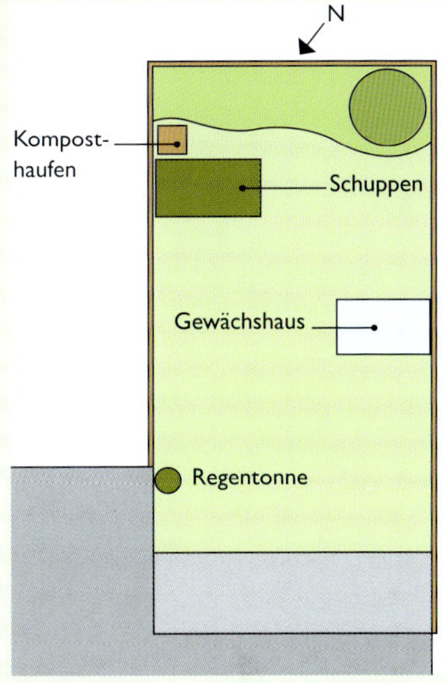

6 Fügen Sie Elemente wie einen Schuppen, Komposthaufen, Frühbeete und Regentonnen hinzu, die entweder schon da sind oder die Sie planen.

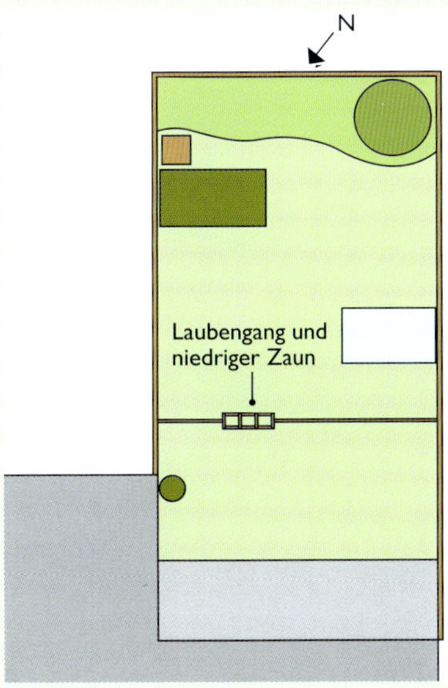

7 Zeichnen Sie alles ein, was Sie noch hinzufügen möchten: Laubengänge, Lauben und Pergolen strukturieren das Grundstück und eröffnen wieder Platz für mehr Pflanzen. Größeren Gärten bieten Zäune und Mauern Struktur; dort gedeihen fächerförmig erzogene Bäume wie Feige, Aprikose und Kirsche sehr gut.

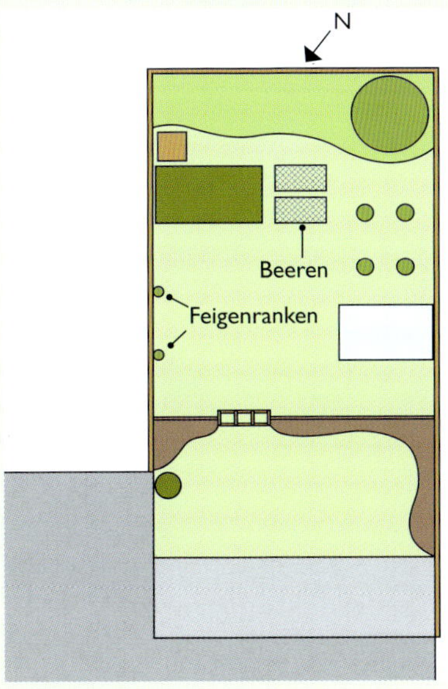

8 Zeichnen Sie die Beete langlebiger Pflanzen ein und tragen Sie auch ein, was Sie wo pflanzen wollen. Fügen Sie Bäume, Beerensträucher – falls nötig mit Fruchtkäfig – und mehrjähriges Gemüse hinzu. Markieren Sie Pflanzen an Mauern oder Zäunen ebenso wie Pflanzen in großen Behältern oder Hängekörben.

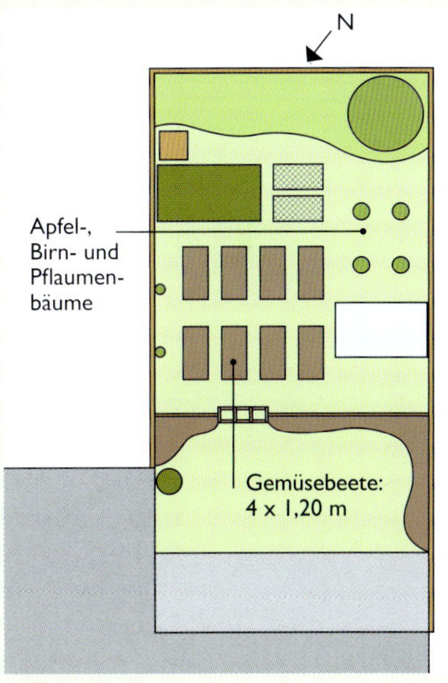

9 Skizzieren Sie eine Reihe von Beeten, die nicht breiter als 1,20 Meter sind. Die Länge bleibt Ihnen überlassen; vergessen Sie jedoch nicht, dass Sie am ganzen Beet entlanglaufen müssen, um auf die andere Seite zu gelangen. Idealerweise liegen immer drei bis vier Beete beieinander, um in ein Drei- oder Vier-Jahre-Fruchtfolgeschema zu passen.

Einen Kleingarten planen

Kleingärten befinden sich normalerweise nicht in der Nähe der Wohnung, weshalb es ratsam ist, dort einen Schuppen für Gartengeräte, Pflanzentöpfe, Dünger und Schädlingsbekämpfungsmittel zu errichten. Der Schuppen sollte an einem kühlen und trockenen Ort stehen, damit er den Pflanzen keinen wertvollen Platz wegnimmt. Den Komposthaufen legen Sie am besten am Schuppen an – und zwar möglichst in der Sonne, da das Material dann schneller verrottet. Auch den Ort für ein eventuelles Gewächshaus sollten Sie von Anfang an festlegen – dies braucht ebenfalls Sonne und ebenes Gelände. Nächster Punkt der Planung sind die Obstbäume: Sie sollten so wenig Schatten wie möglich auf die Beete werfen.

Den Küchengarten gestalten

Bei der Gestaltung des Küchengartens haben Sie relativ freie Hand. Wichtig sind die Pfade zwischen den Beeten.

PFLANZENFAMILIEN

Pflanzen teilt man in Familien ein; die Mitglieder der jeweiligen Familie sollten bei der Fruchtfolge alle gemeinsam umgesetzt werden.

Familie	**Gemeinsamkeiten**	**Geeignete Bodenbedingungen**
ERBSEN UND BOHNEN Dazu gehören Erbsen, Zuckerschoten, Saubohnen, Stangenbohnen und Buschbohnen. 	Diese Pflanzen verfügen über Wurzelknollen, die den Stickstoff aus der Luft in für sie nützliche Nährstoffe umwandeln.	Da die Pflanzen selbst Stickstoff produzieren, brauchen sie wenig Dünger, dafür aber viel Wasser; sie bevorzugen Boden, dem reichlich Kompost zugefügt wurde.
KARTOFFELN Zu dieser Familie gehören Kartoffeln, Tomaten, Auberginen und Paprika. 	Die Familie kann von Mehltau betroffen sein, aber auch von Kartoffelschorf und Nematoden; dies wird vermieden, wenn die Pflanzen alle gemeinsam umgesetzt werden.	Die Pflanzen lieben reichlich organisches Material und Nährstoffe.
WURZELGEMÜSE Dazu gehören Karotten, Pastinaken und Petersilie. 	Die Karottenfliege hat keine Chance, wenn die Familie zusammen bleibt.	Diese Pflanzen mögen keinen frischen Kompost, brauchen aber ohnehin wenig zusätzlichen Dünger.
KOHL Die Familie umfasst alle Kohlarten wie Blumenkohl, Rosenkohl, Chinakohl, Pak Choi, Rettich und Radieschen, Kohlrabi und Grünkohl sowie einige Salatsorten, z.B. Mizuna und Rucola. 	Da die Pflanzen von der Kohlhernie befallen werden können, brauchen sie alkalischen Boden. Vor fliegenden Insekten und Vögeln schützen feinmaschige Netze.	Kompost oder Dung sollte bereits bei der Vorgängerpflanze auf die Beete aufgebracht werden. Kohl braucht einen nährstoffreichen Boden.
ZWIEBELN Dazu gehören alle Zwiebeln, Schalotten, Knoblauch, Lauch und Schnittlauch. 	Die Pflanzen können von Lauchmotte und Weißfäule befallen werden. Netze halten Insekten ab.	Die Pflanze braucht durchschnittlich viel Dünger. Kompost oder Dung sollte möglichst bereits bei der Vorgängerpflanze auf die Beete aufgebracht worden sein.
SONSTIGES	Auch alle anderen Pflanzen sollten im Garten regelmäßig ihren Standort wechseln, bei ihnen ist es jedoch nicht so entscheidend.	

Die Beete legen Sie am besten symmetrisch an, damit der Garten Struktur erhält. Allerdings müssen sie nicht immer rechteckig sein. Quadratische Beete mit 1 Meter Kantenlänge funktionieren ebenfalls gut, dreieckige oder geschwungene Beete auch. Wichtig ist, dass der Küchengarten zu Ihrem Haus passt. Vielleicht möchten Sie den Garten auch durch ein Tor oder einen Laubengang betreten und verlassen oder brauchen Zäune und Mauern für Kletterpflanzen.

Überlegen Sie, wie Ihr Garten im Winter aussehen wird, und fügen Sie Gestaltungslemente aus Stein oder ähnlichen Materialien hinzu. Auch Obstbäume und -sträucher bleiben Ihnen im Winter erhalten, sie sollten Ihr Gemüse im Sommer jedoch nicht in den Schatten stellen.

Terrasse und Balkon bepflanzen

Diese Gärten sind natürlicherweise am stärksten beschränkt, und auch was Sonne und Schatten angeht, haben Sie kaum Einfluss. Um das Beste aus dem vorhandenen Platz zu machen, sollten Sie den Raum dreidimensional nutzen. Pergolen und selbst einfache Pfosten ermöglichen es den Pflanzen, in die Höhe zu wachsen.

Wählen Sie Kübel und Töpfe in verschiedenen Formen und Größen aus; bedenken Sie aber, dass größere Töpfe weniger Wasser brauchen. Auch Hängekörbe oder andere Systeme, in denen Pflanzen an Mauern und Zäunen wachsen können, bieten sich an.

Fruchtfolge

Wahrscheinlich sieht Ihr Gartenplan auch den Anbau von einjährigem Gemüse vor. Die Beete dafür legen Sie am besten in Dreier- oder Vierergruppen an, damit Sie die für die Pflanzen so wichtige Fruchtfolge berücksichtigen können.

Wichtig ist die Fruchtfolge vor allem deshalb, weil sie das Auftreten von Schädlingen und Krankheiten minimiert. Wenn Sie z.B. jedes Jahr alle Mitglieder der Zwiebelfamilie immer wieder im gleichen Beet anpflanzen, schlägt irgendwann bestimmt die Zwiebelfäule zu. Wenn Sie aber immer wieder andere Sorten im Beet anpflanzen, können sich Krankheiten weniger gut verbreiten. Außerdem müssen Sie bei der Fruchtfolge die Pflanzen weniger mit zusätzlichen Nährstoffen versorgen, und trotzdem erreichen die Pflanzen ihr maximales Potenzial. Natürlichen Dünger wie Kompost oder Mist müssen Sie nur etwa alle drei Jahre zugeben – wobei Sie bedenken müssen, dass manche Pflanzen, etwa Karotten, frischen Dung gar nicht mögen. Ist eine ausgiebige Fruchtfolge nicht möglich, sollten Sie zumindest Kartoffeln, Zwiebeln und Kohl versetzen – und sei es nur um 1 Meter.

DREI JAHRE, DREI BEETE

JAHR 1
Beet A Erbsen, Bohnen und Zwiebeln (Dung/Kompost hinzufügen)
Beet B Kartoffeln und Wurzelgemüse (Dünger hinzufügen)
Beet C Kohl (Dünger hinzufügen)
JAHR 2
Beet A Kohl (Dünger hinzufügen)
Beet B Erbsen, Bohnen und Zwiebeln (Dung/Kompost hinzufügen)
Beet C Kartoffeln und Wurzelgemüse (Dünger hinzufügen)
JAHR 3
Beet A Kartoffeln und Wurzelgemüse (Dünger hinzufügen)
Beet B Kohl (Dünger hinzufügen)
Beet C Erbsen, Bohnen und Zwiebeln (Dung/Kompost hinzufügen)

VIER JAHRE, VIER BEETE

JAHR 1
Beet A Erbsen und Bohnen (Kompost hinzufügen)
Beet B Kohl (viel Dünger hinzufügen)
Beet C Zwiebeln und Wurzelgemüse (kein Kompost, wenig Dünger)
Beet D Kartoffeln (Kompost und Dünger hinzufügen)
JAHR 2
Beet A Kartoffeln (Kompost und Dünger hinzufügen)
Beet B Erbsen und Bohnen (Kompost hinzufügen)
Beet C Kohl (viel Dünger hinzufügen)
Beet D Zwiebeln und Wurzelgemüse (kein Kompost, wenig Dünger)
JAHR 3
Beet A Zwiebeln und Wurzelgemüse (kein Kompost, wenig Dünger)
Beet B Kartoffeln (Kompost und Dünger hinzufügen)
Beet C Erbsen und Bohnen (Kompost hinzufügen)
Beet D Kohl (viel Dünger hinzufügen)
JAHR 4
Beet A Kohl (viel Dünger hinzufügen)
Beet B Zwiebeln und Wurzelgemüse (kein Kompost, wenig Dünger)
Beet C Kartoffeln (Kompost und Dünger hinzufügen)
Beet D Erbsen und Bohnen (Kompost hinzufügen)

Beispiele für eine Fruchtfolge
Oben finden Sie zwei Beispiele für eine Fruchtfolge, je nach Größe Ihres Gartens. Durch die Fruchtfolge bleibt der Boden nährstoffreich, und es treten weniger Schädlinge und Krankheiten auf.

Innenanbau

Mit dem Innenanbau hat Ihr Sommergemüse die Nase vorn: Sie können früher säen und die Zeit im Winter besser nutzen.

TIPPS ZUM GEWÄCHSHAUS

Das klassische Mittel zum Innenanbau ist das Gewächshaus, das sich für die meisten Obst- und Gemüsesorten eignet. Gewächshäuser können recht teuer sein; es lohnt sich aber, etwas zu investieren.

Welches Material? Sie haben die Wahl zwischen Aluminium- und Holzgewächshäusern. Erstere sind zwar preiswerter, dafür aber schwerer auf- und abzubauen. Wenn Sie vorhaben, in den nächsten Jahren umzuziehen, sollten Sie ein Gewächshaus aus Holz kaufen.

Welche Größe? Am besten nehmen Sie das größte Gewächshaus, das noch in Ihren Garten passt. Am beliebtesten ist eine Größe von 1,80 x 2,40 Meter; das reicht für den Anfang. Bei kleineren Gewächshäusern wird Ihnen bald der Platz ausgehen.

Welche Ausstattung? Sie sollten zumindest für eine Wand ein komplettes Regalsystem kaufen – am besten gleich mit dem Gewächshaus, damit auch alles passt. Dort können Sie Ihre Setzlinge und andere Pflanzen in kleinen Töpfen unterbringen. Auf der anderen Seite können dann Spalierpflanzen wie Tomaten oder Gurken stehen.

Fenster und Entlüftung Die meisten Gewächshäuser haben im Dach und an der Seite Fenster. Ziehen Sie auch automatische Öffner in Erwägung, die die Fenster öffnen, sobald es wärmer wird.

Stromversorgung Strom im Gewächshaus – mit ein oder zwei wasserdichten Steckdosen – ist eine gute Idee. Verwenden Sie draußen immer FI-Schalter! Den Strom brauchen Sie beispielsweise für ein elektrisches Gewächshaus-Heizgerät und für die Wärmelampe der Setzlinge.

Bewässerung Stellen Sie eine Regentonne neben das Gewächshaus oder verlegen Sie eine Leitung und bringen Sie einen Wasserhahn an. So sparen Sie sich mühseliges Schlauchziehen oder Wassereimerschleppen. Es gibt auch eigens für Gewächshäuser konstruierte Bewässerungssysteme mit Timer – dann müssen Sie im Hochsommer nicht mehr zweimal am Tag von Hand wässern (siehe S. 214f.).

Wir können die Bodenqualität verbessern, passende Sorten wählen und Schädlinge bekämpfen – aber auf das Wetter haben wir keinen Einfluss. In eine frostfreie Umgebung für Ihre Pflanzen zu investieren, bedeutet, dass Sie das ganze Jahr über gärtnern und ernten können. Schon früh können Sie empfindliches Gemüse ziehen und das natürlich auch früher ernten; außerdem müssen Sie auch im Winter nicht auf Obst und Salat aus dem eigenen Garten verzichten. Am beliebtesten ist das Gewächshaus, es gibt aber auch andere Optionen.

Wintergarten

Dieser eignet sich ideal für den Gemüseanbau. Wahrscheinlich müssen Sie es in Kübeln ziehen, doch da gedeihen nicht nur Kräuter, sondern z.B. auch Nektarinen. Im Sommer stellt eher die Kühlung ein Problem dar; bei viel direkter Sonne sollten Sie Jalousien anbringen.

Polytunnel

Ein Polytunnel ist nichts anderes als ein tunnelartiges Gewächshaus aus Plastik. Da er allerdings aus über

Das Gewächshaus Das Holz des Riesen-Lebensbaums hält lange und sieht gut aus. Durch seine natürlichen Öle muss es nicht gefärbt werden, der Farbton wird im Laufe der Zeit etwas heller.

Geschützt im Polytunnel
Polytunnel sind preiswert und leicht zu errichten. Sie kommen überall dort infrage, wo das Klima nicht warm genug für Ihre Pflanzen ist oder wenn Sie die Pflanzen kurz vor Saisonbeginn ziehen wollen.

Aluminiumringe gespannter Plastikfolie besteht, ist er viel preiswerter als ein Gewächshaus; außerdem lässt er sich leichter installieren. In Isolierung und Lichtdurchlässigkeit steht er dem Gewächshaus jedoch nach. Ein unbeheizter Polytunnel verlängert die Saison um ein bis zwei Monate, einen beheizten können Sie wie ein »echtes« Gewächshaus benutzen.

Frühbeete

Wer sehr wenig Platz hat, greift am besten auf Frühbeete zurück. Und wenn Sie ein Gewächshaus besitzen, dienen die Frühbeete zudem der Abhärtung der Pflanzen. Denn die mögen es gar nicht, aus der kuscheligen Wärme direkt ins Freie gesetzt zu werden. Sie können Ihre Pflanzen an die neue Umgebung gewöhnen, wenn Sie den Deckel des Frühbeets tagsüber offen stehen lassen.

Mini-Gewächshaus

Wenn Ihnen das Frühbeet zu klein ist, bieten Mini-Gewächshäuser die perfekte Alternative. Diese variieren hinsichtlich Material und Preis: Die billigsten bestehen aus einer Plastikabdeckung über einem dünnen Metallrahmen, die teureren sind aus Glas und Holz oder Aluminium gefertigt und werden am Haus angebracht. Ein solches Mini-Gewächshaus eignet sich ideal, um Setzlinge in einem kleinen Garten zu ziehen. Achten Sie darauf, dass es viele Fächer hat und breit genug für ein Standard-Setzlingstablett ist. Wenn Sie einige Trennbretter herausnehmen, können Sie im Sommer auch Tomaten und Gurken in Ihrem Mini-Gewächshaus unterbringen.

Schädlinge und Krankheiten

Wärme birgt ein Problem: In ihr können sich Schädlinge bestens vermehren und Krankheiten rasch ausbreiten. Und da es in einem Gewächshaus nie richtig kalt wird, sterben die Schädlinge auch nicht ab. Sie sollten Ihr Gewächshaus deshalb mindestens einmal im Jahr gründlich reinigen, ebenso wie alle Töpfe und Tabletts. Pflanzen aus dem Gewächshaus können ihre Krankheiten im Sommer natürlich auch auf Pflanzen übertragen, die im Freien gewachsen sind. Verwenden Sie möglichst biologische Schädlingsbekämpfungsmittel (siehe S. 217).

WAS IM GEWÄCHSHAUS GEDEIHT

- Besonders gut gedeihen Setzlinge sowohl empfindlicher Pflanzen wie Zuckermais und Grüner Bohnen als auch robusterer wie Kohl, Zwiebeln und Erbsen.
- Wenn Sie Kartoffeln, Karotten und Zucchini früh ernten wollen, sollten Sie sie ganz früh im Jahr in Töpfen im Gewächshaus ziehen.
- Kräuter können im Gewächshaus überwintern und fast das ganze Jahr über geerntet werden.
- Auberginen, Paprika und Chili können den ganzen Sommer lang im Gewächshaus angebaut werden. Die Pflanzen sind produktiv und zudem eine Augenweide.
- Wenn Sie Pflanzen wie z.B. Erdbeeren vermehren wollen, sind diese im Gewächshaus am besten aufgehoben. Dort schlagen sie schnell Wurzeln.

Das Mini-Gewächshaus
Im Mini-Gewächshaus können Sie im Frühjahr die Setzlinge ziehen. Wenn Sie die Trennbretter herausnehmen, können Sie im Sommer auch Tomaten und andere empfindliche Pflanzen hineinstellen.

TEIL 2: *PFLANZENPORTRÄTS*

Von den vielen in diesem Buch vorgestellten Gemüse-, Salat-, Obst- und Nusssorten werden Sie sicherlich nur wenige anbauen können, zumindest im ersten Jahr. Suchen Sie sich zunächst die Sorten aus, die Sie besonders mögen, vor allem wenn sie aus dem eigenen Garten frisch auf den Tisch kommen. Achten Sie auch darauf, dass die Sorten zu Ihrem Kochstil passen und den Geschmack Ihrer Familie treffen. Überlegen Sie dann, wie viel Platz und Zeit Sie haben, und bauen Sie nur die Sorten an, die auf dem vorhandenen Platz auch gedeihen und die Ihnen nicht zu zeitaufwendig sind.

OBST
136
NÜSSE
188

GEMÜSE & SALAT

Wenn Sie für Ihre Mühe schnell belohnt werden wollen, sollten Sie mit den Anbau von Gemüse und Salat beginnen. Schon mit ein paar Saatgutpäckchen können Sie in nur vier Wochen Ihren ersten Salat ernten, die ersten Radieschen in rund fünf Wochen.
Bei der Fülle an unterschiedlichen Gemüse- und Salatsorten, die auch im eigenen Garten gut gedeihen, und einer guten Planung haben Sie das ganze Jahr über frische Zutaten in Ihrer Küche.

WURZELGEMÜSE

Wurzelgemüse wie Kartoffeln, Karotten und Zwiebeln bilden gewissermaßen das Rückgrat des Gemüsegartens. Obwohl die Produkte leicht erhältlich und nicht teuer sind, sind sie niemals frischer als direkt aus dem eigenen Garten. Es gibt einfach nichts Besseres und Geschmacksintensiveres als selbst angebaute Karotten und neue Kartoffeln. Außerdem ist Wurzelgemüse gut lagerfähig und hält sich meist den ganzen Winter über.

Kartoffel

STAR PFLANZE
HOHER ERTRAG
GERINGER AUFWAND

Kartoffeln sollten wirklich in keinem Küchengarten fehlen, gehören sie doch zu den pflegeleichtesten und produktivsten Pflanzen überhaupt.

●●●●● PREIS-LEISTUNGS-VERHÄLTNIS
●●●●○ PFLEGE
●●●●● EINFRIEREN/LAGERN
ERNTE: FRÜHSOMMER–MITTE HERBST

Kartoffelernte
Je nach Sorte können Sie Kartoffeln von Mitte bis Ende des Sommers ernten und was Sie nicht brauchen den Winter über einlagern.

Schon seit über 7000 Jahren baut der Mensch Kartoffeln an, und es ist kein Wunder, dass sich diese ursprünglich in Amerika heimische Pflanze inzwischen über die ganze Welt verbreitet hat. Mit einer Produktion von über 300 Mio. Tonnen pro Jahr gehört sie zu den beliebtesten Gemüsesorten überhaupt. Eine im Frühjahr gepflanzte Saatkartoffel – eine der Knollen der vorigen Ernte – hat im Hochsommer bereits viele mehr hervorgebracht. Geerntet wird im Herbst, verspeist werden kann das Gemüse den ganzen Winter über. Die Pflanze ist nicht unempfindlich, gedeiht aber fast überall gut, solange sie genug Wasser bekommt.

Der geeignete Ort Bei der Fruchtfolge werden Kartoffeln meist nach Kohl gepflanzt (siehe S. 22f.), doch fühlen sie sich mit ausreichend Nährstoffen fast überall wohl. Oft nutzt man sie in neuen Gärten sogar als Pionierpflanze, da sie mit allen Bodenarten gut zurechtkommen. Allerdings brauchen die großen Pflanzen viel Platz, abgesehen von den frühen Sorten. Ist der Platz sehr knapp, ist der Anbau in Kübeln die beste Option. Ein spezielles Behältnis brauchen Sie dafür nicht, es sollte nur groß genug sein, um mindestens 10 Liter Kompost aufnehmen zu können.

Sorten 7000 Jahre Anbau haben vielfältige Sorten hervorgebracht, weshalb es Kartoffeln heute in allen Formen, Größen und sogar Farben – von Beige bis Blau – gibt. Für den Gärtner interessant ist außerdem, wie schnell die Sorte wächst. Manche Sorten können bereits nach 80 Tagen geerntet werden, andere brauchen viel länger. Bei geschickter Planung zieht sich die Ernte vom Hochsommer bis durch den Winter hin. Es gibt drei große Gruppen von Kartoffeln:

FRÜHREIF Diese Sorten werden Mitte des Frühjahrs angepflanzt und können im Hochsommer bereits auf den Tisch kommen. Der Abstand zwischen den Pflanzen sollte 40 cm, zwischen den Reihen 50 cm betragen. →

EMPFOHLENE SORTEN

Frühreif
- »Lady Christl«, »Amandine«

Mittelfrühreif
- »Charlotte«, »Nicola«

Mittelfrüh-spätreif
- »King Edward«, »Maris Piper«

FARBENFROHE KARTOFFELN

Heute gibt es viele farbenprächtige Kartoffelsorten. Probieren Sie doch einmal etwas Ungewöhnliches aus!

- **»Blaue Trüffelkartoffel«:** schwarz-violett-blaue Knolle, blau-weiß marmoriertes Fleisch
- **»Mayan Twilight«:** Knolle mit roten und weißen Flecken, dunkelgelbes, süßes Fleisch
- **»Congo« (»Blauer Schwede«):** Knolle und Fleisch dunkelblau – der Partyhit

Knallbunte Knollen
Püree und Salat erhalten mit bunten Kartoffeln eine ganz besondere Note.

IN DER KÜCHE

Für Püree
- **»Accent«, »Kestrel«**

Für Bratkartoffeln
- **»King Edward«, »Maris Piper«**

Für Pommes frites
- **»Golden Wonder«, »Valor«**

Für Backkartoffeln
- **»Picasso«, »Marfona«**

Für Kartoffelsalat
- **»Charlotte«, »Nicola«**

MITTELFRÜHREIF Diese Sorten eignen sich gut für Salat und können etwa dreieinhalb Monate nach dem Pflanzen – d.h. Mitte bis Ende des Sommers – geerntet werden. Lassen Sie die Pflanzen, die Sie nicht brauchen, im Boden; sie halten sich ein paar Monate.

MITTELFRÜH-SPÄTREIF Diese Sorten sind am ertragreichsten. Sie haben eine lange Vegetationsperiode und halten sich bei guter Lagerung den ganzen Winter über. Pflanzen Sie die Reihen im Abstand von 75 cm, die Pflanzen brauchen Platz zum Wachsen. Im Herbst werden alle Kartoffeln auf einmal geerntet.

Im Garten Kartoffeln bringen überall einen guten Ertrag, besonders aber in nährstoffreichem tiefem Boden, der mit Kompost gesättigt ist (siehe S. 220–223). Beim Anpflanzen empfiehlt sich die Zugabe eines ausgewogenen Düngergranulats.

Im Winter sind Kartoffeln als Knollen mit kleinen »Augen« erhältlich, die an einem kühlen, hellen Ort zu keimen beginnen. Kartoffeln sind frostempfindlich, weshalb die Pflanzen bei entsprechender Witterung mit einem Vlies, Stroh oder Kompost bedeckt werden sollten.

Wenn die Pflanzen wachsen, bedecken Sie die jungen Triebe gut mit Erde und lassen nur die Blättchen frei.

Schädlinge und Krankheiten

Kartoffeln sind anfällig für verschiedene Schädlinge und Krankheiten, ernsthaften

KARTOFFELN IN KÜBELN ANPFLANZEN

1 Wählen Sie eine frühreife oder mittelfrühreife Sorte. Füllen Sie einen großen Behälter mit 10 l oder mehr Fassungsvermögen oder einen Kartoffelsack zu einem Drittel mit Kompost. Platzieren Sie eine Knolle mit dem Keim nach oben in dem Behälter und bedecken Sie sie mit 5 cm Kompost. Anschließend gut wässern.

2 Wenn die Pflanzen zu wachsen beginnen, fügen Sie weiteren Kompost hinzu und bedecken damit die Pflanzenstängel. Geben Sie auch einen Dünger mit langsamer Freisetzung zu, im empfohlenen Verhältnis mit dem Kompost gemischt.

3 Fügen Sie immer wieder Kompost bis knapp unter den Rand des Behälters hinzu.

Schaden verursachen aber nur einige wenige. Viruserkrankungen vermeiden Sie, wenn Sie jedes Jahr frische Knollen kaufen.

KARTOFFELSCHORF Auf den Knollen bilden sich schorfige Stellen, was sich durch einen nicht zu alkalischen Boden verhindern lässt – d.h. wenig Kalk, viel organisches Material.

KARTOFFELFÄULE Die hat 1845–49 nicht nur in Irland zur Großen Hungersnot geführt, sondern auch anderorts ganze Ernten vernichtet. Zunächst erscheinen braune Flecken auf den Blättern, dann fault auch die Knolle. Vorbeugen können Sie mit verschiedenen chemischen Sprays; wenn die Pflanzen einmal befallen sind, müssen die Blätter entfernt werden, damit sich die Krankheit nicht auf die Knolle ausbreitet. Warten Sie ein paar Wochen und ernten Sie dann alle Kartoffeln.

Durch Züchtung sind gegen Kartoffelfäule resistente Sorten entstanden; allerdings hält die Resistenz nur ein bis zwei Jahre an, bevor die Krankheit mutiert. Etwas erfolgreicher in dieser Hinsicht sind Neuzüchtungen aus Ungarn –

SCHÄDLINGE UND KRANKHEITEN

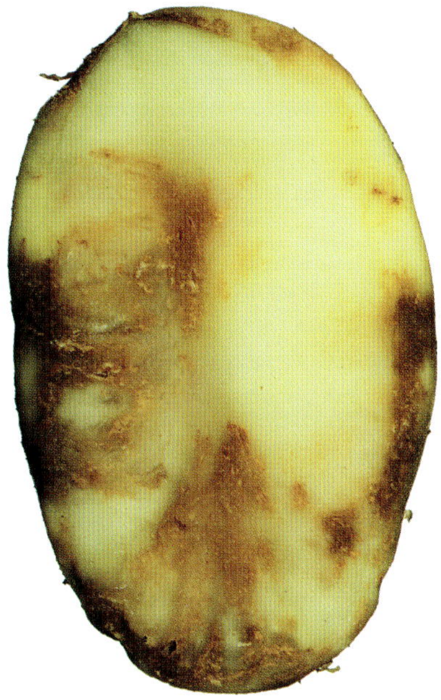

Kartoffelfäule
Die Kartoffelfäule kann die ganze Ernte vernichten; achten Sie also frühzeitig auf die ersten Anzeichen.

Kartoffelschorf
Tritt Kartoffelschorf häufiger in Ihrem Garten auf, sollten Sie die Bodenbedingungen verbessern.

4 Wässern Sie die Kartoffeln regelmäßig. Wenn die Pflanzen zu blühen beginnen, bilden sich auch die Knollen.

5 Am besten stellen Sie den Behälter auf eine sonnige Terrasse. Viel Wasser ist wichtig, damit die Knollen ihre volle Größe erreichen.

6 Versuchen Sie, mit einer Hand die Größe der Kartoffeln zu erfühlen. Wenn sie groß genug sind, können Sie Wurzeln und Erdreich aus dem Topf heben.

meist als »Sarpo« gekennzeichnet –, die zumindest zurzeit nicht anfällig sind.

Ernte und Lagerung Frühreife und mittelfrühreife Sorten werden bei Bedarf aus dem Boden geholt, da sie sich nicht allzu gut lagern lassen. Graben Sie eine Pflanze aus und prüfen Sie die Größe der Kartoffeln; sie sollten für eine Mahlzeit reichen. Mittelfrüh-spätreife Sorten halten sich länger. Sie werden alle auf einmal im Herbst geerntet und dann in Sackleinen kühl und dunkel gelagert. Kontrollieren Sie die Knollen, falls Sie schon einmal Probleme mit Kartoffelfäule hatten.

In der Küche Kartoffeln finden in der asiatischen Küche ebenso Verwendung wie in der europäischen. Die geschmacksintensiven frühreifen, im Frühsommer geernteten Sorten eignen sich gut für Salate sowie als Salz- und Pellkartoffeln. Mittelfrühreife Sorten sind ebenfalls festkochend oder vorwiegend festkochend und deshalb ideal als gekochte Kartoffeln, Bratkartoffeln und Kartoffelsuppe. Die mittelfrüh-spätreifen Sorten können sehr gut zu Püree und Pommes frites verarbeitet werden, schmecken aber auch als Back- oder Bratkartoffeln. Probieren Sie doch auch einmal selbst gemachte Chips aus.

KARTOFFELN ERNTEN

1 Zu Beginn der Saison sollten Sie das Erdreich immer wieder locker um die Pflanzen herum harken und die jungen Stängel damit bedecken. Das erhöht den Ertrag. Wenn die Blätter absterben, kann geerntet werden. Sie schaden den Kartoffeln aber auch nicht, wenn Sie sie im Boden lassen und nur die ausgraben, die Sie gerade brauchen.

2 Am besten holen Sie die Kartoffeln mit einer Grabegabel aus dem Boden. Stecken Sie sie etwa 45 cm von den Hauptstängeln entfernt ins Erdreich und heben Sie die Kartoffeln locker heraus. Dabei treffen Sie manchmal auch eine Kartoffel, das lässt sich nicht vermeiden.

3 Sammeln Sie die Kartoffeln, die noch an der Pflanze hängen, ab und suchen Sie im restlichen Boden nach den übrigen Kartoffeln. Die Grünteile werfen Sie auf den Komposthaufen, die Kartoffeln wandern umgehend in die Küche.

DAS GARTENJAHR

FRÜHER WINTER

Bestellen Sie die Saatkartoffeln und packen Sie sie gleich nach ihrer Ankunft aus. Legen Sie sie an einen kühlen, trockenen und hellen Ort (kein direktes Sonnenlicht). Die Kartoffeln beginnen zu keimen (siehe unten).

MITTLERES FRÜHJAHR

Streuen Sie etwas Dünger auf den Boden und pflanzen Sie die Saatkartoffeln 15 cm tief im Abstand von 40 cm. Die einzelnen Reihen sollten je nach Sorte etwa 50 cm voneinander entfernt sein.

SPÄTES FRÜHJAHR

Harken Sie das Erdreich um die Pflanzen und bedecken Sie die Stängel damit. Dieser Erdwall sollte etwa 30 cm hoch sein.

FRÜHSOMMER

Wässern Sie frühreife Sorten, bei denen sich nun die Knollen bilden.

HOCHSOMMER

Erntebeginn der frühreifen Sorten. Graben Sie die Kartoffeln vorsichtig mit einer Grabegabel aus und verwenden Sie sie möglichst zeitnah in der Küche.

SPÄTSOMMER

Nun sind die mittelfrühreifen Sorten bereit zur Ernte. Davor sollten Sie die Pflanzen jede Woche einige Wochen lang gründlich wässern. Versorgen Sie auch die mittelfrüh-spätreifen Sorten gut mit Wasser und halten Sie nach eventueller Kartoffelfäule Ausschau.

HERBST

Nun können die mittelfrüh-spätreifen Sorten geerntet und in Sackleinen eingelagert werden.

Süßkartoffel

Die Süßkartoffel ist etwas anspruchsvoll im Anbau, lohnt aber die Mühe. Zudem ist sie wenig anfällig für Schädlinge und Krankheiten.

●●●○○ PREIS-LEISTUNGS-VERHÄLTNIS
●●●○○ PFLEGE
●●○○○ EINFRIEREN/LAGERN
ERNTE: MITTE HERBST–SPÄTHERBST

Süßkartoffeln mögen sonniges Klima – lange frostfreie Perioden und viel Wärme.

Der geeignete Ort Süßkartoffeln anzubauen, ist nicht einfach. In der üblichen Gartenerde bleiben die Knollen meist klein; um den Ertrag zu erhöhen, sollten Sie die Pflanzen mit schwarzer Plastikfolie bedecken, die den Boden erwärmt. Besser gedeiht das Gemüse, wenn es in großen 10-l-Behältern auf der Terrasse oder im Gewächshaus gezogen wird.

Im Garten Süßkartoffeln für den Anbau werden im Fachhandel als Reiser verschickt – kleine wurzellose Ableger von Knollen, die gekeimt haben. Legen Sie sie nach ihrer Ankunft zunächst in ein Glas Wasser. Wenn sie in den Garten sollen, pflanzen Sie sie zunächst in kleinen Töpfen an, die Sie aufs sonnige Fensterbrett oder ins Gewächshaus stellen. Warten Sie mit dem Umsetzen bis nach dem letzten Frost. Sind die Pflanzen ohnehin fürs Gewächshaus gedacht, können Sie sie natürlich gleich dort ziehen.

Ernte und Lagerung Die Knollen sollten auf jeden Fall vor dem ersten Frost geerntet werden. Heben Sie sie wie Kartoffeln aus der Erde (siehe S. 34), reinigen Sie sie und lagern Sie sie ebenfalls wie Kartoffeln in Sackleinen an einem kühlen und dunklen Ort.

In der Küche Süßkartoffeln können gebraten oder im Risotto, auf der Pizza, als Suppe und als Püree verwendet werden.

SÜSSKARTOFFELN UMSETZEN

1 Stellen Sie die Reiser für ein bis zwei Tage in ein Glas Wasser und pflanzen Sie sie dann in kleinen Behältern an.

2 Setzen Sie die Pflanzen – unter schwarzer Folie – erst in den Garten um, wenn kein Frost mehr droht.

DAS GARTENJAHR

MITTLERER WINTER
Bestellen Sie die Reiser im Fachhandel.

MITTLERES FRÜHJAHR
Pflanzen Sie die Reiser entweder in große Behälter für das Gewächshaus oder in kleine, um sie dann später in den Garten umzusetzen.

SPÄTES FRÜHJAHR
Graben Sie den Boden im Garten gut um, düngen Sie etwas mit Kompost und setzen Sie die Pflanzen ins Erdreich. Schützen Sie sie mit einem Vlies vor Spätfrost.

FRÜHSOMMER
Wässern Sie die Pflanzen im Topf gut und geben Sie etwas Tomatendünger dazu.

HOCHSOMMER
Wässern Sie auch die Pflanzen im Boden und jäten Sie regelmäßig Unkraut.

SPÄTSOMMER
Topfpflanzen weiter wässern und düngen.

FRÜHHERBST
Nun kann die Ernte beginnen; größer werden die Süßkartoffeln allerdings, wenn Sie noch etwas warten. Reinigen Sie sie und lagern Sie sie wie Kartoffeln.

MITTLERER HERBST
Ernte in Gegenden mit milderem Klima

SPÄTHERBST
Wenn Sie auf Risiko spielen wollen: Im Spätherbst ernten Sie die größten Knollen.

EMPFOHLENE SORTEN

- **»Beauregard Improved«:** Die Sorte stammt aus Amerika, genauer: aus Louisiana. Sie kann Knollen in der Größe entwickeln, wie man sie auch im Supermarkt bekommt, hat eine rote Schale und süßes, orangefarbenes Fleisch.
- **»Georgia Jet«:** Die Sorte empfiehlt sich vor allem für Gegenden mit kühlerem Klima, ist aber dennoch anspruchsvoll. Unter der hellroten Schale verbirgt sich blass orangefarbenes Fleisch.

Karotte

Karotten sind leicht anzubauen und wachsen schnell, weshalb es in Ihrer Küche nie an frischen Karotten aus dem eigenen Garten mangeln sollte.

●●●●● PREIS-LEISTUNGS-VERHÄLTNIS
●●●●○ PFLEGE
●●●●● EINFRIEREN/LAGERN
ERNTE: SPÄTES FRÜHJAHR–SPÄTHERBST

Karotten ernten
Karotten können Sie vom Frühsommer bis zum Winter ernten; am süßesten schmecken sie, wenn sie lang und schlank gewachsen sind.

STAR PFLANZE
WENIG PLATZ
REICHE ERNTE

Nach Kartoffeln sind Karotten vermutlich das wichtigste Wurzelgemüse im Garten. Es ist eine wahre Freude, ihnen beim Wachsen zuzusehen und das zart orangefarbene Gemüse aus dem Erdreich zu ziehen. Zudem sind sie wahre kulinarische Alleskönner und schmecken roh ebenso gut wie gedämpft, gebraten oder im Kuchen. Ihre Karotinoide schützen uns vor Krebs und Herzerkrankungen und halten die Haut gesund. Hinsichtlich Klima und Boden sind sie nicht unheikel, meist hilft aber schon etwas Kompost.

Der geeignete Ort Am besten gedeihen Karotten auf sandigem Boden; in steinigem, schwerem Erdreich können sie nicht gerade wachsen. Ist Ihr Boden nicht geeignet, sollten Sie die Karotten mit Kompost in einem Behälter ziehen.

Sorten Auch Karotten gibt es heute in den unterschiedlichsten Farben, von beige bis violett. Die original orangefarbene stammt aus dem 17. Jahrhundert aus den Niederlanden.

Auch in der Form variieren sie: Die meisten sind zylindrisch, es gibt aber auch kugelförmige. Sie sind kurz und knubbelig oder lang und schlank. In steinigem, schwerem Erdreich werden Sie mit den kürzeren Sorten größere Erfolge erzielen.

Wie bei den Kartoffeln gibt es auch hier frühreife und spätreife Sorten. Erstere wachsen schneller und können schon nach etwa 10 Wochen nach der Aussaat geerntet werden. Letztere wachsen langsamer und sind erst im Herbst reif.

KAROTTEN IN KÜBELN ANPFLANZEN

1 Füllen Sie ab dem frühen Frühjahr große 10-l-Behälter mit Kompost und streuen Sie etwa alle 2,5 cm einen Samen darauf. Geben Sie noch etwas Kompost darüber.

2 Wässern Sie das Ganze regelmäßig, bis die Pflanzen zu wachsen beginnen. Düngen müssen Sie wahrscheinlich nicht.

Im Garten Geben Sie keinen Dung in die Erde und graben Sie gut um; formen Sie dabei flache Gräben zum Säen. Ist der Boden sehr trocken, wässern Sie ihn. Säen Sie in Reihen (siehe S. 200–203), alle 2,5 cm je 3 Samen. Haben Sie zu dicht gesät, können Sie später Babykarotten ernten, um wieder Platz zu schaffen.

Frühreife Sorten säen Sie im mittleren bis späten Frühjahr, in wärmerem Boden keimen sie allerdings besser. Spätreife Sorten säen Sie im späten Frühjahr. Ernten Sie die Karotten mithilfe einer Grabegabel.

Schädlinge und Krankheiten

Karotten sind kaum anfällig für Schädlinge, mit Ausnahme der Möhrenfliege, die ihre Eier auf den Karotten ablegt. Die Larven bohren sich ihren Weg in die Wurzel und verderben die Ernte. Sie können die Tierchen überlisten, indem Sie einen etwa 60 cm hohen Zaun aus Plastikfolie oder feinmaschigem Draht um Ihre Pflanzen herum errichten oder sie mit einem Vlies abdecken. Oder Sie wählen eine relativ resistente Sorte wie »Flyaway« oder »Resistafly«. Sie abwechselnd mit Zwiebeln anzupflanzen, hat sich ebenfalls als erfolgreich erwiesen.

Ernte und Lagerung Frühreife Sorten liefern Ihnen den ganzen Sommer über süße Babykarotten, die spätreifen Sorten bringen Sie über den Winter. Die Karotten können bis zum ersten Frost im Boden bleiben und nur bei Bedarf geerntet werden. Wird es kalt, bedecken Sie die Pflanzen mit Stroh oder Kompost.

Lagern lassen sich Karotten schlecht, dafür sind die alten Methoden wie das Aufbewahren in Sandkästen einfach zu aufwendig. Einfrieren lassen sie sich allerdings wunderbar, wobei sie zunächst gewaschen, klein geschnitten, blanchiert und abgeschreckt werden müssen.

In der Küche Babykarotten passen ausgezeichnet in Sommersalate. Aus ihren älteren Geschwistern können Sie beinahe jedes Gericht zaubern.

3 Stellen Sie den Behälter an einen sonnigen Ort, etwa auf die Terrasse; sobald die Triebe wachsen, bilden sich die Karotten in der Erde.

4 Ernten Sie die Babykarotten, wenn sie etwa fingergroß sind, und lassen Sie die anderen in Ruhe weiter wachsen.

DAS GARTENJAHR

FRÜHES FRÜHJAHR
Sie können mit der Aussaat bereits jetzt beginnen, doch wird das Saatgut eher sporadisch keimen. Ziehen Sie eine flache, schmale Rille und streuen Sie das Saatgut hinein – alle 2,5 cm je 3 Samen. Bedecken Sie sie mit Erde.

MITTLERES FRÜHJAHR
In kühleren Gegenden können Sie jetzt mit der Aussaat beginnen.

SPÄTES FRÜHJAHR
Wenn Sie erst jetzt säen, sind Sie auf der sicheren Seite.

FRÜHSOMMER
Nun können Sie die ersten Babykarotten ernten. Die anderen lassen Sie wachsen.

HOCHSOMMER
Für eine erneute Aussaat ist es nicht zu spät – mindestens 15 cm von der letzten Reihe entfernt.

SPÄTSOMMER
Ernten Sie weiter Babykarotten und lassen Sie alle 5 bis 10 cm eine Pflanze stehen, die bis in den Herbst wächst.

FRÜHHERBST
Ernten Sie nun auch die anderen Karotten. Sie können im Boden bleiben, bis Sie sie brauchen.

EMPFOHLENE SORTEN

Frühreif
- »Nantaise 2«

Kugelförmig
- »Parmex«, »Pariser Markt«

Spätreif
- »Bangor«

Bunt
- »Crème de Lite«, »Purple Haze«

Für steiniges Erdreich geeignet
- »Chantenay«, »Parmex«

Pastinake

Einst waren Pastinaken ein sehr beliebtes Wintergemüse. Sie können vom Sommer bis spät in den Winter geerntet werden.

●●●●● PREIS-LEISTUNGS-VERHÄLTNIS
●●●●○ PFLEGE
●●●●● EINFRIEREN/LAGERN
ERNTE: FRÜHHERBST–SPÄTWINTER

Perfekte Pastinaken
Eine reiche Pastinakenernte beschert Ihren winterlichen Suppen und Eintöpfen eine ganz besondere Süße.

Pastinaken sind mit Karotten verwandt und deshalb im Anbau mit ihnen vergleichbar. Pflanzen Sie die beiden Gemüsesorten möglichst nebeneinander an. Pastinaken keimen eher schlecht, da die Samen mit zunehmendem Alter rasch an Fruchtbarkeit verlieren. Kaufen Sie am besten immer frisches Saatgut, das Sie im bereits warmen Boden ausbringen.

Der geeignete Ort Am besten gedeihen Pastinaken in nährstoffreichem tiefem Boden. Ebenso wie Karotten mögen sie steiniges, schweres Erdreich nicht. Setzen Sie Pastinaken im Garten möglichst neben anderes Wurzelgemüse. Wenn Sie das Gemüse in Kübeln anpflanzen, beachten Sie die Tipps für Karotten (siehe S. 36f.).

Im Garten Wenn Sie in Reihen anpflanzen, lassen Sie 20–30 cm Abstand dazwischen und stecken immer 2–3 Samen etwa 1 cm tief in den Boden. Der Abstand zwischen den Pflanzen sollte 15 cm betragen. Wenn Sie nur 5 cm Abstand lassen, können Sie im Sommer Babypastinaken ernten.

Schädlinge und Krankheiten Der größte Feind der Pastinake ist wie der der Karotte die Möhrenfliege. Hier hilft nur das Vorbeugen mit feinmaschigen Netzen,

PASTINAKEN ANBAUEN

1 Das Beet sollte möglichst frei von Unkraut, gut umgegraben und fein gerecht sein. Ziehen Sie mit dem Rücken des Rechens eine Saatrinne und geben Sie alle 15 cm ein paar Samenkörner hinein.

2 Innerhalb von ein bis zwei Wochen sollte das Saatgut keimen, und es sollten sich die ersten Pflänzchen entwickeln.

3 Falls die Pflanzen näher als 15 cm beieinander stehen, können Sie nun vorsichtig etwas ausdünnen. Achten Sie darauf, dass Sie die umstehenden Pflanzen dabei nicht verletzen. Sie können die überschüssigen Pflanzen auch in eventuelle Lücken setzen.

DIE PFLANZEN SCHÜTZEN

1 Stecken Sie im Frühjahr Holzstöcke ins Beet und pflanzen Sie die Pastinaken idealerweise neben Karotten an. Da sie anfällig für dieselben Schädlinge sind, können sie auf dieselbe Weise davor geschützt werden.

2 Umwickeln Sie die Stöcke 60 cm hoch mit einem feinmaschigen Netz oder einer Plastikfolie und beschweren Sie die Konstruktion mit Steinen. Alternativ können Sie auch Vlies verwenden (siehe S. 53).

Barrieren oder Mischkulturen (siehe oben und S. 226).

Ernte und Lagerung Mit der Ernte der Babypastinaken können Sie bereits im Sommer beginnen, am besten schmeckt das Gemüse jedoch, wenn es später geerntet wird. Erst nach dem ersten Frost erhält es seine besondere Süße. Lassen Sie die Pastinaken im Boden, bis Sie sie brauchen.

In der Küche Mit ihrer Süße veredeln Pastinaken jeden Eintopf und jede Suppe, Sie können sie aber auch in der Pfanne braten oder kochen und pürieren.

4 Nach den ersten Frösten kommt Süße in die Pastinaken. Heben Sie die Pflanzen mithilfe einer Grabegabel vorsichtig aus dem Erdreich. Ernten Sie nur das, was Sie zum gegebenen Zeitpunkt brauchen.

5 Für Ihre Mühen werden Sie mit einem Bündel süßer, saftiger Pastinaken belohnt.

DAS GARTENJAHR

MITTLERES FRÜHJAHR
Die Aussaat beginnt im mittleren bis späten Frühjahr. Stecken Sie das Saatgut 1 cm tief in gut vorbereitetes Erdreich.

SPÄTES FRÜHJAHR
Säen Sie erneut an den Stellen, an denen das Saatgut nicht keimt.

FRÜHSOMMER
Pastinaken brauchen eine Weile und mögen Unkraut gar nicht; jäten Sie deshalb regelmäßig Unkraut.

HOCHSOMMER
Falls der Boden sehr trocken ist, wässern Sie ihn gut. Nun können Sie auch die ersten Babypastinaken ernten.

SPÄTSOMMER
Jäten Sie unverzagt weiter Unkraut.

FRÜHHERBST
Nun sollten die Früchte wachsen. Haben Sie jedoch noch etwas Geduld, bevor Sie sie ernten.

MITTLERER HERBST
Jetzt ist der richtige Erntezeitpunkt gekommen. Graben Sie nur das aus, was Sie in der Küche brauchen; das restliche Gemüse können Sie später ernten.

EMPFOHLENE SORTEN
Wählen Sie F1-Sorten, da bei diesen die Samenqualität meist besser ist.

- **»Countess«**: sehr süße Sorte
- **»Gladiator«**: eignet sich gut als Babypastinake
- **»Albion«**: glatte Schale, sehr helle Farbe

Rote Bete

Dieses erdig schmeckende Gemüse gibt es in vielen Farben und ist rasch und leicht anzubauen.

Dunkelrote Wurzeln
Das tiefrote Gemüse bringt Farbe in Ihren Garten und auf Ihren Teller.

●●●●● PREIS-LEISTUNGS-VERHÄLTNIS
●●●●○ PFLEGE
●●●○○ EINFRIEREN/LAGERN
ERNTE: FRÜHSOMMER–MITTE HERBST

Auch dieses vielseitige Gemüse gehört in jeden Garten. Es wächst schnell, ist pflegeleicht und wenig anfällig für Krankheiten und Schädlinge. Außerdem schmeckt es hervorragend.

Baby-Rote-Bete können Sie nach nur 9 Wochen ernten, aussäen können Sie vom frühen Frühjahr bis zum Hochsommer. Neben der bekannten violetten Rote Bete gibt es auch gelbe, weiße und gestreifte Versionen.

Der geeignete Ort Sowohl der Anbau im Kübel als auch im Beet ist sehr einfach. Düngen Sie vor der Aussaat.

Im Garten Jedes Saatkorn umfasst bis zu vier Samen, bringt also wahrscheinlich eine Bündelpflanze hervor, die sich nach und nach in einzelne Pflanzen aufteilt. Stecken Sie das Saatgut im Abstand von 2,5 cm 1,5 cm tief in den Boden und lassen Sie 20–30 cm Abstand zwischen den Reihen.

Schädlinge und Krankheiten
Rote Bete ist relativ schädlingsresistent, trocknet aber leicht aus. Gießen Sie die Pflanzen regelmäßig.

Ernte und Lagerung Beginnen Sie die Ernte mit den Blättern, die Sie für Salat verwenden können. Als Nächstes folgt die Baby-Rote-Bete, die Sie vom späten Frühjahr bis zum Spätherbst genießen können. Entfernen Sie regelmäßig altes Blattwerk.

In der Küche Baby-Rote-Bete kann roh im Salat, gebraten, als Suppe oder sauer eingelegt gegessen werden.

ROTE BETE IN KÜBELN ANPFLANZEN

1 Füllen Sie einen großen Behälter mit Allzweckkompost.

2 Verteilen Sie das Saatgut auf der Oberfläche im Abstand von 2,5 cm.

3 Bedecken Sie es mit etwa 1,5 cm Kompost und wässern Sie das Ganze. Stellen Sie den Kübel an einen sonnigen Ort.

DAS GARTENJAHR

FRÜHES FRÜHJAHR
Beginnen Sie nun mit der Aussaat auf gut vorbereitetem Boden. Säen Sie die Samen in einer einzelnen Reihe und wiederholen Sie dies alle 2–3 Wochen.

MITTLERES FRÜHJAHR
Säen Sie alle paar Wochen erneut. Halten Sie den Boden dabei immer gut feucht, bis das Saatgut zu keimen beginnt.

SPÄTES FRÜHJAHR
Wenn Rote Bete zu Ihrem Lieblingsgemüse zählt und viel Platz da ist, können Sie auch noch im späten Frühjahr aussäen. Nun können die jungen Blätter geerntet werden, die als Salat ganz köstlich schmecken.

FRÜHSOMMER
Nun beginnt die Ernte der Baby-Rote-Bete. Ziehen Sie sie an den Blättern heraus und kneifen Sie die Knolle ab. Auch säen können Sie jetzt noch.

HOCHSOMMER
Jetzt ist der letzte Aussaatzeitpunkt. Die letzte Baby-Rote-Bete ernten Sie Mitte des Herbsts, die großen Früchte im Spätherbst.

EMPFOHLENE SORTEN
Wählen Sie bunte Sorten, um Farbe in Ihren Garten zu bringen.

- **»Boltardy«:** verlässliche Sorte mit violetter Färbung
- **»Albina«:** gute weiße Sorte
- **»Burpees Golden«:** beinahe goldfarbenes Fruchtfleisch
- **»Chioggia«:** rot-weiß-gestreifte Sorte

Steckrübe

Steckrüben sind ausgezeichnete »Lückenbüßer« und wachsen in nur 6 Wochen.

Schnelle Knolle Sommersteckrüben wachsen schneller und sind leichter anzubauen, als man denkt.

●●●●● PREIS-LEISTUNGS-VERHÄLTNIS
●●●○○ PFLEGE
●●●○○ EINFRIEREN/LAGERN
ERNTE: FRÜHSOMMER–MITTE HERBST

Als weiteres Mitglied der Kohlfamilie kann die Steckrübe in zwei Gruppen eingeteilt werden. Wintersorten wachsen langsam und werden wie Kohlrüben angebaut (siehe S. 44); diese erntet man ab Herbst. Sommersorten wachsen schneller, werden ab dem frühen Frühjahr gesät (siehe S. 200–203) und bringen den ganzen Sommer golfballgroße Knollen hervor.

Der geeignete Ort Sommersteckrüben brauchen wenig Platz und geben sich auch mit Lücken zwischen anderen Pflanzen zufrieden.

Im Garten Die Samen der Wintersteckrüben säen Sie in 20 cm Abstand im Hochsommer. Die großen Knollen ernten Sie im Herbst und Winter. Sommersteckrüben brauchen nur 6 Wochen, bis sie reif sind. Sie gedeihen auch in Kübeln gut und brauchen kaum Pflege.

Schädlinge und Krankheiten
Wie bei allen Kohlsorten sind Schädlinge ein Problem. Schutz bieten Abdeckungen und Mischkulturen. Pflanzen Sie Wintersteckrüben z.B. mit Kohlrüben und Rosenkohl an.

Ernte und Lagerung Sommersteckrüben können Sie nicht lagern; sie sollten bei Bedarf golfballgroß geerntet werden. Wintersteckrüben können bis zur Mitte des Winters im Boden bleiben.

In der Küche Steckrüben schmecken sehr gut gekocht und püriert mit Karotten und Butter. Auch gebraten oder roh in den Salat geraspelt sind sie ein Genuss.

QUALITATIV HOCHWERTIGE STECKRÜBEN ANBAUEN

1 Bereiten Sie eine 1,5 cm tiefe Saatrinne vor und geben Sie die Samen im Abstand von 5 cm hinein. Bedecken Sie die Samen mit Erde und wässern Sie sie gut.

2 Gießen Sie die Pflanzen regelmäßig und ernten Sie die Steckrüben, wenn sie die Größe von Golfbällen erreicht haben. Dann sind sie am zartesten.

DAS GARTENJAHR

FRÜHES FRÜHJAHR
In Gegenden mit milderem Klima können nun Sommersteckrüben gesät werden. Geben Sie einen ausgewogenen Dünger auf das Beet und stecken Sie das Saatgut 1,5 cm tief in den Boden.

MITTLERES FRÜHJAHR
Legen Sie alle paar Wochen eine weitere Reihe im Abstand von 15 cm zur letzten an. Sollten die Pflanzen zu dicht wachsen, dünnen Sie aus.

SPÄTES FRÜHJAHR
Halten Sie den Boden gut feucht und säen Sie weiter aus. Sie können nach und nach mit der Ernte beginnen.

FRÜHSOMMER
Sind die Steckrüben bei der Ernte größer als Golfbälle, werfen Sie sie auf den Komposthaufen.

HOCHSOMMER
Legen Sie ein bis zwei Reihen mit Wintersteckrüben an. Stecken Sie das Saatgut mit 20 cm Abstand 2 cm tief in den Boden.

SPÄTSOMMER
Wässern Sie und jäten Sie Unkraut.

FRÜHHERBST
Nun können Sie nach und nach Ihre Wintersteckrüben ernten.

EMPFOHLENE SORTEN
Die besten Sommersteckrüben
- »Snowball«

Die besten Wintersteckrüben
- »Golden Ball«

Radieschen

Radieschen verleihen nicht nur Salaten Pepp, sondern sind auch in der asiatischen Küche sehr beliebt – und leicht anzubauen.

●●●●● PREIS-LEISTUNGS-VERHÄLTNIS
●●●●○ PFLEGE
●●○○○ EINFRIEREN/LAGERN
ERNTE: SPÄTES FRÜHJAHR–SPÄTHERBST

Winterschätze
Schwarzschalige Radieschen sind oft das Einzige, was im Winter geerntet werden kann.

Sommerradieschen sollten in kleinen Mengen, dafür aber oft ab dem frühen Frühjahr angepflanzt werden. Von der Aussaat bis zur Ernte vergehen nur 4 Wochen. Es gibt sie in traditionellem Rot, in Weiß und Violett.

Winterrettich findet vor allem in der asiatischen Küche Verwendung. Am bekanntesten hierzulande ist der Daikon.

Der geeignete Ort Pflanzen Sie Winterrettich am besten mit anderen lang wachsenden Mitgliedern der Kohlfamilie an. Achten Sie vor allem bei Radieschen auf Schädlinge. Bringen Sie nur wenig, dafür aber öfter Saatgut aus, damit Sie immer etwas für Ihren Sommersalat haben.

Im Garten Wenn Sie das erste Mal eigenes Obst und Gemüse anbauen, sind Radieschen genau das Richtige für Sie, denn hier werden Sie schnell belohnt. Im Topf pflanzen Sie die Samen im Abstand von 2,5 cm an; im Beet ebenso, wobei die Reihen 15 cm auseinander liegen sollten.

Winterrettich macht sich am besten im Beet. Die Aussaat erfolgt im Hochsommer, geerntet werden kann ab Mitte Herbst.

Schädlinge und Krankheiten
Da Rettich und Radieschen ebenfalls Mitglieder der Kohlfamilie sind, sind sie auch anfällig für dieselben Schädlinge und Krankheiten (siehe S. 55).

Ernte und Lagerung Wenn die Aussaat nach und nach erfolgt, haben Sie den ganzen Sommer über Radieschen. Ernten Sie nur nach Bedarf. Sollten die Pflanzen blühen, schadet das auch nichts: Die grünen Schoten, die sich daraus entwickeln, sind essbar. Rettich ist frostanfällig; bedecken Sie die Pflanzen gegebenenfalls mit Stroh.

In der Küche Sobald die Radieschen einen Durchmesser von etwa 2 cm erreicht haben, können sie geerntet werden – dann schmecken sie eher mild. Rettiche können sehr viel schärfer sein und eignen sich auch zum Kochen oder – in Sojasoße mariniert – als Zutat im Wok.

SOMMERRADIESCHEN ANBAUEN

1 Befreien Sie das Beet von jeglichem Unkraut, graben Sie den Boden gut um und rechen Sie alles fein. Ziehen Sie mit dem Rücken des Rechens eine Saatrinne.

2 Stecken Sie alle 15 cm ein Saatkorn in die Erde. Diese sollten nach 1 bis 2 Wochen zu keimen beginnen.

3 Säen Sie ab dem frühen Frühjahr alle paar Wochen kurze Reihen im Abstand von 2,5 cm zueinander. Die Samen sollten 1 cm tief in der Erde stecken.

Scharfe Knöllchen
Auch Radieschen gibt es in einer Vielzahl von Farben. Die Gemüsesorte ist am schnellsten vom Beet auf dem Teller.

DAS GARTENJAHR

HOCHSOMMER
Säen Sie jetzt Winterrettich. Der Boden sollte gut feucht sein, die Reihen sollten einen Abstand von 30 cm zueinander haben.

SPÄTSOMMER
Gießen Sie die Setzlinge gut. Dünnen Sie die Pflanzen auf 15 cm Abstand zueinander aus.

FRÜHHERBST
Wässern Sie und jäten Sie regelmäßig Unkraut.

MITTLERER HERBST
Ernten Sie den Rettich, sobald er eine passable Größe erreicht hat und die Farbe in der Abbildung auf dem Saatgutpäckchen angenommen hat.

SPÄTHERBST
Falls Sie nicht alles auf einmal geerntet haben, sollten Sie die restlichen Pflanzen mit Stroh bedecken, um sie vor Frost zu schützen.

4 Schützen Sie die jungen Pflanzen mit einem feinmaschigen Netz vor eventuellen Schädlingen.

5 Sobald sich Radieschen bilden, kann die Ernte beginnen.

EMPFOHLENE SORTEN

Sommerradieschen
- **»Cherry Belle«:** rote Radieschen
- **»Amethyst«:** violette Radieschen
- **»Albena«:** weiße Radieschen

Winterrettich
- **»Mino Summer Cross«:** asiatischer Rettich (Daikon)
- **»Black Spanish Round«:** schwarzer Rettich

Kohlrübe

Das gelbfleischige Mitglied der Kohlfamilie ist ein wenig in Vergessenheit geraten – zu Unrecht, denn die Kohlrübe schmeckt sehr gut.

PREIS-LEISTUNGS-VERHÄLTNIS
PFLEGE
EINFRIEREN / LAGERN
ERNTE: MITTE HERBST–FRÜHER WINTER

Vielseitiges Gemüse Der Anbau der Kohlrübe ist nicht leicht, lohnt aber.

Kohlrüben sieht man in den Gärten heute eher selten, früher waren sie aus gutem Grund sehr beliebt. Zwar wachsen sie sehr langsam und sind anfällig für Schädlinge; wenn Sie dem Gemüse jedoch die richtigen Bedingungen bieten und die Pflanzen schützen, werden Sie mit großen kugelförmigen Knollen belohnt, die gebraten, gekocht oder püriert werden können.

Der geeignete Ort Kohlrüben gedeihen nur an sonnigen und fruchtbaren Flecken. Bauen Sie sie mit anderem Kohl wie Steckrüben oder Rettich an und setzen Sie sie im Sinne der Fruchtfolge um (siehe S. 22f.).

Schädlinge und Krankheiten Wie alle Kohlsorten sind auch Kohlrüben anfällig für bestimmte Krankheiten und Schädlinge, denen man mit feinmaschigen Netzen zu Leibe rücken kann. Damit sich die Knollen nicht spalten, muss der Boden immer gut feucht sein. Schützen Sie die Pflanzen vor Schnecken (siehe S. 227).

Ernte und Lagerung Gesät wird im Frühjahr, reif sind Kohlrüben im Herbst. Die Knollen können ruhig eine Weile im Boden bleiben, sollten aber noch vor dem ersten Frost geerntet werden. An einem kühlen Ort halten sie sich für kurze Zeit.

In der Küche Kohlrüben sind viel milder als andere Kohlsorten. Schält man sie, offenbart sich das gelbe Fruchtfleisch, das gekocht und püriert oder gebraten werden kann. Gut – vor allem als Beilage zu Fleisch – schmecken sie auch mit pürierten Karotten und Butter gemischt.

DAS GARTENJAHR

MITTLERES FRÜHJAHR
Geben Sie das Saatgut direkt in den Boden und bereiten Sie das Beet gut vor. Die Körner sollten 1 cm tief im Abstand von 30 cm zueinander liegen. Schützen Sie die Pflanzen mit einem feinmaschigen Netz vor Schädlingen.

SPÄTES FRÜHJAHR
Auch jetzt können Sie noch säen.

FRÜHSOMMER
Halten Sie den Boden immer gut feucht.

HOCHSOMMER
Wässern Sie, jäten Sie Unkraut und halten Sie nach Schädlingen Ausschau.

SPÄTSOMMER
Wenn es noch sehr warm ist, sollten Sie die Beete weiter gut wässern.

FRÜHHERBST
Ziehen Sie die Knolle möglichst als intakte Pflanze aus der Erde. Ernten können Sie vom Spätsommer bis zum Spätherbst.

QUALITATIV HOCHWERTIGE KOHLRÜBEN ANBAUEN

1 Gegen Schnecken helfen organische Schädlingsbekämpfungsmittel in Pelletform.

2 Fliegende Insekten halten Sie am besten mit einem feinmaschigen Netz fern.

3 Halten Sie den Boden den ganzen Sommer über immer gut feucht.

EMPFOHLENE SORTEN

- »Marian«: traditionelle Sorte mit violettem oberen Ende und süßem gelbem Fruchtfleisch

Zwiebel

Zwiebeln gehören zu den Gemüsesorten, die wohl am häufigsten in der Küche Verwendung finden.

✪✪✪✪✪ PREIS-LEISTUNGS-VERHÄLTNIS
✪✪✪✪✫ PFLEGE
✪✪✪✪✪ EINFRIEREN/LAGERN
ERNTE: FRÜHSOMMER–FRÜHHERBST

Zwiebeln gehören zur botanischen Unterfamilie der Lauchgewächse. Sie wurden schon von den alten Ägyptern zum Kochen verwendet und von den Römern weiter kultiviert. Schon damals gab es neben den braunen auch rote und weiße Zwiebelsorten.

Außer verschiedenen Anbaumethoden (siehe unten und S. 46f.) gibt es auch unterschiedliche Aussaatzeiten (Herbst und Frühjahr).

Der geeignete Ort Zwiebeln sind mit Schalotten (siehe S. 48), Knoblauch (siehe S. 49), Frühlingszwiebeln (siehe S. 106f.) und Lauch (siehe S. 104f.) verwandt und sollten möglichst in deren Nähe angebaut werden. Da sie außerdem anfällig für dieselben Schädlinge und Krankheiten sind, sollten sie im Zuge der Fruchtfolge auch gemeinsam umgesetzt werden. Zum Zwiebelanbau brauchen Sie gut verrotteten Kompost und pro Quadratmeter Boden 35 g Allzweckdünger. Zwiebeln eignen sich gut für den Anbau in Kübeln.

Sorten Zwiebeln gehören zu den zweijährigen Pflanzen, blühen also erst nach zwei Jahren. Im ersten Jahr bilden sie ein Speicherorgan aus – den Teil, den wir später verzehren.

Im Garten können Sie Zwiebeln auf zweierlei Arten anbauen. Entweder ziehen Sie sie in Töpfen vor und setzen sie dann in den Garten um oder Sie pflanzen sie direkt im Garten an. Für Letzteres brauchen Sie kleine Zwiebeln aus ➔

Immer gut trocknen
Nach der Ernte sollten Sie die Zwiebeln immer gut trocken reiben, damit sie sich den Winter über einlagern lassen. Sie können sie entweder auf dem Beet oder im Gewächshaus oder Wintergarten trocknen lassen.

ZWIEBELN SELBST ZIEHEN

1 Säen Sie Mitte des Frühjahrs etwa 6 Samen in einzelnen kleinen Töpfen.

2 Pflanzen Sie 4 bis 6 Wochen später alle Setzlinge mit etwa 20 cm Abstand voneinander im Freien an.

3 Während die Knollen wachsen, schieben sie sich gegenseitig weg und bilden kleine Grüppchen.

dem Handel (siehe unten). Beide Methoden haben ihre Vor- und Nachteile. Zwiebeln selbst zu ziehen, ist meist preiswerter; bei den Samen sind verschiedene Sorten erhältlich, oft lässt sich das Gemüse auch besser lagern. Wenn Sie andererseits kleine Zwiebeln kaufen, tun Sie sich mit dem Anbau etwas leichter. Doch wie gesagt: Das ist teurer, und die Auswahl an Sorten ist nicht so groß.

Schädlinge und Krankheiten

Zwiebeln sind recht schwefelhaltig, was die meisten Insekten abzuschrecken scheint. Dafür sind sie leider oft von Pflanzenkrankheiten betroffen:

MEHLKRANKHEIT Die Krankheit wird durch einen Pilz verursacht, der mehrere Jahre im Boden bleiben kann. Die Zwiebeln sind von einer weißlichen Schicht bedeckt, die Blätter verfärben sich gelb und sterben ab. Ist der Pilz einmal da, bleibt der Boden für mindestens 10 Jahre für Lauchgewächse unbrauchbar. Vorbeugen können Sie mit der Fruchtfolge oder dem Anbau in Kübeln.

FALSCHER MEHLTAU Auch diese Krankheit wird durch einen Pilz verursacht. Sie führt zu ovalen Läsionen an den Blättern, die schließlich absterben. Am häufigsten tritt die Krankheit in kühlen, feuchten Sommern auf; die betroffenen Pflanzen müssen vollständig entfernt werden.

Ernte und Lagerung Wenn sich die Zwiebeln gebildet haben und die Blätter gelb verfärben, ist das Gemüse fast reif für die Ernte. Heben Sie die Zwiebeln vorsichtig mit einer Grabegabel aus dem Boden. Dadurch lockern Sie die Wurzeln auf. Sie können die Zwiebeln ein paar Wochen auf dem Beet liegen lassen, allerdings nur, wenn es nicht allzu viel regnet. Seien Sie bei der Ernte vorsichtig – beschädigte Zwiebeln verrotten bei der Lagerung. Eine gute Lagermethode ist es, die Zwiebeln in Bündeln oder Zöpfen in einem kühlen Schuppen oder in der Garage aufzuhängen.

In der Küche Zwiebeln sind aus keiner Küche der Welt wegzudenken, von der italienischen bis zur indischen. Fein gehackt verleihen sie allen Soßen Konsistenz und Geschmack. Braune Zwiebeln halten sich am längsten und sollten gegart werden; rote und weiße Zwiebeln haben einen weniger stechenden Geschmack und schmecken auch roh, etwa in Salaten.

GEKAUFTE ZWIEBELN ANPFLANZEN

1 Wenn Sie die Zwiebeln kaufen und im Frühjahr oder Herbst direkt in den Garten setzen, tun Sie sich etwas leichter. Der Boden sollte fruchtbar und frei von Unkraut sein.

2 Stecken Sie die Zwiebeln mit dem spitzen Ende nach oben in die Erde; der Abstand zwischen ihnen sollte 10 cm, zwischen den Reihen 20 cm betragen. Das obere Ende muss noch herausragen – passen Sie aber auf, dass sich keine Vögel über die Zwiebeln hermachen.

3 Mitte bis Ende des Sommers sind die Zwiebeln erntereif. Heben Sie sie vorsichtig mit einer Grabegabel aus dem Boden.

WAS IST WAS?

Sie haben die Wahl zwischen vielen verschiedenen Zwiebelsorten. Wählen Sie nach persönlichem Geschmack und Kochgewohnheiten aus.

BRAUNE ZWIEBELN

Die traditionelle braune Zwiebel ist ein Muss in jeder Küche. Ist die Schale glatt und glänzend, hält sich die Zwiebel den Winter über gut. Sie wird am besten gegart.

JAPANISCHE ZWIEBELN

Diese Sorten wurden speziell für den Anbau im Herbst gezüchtet. Sie reifen schneller als die anderen Sorten, halten sich aber nicht so lange.

SILBERZWIEBELN

Silberzwiebeln sind normale Zwiebeln, die nur dichter angebaut werden. Sie werden meist zum Einlegen verwendet – etwa bei den berühmten Mixed Pickles.

ROTE ZWIEBELN

Rote Zwiebeln schmecken meist süßer und milder als die braunen. Zunächst war nur die Schale rot, heute gibt es auch Sorten mit rotem Fruchtfleisch. Sie bringen Farbe und Würze in jeden Salat.

WEISSE ZWIEBELN

Diese Zwiebelsorten bringen oft größere Früchte als die traditionellen braunen Zwiebeln hervor. Sie enthalten weniger Schwefel, der die Augen tränen lässt, und werden am besten roh in Salaten verzehrt.

4 Schütteln Sie die Erde aus den Wurzeln, dann trocknen die Zwiebeln schneller.

5 Lassen Sie die Zwiebeln entweder auf dem Beet liegen – wenn die Sonne scheint – oder trocknen Sie sie im Gewächshaus. Nur ganz trockene Zwiebeln lassen sich gut lagern.

DAS GARTENJAHR

SPÄTER WINTER

Kaufen Sie Zwiebeln für das Anpflanzen direkt im Garten.

FRÜHES FRÜHJAHR

Beginnen Sie mit dem Anpflanzen. Stecken Sie die Zwiebeln so in die Erde, dass nur das obere Ende herausragt. Sie sollten 10 cm Abstand voneinander haben, die Reihen sollten mindestens 20 cm weit auseinander liegen.

MITTLERES FRÜHJAHR

Jäten Sie regelmäßig Unkraut. Zusätzlich gießen müssen Sie wahrscheinlich nicht.

SPÄTES FRÜHJAHR

Jäten Sie weiter Unkraut.

FRÜHSOMMER

Die Pflanzen bilden nun große Zwiebeln, die Sie jedoch noch nicht ernten können.

HOCHSOMMER

Jäten Sie immer noch Unkraut. Einige Sorten können nun bereits geerntet werden. Heben Sie die Zwiebeln vorsichtig mit einer Grabegabel heraus und lassen Sie sie gut durchtrocknen.

SPÄTSOMMER

Nun sind die meisten Sorten bereit zur Ernte.

FRÜHHERBST

Bestellen Sie Ihre Herbstzwiebeln.

MITTLERER HERBST

Pflanzen Sie nun die Herbstzwiebeln an – allerdings aufgrund der Fruchtfolge in einem anderen Teil des Garten als die Zwiebeln im Frühjahr.

Schalotte

Die Schalotte ist gewissermaßen die edle Schwester der Zwiebel und macht sich besonders gut in der gehobenen Küche.

Schalottenzwiebeln
Schon ein paar Schalottenzwiebeln bringen in nur wenigen Monaten viele neue, mild schmeckende Schalotten hervor.

★★★★★ PREIS-LEISTUNGS-VERHÄLTNIS
★★★★☆ PFLEGE
★★★★★ EINFRIEREN / LAGERN
ERNTE: SPÄTSOMMER–MITTE HERBST

Im Anbau ähneln Schalotten den Zwiebeln. In der Ernte unterscheiden sie sich allerdings etwas von ihnen: Im Frühjahr angepflanzte Schalottenzwiebeln haben sich einige Monate später enorm vermehrt und bringen pro Zwiebel zehn oder mehr kleine Früchte hervor.

Der geeignete Ort Schalotten bauen Sie am besten mit Zwiebeln und anderen Mitgliedern der Lauchfamilie an. Viel Kompost mögen Schalotten jedoch nicht.

Im Garten Schalotten werden als Zwiebeln und Samen angeboten. Bei Zwiebeln folgen Sie den Ratschlägen auf S. 45, allerdings sollten Schalottenzwiebeln einen Abstand von 15 cm zueinander haben, die Reihen sollten 30 cm voneinander entfernt sein. Wie bei Zwiebeln ist auch hier das regelmäßige Unkrautjäten sehr wichtig.

Schädlinge und Krankheiten
Wie bei Zwiebeln (S. 46).

Ernte und Lagerung Schalotten sind ab dem Hochsommer reif. Lassen Sie sie auf dem Beet – oder bei Regen im Gewächshaus – zum Trocknen liegen. Lagern können Sie sie am besten in Netzen oder zu Bündeln zusammengebunden (siehe S. 46) an einem kühlen und trockenen Ort; sie halten sich dann bis zu 9 Monate lang.

In der Küche Gourmetköche lieben Schalotten, da sie feiner schmecken als ihre großen Geschwister. Verwenden Sie sie wie Zwiebeln oder in Eintöpfen und Soßen auch einmal ganz.

SCHALOTTEN SÄEN

1 Das Beet sollte möglichst unkrautfrei, gut umgegraben und fein gerecht sein.

2 Ziehen Sie mit einer Ecke des Rechens eine etwa 1,5 cm tiefe Saatrinne.

3 Geben Sie alle 30 cm je 6 bis 8 Schalottensamen hinein und bedecken Sie diese mit Erde.

DAS GARTENJAHR

MITTLERES FRÜHJAHR
Pflanzen Sie Schalottenzwiebeln in Reihen mit 15 cm Abstand zueinander an, möglichst in der Nähe der Zwiebeln. Die Spitzen sollten knapp aus der Erde herausragen; bedecken Sie sie mit einem Vlies oder Netz, um sie vor Vögeln zu schützen.

SPÄTES FRÜHJAHR
Jäten Sie regelmäßig Unkraut.

FRÜHSOMMER
Jäten Sie weiter Unkraut; gießen müssen Sie vermutlich nicht, es sei denn, es ist ein sehr trockener Frühsommer.

HOCHSOMMER–SPÄTSOMMER
Heben Sie die Schalotten vorsichtig mit einer Grabegabel aus dem Boden und lassen Sie sie einige Wochen zum Trocknen auf dem Beet liegen, bevor Sie sie einlagern.

EMPFOHLENE SORTEN
- Zwiebeln: »Yellow Moon«, »Topper«
- Samen: »Prisma«, »Ambition«

Knoblauch

Auch dieses einfach anzubauende Gemüse ist in der Küche schlichtweg unverzichtbar.

✪✪✪✪✪ PREIS-LEISTUNGS-VERHÄLTNIS
✪✪✪✪✪ PFLEGE
✪✪✪✪✪ EINFRIEREN/LAGERN
ERNTE: SPÄTES FRÜHJAHR–FRÜHHERBST

Reifer Knoblauch
Aus einer einzigen Knoblauchzehe ent wickeln sich in der Regel rund ein Dutzend neue. Frisch schmecken sie besonders mild.

Stecken Sie eine einzige Knoblauchzehe in die Erde und jäten Sie gut Unkraut – dann werden Sie wenige Monate später mit einer ganzen Knolle belohnt. Knoblauch ist gesund und schmeckt.

Der geeignete Ort Pflanzen Sie Knoblauch neben Zwiebeln und Schalotten im Fruchtfolgesystem an. Schwere, feuchte Böden mag er nicht.

Im Garten Knoblauch ist winterhart und braucht 30 bis 60 Tage lang Temperaturen unter 10 °C. Pflanzen Sie ihn im Herbst oder frühen Winter an. Bei schweren, feuchten Böden sollten Sie allerdings bis zum Frühjahr warten.

Ernte und Lagerung Graben Sie im Hochsommer vorsichtig eine Knolle aus, um zu prüfen, ob der Knoblauch schon reif ist. Falls nicht, lassen Sie ihn noch ein paar Wochen in Ruhe. Im Hochsommer sollte der ganze Knoblauch geerntet sein, damit er nicht erneut keimt. Frischen Knoblauch können Sie sofort verwenden, die restlichen Knollen lassen Sie trocknen. Sie können sie wie Zwiebeln und Schalotten in Zöpfen (siehe S. 46) oder Netzen lagern.

In der Küche Knoblauchknollen können im Ganzen geröstet oder als Füllung für Geflügel verwendet werden. In der Mittelmeerküche sowie in indischen und asiatischen Gerichten ist er unverzichtbar.

DAS GARTENJAHR

FRÜH- BIS SPÄTHERBST
Pflanzen Sie Knoblauch jetzt als einzelne Zehen mit dem spitzen Ende nach oben 3 cm tief direkt im Beet an.

MITTLERER WINTER BIS SPÄTER WINTER
In dieser Zeit ist es zu kalt, um Knoblauch anzupflanzen.

MITTLERES FRÜHJAHR
Jäten Sie regelmäßig Unkraut.

SPÄTES FRÜHJAHR
Jäten Sie weiter Unkraut und gießen Sie die Pflanzen, falls es sehr trocken ist.

FRÜHSOMMER
Ab jetzt können die ersten Knollen geerntet werden. Graben Sie eine aus und prüfen Sie, ob sie groß genug ist.

HOCHSOMMER
Nun sollte die Knoblauchernte abgeschlossen sein. Hängen Sie ihn zum Trocknen auf.

KNOBLAUCH ANBAUEN

1 Teilen Sie die Knolle in Zehen und stecken Sie diese mit dem spitzen Ende nach oben in die Erde.

2 Graben Sie die neuen Knollen vorsichtig mit einer Grabegabel aus.

3 Befreien Sie Wurzel und Knolle von überschüssiger Erde und lassen Sie die Knollen im Gewächshaus trocknen.

EMPFOHLENE SORTEN

- **»Solent white«:** Die robuste Sorte kann im Herbst und Winter angepflanzt werden.
- **»Rose de Lautrec«:** Die rosafarbene Sorte stammt aus Frankreich und zeichnet sich durch ihren feinen Geschmack aus.
- **Ackerlauch:** Hierbei handelt es sich eigentlich um Lauch, der knoblauchähnliche Knollen mit einem Durchmesser von 10 cm hervorbringt.

Topinambur

Das leicht anzubauende Gemüse belohnt Sie Jahr für Jahr mit süßen, nahrhaften Knollen, die besonders gut in Suppen und Eintöpfen schmecken.

●●●●● PREIS-LEISTUNGS-VERHÄLTNIS
●●●●○ PFLEGE
●●●●○ EINFRIEREN/LAGERN
ERNTE: SPÄTHERBST–WINTER

Früchte des Winters
Die schuppigen Knollen des Topinamburs können Sie für den unmittelbaren Bedarf den ganzen Winter über ernten.

Die aus Amerika stammende Pflanze bringt wohlschmeckende Knollen hervor, die Sie ab dem Herbst den ganzen Winter hindurch ernten können. Eine Warnung vorweg: Meist lassen sich nicht alle Knollen auffinden, weshalb die Pflanze Jahr für Jahr wieder kommt, wurde sie einmal angepflanzt. Am besten reservieren Sie dafür ein abgeschiedenes Eckchen im Garten, damit die Pflanze nicht wuchern kann.

Der geeignete Ort Die robuste Pflanze verträgt fast jedes Klima gut und gedeiht sowohl an sonnigen als auch an schattigen Orten. Allerdings wird sie bis zu 3 m groß und hat die Angewohnheit, sich auszubreiten. Ein mehr als 2 m^2 großes Beet brauchen Sie für Topinambur nicht.

Die Ausbreitung können Sie einigermaßen verhindern, wenn Sie Topinambur in Kübeln anpflanzen. Dann müssen die Pflanzen den ganzen Sommer über allerdings konstant gewässert werden; wenn Sie kein automatisches Bewässerungssystem haben, müssen Sie jeden Tag zur Gießkanne greifen.

Verwenden Sie Blumenerde oder Kompost auf Erdbasis. Letzterer ist meist viel schwerer ist als Allzweckkompost, der oft Torf oder kompostierte Rinde enthält und an Gewicht verliert, wenn er austrocknet. Der schwere Boden verhindert, dass die Pflanzen umfallen, wenn sie in die Höhe schießen.

Ernte und Lagerung Nach den ersten Frösten können die Blätter bis auf etwa 5 cm zurückgeschnitten werden. Da die Pflanze winterhart ist, können Sie die Knollen im Boden lassen, bis Sie sie in der Küche brauchen. Auf diese Weise haben Sie den ganzen Winter über etwas davon. Droht strenger Frost oder Schnee, sollten Sie das Beet mit einer dicken Schicht Stroh bedecken, um die Pflanzen zu schützen. Die Knollen halten sich aber auch in Plastiktüten im Kühlschrank einige Wochen.

In der Küche Kulinarisch ist Topinambur mit Kartoffeln vergleichbar: Sie können die Knollen braten, backen, frittieren und kochen. Geerntet wird wie bereits erwähnt jeweils bei Bedarf ab Herbst und möglicherweise den ganzen Winter über.

EMPFOHLENE SORTEN

- Bei Topinamburen ist im Fachhandel oft keine spezifische Sortenbezeichnung angegeben. Falls Sie doch die Wahl zwischen verschiedenen Sorten haben, nehmen Sie die mit heller und glatter Schale – etwa die **»Topstar«**, **»Henriette«** oder **»Gute Gelbe«** –, da diese besser schmecken und in der Zubereitung unkomplizierter sind.

DAS GARTENJAHR

SPÄTWINTER–FRÜHES FRÜHJAHR

Bestellen Sie die Knollen im Winter und pflanzen Sie sie 10–15 cm tief im Abstand von 30 cm zueinander an. Im Kübel pflanzen Sie nur eine einzige Knolle an.

FRÜHJAHR–HERBST

Sollte es wenig regnen, müssen Sie die Pflanzen regelmäßig wässern.

SPÄTHERBST

Schneiden Sie die Blätter bis auf 5 cm zurück und ernten Sie nach Bedarf.

WINTER

Lassen Sie entweder ein paar Knollen in der Erde oder heben Sie ein paar auf und pflanzen Sie sie im nächsten Jahr neu an.

Sellerie

Knollensellerie bildet nicht nur die Basis klassischer Gemüsesuppen; er schmeckt auch als Salat.

PREIS-LEISTUNGS-VERHÄLTNIS
PFLEGE
EINFRIEREN / LAGERN
ERNTE: FRÜHHERBST–SPÄTER WINTER

Knollensellerie gehört zur selben Familie wie Staudensellerie und Karotten, ist als Gemüse aber hoffnungslos unterschätzt. Er lässt sich leicht anbauen, hat aber eine lange Vegetationsperiode und liebt feuchten Boden, der die Knollen bis zum Herbst schwellen lässt. Diese können Sie den ganzen Winter über ernten.

Der geeignete Ort Knollensellerie braucht sehr viel Wasser. Er gedeiht in kühlem und feuchtem Klima mit einer langen frostfreien Anbausaison.

Im Garten Am besten bauen Sie die bis zu 50 cm hoch werdende Pflanze an einer offenen Stelle in Ihrem Garten an. Der Boden sollte nährstoffreich und gut mit Kompost gedüngt sein.

Ernte und Lagerung Ernten können Sie Knollensellerie ab dem frühen Herbst. Die Blattstängel verrotten im Winter, sollten also entfernt werden. Die Knollen schmecken am besten nach dem ersten milden Frost, vor schwerem Frost müssen Sie die Pflanzen mit einer Strohschicht auf dem Beet schützen.

In der Küche Die Blätter des Knollenselleries können Sie im Sommer für Suppen und Salate verwenden. Die knotigen Knollen müssen Sie nach der Ernte gründlich schrubben und schälen; sie eignen sich nicht nur für Suppen und Eintöpfe, sondern schmecken fein gehobelt auch roh im Salat. Oder Sie probieren es einmal mit einem Knollenselleriepüree.

Würziger als Staudensellerie
Probieren Sie es doch einmal mit fein gehobeltem Knollensellerie im Salat – oder gekocht und als Püree zubereitet.

EMPFOHLENE SORTEN

Die Sortenauswahl ist bei Knollensellerie nicht besonders groß. Empfehlenswert sind die beiden folgenden Sorten:

- **»Monarch«**: glatte Schale, guter Geschmack, gute Konsistenz, cremefarbene Knolle
- **»Brilliant«**: weißes Fruchtfleisch, ebenfalls glatte Schale

DAS GARTENJAHR

SPÄTER WINTER–FRÜHES FRÜHJAHR

Kaufen Sie Saatgut von einer der empfohlenen Sorten und pflanzen Sie es in kleinen Töpfen an. Bedecken Sie den Kompost nicht mit Erde, da die Samen Licht brauchen, um zu keimen. Ziehen Sie die Pflanzen in einem Gewächshaus oder Wintergarten bei höchstens 12 °C vor. Pflanzen Sie die Setzlinge nach dem Keimen aus.

MITTLERES FRÜHJAHR

Setzen Sie die Pflanzen in ein Frühbeet um, um sie an das Klima zu gewöhnen. Im späten Frühjahr setzen Sie sie dann mit einem Abstand von 30 cm zueinander ins Beet um. Schützen Sie sie vor Schnecken und fügen Sie etwas Gartenkompost hinzu, um den Boden feucht zu halten. Versorgen Sie sie zudem mit stickstoffreichem Düngergranulat. Wässern Sie regelmäßig.

MITTLERER HERBST

Entfernen Sie die abgestorbenen Blattstängel und ernten Sie je nach Bedarf.

BLATTGEMÜSE

Blattgemüse wie Kohl, Mizuna und Spinat steckt voller Vitamine und Antioxidanzien und sollte als gesunde Zutat in keiner Küche fehlen. Und nicht vergessen: Das Auge isst mit! Gemüsesorten wie Kopfsalat, Endivien oder Grünkohl zieren nicht nur den Teller, sondern auch den Garten.

Kopfkohl

Kopfkohl ist so vielseitig, dass Sie ihn das ganze Jahr über in der Küche verwenden können.

PREIS-LEISTUNGS-VERHÄLTNIS
PFLEGE
EINFRIEREN/LAGERN
ERNTE: GANZJÄHRIG

Rotkohl und Wirsing mögen vielleicht nicht Ihre erste Wahl für den Anbau sein, sollten jedoch mit aufs Beet, wenn Sie andere Mitglieder der Kohlfamilie in Ihrem Garten planen. Zu dieser gehören neben weiterem Blattgemüse wie Rosen-, Grün- und Chinakohl auch Wurzelgemüse wie Steck- und Kohlrüben sowie Blütengemüse wie Brokkoli und Blumenkohl. Die meisten dieser Gemüsesorten wachsen sehr langsam; sie sollten im Zuge der Fruchtfolge gemeinsam umgesetzt werden. Außerdem sind sie anfällig für die gleichen Schädlinge und Krankheiten, weshalb der Anbau in gegenseitiger Nähe sinnvoll ist.

Der geeignete Ort Kopfkohl eignet sich kaum für den Anbau in Kübeln. In einen kleinen Garten passt er jedoch gut, insbesondere mit der Möglichkeit, ihn als Babykohl zu ernten. Der Kohlhernie (siehe S. 55) beugen Sie am besten mit alkalischem Boden vor; beträgt der pH-Wert Ihres Bodens nicht um die 7, können Sie etwas Kalk zugeben (siehe S. 219).

Sorten Kopfkohlsorten gibt es wie Sand am Meer; meist folgt die Bezeichnung der Jahreszeit, in der der Kohl geerntet wird. Grundsätzlich unterscheidet man zwischen Weißkohl, Spitzkohl, Rotkohl und Wirsing und bei diesen wiederum zwischen frühen, mittelfrühen und späten Sorten.

Im Garten Kopfkohl mag nährstoffreichen Boden mit viel organischem Material. Vor dem Auspflanzen empfiehlt sich eine großzügige Menge ausgewogenen →

Farbe auf dem Beet
Kohlblätter ziehen Schädlinge an, doch wenn Sie die in Schach halten, sieht Ihr Kohlbeet fantastisch aus!

MIT FEINEN NETZEN GEGEN INSEKTEN

1 Stecken Sie mehrere etwa 30 cm lange Holzstäbe im Abstand von 90 cm in das Beet.

2 Schneiden Sie einen Gartenschlauch in Stücke und verbinden Sie die jeweils gegenüberliegenden Holzstäbe untereinander damit.

3 Legen Sie ein feinmaschiges Netz über das Gestell und sichern Sie es mit Steinen am Boden. Sie können das Netz auch direkt auf das Beet legen.

KOHL AUS SAMEN ZIEHEN

1 Streuen Sie ein paar Samen in einen mit Kompost gefüllten Topf und lassen Sie dabei etwa einen Fingerbreit Platz zwischen den Körnern. Bedecken Sie das Saatgut mit Kompost und wässern Sie alles gut.

2 Halten Sie auch die Setzlinge konstant feucht und setzen Sie sie erst ins Freie, wenn sie robust genug sind.

3 Pflanzen Sie die Setzlinge ins Beet um. Der Abstand zwischen ihnen bestimmt die Größe der Kohlköpfe.

4 Bedecken Sie das Beet mit einem feinmaschigen Netz und beschweren Sie dieses z.B. mit Steinen.

5 Stellen Sie sicher, dass die jungen Pflanzen unter dem Netz immer genug Platz zum Wachsen haben.

6 Sobald sich die Köpfe gebildet haben, schneiden Sie sie vorsichtig am Fuß der Pflanze ab.

Düngers. Zudem müssen die Pflanzen gut gewässert werden, insbesondere natürlich bei sehr trockenem Wetter. Meist werden die Kopfkohlpflanzen in kleinen Töpfen vorgezogen, bevor sie ins Freie umgesetzt werden. Geben Sie nur ein Samenkorn in jeden kleinen Behälter. Viel Wärme braucht Kopfkohl nicht, ein unbeheiztes Gewächshaus oder der Wintergarten sind zum Vorziehen bestens geeignet. Hat die Pflanze etwa 4 Blätter, ist sie bereit für das Freibeet. Halten Sie bei größeren Sorten einen Abstand von 50 cm zwischen den Pflanzen ein. Für Babykohl kann der Abstand aber auch nur 15 cm betragen. Vor Insekten sollten Sie die Pflanzen mit einem feinmaschigen Netz schützen.

Ernte und Lagerung Die frühen Sorten können Sie bereits im frühen Frühjahr ernten. Schneiden Sie die Köpfe ab, wenn sie die gewünschte Größe erreicht und wann immer Sie in der Küche dafür Bedarf haben. Im Sommer kommen dann die mittelfrühen Sorten auf den Teller; auch hier kann nach und nach geerntet werden. Winterkohl können Sie ebenfalls bis zum Verzehr im Garten lassen, Sie sollten ihn allerdings vor Tauben schützen. Weißkohl lagern Sie ab Winterbeginn am besten im Haus auf Regalen.

In der Küche Da Sie Kopfkohl ganzjährig ernten können, brauchen Sie schon etwas Fantasie, um sich genügend Rezepte dafür auszudenken. Die frühen Sorten schmecken frisch und mild; diese können Sie wie Spinat dünsten. Die mittelfrühen und späten Sorten – darunter auch Weiß- und Rotkohl – können Sie fein geraspelt roh im Salat essen. Wirsing passt ausgezeichnet in Aufläufe oder asiatische Gerichte, für die Sie ihn in feine Streifen schneiden und im Wok braten.

Kohl ernten
Die Kohlköpfe können geerntet werden, wenn sie die gewünschte Größe erreicht haben.

SCHÄDLINGE UND KRANKHEITEN

Alle Mitglieder der Kohlfamilie sind anfällig für diverse Schädlinge und Krankheiten.

Den im Folgenden genannten Schädlingen und Krankheiten können Sie mit feinmaschigen Netzen vorbeugen.

KOHLFLIEGE

Die Larven ernähren sich von den Wurzeln der jungen Pflanzen und töten diese ab.

KOHLWEISSLING

Legt der Schmetterling seine Eier auf den Blättern ab, werden die Raupen wenig später die gesamte Kohlernte vernichtet haben.

ERDFLÖHE

Die kleinen Käfer ernähren sich von den Blättern der Pflanzen. Junge Pflanzen sterben dadurch ab, ältere überleben zwar, werden aber völlig durchlöchert.

KOHLBLATTLAUS

Die graugrünen Insekten hängen zu Hunderten an den Unterseiten der Blätter; diese werden gelb und sterben ab.

TAUBEN UND KANINCHEN

Diese größeren Tiere lieben Kohl. Mit einem Netz halten Sie zwar Tauben fern, für die Kaninchen brauchen Sie robusteren Draht.

KOHLHERNIE

Die Kohlhernie befällt alle Mitglieder der Kohlfamilie. Dabei schwellen die Wurzeln an, die Pflanzen welken und sterben ab. Ist der Boden erst einmal infiziert, ist die Kohlhernie schwer wieder auszurotten. Meiden Sie diesen Ort zukünftig für Kohl und halten Sie eine strenge Fruchtfolge ein. Alkalischen Boden mag die Kohlhernie weniger; richten Sie ein entsprechendes Beet ein, das Sie allein dem Anbau von Kohl vorbehalten.

ECHTER UND FALSCHER MEHLTAU

Kohl ist anfällig für beide Krankheiten. Halten Sie den Boden gut feucht und entfernen Sie regelmäßig gelbe oder abgestorbene Blätter. Wenn der Mehltau dennoch weiter auftritt, sollten Sie den Abstand zwischen den einzelnen Pflanzen vergrößern..

EMPFOHLENE SORTEN

Frühe und mittelfrühe Sorten
- »Castello«, »Hispi«: Weißkohl
- »Maestro«, »Primero«: Rotkohl

Späte Sorten und Frühjahrskohl
- »January King«, »Agressor«, »Alfama«, »Ramco«, »Tolerator«

DAS GARTENJAHR

FRÜHES FRÜHJAHR

Wenn Sie Ihren Kopfkohl im letzten Sommer gesät haben, werden Sie ihn ab jetzt bis zum Frühsommer ernten können. Beginnen Sie nun mit der Aussaat Ihrer mittelfrühen Sorten. Ziehen Sie die Pflanzen in kleinen Töpfen vor.

MITTLERES FRÜHJAHR

Noch immer können Sie mittelfrühe Sorten aussäen.

SPÄTES FRÜHJAHR

Ziehen Sie Ihren Winterkohl in kleinen Töpfen vor. Setzen Sie die mittelfrühen Sorten in den Garten um.

FRÜHSOMMER

Setzen Sie die späten Sorten etwa 6 Wochen nach der Aussaat ebenfalls in den Garten um. Nun kann die Ernte der frühen Sorten beginnen.

HOCHSOMMER

Achten Sie auf Schädlinge, gießen Sie regelmäßig und ernten Sie weiter die frühen Sorten. Säen Sie die frühen Sorten für das nächste Jahr nun in kleinen Töpfen aus.

SPÄTSOMMER

Halten Sie die Pflanzen gut feucht.

FRÜHHERBST

Setzen Sie die frühen Sorten für das nächste Jahr um. Ernten Sie die mittelfrühen Sorten.

MITTLERER HERBST

Ernten Sie weiter.

SPÄTHERBST

Schützen Sie Ihre Kohlpflanzen vor Vögeln.

FRÜHER WINTER

Schließen Sie die Ernte der mittelfrühen Sorten ab und beginnen Sie die Ernte der späten Sorten.

Rosenkohl

Für diesen regelrechten Riesen unter den Kohlsorten brauchen Sie im Garten relativ viel Platz.

✪✪✪✪✪ PREIS-LEISTUNGS-VERHÄLTNIS
✪✪✪✪✪ PFLEGE
✪✪✪✪✪ EINFRIEREN/LAGERN
ERNTE: MITTE HERBST–SPÄTER WINTER

Das winterharte Gemüse ist ebenfalls ein Mitglied der Kohlfamilie. Durch Züchtung sind feste, blütenähnliche Knospen entstanden, die – den Winter über geerntet – würzig-scharf schmecken. Da die Pflanzen etwa 50 cm breit und bis zu 75 cm hoch werden, brauchen sie im Garten relativ viel Platz.

Der geeignete Ort Pflanzen Sie Rosenkohl mit anderen Kohlsorten an. Er hat eine lange Vegetationsperiode, braucht fruchtbaren Boden und einen sonnigen Standort. Fügen Sie vor dem Pflanzen kein organisches Material hinzu.

Im Garten Da die Pflanzen aufgrund ihrer Größe oft umfallen, brauchen sie ein festes Erdbett. Graben Sie den Boden also nicht um. Sie können die Pflanzen auch mit Holzstäben stützen. Am besten gedeiht Rosenkohl als Nachfolger von Bohnen (siehe S. 22f.); fügen Sie beim Anpflanzen 100 g Allzweckdünger pro Quadratmeter Beet hinzu.

Schädlinge und Krankheiten Wie bei Kopfkohl (siehe S. 55).

Ernte und Lagerung Die frühen Sorten können bereits ab dem Spätsommer geerntet werden, mittelfrühe Sorten sind ab Herbst erntebereit. Warten Sie, bis sich die festen Knospen vollständig geformt haben, und ernten Sie von unten nach oben. Rosenkohl steht in dem Ruf, nach dem ersten Frost süßer zu schmecken; bei sehr strengen Wintern sollten Sie jedoch die ganze Pflanze ausreißen und an einem kühlen, frostfreien Ort aufhängen.

In der Küche Gedünsteter Rosenkohl ist eine traditionelle Beilage. Probieren Sie ihn doch auch einmal püriert als Suppe.

Zur Ernte bereit
Die festen Knospen des Rosenkohls können Sie ab Herbst den ganzen Winter hindurch ernten.

EMPFOHLENE SORTEN

- **»Braveheart«:** hoch wachsende Sorten mit kleinen, süßen Knospen
- **»Rosella«:** mittelfrühe Sorte mit hohen Erträgen
- **»Diablo«:** ertragreiche Sorte mit langer Ernteperiode
- **»Falstaff«:** Sorte mit roten Blättern und Knospen; leider verschwindet die Farbe beim Garen

DAS GARTENJAHR

MITTLERES FRÜHJAHR
Säen Sie nur 1 Rosenkohlsamen pro Pflanztopf aus und stellen Sie diesen an einen geschützten Ort im Freien. Sie brauchen wahrscheinlich nicht mehr als 6 einzelne Pflanzen.

SPÄTES FRÜHJAHR

Sind die Pflanzen etwa 15 cm hoch, setzen Sie sie mit einem Abstand von 90 cm zueinander ins Beet um. Drücken Sie die Erde um den Stängel fest an. Gießen Sie die Pflanzen gut und schützen Sie sie mit einem feinmaschigen Netz vor Schnecken.

HOCHSOMMER
Binden Sie die Pflanzen hoch, wenn sie zu groß werden, und düngen Sie sie.

AB HERBST
Ernten Sie vom Fuß der Pflanze bis oben.

Grünkohl

Einst war Grünkohl in den Küchengärten sehr beliebt. Heute feiert die Pflanze auch aufgrund ihrer optischen Vorzüge ihr Comeback.

●●●●● PREIS-LEISTUNGS-VERHÄLTNIS
●●●●○ PFLEGE
●●○○○ EINFRIEREN / LAGERN
ERNTE: FRÜHHERBST–SPÄTER WINTER

Grünkohl wird ab dem Frühjahr angebaut und kann im Herbst und Winter geerntet werden. Sie können ihn, ähnlich wie Mizuna (siehe S. 58f.), aber auch als Salat ab dem Spätsommer anbauen. Bestimmte Sorten, etwa der Palmkohl (Cavolo Nero) eignen sich auch für Ziergärten.

Der geeignete Ort Grünkohl sollte mit anderen Mitgliedern der Kohlfamilie angebaut werden. Als Salatpflanze können Sie ihn auch in Kübeln anpflanzen.

Sorten Die meisten Grünkohlsorten sind, wie der Name schon sagt, grün, es gibt aber auch welche mit roten Blättern. Immer beliebter wird auch der in der Toskana heimische Palmkohl, der über 2 m groß werden kann.

Im Garten Grünkohl bevorzugt den selben Boden und Standort wie Rosenkohl. Er wird meist als Wintergemüse angebaut, eignet sich aber auch als Salat. Für Letzteren stecken Sie die Samen in Reihen mit 20 cm Abstand direkt in den Boden oder mit 2,5 cm Abstand in einen Behälter mit 30 cm Durchmesser. Säen können Sie das ganze Jahr über, am besten eignet sich jedoch der Spätherbst. Die jungen Blätter am Fuß der Pflanze sollten Sie 6 bis 10 Wochen nach der Aussaat ernten können. Sie kommen zwar wieder, schmecken bei der ersten Ernte aber am besten.

Schädlinge und Krankheiten
Dieselben wie bei Kopfkohl (siehe S. 55).

Wenn Sie im späten Herbst aussäen, sind die Pflanzen im Allgemeinen weniger anfällig für Schädlinge, doch sollten Sie auch hier feinmaschige Netze verwenden.

Ernte und Lagerung Ernten Sie sowohl die zarten Blättchen für den Salat als auch die größeren Blätter für das Gemüse je nach Bedarf. Die Pflanzen wachsen weiter bis ins Frühjahr hinein.

In der Küche Die jungen Blätter des Grünkohls stecken voller Eisen und Vitamin C. Die älteren können Sie dünsten oder im Wok anbraten. Ein Klassiker ist natürlich auch das niedersächsische Nationalgericht »Grünkohl mit Pinkel«, einer geräucherten Grützwurst.

EMPFOHLENE SORTEN

- **»Darkibor«:** traditionelle grüne Sorte des Grünkohls
- **»Redbor«:** ungewöhnliche und optisch sehr ansprechende rote Sorte des Grünkohls
- **»Black Tuscany«:** weit verbreitete Palmkohlsorte

Fast schon kleine Statuen
Der Palmkohl (Cavolo Nero) bringt auch im Winter Farbe und Struktur in Ihren Garten und schmeckt außerdem hervorragend.

DAS GARTENJAHR

MITTLERES FRÜHJAHR
Pflanzen Sie je 2 Samen in kleinen Töpfen an und entfernen Sie die kleinere Pflanze, wenn beide sprossen sollten. Stellen Sie die Töpfe in ein unbeheiztes Gewächshaus oder an eine geschützte Stelle im Garten.

FRÜHSOMMER
Achten Sie auf Schädlinge und bedecken Sie die Pflanzen falls nötig mit einem feinmaschigen Netz.

HOCHSOMMER
Setzen Sie die Pflanzen im Abstand von 45 cm in den Garten um. Halten Sie sie gut feucht und schützen Sie sie vor Schnecken.

AB HERBST
Ernten Sie die Blätter bei Bedarf. Die Pflanzen wachsen den Winter über langsam weiter.

Mizuna & Mibuna

STAR PFLANZE
WINTERSALAT
HOHER ERTRAG

Diese Gruppe japanischer Pflanzen aus der Kohlfamilie sorgt den ganzen Winter hindurch für willkommene Abwechslung im Salat.

PREIS-LEISTUNGS-VERHÄLTNIS
PFLEGE
EINFRIEREN/LAGERN
ERNTE: HOCHSOMMER–MITTE WINTER

Mizuna und Mibuna wachsen schnell und sind ausgesprochen köstlich. Wenn Sie auch im Winter nicht auf Salat verzichten wollen, sollten Sie diese beiden winterharten Pflanzen regelmäßig in Ihrem Garten anbauen. Schützen Sie sie mit feinen Netzen vor Schädlingen.

Der geeignete Ort Das Gemüse bevorzugt nährstoffreiche, fruchtbare Böden und kommt auch mit etwas Schatten zurecht. Auch als Topfpflanze für Balkon und Fensterbrett eignet es sich.

Sorten Meist sind als Sortenbezeichnungen nur Mizuna und Mibuna zu finden, doch gibt es mittlerweile auch ein paar produktive Neuzüchtungen.

Andere Wintersalate Die Pflanzen versorgen Sie den ganzen Winter über mit frischem Salat; schützen Sie sie mit einem feinen Netz vor Schädlingen oder stellen Sie sie ins Gewächshaus. Es gibt noch andere Wintersalatsorten, die Sie alle im Frühherbst anpflanzen sollten:

ROTER SENF »RED FRILLS« Roten Senf können Sie vom frühen Winter bis zum frühen Frühjahr ernten. Diese Sorte hat besonders feine Blätter. Der Anbau im Winter schützt zwar vor Schädlingen, gehen Sie jedoch mit Netzen auf Nummer sicher. Die Samen bilden sich im Frühjahr.

FELDSALAT »CAVALLO« Feldsalat ist nicht nur im Winter sehr beliebt. Er hat einen sehr milden, nussigen Geschmack, die Blätter sind weich und zart. Sie können sie ab dem mittleren Winter bis zum Frühjahr ernten. Mit Schädlingen sollten Sie im Winter kaum Probleme haben.

GEWÖHNLICHES TELLERKRAUT Die Pflanze produziert Unmengen kleiner Blätter an langen Stängeln. Sie eignen sich ebenfalls bestens für die winterliche Salatschüssel und sind etwas milder als die des Mizuna und Roten Senfs. Ernten können Sie ab Mitte des Winters bis zum Frühjahr.

Im Garten Mizuna und Mibuna können Sie auch im Sommer anbauen; doch dann gibt es so viel Salat im Garten, dass Sie mit diesen Sorten am besten bis zum Herbst warten. Ist das meiste andere Gemüse geerntet, beginnt die Aussaatzeit für Mizuna und Mibuna. Wenn Sie die

MIZUNA ANBAUEN

1 Haben die Blätter eine vernünftige Größe erreicht, schneiden Sie sie etwa 2 cm über dem Boden ab und genießen sie im Salat.

2 Halten Sie den Boden gut feucht und geben Sie regelmäßig Allzweckdünger darauf.

3 Schneiden Sie die Blätter erneut ab, wenn sie die gewünschte Länge erreicht haben. Mizunablätter können bis zu dreimal geschnitten werden.

Winterblätter
Die würzigen Blätter des Mizuna machen sich optisch und geschmacklich sehr gut im Wintersalat.

Pflanzen ein wenig schützen, haben Sie den ganzen Winter über etwas davon.

Schädlinge und Krankheiten
Dieselben wie bei anderen Mitgliedern der Kohlfamilie (siehe S. 55); durch den Anbau im Winter sind die Pflanzen aber weniger anfällig. Wenn Sie auf Nummer sicher gehen wollen, verwenden Sie feinmaschige Netze.

Ernte und Lagerung Schneiden Sie die Blätter mit Stängel bei Bedarf ab. Geerntet werden kann bereits 6 Wochen nach der Aussaat. Die Pflanzen können den Winter über im Boden bleiben und überleben Temperaturen von bis zu –10 °C.

In der Küche Verwenden Sie die würzigen Blätter, um Ihre Wintersalate aufzupeppen. Sie machen sich auch hervorragend in Tomatensoße für Nudeln. Ebenfalls gut schmecken sie gedünstet, im Wok gebraten oder in asiatischen Suppen.

Gewöhnliches Tellerkraut
Das ist nicht abwertend gemeint, sondern die botanische Bezeichnung dieses Wintersalats.

DAS GARTENJAHR

FRÜHHERBST
Säen Sie in Reihen mit 40 cm Abstand zwischen den Reihen und 2,5 cm Abstand zwischen den Samen. Bedecken Sie die Samen mit Erde, gießen Sie den Boden gut und streuen Sie organische Anti-Schnecken-Pellets darauf.

MITTLERER HERBST
Zeigen sich die ersten Pflänzchen, schützen Sie sie mit feinen Netzen vor Schädlingen.

AB SPÄTHERBST
Ernten Sie die Blätter bei Bedarf.

EMPFOHLENE SORTEN
Meist werden Mizuna und Mibuna unter dieser Sortenbezeichnung oder als Teil einer Salatmischung angeboten. Mit etwas Glück finden Sie jedoch auch die folgenden Sorten:
- **»Early Mizuna«**: Diese Sorte hat gezackte Blätter.
- **»Tokyo Belle«**: Diese Sorte hat etwas breitere Blätter.

Chinakohl & Pak Choi

Wenn Sie gern asiatisch kochen, werden Sie es besonders zu schätzen wissen, Chinakohl und Pak Choi frisch aus dem eigenen Garten verwenden zu können.

●●●●○ PREIS-LEISTUNGS-VERHÄLTNIS
●●○○○ PFLEGE
●●○○○ EINFRIEREN/LAGERN
ERNTE: SPÄTSOMMER–FRÜHER WINTER

Das Problem vieler asiatischer Gemüsesorten ist, dass sie vorzeitig in Samen schießen, besonders wenn das Klima heiß und trocken ist und die Tage lang sind. Angeblich gibt es inzwischen Neuzüchtungen, die dagegen resistent sein sollen. Anfällig sind Chinakohl und Pak Choi wie alle Mitglieder der Kohlfamilie auch für Schneckenbefall und andere Schädlinge. Doch wer die authentische asiatische Küche mag, wird um den Anbau dieses Gemüses nicht herumkommen.

Der geeignete Ort Pflanzen Sie das Gemüse im Spätsommer nach Frühkartoffeln oder Saubohnen (siehe S. 72) an. Wenn Sie die Pflanzen gut vor Schädlingen schützen, können Sie sie auch in Kübeln ziehen. Sie wachsen sehr schnell, brauchen dafür aber viel Wasser. Wählen Sie im Garten eine Stelle mit gutem Boden aus.

Sorten Chinakohl wächst viel schneller als europäischer Kohl; die weißen oder hellgrünen Blätter haben meist einen sehr intensiven Geschmack. Die Köpfe sind oval und umschließen mit ihren dichten und festen Blättern ein knackiges Herz. Die Blätter des Pak Choi sind breiter und je nach Sorte entweder grün oder rot. Die Stängel sind ebenfalls essbar.

Im Garten Um zu vermeiden, dass die Pflanzen vorzeitig in Samen schießen, säen

EMPFOHLENE SORTEN

Chinakohl
- **»Kasumi«:** Die Sorte bildet fassförmige Köpfe und soll nicht vorzeitig in Samen schießen.
- **»Jade Pagoda«, »Green Tower«:** Die etwas größeren Pflanzen bilden zylinderförmige Köpfe mit dichten Blättern aus.
- **»Ruffles«:** Die ungewöhnliche Sorte bildet mehrere Köpfe aus.

Pak Choi
- **»Joi Choi«:** Die Sorte hat große weiße Stängel und dunkelgrüne Blätter. Sie schießt nicht vorzeitig in Samen.
- **»Canton Dwarf«:** Die kleinere Sorte hat kleinere Blätter.

PAK CHOI IM SOMMER IN KÜBELN ANPFLANZEN

1 Stecken Sie bis zu 6 Samen in gleichmäßigem Abstand in einen großen Behälter. Bedecken Sie sie mit etwas Blumenerde und geben Sie noch einige organische Anti-Schnecken-Pellets dazu.

2 Schützen Sie die Pflanzen mit einem feinmaschigen Netz vor Insekten.

3 Gießen Sie regelmäßig und düngen Sie mit einem Allzweck-Flüssigdünger.

4 Etwa 8 Wochen nach der Aussaat sollten die Blätter bereit zur Ernte sein.

Vollendeter Wok-Genuss
Die Baby-Pak-Choi-Sorte »Mei Qing Choi« wächst besonders gut und zeichnet sich durch ihre knackigen und doch zarten Blätter aus.

Sie sie am besten im Sommer aus. Düngen Sie den Boden vor dem Umsetzen der Pflanzen ins Freie und mulchen Sie anschließend gut mit Kompost. Die flachen Wurzeln mögen es, wenig, dafür aber öfter gegossen zu werden.

Schädlinge und Krankheiten

Das Vorziehen in Töpfen schützt vor Schnecken, sicherer ist die zusätzliche Anwendung feinmaschiger Netze (siehe S. 55).

Ernte und Lagerung Ernten können Sie im Allgemeinen bereits 10 bis 12 Wochen nach der Aussaat. Wenn Sie erst im späten Herbst ernten wollen, halten sich die Pflanzen auch noch ein paar Wochen länger, wenn Sie sie mit einem Vlies vor Frost schützen. Kündigt der Wetterbericht strengen Frost an, können Sie die Köpfe des Kohls abschneiden und mehrere Wochen im Kühlschrank aufbewahren. Schneiden Sie das Gemüse immer möglichst weit unten ab, dann treibt die Pflanze neu aus.

In der Küche Junge Blätter eignen sich für Salate, ansonsten ist das Gemüse in der Küche Asiens allgemein sehr beliebt.

DAS GARTENJAHR

FRÜH- BIS HOCHSOMMER

Bereiten Sie den Boden mit einem Allzweckdünger oder einem Dünger mit hohem Stickstoffgehalt vor. Säen Sie direkt im Beet: Der Abstand zwischen den Chinakohlpflanzen sollte 30 cm, der zwischen den Pak-Choi-Pflanzen 20 cm betragen. Sie können später aber auch noch ausdünnen. Alternativ empfiehlt sich das Vorziehen der einzelnen Pflanzen in kleinen Töpfen.

SPÄTSOMMER

Setzen Sie die vorgezogenen Pflanzen ins Freie um. Nehmen Sie sie vorsichtig aus dem Topf und lassen Sie 30 cm Abstand zwischen den Reihen. Mulchen Sie mit Kompost und gießen Sie einmal in der Woche.

FRÜHER–MITTLERER HERBST

Wirken die Pflanzen schwach, düngen Sie mit Flüssigdünger. Nun kann die Ernte beginnen. Schneiden Sie Chinakohl etwa 2,5 cm über dem Boden ab, dann treibt die Pflanze neu aus.

SPÄTHERBST

Ernten Sie den restlichen Kohl.

FRÜHES–SPÄTES FRÜHJAHR

Die Pflanzen überleben den Winter und bringen Blüten hervor. Diese können Sie wie Brokkoli ernten.

NOCH MEHR ASIATISCHES GEMÜSE

Neben Chinakohl und Pak Choi gibt es noch andere asiatische Gemüsesorten, die sich ebenfalls gut zum Braten im Wok eignen. Der Anbau ist der gleiche.

- **Tatsoi** bringt dunkelgrüne gerundete Blätter in Rosetten hervor, weshalb er auch Rosetten-Pak-Choi genannt wird.

Spinat

Dieses Blattgemüse ist besonders beliebt. Für Salate kann es dicht gesät und jung geerntet werden, als Gemüse sollte es länger reifen.

PREIS-LEISTUNGS-VERHÄLTNIS
PFLEGE
EINFRIEREN/LAGERN
ERNTE: FRÜHSOMMER–MITTE HERBST

Obwohl Spinat gern gegessen wird, ziehen es nur wenige in Erwägung, ihn selbst anzubauen. Dabei braucht er im Garten kaum Platz und kann als Salat bereits wenige Wochen nach der Aussaat geerntet werden. Leicht anzubauen ist er allerdings nicht: Es darf weder zu trocken noch zu heiß sein. Etwas leichter tun Sie sich mit Mangold (siehe gegenüber).

Der geeignete Ort Spinat können Sie in Kübeln oder im Beet anbauen. Der Boden sollte nährstoffreich und locker sein. Bauen Sie ihn mit langsamer wachsenden Sorten wie Mais oder Kohl an.

Sorten Zwischen den verschiedenen Sorten gibt es kaum geschmackliche Unterschiede. Einige sind robuster als andere, meist teilt man in Sommer- und Wintersorten ein.

Im Garten Spinat können Sie ab dem frühen Frühjahr bis zum Frühsommer aussäen. Richtig warm mag er es nicht, die Wiederaussaat kann allerdings schon im Spätsommer beginnen. Sind die Blätter etwa 5 cm breit, kann er geerntet werden. Füllen Sie einen großen Behälter mit Kompost und stecken Sie etwa alle 5 cm einen Samen hinein. Bedecken Sie sie mit etwas Kompost und wässern Sie den Topf.

Schädlinge und Krankheiten
Probleme kann es mit Blattläusen (siehe S. 227), Falschem Mehltau und Schnecken geben. Einige Sorten sollen jedoch gegen Mehltau resistent sein.

Ernte und Lagerung Spinat können Sie ganzjährig ernten: jung als Salat, reifer als Gemüse. Er ist bekannt dafür, dass er leicht in Samen schießt; dann entfernen Sie die unerwünschten Pflanzen einfach.

In der Küche Die jungen Blätter können Sie roh als Salat essen. Die größeren waschen Sie und lassen sie in einem Topf – ohne Wasser – zusammenfallen.

EMPFOHLENE SORTEN
- **»Bordeaux«:** gute Wahl für Babyspinat
- **»Lazio«:** angeblich resistent gegen Falschen Mehltau und vorzeitiges In-Samen-Schießen
- **»Polar Bear«:** gute Wintersorte

Frisch und knackig
Spinat sieht nicht nur elegant aus, sondern ist auch sehr gesund. Bereiten Sie ihn wie Mangold zu.

DAS GARTENJAHR

FRÜHES FRÜHJAHR

Stecken Sie bei der ersten Aussaat die Samen 1 cm tief in die Erde, die Reihen sollten einen Abstand von 30 cm haben. Wenn es noch sehr kalt ist, decken Sie das Beet mit einer Folie ab.

MITTLERES–SPÄTES FRÜHJAHR

Säen Sie alle paar Wochen weitere Reihen. Wenn Sie die Pflanzen länger wachsen lassen wollen, sollten Sie einen Abstand von 15 cm zwischen ihnen einhalten.

FRÜH- BIS HOCHSOMMER

Gießen Sie in Trockenperioden gut und ernten Sie nach Bedarf.

SPÄTSOMMER

Säen Sie jetzt winterharten Spinat für die Ernte im nächsten Frühjahr. Der Abstand zwischen den Pflanzen sollte 20 cm betragen.

Mangold

Die ideale Alternative zum Spinat: Mangold schmeckt nicht nur ausgezeichnet, sondern ist ebenso gesund wie Spinat und eignet sich darüber hinaus auch als Zierpflanze.

●●●●● PREIS-LEISTUNGS-VERHÄLTNIS
●●●●○ PFLEGE
●●○○○ EINFRIEREN / LAGERN
ERNTE: FRÜHES FRÜHJAHR–SPÄTHERBST

Mangold wird viel größer als Spinat (siehe gegenüber), weshalb Sie die Blätter vor dem Kochen am besten von den Stängeln trennen. Es gibt mittlerweile viele verschiedene Mangoldsorten, darunter auch sehr farbenfrohe, die Abwechslung in den Garten und auf den Teller bringen.

MANGOLD IN KÜBELN

1 Füllen Sie einen großen Topf mit Kompost und stecken Sie 6 bis 8 Samen hinein.

2 Halten Sie die Pflanzen gut feucht und ernten Sie Blätter oder Blätter und Stängel je nach Bedarf.

Der geeignete Ort Mangold bevorzugt nährstoffreiche Böden, die viel Feuchtigkeit speichern. Die Pflanzen kommen auch gut mit etwas Schatten zurecht.

Sorten Als Mitglied der Familie der Fuchsschwanzgewächse ist Mangold eine zweijährige Pflanze, die also im ersten Jahr nicht blüht. Sie wird bis zu 45 cm hoch. Die Blätter können jung geerntet werden; wenn Sie die Pflanze jedoch wachsen lassen, bildet sie dicke Stängel in verschiedenen Farben aus.

Im Garten Mangold ist sehr leicht anzubauen. Einmal gesät, wächst er das ganze Jahr über. Bei einer zweiten Aussaat wächst er auch im nächsten Jahr noch. Er eignet sich auch für den Anbau in Kübeln und wird in manchen Gärten auch als Zierpflanze genutzt.

Schädlinge und Krankheiten Wie Spinat ist auch Mangold anfällig für Falschen Mehltau.

Ernte und Lagerung Die äußeren Blätter können Sie regelmäßig ernten. Oder Sie schneiden die ganze Pflanze etwa 2 cm über dem Boden ab. Lassen Sie die Pflanzen das ganze Jahr über wachsen und ernten Sie bei Bedarf.

In der Küche Mangold können Sie in der Küche ähnlich wie Spinat verwenden. Die jungen Blätter eignen sich ebenso für Salat, bei den reifen Pflanzen werden die Stängel jedoch viel dicker als bei Spinat. Dann sollten Sie Stängel und Blätter trennen und sie entweder dünsten oder im Wok braten.

DAS GARTENJAHR

MITTLERES FRÜHJAHR

Entweder Sie ziehen Mangold in kleinen Töpfen vor und setzen ihn später ins Freie um oder Sie säen ihn direkt im Beet aus. Dann stecken Sie die Samen 1,5 cm tief in die Erde und halten 30 cm Abstand zwischen den Reihen.

SPÄTES FRÜHJAHR

Dünnen Sie die Pflanzen aus, der Abstand zwischen ihnen sollte etwa 30 cm betragen.

FRÜHSOMMER

Beginnen Sie nun mit der Ernte der äußeren Blätter und schneiden Sie die ganze Pflanze ab.

HOCHSOMMER

Düngen Sie mit einem Allzweckdünger und gießen Sie regelmäßig. Wenn Sie jetzt erneut aussäen, können Sie im nächsten Jahr auch noch Mangold ernten.

SPÄTSOMMER

Bis in den Winter hinein können Sie den Mangold immer wieder ernten.

EMPFOHLENE SORTEN

- **»Bright Lights«:** Die Farben pracht an sich: Die Pflanze mit den weißen Stängeln erstrahlt in Rot, Gelb und Gold.
- **»Rhubarb Vulcan«:** Diese Sorte zeichnet sich durch hellrote Stängel und satt-grüne Blätter aus.

Gartensalat

Schon die alten Ägypter aßen gern Kopfsalat, und auch heute noch darf das gesunde Gemüse auf keiner Speisekarte fehlen.

✪✪✪✪✪ PREIS-LEISTUNGS-VERHÄLTNIS
✪✪✪✪○ PFLEGE
✪✪○○○ EINFRIEREN/LAGERN
ERNTE: FRÜHSOMMER–SPÄTHERBST

Den ersten Salat baute man wegen seiner ölhaltigen Samen an, dann waren es vermutlich die Römer, die die Blätter auf den Teller brachten. Nach nunmehr vielen Jahrhunderten intensiver Züchtung gibt es eine große Bandbreite an Sorten, etwa hellgrüne, sehr milde und rote, die etwas herber sind.

Aufgrund technischer Neuerungen sind seit einiger Zeit Babysalate und Sorten, die immer wieder kommen, auf dem Markt. Dann umfasst der Zeitraum von der Aussaat bis zur Ernte nur wenige Wochen.

Der geeignete Ort Salat gibt sich mit sehr wenig Platz zufrieden. Er mag es leicht schattig und bevorzugt nährstoffreiche Böden mit viel organischem Material. Da er sehr schnell wächst, können Sie ihn gemeinsam mit langsamer wachsenden Gemüsesorten wie Zuckermais und Kohl früh im Jahr anbauen. Oder Sie setzen ihn in die Lücken, die z.B. Erbsen und Saubohnen auf dem Beet hinterlassen. Denken Sie an die Fruchtfolge zwecks Schädlingsbekämpfung. Zudem kann Salat das ganze Jahr über in Kübeln angepflanzt werden. Wenn Sie die Pflanzen im Gewächshaus vorziehen, tun Sie dies sowohl früh als auch spät im Jahr, dann können Sie im Herbst, Winter und frühen Frühjahr ernten.

Sorten Salat kann man grob in zwei Gruppen einteilen: Die eine bildet feste Köpfe, die andere lose, auseinanderfallende Blätter.

FESTE KÖPFE Zu dieser Gruppe zählt zunächst einmal der Kopfsalat. Die dicken und weichen Blätter sind geschmacksintensiv, welken aber nach der Ernte rasch. Als Nächstes wären Eisbergsalat und Romanasalat zu nennen, die sehr knackige Blätter haben und gerne in der Fast-Food- und Sandwich-Küche verwendet werden. Geschmacklich lässt zumindest der Eisbergsalat manchmal etwas zu wünschen übrig. Und schließlich gibt es noch Bataviasalat, der zwischen Romana- und Kopfsalat anzusiedeln ist.

LOSE BLÄTTER Bei diesen Sorten bildet sich kein Salatherz, sie eignen sich deshalb bestens für den Anbau in Kübeln, in denen der Salat nach der Ernte immer wieder kommt. Lollo bianco und Lollo rosso sind Beispiele dafür; leider sehen sie besser aus, als sie schmecken. Viel mehr Geschmack haben Eichblattsalate.

Schädlinge und Krankheiten Salat ist anfällig für verschiedene Schädlinge und Krankheiten. Schneckenbefall beugen Sie am besten durch den Anbau in Kübeln vor. Die Pflanzen wachsen so schnell, dass die Schädlinge kaum eine Chance haben.

SALAT ANBAUEN, DER IMMER WIEDER KOMMT

1 Für Salat brauchen Sie keinen tiefen Topf – ein breiter, flacher ist ideal. Füllen Sie den Topf mit Allzweckkompost.

2 Streuen Sie die Samen auf die Oberfläche, etwa alle 1,5 cm einen. Bedecken Sie die Samen mit etwas Kompost.

Knackige Blätter
Wenn Sie das Gemüse im Garten anbauen, haben Sie von Frühjahr bis Herbst immer frischen Salat in der Küche.

Wenn Sie dagegen Salat direkt im Beet aussäen, fressen die Schnecken meist schon die ganz jungen Pflänzchen. Es empfiehlt sich deshalb, größere Setzlinge anzupflanzen und sie entsprechend vor Schnecken zu schützen. Auch Blattläuse stellen ein Problem dar: Sitzen sie einmal auf den Blättern, bekommt man sie nur schwer wieder ab. Versuchen Sie es mit einem biologischen Schädlingsbekämpfungsspray. Bei Wurzellausbefall welken die Pflanzen, bei Falschem Mehltau werden die Blätter gelb, und es bildet sich – besonders bei kaltem, feuchtem Klima – Schimmel. Halten Sie die Pflanzen möglichst trocken und mit etwas Abstand zueinander.

Ernte und Lagerung Salat ernten Sie, wenn Sie ihn in der Küche brauchen. Er hält sich nur 1 Woche im Kühlschrank.

Roter Salat
Rote Salatsorten wie z.B. Lollo rosso bringen optische Abwechslung in Ihre Salatschüssel.

In der Küche Gartensalat bildet aufgrund seines relativ neutralen Geschmacks die ideale Basis für jeden gemischten Salat. Gute, da recht würzige Begleiter sind Rucola, Endivie und Chicorée. Romanasalat wird gern für den berühmten Caesar's Salad verwendet, für Sandwiches nimmt man eher Kopfsalat.

EMPFOHLENE SORTEN

Kopfsalat
- **»Tom Thumb«**: wächst schnell
- **»Clarion«**: weiche, buttrige Blätter

Romanasalat
- **»Attico«**: braucht wenig Platz
- **»Delight/Little Gem«**: kleine Sorte mit süßem Geschmack

Bataviasalat
- **»Leny«**: großer Kopf, nussiges Aroma
- **»Teide«**: rote, sehr robuste Sorte
- **»Giardina«**: rote, gezackte äußere Blätter und grünes Herz

Eisbergsalat
- **»Barcelona«**: resistent gegen Blattlaus und Falschen Mehltau

3 Gießen Sie die Pflanzen; nach etwa 4 Wochen können Sie erstmals ernten. Schneiden Sie die Blätter rund 2,5 cm über dem Boden ab.

4 Gießen Sie weiter, die Pflanzen sollten dann erneut sprießen. Meist können Sie insgesamt dreimal ernten.

DAS GARTENJAHR

SPÄTER WINTER
Säen Sie in kleinen Töpfen aus. Stellen Sie die Töpfe nicht in die direkte Sonne und halten Sie sie gut feucht.

MITTLERES FRÜHJAHR–SOMMER
Setzen Sie die jungen Pflanzen in den Garten um, wenn sie robust genug sind. Säen Sie weiter aus.

HOCHSOMMER
Jetzt sollten Sie nicht mehr aussäen, da Salat bei sehr warmem Wetter nicht gut keimt.

SPÄTSOMMER
Wenn Sie jetzt noch einmal aussäen, haben Sie den Salat im Herbst. Ernten Sie weiter einzelne Blätter oder ganze Salatköpfe.

HERBST
Wenn Sie ein Gewächshaus haben, können Sie dort auch Wintersorten ziehen.

WINTER–FRÜHJAHR
Ernten Sie nun den Salat im Gewächshaus.

Chicorée & Endivie

Man liebt sie oder man hasst sie, die leicht bitteren Blätter des Chicorées und der Endivie. Für die Fans lohnt der Anbau definitiv.

★★★★★ PREIS-LEISTUNGS-VERHÄLTNIS
★★★☆☆ PFLEGE
★★☆☆☆ EINFRIEREN / LAGERN
ERNTE: HOCHSOMMER–FRÜHER WINTER

EMPFOHLENE SORTEN

Radicchio
- **»Palla Rossa«:** runder, fester Kopf

Endivie
- **»Eros«:** große, leicht gekräuselte Blätter

Chicorée zum Hochzüchten
- **»Witloof Zoom«**

Chicorée und Endivie sind die bitteren Verwandten des Salats. Häufig werden die Blätter gebleicht, indem die Pflanzen ein bis zwei Wochen vor der Ernte mit einem Topf bedeckt werden, um das Licht auszuschließen. Das mildert auch den Geschmack.

Der geeignete Ort Auch diese Pflanzen können in Töpfen oder im Garten gezogen werden. Wenn Sie dazu noch Radicchio anbauen, kommt Farbe ins Beet.

Sorten Zur gleichen Pflanzenfamilie wie Chicorée und Endivie gehört auch der rote Radicchio, der durch seinen feinen bitteren Geschmack in der Küche sehr beliebt ist. Bestimmte Chicoréesorten können zum raschen Hochzüchten verwendet werden (siehe unten).

Bei den Endivien sind die gekräuselten Sorten am beliebtesten. Von Natur aus sind Endivien dunkelgrün, durch das Bleichen kann man den Blättern jedoch auch einen helleren, gelblichen Ton verleihen.

Im Garten Chicorée und Endivie werden im Frühjahr und Sommer ausgesät und können bis in den Winter hinein geerntet werden.

Schädlinge und Krankheiten Wie bei Gartensalat (siehe S. 64).

Ernte und Lagerung Ernten Sie die Blätter, wenn Sie sie in der Küche brauchen. Die Pflanzen sind recht robust und können den Winter überleben.

In der Küche Sie können die Blätter einerseits roh im Salat essen, sie schmecken aber auch gegrillt oder gebraten ausgezeichnet.

CHICORÉE RASCH HOCHZÜCHTEN

1 Bei Pflanzen im Freien müssen Sie die Wurzeln im Spätherbst herausziehen, nachdem Sie die Blätter abgeschnitten haben. Sie können die Pflanzen aber auch in Töpfen ziehen.

2 Pflanzen Sie mehrere Wurzeln in Töpfen mit Allzweckkompost an. Wenn Sie die Pflanzen ohnehin schon im Topf gezogen haben, bleiben die Wurzeln, wo sie sind.

3 Bedecken Sie die Pflanzen, um das Licht auszuschließen. Stellen Sie die Töpfe an einen mindestens 10 °C warmen Ort. In ein paar Wochen haben sich Chicoréestauden gebildet.

DAS GARTENJAHR

FRÜHES–MITTLERES FRÜHJAHR

Säen Sie die Samen wie Salat in kleinen Töpfen aus. Setzen Sie sie in Reihen im Abstand von 30 cm ins Freie, wenn die Setzlinge robust genug dafür sind.

SPÄTES FRÜHJAHR

Sie können immer noch aussäen.

FRÜHSOMMER

Letzter Zeitpunkt für die Frühjahrs- und Frühsommeraussaat

HOCHSOMMER

Sie können Endivien nun bleichen, indem Sie die Pflanzen mit einem Topf oder Teller bedecken. Säen Sie nun erneut aus, wenn Sie im Winter ernten wollen.

SPÄTSOMMER

Setzen Sie kleinere Pflanzen, die Sie im letzten Monat ausgesät haben, in Reihen mit 30 cm Abstand ins Freie, damit Sie den ganzen Winter über ernten können. Schützen Sie sie mit einem Vlies vor Kälte.

FRÜHHERBST

Ernten Sie weiter.

Rucola

Als Rauke einst in Vergessenheit geraten, ist das Gemüse als Rucola heute in der Küche unverzichtbar.

✪✪✪✪✪ PREIS-LEISTUNGS-VERHÄLTNIS
✪✪✪✪✪ PFLEGE
✪✪✪✪✪ EINFRIEREN/LAGERN
ERNTE: SPÄTES FRÜHJAHR–MITTE HERBST

Als Salatpflanze kennen wir Rucola aus Italien, heimisch ist sie als Rauke bei uns schon länger. Immer beliebter wird Rucola auch auf der Pizza und in Pastasoßen. Sie können ihn das ganze Jahr über anbauen.

Der geeignete Ort Rucola wächst sehr schnell und kann bereits 6 Wochen nach der Aussaat geerntet werden. Im Hochsommer gedeiht er weniger gut, dann schießt er leicht in Samen.

Die Pflanzen eignet sich auch gut für den Anbau in Töpfen: Nur ein paar Rucolasamen versorgen Sie rasch mit einer reichen Salaternte. Im Normalfall treibt die Pflanze erneut aus.

Sorten Bis vor Kurzem war im Handel nur Saatgut für Wilde Rauke erhältlich. Die Blätter sind schmaler und tief eingeschnitten, der Geschmack ist schärfer als beim Salatrucola. Dieser hat größere Blätter und einen milderen Geschmack.

Immer wieder ernten
Schneiden Sie Rucola knapp über dem Boden ab, produziert er laufend neue Blätter.

Schädlinge und Krankheiten Der schnell wachsende Rucola ist eigentlich nur anfällig für den Flohkäfer, der die Blätter durchlöchert hinterlässt. Vorbeugen können Sie mit einem früheren oder späteren Anbau, schützen können Sie die Pflanzen zudem mit einem feinen Netz.

Ernte und Lagerung Schneiden Sie so viele Blätter ab, wie Sie brauchen. Wenn Sie gestaffelt aussäen, haben Sie im Frühjahr, Sommer und Herbst immer Rucola auf dem Teller.

In der Küche Rucola eignet sich nicht nur für Salate, sondern auch als Pizzabelag und für Pastasoßen.

EMPFOHLENE SORTEN

Wilde Rauke
- »Grazia«, »Tricia«

DAS GARTENJAHR

MITTLERES FRÜHJAHR

Säen Sie Rucola nicht zu früh aus – am besten im mittleren Frühjahr. Wenn Sie direkt im Beet aussäen, sollten Sie einen Abstand von 1 cm zwischen den Samen einhalten. Wenn Sie im Topf anpflanzen, füllen Sie einen großen, flachen Behälter mit Allzweckkompost und streuen die Samen darauf.

SPÄTES FRÜHJAHR

Nun können Sie die ersten Blätter ernten. Schneiden Sie sie etwa 2,5 cm über dem Boden ab.

FRÜHSOMMER

Säen Sie jeden Monat in einem weiteren Topf oder eine weitere Reihe aus, dann können Sie kontinuierlich ernten.

FRÜHHERBST

Spätester Aussaatzeitpunkt. Wenn Sie auch im Winter Schärfe im Salat haben wollen, wechseln Sie jetzt zu Mizuna (siehe S. 58f.).

HÜLSENFRÜCHTE & FRUCHTGEMÜSE

Wer glaubt, Erbsen und Bohnen ließen sich besser im Supermarkt kaufen, hat sein Gemüse noch nie frisch vom Strauch probiert. Zudem lässt es sich auch noch ganz leicht selbst anbauen.

Dieses Kapitel widmet sich darüber hinaus den Kürbisgewächsen wie Zucchini und Gurken, die nicht nur pflegeleicht sind, sondern auch hohe Erträge bringen.

Stangenbohnen

Wenn Sie produktives, pflegeleichtes Gemüse wollen, stehen Stangenbohnen ganz oben auf der Liste.

●●●●● PREIS-LEISTUNGS-VERHÄLTNIS
●●●●○ PFLEGE
●●●●○ EINFRIEREN/LAGERN
ERNTE: FRÜHSOMMER–MITTE HERBST

Pflanzen aus der Familie der Hülsenfrüchtler werden weltweit angebaut; dazu gehören auch alle Bohnen und Erbsen. Stangenbohnen ranken sich beim Wachsen an Kletterhilfen empor. Und das sehr schnell: Erfolgt die Aussaat im Frühjahr, kann bereits im Hochsommer geerntet werden. Das Beste daran: Je mehr Sie ernten, desto produktiver werden die Pflanzen. Sie wachsen bis zum ersten Frost.

Außerdem nutzen Erbsen und Bohnen mithilfe bestimmter Bakterien in ihren Wurzeln Stickstoff aus der Atmosphäre als Nährstoff. Somit brauchen die Pflanzen wenig Dünger.

Der geeignete Ort Stangenbohnen brauchen Kletterhilfen und viel Platz zum Wachsen. Sie sollten mit anderen Bohnen und Erbsen Teil der Fruchtfolge sein (siehe S. 22f.) und gemeinsam angebaut werden.

Häufig folgen sie auf Kohl, der sehr gierig ist und dem Boden die meisten Nährstoffe entzogen hat. Neben viel Kompost brauchen Stangenbohnen aufgrund des üppigen Blattwerks viel Wasser. Bohnen kommen mit etwas Schatten zurecht, mögen es aber trotzdem lieber sonnig.

Sorten Die extrem produktiven Pflanzen bringen robuste Früchte hervor. Sie werden von Insekten bestäubt, was zu Beginn der Anbausaison manchmal Probleme mit sich bringt.

Kletterschnittbohnen können viel früher geerntet werden. Diese gibt es in zahlreichen verschiedenen Formen und Farben – mit flachen und zylindri- →

Bohnen im Überfluss
Stangenbohnen versorgen Sie bis zum ersten Frost immer wieder mit wohlschmeckendem Gemüse.

schen, mit grünen, gelben und violetten Schoten. Sie alle sollten regelmäßig und relativ jung geerntet werden.

Ähnlich ist die italienische Borlotti-Bohne mit ihren gesprenkelten roten Schoten. Die Früchte eignen sich am besten zum Trocknen und halten sich den ganzen Winter über.

Schädlinge und Krankheiten
Manchmal kann die Schwingfliege ein Problem darstellen. Dagegen schützen Sie die Pflanzen am besten mit einem organischen Schädlingsbekämpfungsspray.

Ernte und Lagerung In der Hochsaison sollten Sie fast jeden Tag ernten. Seien Sie vorsichtig, um die am Strauch verbleibenden Schoten nicht zu beschädigen.

Was Sie nicht unmittelbar brauchen, können Sie blanchieren und einfrieren. Oder Sie trocknen die Bohnen und lagern sie in einem luftdichten Behälter.

In der Küche Im Sommer genießen Sie die frischen Bohnen am besten gedämpft, im Winter verwenden Sie sie getrocknet für Suppen und Eintöpfe.

EMPFOHLENE SORTEN

Stangenbohnen
- **»Red flame«:** mit roten Blüten
- **»White Lady«:** mit weißen Blüten

Kletterschnittbohnen
- **»Blue Lake«, »Fasold«:** mit zylindrischen grünen Schoten
- **»Violet Podded«:** mit flachen violetten Schoten
- **»Goldfield«:** mit flachen hellgelben Schoten

Borlotti-Bohnen
- **»Barlotto Lingua di Fuoco«:** mit grün-rot gesprenkelten Schoten

KLETTERHILFEN FÜR STANGENBOHNEN BAUEN

1 Wählen Sie einen sonnigen Standort, wo die Bohnen aber keinen Schatten auf andere Pflanzen werfen können. Heben Sie im frühen Frühjahr einen flachen Graben aus und füllen Sie diesen mit viel Kompost.

2 Stecken Sie 6 bis 10 etwa 2 m lange Stäbe im Abstand von mindestens 15 cm zueinander in den Boden. Die Stäbe sollten einen Kreis bilden.

3 Binden Sie die Stäbe oben fest mit einer Paketschnur zusammen.

4 Pflanzen Sie eine Pflanze pro Stab an und dirigieren Sie sie beim Wachsen um die Stäbe herum, damit sie nach oben klettern.

DAS GARTENJAHR

MITTLERES–SPÄTES FRÜHJAHR
Säen Sie Bohnen nicht zu früh aus, da sie kälteempfindlich sind und ohnehin schnell wachsen. Ziehen Sie sie einzeln in kleinen Töpfen auf Allzweckkompost vor.

FRÜHSOMMER
Ist die Frostgefahr gebannt, setzen Sie die Pflanzen ins Freie um. Sollten Sie mehr Pflanzen als Kletterhilfen haben, können Sie pro Stab auch zwei Pflanzen anbauen.

HOCHSOMMER
Kletterschnittbohnen sind jetzt schon bereit zur Ernte, Stangenbohnen brauchen etwas länger. Ernten Sie alle paar Tage und gießen Sie bei Trockenheit.

SPÄTHERBST
Ernten Sie jetzt die letzten Bohnen, um sie zu trocknen. Lagern Sie die Schoten an einem kühlen und trockenen Ort – etwa in der Garage oder im Gewächshaus –, pulen Sie die Bohnen aus den Schoten und bewahren Sie sie bis zum nächsten Frühjahr in Papiertüten auf.

TIPP

Bevor Sie in den Urlaub fahren, sollten Sie möglichst alle Bohnen ernten – die Pflanzen sind so produktiv, dass Sie nach Ihrer Rückkehr wieder viele frische Bohnen haben werden.

Buschbohnen

Wer wenig Platz hat und Bohnen liebt, sollte Buschbohnen in Töpfen und Hängekörben anpflanzen.

●●●●● PREIS-LEISTUNGS-VERHÄLTNIS
●●●●○ PFLEGE
●●●●○ EINFRIEREN/LAGERN
ERNTE: FRÜHSOMMER–MITTE HERBST

Knackige Schoten
Buschbohnen können Sie leicht selbst ziehen. Sie sind sehr genügsam, erbringen aber eine reiche Ernte.

Wie Stangenbohnen gibt es auch Buschbohnen in vielen Formen und Farben. Einige Sorten eignen sich hervorragend zum Trocknen. Auch hier haben Sie die Wahl zwischen Kletter- und Schnittbohnen. Letztere sind weiter verbreitet.

Alle Buschbohnen sind leicht anzubauen und kaum von Schädlingen befallen. Außerdem werden Schnittbohnen nicht von Insekten bestäubt, weshalb Sie damit also auch keine Probleme haben sollten.

Der geeignete Ort Wie Stangenbohnen sind auch Buschbohnen kälteempfindlich, sollten also an einem frostfreien Ort angebaut werden. Sie bevorzugen nährstoffreiche Böden und kommen auch mit etwas Schatten zurecht, doch bringt der Anabu in voller Sonne die höchsten Erträge.

Wenn Sie viel Platz haben, können Sie sie mit anderen Bohnen und Erbsen im Garten anpflanzen und im Zuge der Fruchtfolge jedes Jahr umsetzen. Die Pflanzen brauchen viel Wasser.

EMPFOHLENE SORTEN

Klettervariante
- **»Hestia«**: mit roten und weißen Blüten

Schnittbohnenvariante
- **»Purple Teepee«**: dunkelviolette Schoten

Wenn Sie wenig Platz haben, sind Töpfe und Hängekörbe ideal. Die Pflanzen sehen auch hübsch aus, vor allem wenn sie blühen. Im Gewächshaus können Sie Buschbohnen je nach Bedarf auch früher oder später ernten.

Sorten Die Klettervariante der Buschbohne wird bis zu 45 cm hoch. Sie eignet sich dann, wenn Sie nicht so viele Bohnen brauchen, wie Stangenbohnen hervorbringen.

Bei der Schnittbohnenvariante haben Sie eine große Sortenauswahl. Die zylindrischen Schoten sind grün, gelb oder dunkellila.

Schädlinge und Krankheiten
Wie bei Stangenbohnen können Sie die Pflanzen mit einem organischen Schädlingsbekämpfungsspray vor der Schwingfliege schützen. Oder Sie ziehen deren natürlichen Feinde – Marienkäfer und Netzflügler – an.

Ernte und Lagerung Ernten Sie die Schoten, wenn sie etwa 10–15 cm lang sind. Was Sie nicht brauchen, blanchieren Sie und frieren Sie ein.

In der Küche Junge, frische Buschbohnen schmecken gedünstet und mit etwas Butter fast wie Spargel!

DAS GARTENJAHR

MITTLERES FRÜHJAHR
Buschbohnen sind kälteempfindlich, weshalb Sie sie etwa 4 Wochen vor dem letzten Frost in kleinen Töpfen vorziehen sollten. In Gegenden mit milderem Klima können Sie sie auch direkt im Beet aussäen. Halten Sie bei den Reihen einen Abstand von 30 cm ein, zwischen den Samen 5 cm. Stecken Sie die Samen 2 cm tief in die Erde.

SPÄTES FRÜHJAHR
In kälteren Gegenden kann die Aussaat erst jetzt beginnen. Setzen Sie die Pflanzen dann im Frühsommer ins Freie um.

FRÜHSOMMER
Gießen Sie die Pflanzen und ernten Sie die etwa 10 cm langen Bohnen.

HOCHSOMMER
Säen Sie erneut direkt im Beet aus. Ernten können Sie dann im Frühherbst.

SPÄTSOMMER
Gießen und ernten Sie weiter.

Saubohnen

Die köstliche Saubohne kennt man auch als Ackerbohne, Favabohne oder Dicke Bohne.

●●●●● PREIS-LEISTUNGS-VERHÄLTNIS
●●●●○ PFLEGE
●●●●○ EINFRIEREN/LAGERN
ERNTE: FRÜHSOMMER–SPÄTSOMMER

Der perfekte Erntezeitpunkt
Ob Sie im Frühjahr oder im Herbst aussäen – ernten Sie Saubohnen auf jeden Fall, wenn sie noch relativ jung sind, dann schmecken sie einfach am besten.

Im Supermarkt sind Saubohnen teuer und oft nicht so geschmacksintensiv, wie man sie gern hätte. Glücklicherweise lassen sie sich leicht anbauen und sind zudem noch winterhart. Meist pflanzt man sie im Herbst an und kann sie als eine der ersten Gemüsesorten im Frühjahr ernten. Säen Sie dann erneut aus, können Sie die Erntesaison auf 8 Wochen ausdehnen. In der Küche passen Saubohnen gut zu Karotten, Erbsen und Spargel.

Der geeignete Ort Bauen Sie Saubohnen mit anderen Bohnen im Fruchtfolgesystem (siehe S. 22f.) an. Sie brauchen relativ viel Platz und bringen pro Pflanze nur eine Handvoll Bohnen hervor, eignen sich also weniger für den Anbau im Topf. Da die Pflanzen recht groß werden, sind sie für Stützen dankbar (siehe rechts).

Sorten Meist werden Saubohnen in frühe und späte Sorten eingeteilt, doch sind sie alle winterhart. Neuzüchtungen haben kleinere und süßere Bohnen ergeben, die jung geerntet und samt Schote gegessen werden können.

Schädlinge und Krankheiten
Saubohnen sind eigentlich nur für die Schwarze Bohnenlaus anfällig. Diese setzt sich in Scharen an den Spitzen der Triebe fest – schneiden Sie Letztere also im Frühsommer ab. Hilft das nicht, setzen Sie ein organisches Schädlingsbekämpfungsspray ein.

Wenn Sie direkt im Beet aussäen, können auch Mäuse ein Problem werden – sie scheinen eine besondere Vorliebe für Saubohnensamen zu haben. Ziehen Sie die Pflanzen dann in Töpfen vor und setzen Sie sie nach ein paar Wochen ins Freie um.

Ernte und Lagerung Sehen Sie einmal in der Woche nach den Pflanzen und ernten Sie die Schoten, in denen sich Bohnen gebildet haben.

Sie können die Schoten ernten, wenn sie noch jung und zart und nur etwa 5 cm lang sind; diese können Sie ganz verzehren. Am besten genießen Sie sie frisch vom Strauch – ein einmaliges Erlebnis!

STÜTZEN FÜR SAUBOHNEN

1 Sind die Pflanzen etwa 30 cm hoch, kann ein stürmischerer Wind sie beschädigen.

2 Stecken Sie Bambusstäbe am Rand des Beets in den Boden um die Pflanzen herum.

DER SCHWARZEN BOHNENLAUS VORBEUGEN

1 Halten Sie an den Spitzen der Triebe nach der Schwarzen Bohnenlaus Ausschau. Die Schädlinge können auch die Stängel befallen und die Ernte verderben.

2 Wenn Sie die Spitzen der Triebe etwa 10 cm lang abschneiden, kann sich die Laus nicht weiter ausbreiten.

In der Küche Die Schale kann relativ hart sein, lässt sich aber leicht abstreifen. Saubohnen schmecken einfach unglaublich, wenn man sie mit anderem Frühsommergemüse dünstet. Wenn Sie sie samt der Schote dünsten, sollten Sie noch etwas Butter dazugeben.

3 Wickeln Sie um die Stäbe Schnüre, die den Pflanzen den nötigen Halt bieten.

EMPFOHLENE SORTEN

- »Red Epicure«: hübsche rote Blüten und rosafarbene Bohnen
- »Stereo«: Sorte mit kleineren Schoten

DAS GARTENJAHR

SPÄTHERBST

In Gegenden mit milderen Wintern stecken Sie nun alle 20 cm einen Saubohnensamen 5 cm tief in die Erde. Säen Sie eine zusätzliche Reihe aus; mit diesen Pflanzen können Sie später die Lücken füllen.

FRÜHER WINTER

Bestellen Sie jetzt das Saatgut, das Sie im Frühjahr aussäen wollen.

FRÜHES FRÜHJAHR

Bauen Sie Stützen für die Pflanzen (siehe Bildfolge unten).

MITTLERES FRÜHJAHR

Säen Sie erneut aus, damit Sie auch etwas später im Sommer ernten können.

SPÄTES FRÜHJAHR

Halten Sie nach der Schwarzen Bohnenlaus Ausschau und schneiden Sie die befallenen Spitzen der Triebe ab.

FRÜHSOMMER

Bauen Sie Stützen für die Pflanzen, die Sie im Frühjahr angepflanzt haben.

HOCHSOMMER

Nun ist es Zeit für die Ernte der Herbstaussaat. Drücken Sie die Schoten leicht, um zu prüfen, ob sich Bohnen in ihnen gebildet haben.

SPÄTSOMMER

Prüfen Sie die Frühjahrsaussaat und ernten Sie, wenn die Bohnen so weit sind.

FRÜHHERBST

Entfernen Sie die abgeernteten Pflanzen und geben Sie sie auf den Komposthaufen.

Erbsen

Auch Erbsen schmecken frisch vom Strauch so gut, dass auf dem Weg vom Garten in die Küche immer ein paar »verloren gehen«.

●●●●● PREIS-LEISTUNGS-VERHÄLTNIS
●●●●○ PFLEGE
●●●●○ EINFRIEREN/LAGERN
ERNTE: SPÄTES FRÜHJAHR–MITTE HERBST

Erbsen können sehr früh ausgesät werden; sie wachsen rasch und sind leicht anzubauen. Sie ranken sich an jeder Kletterhilfe empor und können bereits im Hochsommer geerntet werden. Die heute erhältlichen Sorten sind so zart, dass das Gemüse kaum mehr gekocht werden muss.

Der geeignete Ort Erbsen passen auch im Garten gut zu Bohnen und sollten mit ihnen im Fruchtfolgesystem (siehe S. 22f.) angebaut werden. Sie brauchen allerdings relativ viel Platz. Am besten pflanzen Sie sie in Reihen an; da die Pflanzen über 1 m hoch werden können, sind sie für Kletterhilfen sehr dankbar.

Sorten Auch Erbsen teilt man in frühe und späte Sorten ein.

Im Garten Normalerweise werden Erbsen im Spätwinter vor dem letzten Frühjahrsfrost ausgesät. Ernten können Sie innerhalb eines Monats. Wenn Sie alle 14 Tage bis zum mittleren Frühjahr neu aussäen, können Sie viel länger ernten und haben immer frische Erbsen in der Küche.

Schädlinge und Krankheiten Der Erbsenwickler kann seine Eier in den Schoten ablegen, wo dann die Larven schlüpfen. Da der Schädling nur zu bestimmten Zeiten auftaucht, können Sie vorbeugen, indem Sie nach und nach aussäen.

Gegen Echten Mehltau hilft es, die Pflanzen gut zu mulchen und sie bei Dürre stets feucht zu halten.

ERBSEN ZUM KEIMEN BRINGEN

1 Schneiden Sie ein größeres, längs halbiertes Plastikrohr in Stücke von etwa 1 m Länge bzw. in der Länge Ihrer Pflanzreihen.

2 Blockieren Sie die Enden mit Steinen oder anderen geeigneten Gegenständen und füllen Sie das Rohr mit Allzweckkompost.

3 Säen Sie das Saatgut im Abstand von 5 cm aus und bedecken Sie es mit etwas Kompost.

STAR PFLANZE SÜSS & MILD SOMMER ERNTE

Für Naschkatzen
Es gibt kaum etwas Köstlicheres als frische Erbsen aus dem eigenen Garten. Wenn Sie alle paar Tage ernten, erhalten die Erbsen einen besonders süßen Geschmack.

DAS GARTENJAHR

SPÄTER WINTER

Gegen Ende des Winters können Sie erstmals aussäen. Erbsen tolerieren Schnee und Frost. Graben Sie eine Saatrinne und stecken Sie die Samen in zwei Reihen 2,5 cm tief im Abstand von etwa 5 bis 10 cm in den Boden.

FRÜHES–SPÄTES FRÜHJAHR

Säen Sie alle 14 Tage neue Reihen. Bieten Sie den Pflanzen Kletterhilfen in Form von Ästen aus dem Garten, Bambusstäben oder Geflechten.

HOCHSOMMER

Gießen Sie regelmäßig. Nun kann die Ernte beginnen.

Ernte und Lagerung Prüfen Sie alle paar Tage, ob sich Erbsen in den Schoten gebildet haben. Überreife Erbsen sind trocken und zäh.

In der Küche Frische Erbsen können roh verzehrt werden – am besten direkt vom Strauch! Geben Sie beim Dämpfen etwas Butter hinzu, das macht den zarten Geschmack noch intensiver.

EMPFOHLENE SORTEN

- **»Misty«:** kurze, nur etwa 70 cm hohe Sorte
- **»Evita«:** späte Sorte (Markerbse), die sich im Bio-Anbau besonders bewährt hat
- **»Grandera«:** späte Sorte mit hohem Ertrag

4 Gießen Sie regelmäßig und legen Sie das Rohr an einen geschützten Ort, etwa in ein Gewächshaus oder in den Windschatten einer Mauer oder eines Zauns.

5 Haben die Pflanzen gekeimt, ziehen Sie eine flache Pflanzrinne und setzen die Pflanzen vorsichtig um.

6 Gießen Sie die Pflanzen nun regelmäßig. Sobald sie größer sind, bauen Sie ihnen entsprechende Kletterhilfen.

Zuckerschoten

Wenn Sie Erbsen nicht gerne schälen, auf den Geschmack aber nicht verzichten wollen, sind Zuckerschoten genau das Richtige für Sie.

●●●●○ PREIS-LEISTUNGS-VERHÄLTNIS
●●●○○ PFLEGE
●●●●○ EINFRIEREN / LAGERN
ERNTE: SPÄTES FRÜHJAHR–MITTE HERBST

Der richtige Erntezeitpunkt
Ernten Sie Zuckerschoten, sobald sich die Hülsen gebildet haben – dann schmecken sie am süßesten.

Erbsenschoten schmecken ebenso süß und saftig wie die Erbsen selbst. Es gibt verschiedene Zuckerschotensorten, von flach bis rundlicher. Im Supermarkt oder Asialaden sind sie immer noch relativ teuer, weshalb sich der Eigenanbau durchaus lohnt – insbesondere da Zuckerschoten ebenso pflegeleicht sind wie Erbsen. Außerdem bringen sie hohe Erträge: Eine 1 m lange Reihe ergibt etwa 2 kg Zuckerschoten. Essen können Sie Zuckerschoten roh, im Wok gebraten oder gedämpft als Sommergemüse.

Der geeignete Ort Die verschiedenen Zuckerschotensorten variieren in der Höhe, weshalb einige unbedingt Kletterhilfen benötigen. Pflanzen Sie sie gemeinsam mit anderen Erbsen und Bohnen im Spätwinter bis zum frühen Frühjahr an.

ERBSENRANKEN

Es gibt noch einen Teil der Erbsenpflanze, den man essen kann und der hervorragend schmeckt – die Ranken. Sie können sie z.B. für Salate verwenden. Es gibt halb blattlose Arten von Erbsen, die mehr Ranken als die anderen Arten produzieren. Ernten Sie die Ranken, wenn die Pflanze noch jung ist – allerdings nicht alle, da die Pflanze die Ranken braucht, um emporzuklettern.

EMPFOHLENE SORTEN

- **»Delikett«**: dunkelgrüne Schoten, durchschnittlicher Ertrag
- **»Delikata«**: mehltauresistente Sorte

Wie alle Erbsen bevorzugen auch Zuckerschoten einen offenen Standort und fruchtbaren Boden mit viel organischem Material. Außerdem muss der Boden die Feuchtigkeit gut ableiten können. Wenn Sie direkt im Beet aussäen, sollten Sie den Boden vorher umgraben, um ihn aufzulockern und das Unkraut entfernen zu können. Wenn Sie bei dieser Vorgehensweise Probleme damit haben, die Erbsen zum Keimen zu bringen, können Sie die Pflanzen auch in kleinen Töpfen vorziehen. Pflanzen Sie 2 bis 3 Samen pro Topf und stellen Sie die Töpfe in ein unbeheiztes Gewächshaus oder auf ein sonniges Fensterbrett. Setzen Sie die Pflanzen, wenn sie groß genug sind, ins Freie an Kletterhilfen um. Sobald sie blühen, sollten Sie regelmäßig gießen – das wird den Ertrag beträchtlich erhöhen.

Schädlinge und Krankheiten
Wie bei Erbsen (siehe S. 74).

Ernte und Lagerung Ernten können Sie Zuckerschoten, sobald sie sich an der Pflanze gebildet haben. Überreife Schoten werden zäh und schmecken bitter. In der Hochsaison sollten Sie deshalb mehrmals in der Woche ernten.

In der Küche Sie können Zuckerschoten entweder roh im Salat oder gedämpft als Gemüsebeilage genießen. Aus der asiatischen Küche sind sie mittlerweile nicht mehr wegzudenken: Dafür braten Sie die Zuckerschoten kurz im Wok an. Wenn Sie sie am Strauch ganz ausreifen lassen, können Sie sie auch schälen und wie andere Erbsen essen. Diesen stehen sie geschmacklich allerdings etwas nach.

DAS GARTENJAHR

SPÄTER WINTER
Beginnen Sie jetzt mit der ersten Aussaat. Wenn es noch sehr kalt ist, können Sie die Pflanzen auch in Töpfen im unbeheizten Gewächshaus oder auf dem sonnigen Fensterbrett vorziehen.

FRÜHES–MITTLERES FRÜHJAHR
Säen Sie weiter draußen aus. Stecken Sie die Samen im Abstand von 10 cm 5 cm tief in die Erde. Legen Sie dabei Doppelreihen an.

SPÄTES FRÜHJAHR
Errichten Sie Kletterhilfen für die Pflanzen.

FRÜHSOMMER
Ernten Sie regelmäßig. Entfernen Sie auch die überreifen Schoten, selbst wenn Sie sie nicht essen wollen.

KLETTERHILFEN FÜR ERBSEN ERRICHTEN

ZWEIGE AUS DEM GARTEN
Bevor Sie Bambusstäbe kaufen, sollten Sie im Garten nachsehen, ob sich nicht auch heruntergefallene Zweige eignen. Stecken Sie sie in die Erde und dirigieren Sie die Pflanzen entsprechend.

DRAHTNETZE
Sie können auch Drahtnetze anbringen – beispielsweise über einer zeltartigen Konstruktion, die Sie aus Holzstäben errichten. Stecken Sie die Stäbe in einem Kreis in die Erde und binden Sie sie oben zusammen.

DIE ERBSEN PFLANZEN
Für welche Konstruktion auch immer Sie sich entscheiden: Sie müssen den Pflanzen zuerst zeigen, »wo es langgeht«. Dirigieren Sie sie sanft in Richtung der Zweige, Stäbe oder Netze.

Zucchini

Sie brauchen nur ein bis zwei Zucchinipflanzen, um bis in den Herbst ernten zu können.

✪✪✪✪✪ PREIS-LEISTUNGS-VERHÄLTNIS
✪✪✪✪✪ PFLEGE
✪✪✪✪✪ EINFRIEREN/LAGERN
ERNTE: FRÜHSOMMER–MITTE HERBST

Zucchinipflanzen sind empfindlich, wachsen aber so schnell, dass sie in jedem außer dem kältesten Klima zurechtkommen. Im Hochsommer müssen Sie fast jeden Tag ernten; wenn Sie die Früchte an den Pflanzen lassen, wachsen sie einfach weiter, auf Kosten der anderen Früchte. Ein bis zwei Zucchinipflanzen sollten für den Eigenbedarf ausreichen. Neben den bekannten grünen Zucchini gibt es auch gelbe Sorten oder die breiten, tellerartigen Patissons.

Der geeignete Ort Zucchinipflanzen sind sehr attraktiv. Sie wachsen als kleiner Busch und geraten deshalb trotz ihrer Größe nicht außer Kontrolle. Pro Pflanze brauchen Sie etwa 1 m^2 Beet oder einen großen Kübel, in den mindestens 30 l Kompost passen.

Am besten bringen Sie die Pflanzen in einem Gewächshaus oder auf einem sonnigen Fensterbrett zum Keimen und setzen sie erst ins Freie um, wenn der letzte Frost auch wirklich vorbei ist. Die Pflanzen sind beinahe unersättlich und brauchen einen tiefen, fruchtbaren und Feuchtigkeit speichernden Boden. Zucchini gehören zur Familie der Kürbisgewächse, zu der neben Kürbissen auch Gurken zählen. Bauen Sie diese Gemüsesorten gemeinsam an und setzen Sie sie mit Kartoffeln und Zwiebeln im Fruchtfolgesystem (siehe S. 22f.) im Garten um.

Sorten Am beliebtesten und weitesten verbreitet sind die langen grünen Zucchini. Wer noch mehr Farbe im Garten möchte,

DAS BEET FÜR ZUCCHINIPFLANZEN VORBEREITEN

1 Arbeiten Sie vor dem Anpflanzen möglichst viel organisches Material in den Boden ein und schütten Sie die Erde zu einem kleinen Hügel auf.

2 Um zu verhindern, dass der Stamm verrottet, stecken Sie neben der Stelle, an die Sie die Pflanze setzen wollen, ein Stück Plastikrohr in den Boden. Gießen Sie das Wasser dann einmal pro Woche direkt an die Wurzeln der Pflanze.

Patisson
Anstelle herkömmlicher Zucchinipflanzen können Sie auch ausgefallenere Sorten wie z.B. Patisson anpflanzen, dessen Früchte charakteristisch linsenförmig abgeflacht sind.

Der Gulliver unter den Pflanzen
Zucchinipflanzen können riesengroß werden. Außerdem sind sie sehr produktiv: Schon wenige Pflanzen decken Ihren Zucchinibedarf für lange Zeit.

3 Pflanzen Sie eine Zucchinipflanze pro aufgeschüttetem Hügel an. Das Anpflanzen auf dem Hügel verhindert ebenfalls, dass der Stamm verrottet, da so das Wasser besser abfließen kann.

STAR PFLANZE
HOHER ERTRAG
LEUCHTENDE FARBEN

kann auch die gelben Sorten oder Patissons anbauen. Letztere sind Kriechpflanzen, wachsen also nicht buschig.

Schädlinge und Krankheiten
Zucchinipflanzen brauchen Unmengen von Wasser. Ist der Boden zu trocken, kann sich leicht Echter Mehltau bilden, der sich als weiße Stellen an den Blättern bemerkbar macht. Er schwächt die Pflanze oder tötet sie sogar ab. Entfernen Sie befallene Blätter und beugen Sie vor, indem Sie die Pflanzen immer gut feucht halten.

Zudem sind Zucchinipflanzen anfällig für das Mosaikvirus, das durch Blattläuse übertragen wird. Die Blätter werden gelb und welken. Leider muss die befallene Pflanze ausgegraben und entsorgt werden.

Ernte und Lagerung In einem durchschnittlich warmen Sommer und mit ausreichend Feuchtigkeit wachsen Zucchinipflanzen sehr rasch. Sehen Sie mindestens alle zwei Tage nach den Pflanzen – die kleinen Zucchini sind viel geschmacksintensiver als riesengroß gewachsene Früchte. Auch die Blüten können Sie in der Küche verwenden. Am besten ernten Sie sie, wenn sie sich gerade öffnen und bevor sich eine Frucht entwickelt hat. Wenn Sie für ein paar Tage verreisen wollen, sollten Sie vorher auf jeden Fall noch einmal alles gründlich abernten, damit sich keine Riesenfrüchte bilden.

In der Küche Zucchiniblüten sind eine Delikatesse. Sie können sie z.B. durch Backteig ziehen und frittieren oder füllen und als Vorspeise servieren. Junge Zucchini können Sie raspeln und roh im Salat essen, reifere Früchte schmecken am besten gedünstet. Sehr gut passen sie zu allen Rezepten der Mittelmeerküche, in denen eine Gemüsebeilage vorgesehen ist.

EMPFOHLENE SORTEN

Früh reifende grüne Sorte
- »Mastil«

Beste gelbe Sorte
- »Soleil«

Beste runde Sorte
- »One Ball«

Patisson
- »Scallop Mixed«

DAS GARTENJAHR

SPÄTES FRÜHJAHR
Da Zucchinipflanzen frostanfällig sind, können Sie sie frühestens ab jetzt anpflanzen. Ziehen Sie sie in kleinen Töpfen vor: Stecken Sie den Samen auf der Seite liegend in den Kompost und bedecken Sie ihn mit einer etwa 1 cm dicken Kompostschicht. Die Temperatur sollte um die 18 °C betragen; ein Gewächshaus oder ein sonniges Fensterbrett ist ideal.

FRÜHSOMMER
Halten Sie die Pflanzen gut feucht. Wenn garantiert kein Frost mehr kommt, setzen Sie sie ins Freie um. Pro Pflanze brauchen Sie mindestens 1 m^2 Beet. Sie können auch 30-l-Behälter mit Allzweckkompost und einem Dünger, der nach und nach freigesetzt wird, verwenden.

HOCHSOMMER
Ernten Sie die Früchte, sobald sie sich bilden. Halten Sie die Pflanzen weiterhin gut feucht.

SPÄTSOMMER
Entfernen Sie Blätter, die von Echtem Mehltau befallen sind. Wässern und ernten Sie weiter.

FRÜHHERBST
Noch immer produzieren die Pflanzen Früchte.

Kürbis

Wenn Sie viel Platz im Garten, dafür aber wenig Zeit haben, lohnt für Sie der Anbau von Winterkürbissen.

●●●●● PREIS-LEISTUNGS-VERHÄLTNIS
●●●●○ PFLEGE
●●●●○ EINFRIEREN/LAGERN
ERNTE: HOCHSOMMER–MITTE HERBST

Im Gegensatz zu Sommerkürbissen wachsen Winterkürbisse den ganzen Sommer lang und können zu Beginn des Winters geerntet werden. Und seit Halloween aus Amerika zu uns herübergeschwappt ist, finden Kürbisse nicht nur in der Küche Verwendung.

Der einzige Nachteil des Kürbis ist, dass er sehr viel Platz braucht – für jede Pflanze mehrere Quadratmeter, wobei die einzelnen Pflanzen höchstens eine Handvoll Früchte hervorbringen. Lagern lassen sich Winterkürbisse aber sehr gut: Die meisten Sorten halten den ganzen Winter lang.

STAR PFLANZE
WINTERERNTE GUT ZU LAGERN

Der geeignete Ort Wenn Sie einen sehr großen Garten haben, empfiehlt sich auch für Kürbisse die Fruchtfolge (siehe S. 22f.). Ihre besten Nachbarn sind Melonen, Gurken und Zucchini. Viele Leute pflanzen Kürbisse direkt auf einem alten Komposthaufen an, da dieser besonders viele Nährstoffe und Feuchtigkeit enthält. Ansonsten sollten Sie den Boden mit organischem Material anreichern und einen sonnigen Standort wählen. Der Anbau zwischen anderen Gemüsesorten (siehe S. 226) hat sich ebenfalls bewährt.

Sorten Die großen, orangefarbenen Winterkürbisse sehen zwar gut aus, lassen geschmacklich aber etwas zu wünschen übrig. Besser schmecken beispielsweise die kleineren Hokkaido-Kürbisse. Alles in allem gibt es Kürbisse nicht nur in allen Formen und Größen, sondern auch in vielen Farben – von Orange und Gelb bis Grün, Mehrfarbig und sogar Blau!

Kürbis ohne Ende
Orangefarbene Kürbisse sind ideal zum Aushöhlen an Halloween und ergeben bei den richtigen Sorten darüber hinaus auch eine reiche Ernte für die Küche.

KÜRBISSE ANPFLANZEN

1 Arbeiten Sie viel organisches Material in den Boden ein und setzen Sie die Pflanzen erst nach dem letzten Frost ins Freie um. Stecken Sie neben der Pflanze eine Plastikflasche mit abgeschnittenem Boden in die Erde.

2 Füllen Sie die Flasche im Sommer mit Wasser. So stellen Sie sicher, dass die Feuchtigkeit die Wurzeln der Pflanze erreicht.

Sehr beliebt und im Supermarkt oft vertreten ist der Butternutkürbis. Generell brauchen Kürbisse eine recht lange Zeit, um zu wachsen und zu reifen, doch gibt es mittlerweile Neuzüchtungen von Butternutsorten, die selbst im kältesten Klima in 1 Jahr zur Reife gebracht werden können.

Ernte und Lagerung Geerntet werden sollten Kürbisse erst, wenn sie ihre volle Farbe erreicht haben. Bei schönem Wetter ist das kein Problem; sobald jedoch Frost angekündigt ist, müssen die Früchte nach drinnen. Lagern lassen sie sich am besten, wenn die Schale ganz hart geworden und die Stängel getrocknet sind.

Am längsten halten sich nicht die großen orangefarbenen, sondern die kleineren Kürbisse wie etwa Hokkaidos. Lagern Sie sie an einem kühlen, trockenen und hellen Ort wie beispielsweise im Gartenschuppen oder im Gewächshaus.

In der Küche Etwas Mühe bereitet es, die Kürbisse zu schälen und zu entkernen. Es gibt aber auch Sorten, bei denen die Schale mitgegessen werden kann. Dann steht Püree, Suppe & Co. nichts mehr im Weg. Die Samen können Sie rösten.

EMPFOHLENE SORTEN

Orangefarbene Kürbisse
- **»Atlantic Giant«** und der etwas kleinere Hokkaido **»Sunny«**

Winterkürbisse
- **»Geode«**: hoher Ertrag
- **»Bonbon«**: toller Geschmack
- **»Crown Prince«**: lässt sich gut lagern

Butternutkürbisse
- **»Hunter«** und **»Metro«**: neue Sorten

DAS GARTENJAHR

MITTLERES FRÜHJAHR

Säen Sie einzelne Samen in kleinen Töpfen aus – sie sollten auf der Seite liegen – und bedecken Sie sie mit 1 cm Kompost. Stellen Sie die Töpfe an einen hellen und warmen Ort (über 18 °C).

SPÄTES FRÜHJAHR

Ist noch Frost vorhergesagt, sollten Sie die Pflanzen in größere Behälter umtopfen. Setzen Sie sie nach dem letzten Frost ins Freie um und halten Sie mindestens 1 m Abstand zwischen den Pflanzen.

FRÜHSOMMER

Die Pflanzen wachsen recht unkontrolliert; dirigieren Sie die Stängel wieder an Ort und Stelle.

HOCHSOMMER

Wässern Sie die Pflanzen, falls es sehr trocken ist – ein paar Mal sollte reichen.

SPÄTSOMMER

Nun reifen die Früchte langsam.

FRÜHHERBST

Ab jetzt kann die Ernte beginnen.

Der Prinz unter den Kürbissen
Sorten wie der »Crown Prince« (links) und Butternutkürbisse können im Spätherbst geerntet und den ganzen Winter über gelagert werden.

Markkürbis

Der Markkürbis ist irgendwo zwischen Zucchini und Kürbis anzusiedeln. Er liefert hohe Erträge und eignet sich auch als Zierpflanze.

●●●●● PREIS-LEISTUNGS-VERHÄLTNIS
●●●○○ PFLEGE
●●●○○ EINFRIEREN/LAGERN
ERNTE: HOCHSOMMER–MITTE HERBST

Mammutmarkkürbis
Der Markkürbis ist nicht besonders beliebt, lässt er sich doch schlecht lagern und schmeckt eher neutral. Allerdings kann er eine beeindruckende Größe erreichen.

Markkürbisse sehen im Grunde wie große Zucchini aus, sind aber eine eigenständige Gemüsesorte. Die Schale ist oft fleckig-gestreift. Wie Zucchini bringen sie den ganzen Sommer über Früchte hervor, die Sie nach und nach ernten können, das letzte Mal kurz vor dem ersten Frost. Lagern lassen sich Markkürbisse mehrere Monate lang.

Der geeignete Ort Bauen Sie Markkürbisse mit Zucchini und Kürbissen an. Es gibt buschig wachsende Varianten und Kriechpflanzen; Letztere brauchen natürlich mehr Platz. Allerdings können Sie an Spalieren erzogen werden.

Sorten Neben der buschig wachsenden und der Kriechpflanzenvariante gibt es Sorten, die sich besser und welche, die sich weniger gut lagern lassen.

Schädlinge und Krankheiten
Wie bei Zucchini (siehe S. 79).

Ernte und Lagerung Wenn die Früchte die auf dem Saatgutpäckchen angegebene Größe – meist 30 cm – erreicht haben, können sie den ganzen Sommer über bis zum ersten Frost geerntet werden. Lassen Sie die letzten Früchte im Gewächshaus trocknen, damit die Schale aushärten kann.

Lagern Sie Markkürbisse an einem trockenen und kühlen Ort, etwa in einem Schuppen oder in der Garage. Legen Sie sie einzeln in Schachteln oder hängen Sie sie der Belüftung wegen in Netzen auf.

In der Küche Markkürbisse können wie Zucchini zubereitet, sollten allerdings geschält werden. Sie können sie auch gefüllt und überbacken servieren.

KLETTERMARKKÜRBISSE ERZIEHEN

1 Pflanzen Sie die Setzlinge an einem Spalier, das viel Sonne abbekommt.

2 Hängen Sie, wenn die Pflanzen wachsen, die Stängel mithilfe von Schnüren vorsichtig am Spalier auf. Stützen Sie die Pflanzen gut, da die Früchte recht schwer werden können.

DAS GARTENJAHR

SPÄTES FRÜHJAHR

Säen Sie die Samen auf der Seite liegend einzeln in Töpfen aus und bedecken Sie sie mit 1 cm Kompost. Stellen Sie die Töpfe an einen hellen und warmen Ort (mindestens 18 °C).

FRÜHSOMMER

Setzen Sie die Pflanzen nach dem letzten Frost ins Freie um. Der Boden sollte fruchtbar und mit viel organischem Material angereichert sein. Rechnen Sie 1 m^2 pro Pflanze.

HOCHSOMMER

Wässern Sie die Pflanzen bei Trockenheit gut. Legen Sie die sich bildenden Früchte auf einen Stein, damit sie nicht zu feucht werden.

SPÄTSOMMER

Ernten Sie regelmäßig.

FRÜHHERBST

Ernten Sie letztmals vor dem ersten Frost und lagern Sie die Früchte ein.

Gurke

Die beliebte Gemüsesorte für den Salat wächst gut im Freien und im Gewächshaus.

PREIS-LEISTUNGS-VERHÄLTNIS
PFLEGE
EINFRIEREN/LAGERN
ERNTE: HOCHSOMMER–MITTE HERBST

Gurken dürfen in keinem gemischten Salat fehlen und sind darüber hinaus leicht anzubauen. Eine einzige Pflanze kann etwa 10 kg Gurken produzieren – was für eine vierköpfige Familie den Sommer über reichen sollte. In kühleren Gegenden sollten Sie eine Sorte wählen, die eigens für den Anbau unter Glas gezüchtet wurde. Wenn Sie kein Gewächshaus haben, nehmen Sie eine Freilandsorte. Schneiden Sie ab und an zurück: Wenn Sie die Kriechpflanzen ungehindert wachsen lassen, müssen Sie bei der Ernte unter den großen, haarigen Blättern nach den Früchten suchen.

Produktive Pflanzen
Gurkenpflanzen können extrem produktiv sein. In den Sommermonaten können Sie jeden Tag ein paar Früchte ernten.

GURKEN IN SÄCKEN ANPFLANZEN

1 Schneiden Sie ein Loch in der Größe eines Blumentopfes in den Sack.

2 Wiederholen Sie den Vorgang und achten Sie darauf, dass ein regelmäßiger Abstand zwischen den Löchern eingehalten wird.

3 Setzen Sie die junge Gurkenpflanze nach dem letzten Frost vorsichtig in den Sack um.

4 Pflanzen Sie einen Setzling pro Loch an und gießen Sie das Ganze gut.

Der geeignete Ort Im Gewächshaus pflanzen Sie Gurken am besten in speziellen Säcken (siehe S. 83) oder in 15-l-Behältern mit Allzweckkompost an. Die Pflanzen werden sehr groß und brauchen im Sommer viel Wasser und viele Nährstoffe – ähnlich wie Tomaten, Auberginen und Paprika, die Sie deshalb am besten gemeinsam anbauen.

Im Freien mögen es Gurken gern sonnig und nährstoffreich. Fügen Sie dem Boden viel hausgemachten Kompost hinzu und setzen Sie die Pflanzen im Zuge der Fruchtfolge (siehe S. 22f.) gemeinsam mit Kürbissen und Zucchini um.

Gurken sind frostempfindlich, weshalb sie nicht zu früh angepflanzt werden dürfen. Warten Sie bis zum Frühsommer. Gewächshausgurken haben es gern um die 20 °C warm.

Sorten Bei den Sorten unterscheidet man grob danach, wo die Gurken angebaut werden sollen.

Freilandgurken
Gurken im Freien anzubauen ist wirklich leicht. Neuzüchtungen garantieren, dass sie ebenso gut schmecken wie ihre Verwandten aus dem Gewächshaus.

IM GEWÄCHSHAUS Gewächshausgurken haben im Allgemeinen eine sehr glatte Schale, ähnlich wie die Gurken aus dem Supermarkt. Geschmacklich sind sie mit ihren armen, eingeschweißten Verwandten natürlich nicht zu vergleichen. Moderne Sorten sind so gezüchtet, dass sie nur weibliche Blüten hervorbringen – sie müssen also nicht bestäubt werden. Diese Sorten müssen Sie erziehen (siehe unten). Der Nachteil: Die Samen können Sie aufgrund der ausschließlich weiblichen Blüten nicht wieder zur Aussaat verwenden.

IM FREIEN Freilandgurken wurden traditionell auf kleinen Erdhügeln angepflanzt, damit das Wasser besser abfließen konnte. Das ist heute nicht mehr nötig. Meist hatten Freilandgurken eine dickere, »picklígere« Schale und schmeckten etwas bitterer als Gewächshausgurken. Durch Züchtung hat man jedoch erreicht, dass auch Freilandgurken eine glatte Schale haben und mild schmecken.

Die typische Gurke wird etwa 40 cm lang, wobei es mittlerweile aber auch Sorten gibt, die nur halb so groß werden.

GEWÄCHSHAUSGURKEN ERZIEHEN

1 Binden Sie die Pflanze mithilfe eines Bambusstocks und einer Schnur sowie einem hohen, horizontal gespannten Draht in eine möglichst aufrechte Position.

2 Winden Sie die Triebe um die Stütze, während die Pflanze wächst. Verwenden Sie auch dazu lockere Schnüre.

3 Triebe, die sich am Blattgelenk des Hauptstamms bilden, müssen regelmäßig entfernt werden, damit die Pflanze nicht in die Breite wächst.

4 Wenn der Leittrieb das obere Ende der Stütze erreicht hat, binden Sie ihn dort fest und knipsen die wachsende Spitze ab. Die letzten beiden Nebentriebe lassen Sie herunterhängen.

Manche erreichen nur knapp 10 cm und eignen sich ideal als Snack.

Schädlinge und Krankheiten
Gurken sind anfällig für die typischen Gewächshausschädlinge wie Spinnmilben und Mottenläuse. Versuchen Sie es mit einem organischen Schädlingsbekämpfungsmittel oder mit den natürlichen Feinden der Schädlinge. Letzteres funktioniert nur im Gewächshaus, da sich die kleinen Helfer im Freien schnell aus dem Staub machen. Ist es im Gewächshaus relativ feucht, mag das die Spinnmilbe allerdings gar nicht. Spritzen Sie den Boden des Gewächshauses also regelmäßig mit dem Schlauch ab, damit sich darin ein feuchtes Klima entwickeln kann.

Zudem sind Gurken oft von Echtem Mehltau betroffen. Unter sehr heißen und trockenen Klimabedingungen bilden sich weiße Stellen an den Blättern. Im Freien beugen Sie am besten mit einem nährstoffreichen, fruchtbaren und Feuchtigkeit speichernden Boden vor. Gießen Sie die Pflanzen immer an der Basis, nicht auf den Blättern. Mulchen soll auch helfen. Im Gewächshaus müssen Sie nur sicherstellen, dass die Pflanzen nicht austrocknen. Lassen Sie an heißen Tagen die Fenster offen.

Ernte und Lagerung Gegen Ende des Hochsommers sind die Gurken bereit zur Ernte. In guten Jahren sollten Sie bis in den Frühherbst hinein ernten können. Prüfen Sie die Pflanzen regelmäßig – mindestens 2-mal pro Woche –, denn manchmal verstecken sich die Gurken unter großen Blättern! Im Kühlschrank halten sich die frisch gernteten Gurken etwa eine Woche lang.

In der Küche Gurken sind unverzichtbar in Salaten und auf Sandwiches und können – insbesondere die kleineren Sorten – auch gut zum sauren Einlegen verwendet werden.

DAS GARTENJAHR

GEWÄCHSHAUSGURKEN

MITTLERES FRÜHJAHR
Säen Sie Samen einzeln in kleinen Töpfen aus. Stellen Sie die Töpfe an einen warmen Ort (25 °C); dort sollten die Pflanzen rasch keimen und schnell wachsen. Topfen Sie die Setzlinge nach ein paar Wochen in größere Behälter um.

SPÄTES FRÜHJAHR
Setzen Sie die Setzlinge in Säcke – jeweils 3 pro Sack – oder in große Kübel mit Allzweckkompost um. Legen oder stellen Sie die Säcke oder Kübel ins Gewächshaus.

FRÜHSOMMER
In kälteren Gegenden sollten Sie die Pflanzen erst jetzt ins Gewächshaus bringen. Erziehen Sie sie (siehe gegenüber) und wässern Sie sie regelmäßig.

HOCHSOMMER
Wenn sich die ersten Früchte bilden, geben Sie etwas Tomatendünger ins Gießwasser. Im Hochsommer müssen Sie täglich gießen. Nun können Sie auch die ersten Gurken ernten.

SPÄTSOMMER
Gießen und düngen Sie weiter. Spritzen Sie den Boden des Gewächshauses mit dem Gartenschlauch ab, um Spinnmilbenbefall vorzubeugen.

FRÜHHERBST
Auch jetzt bringen die Pflanzen noch Früchte hervor. Ernten Sie etwa 2-mal in der Woche.

FREILANDGURKEN

MITTLERES FRÜHJAHR
Stecken Sie die einzelnen Samen etwa 1 cm tief in Töpfe und stellen Sie die Töpfe an einen warmen Ort.

SPÄTES FRÜHJAHR
Topfen Sie die Setzlinge in größere Behälter um. Ins Freie können sie erst, wenn der letzte Frost vorüber ist.

FRÜHSOMMER
Nun sollte die Frostgefahr gebannt sein. Geben Sie jeder Pflanze mindestens 1 m^2 Raum und fruchtbaren Boden. Legen Sie nach Möglichkeit eine schwarze Plastikfolie auf die Erde, schneiden Sie Löcher in die Folie und setzen Sie die Pflanzen in die Löcher.

HOCHSOMMER
Wässern Sie die Pflanzen regelmäßig und geben Sie etwas Tomatendünger dazu, sobald sich Blüten bilden. Ernten können Sie etwa 60 Tage nach der Aussaat (siehe Angaben auf dem Saatgutpäckchen).

SPÄTSOMMER
Ernten und düngen Sie weiter und halten Sie nach Schädlingen Ausschau. Vermeiden Sie es, die Blätter zu gießen.

FRÜHHERBST
Wenn alles abgeerntet ist, werfen Sie die alten Pflanzen auf den Komposthaufen.

TIPP

Gurkensamen sind teuer. Verwenden Sie nur einen Teil des Saatgutpäckchens und heben Sie den Rest für das nächste Jahr auf. Oder sehen Sie sich im Gartencenter im Frühsommer nach Setzlingen um.

EMPFOHLENE SORTEN

Große Gewächshausgurke
- »Flamingo«

Kleine Freilandgurke
- »Passandra«

Mittellange Gurke, zum Einlegen geeignet
- »Delikatess«

Lange, warzige Gurke
- »Chinese Slangen«

STAR PFLANZE
SEHR SÜSS
WENIG AUFWAND

Majestätischer Mais
Zuckermais braucht viel Platz und gehört nicht gerade zu den produktivsten Pflanzen. Doch wer ihn einmal frisch aus dem eigenen Garten probiert hat, wird immer irgendwo eine Lücke für ihn finden.

Zuckermais

Bei dieser wirklich zuckersüßen Sorte essen sogar Kinder gern Gemüse.

★★★★☆ PREIS-LEISTUNGS-VERHÄLTNIS
★★★★☆ PFLEGE
★★☆☆☆ EINFRIEREN/LAGERN
ERNTE: SPÄTSOMMER–FRÜHHERBST

Zuckermais sieht im Garten einfach fantastisch aus. Die Pflanzen mit den großen, grasähnlichen Stängeln könnten an sich schon als Zierpflanzen durchgehen. Jede Pflanze bringt nur einen, maximal zwei Maiskolben hervor, braucht aber etwa 30 cm^2 Platz, weshalb sie sich insbesondere als Zwischenpflanze empfiehlt. Eine Möglichkeit wäre Gartensalat, Frühlingszwiebeln und Steckrüben, eine andere Winterkohl oder Winterkürbisse, die noch geerntet werden können, wenn der Mais längst verzehrt ist.

Der geeignete Ort Zuckermais gehört zu den windbestäubten Pflanzen und muss durch die Pollen auf seinen Quasten befruchtet werden. Pflanzen Sie Zuckermais deshalb in Blöcken (3 x 3 oder 5 x 5 Pflanzen) statt in Reihen an;

EMPFOHLENE SORTEN
- **»Golda«:** supersüße und lange haltbare Sorte
- **»Red Strawberry«:** ungewöhnliche Sorte, die sich auch für Popcorn eignet

geeignet sind auch Hügelchen im Abstand von 60 cm mit jeweils 3 bis 4 Pflanzen.

Zuckermais liebt Sonnenschein und hat es nicht gern zu windig. Da die Pflanzen sehr groß werden, brauchen sie viel organisches Material, mit dem Sie den Boden vorbereiten.

Pflanzen Sie den kälteempfindlichen Zuckermais eher spät an. Schneller wächst er, wenn er in Töpfen vorgezogen oder mit einem Vlies bedeckt wird. Direkt im Beet aussäen können Sie ihn nach dem letzten Frost bis zum Frühsommer.

Eine Warnung: Zuckermais kann durch andere Zuckermaissorten – etwa in Nachbars Garten – bestäubt werden.

Sorten Durch intensive Züchtung sind mittlerweile viele süß schmeckende Sorten entstanden. Außerdem gibt es den Mais in ungewöhnlichen Farben; dabei handelt es sich oft um alte Kulturvarietäten.

Schädlinge und Krankheiten
Wenn Sie direkt im Beet aussäen, könnten Mäuse ein Problem darstellen, die sich an den Samen gütlich tun. Dann sollten Sie erwägen, die Pflanzen in Töpfen vorzuziehen. Junge Pflanzen fallen darüber hinaus oft Schnecken zum Opfer – ergreifen Sie entsprechende vorbeugende Maßnahmen, zumindest wenn die Pflanzen noch sehr klein sind.

Ernte und Lagerung Wenn die Quasten an den Maiskolben zu welken beginnen, sind die Körner fast reif. Prüfen Sie dies, indem Sie ein Blatt abschälen und den Kolben mit dem Daumen drücken: Wenn dabei cremige Flüssigkeit austritt, ist der Mais so weit; ist die Flüssigkeit wässrig, braucht er noch ein paar Tage. Neuere Sorten bleiben auch bei längerer Lagerung süß, doch am besten schmeckt der Mais frisch gepflückt.

In der Küche Wunderbar schmeckt Mais auch frisch vom Holzkohlengrill, mit etwas Olivenöl, Salz und Pfeffer gewürzt. Alternativ können Sie ihn dünsten und für Salate und Suppen verwenden. Mittlerweile sind auch Sorten auf dem Markt, die sich gut trocknen lassen und aus denen man Popcorn machen kann.

DAS GARTENJAHR

MITTLERES FRÜHJAHR

Ziehen Sie die Pflanzen einzeln in kleinen – möglichst langen und schmalen – Töpfen vor. Zuckermais braucht zum Keimen mindestens 15 °C.

SPÄTES FRÜHJAHR/ FRÜHSOMMER

In Gegenden mit milderem Klima kann Zuckermais auch direkt im Beet ausgesät werden. Stecken Sie die Samen 1 cm tief in die Erde und decken Sie den Boden mit Vlies ab. Ist der letzte Frost vorüber, setzen Sie die Pflanzen aus den Töpfen ins Freie um bzw. entfernen das Vlies. Der Abstand zwischen den Pflanzen sollte 35 cm betragen.

HOCHSOMMER

Klopfen Sie leicht auf die Quasten; auf diese Weise helfen Sie den Pollen, die Blüten zu bestäuben. Nur so können sich Maiskolben bilden.

SPÄTSOMMER

Prüfen Sie, ob die Kolben reif sind, und ernten Sie sie dann.

ZUCKERMAIS ALS ZWISCHENPFLANZE

1 Ziehen Sie die Setzlinge in kleinen Töpfen vor und setzen Sie sie im Frühsommer im Abstand von 50 cm zueinander ins Freie um.

2 Säen Sie zwischen den Zuckermaisreihen Buschbohnen oder Gartensalat aus. Auch junge Winterkürbispflanzen eignen sich als »Lückenbüßer«.

Aubergine

Mit ihren großen, lilafarbenen Blüten und den nicht minder farbenprächtigen Früchten sind Auberginenpflanzen eine Zierde für jede Terrasse.

●●●●○ PREIS-LEISTUNGS-VERHÄLTNIS
●●○○○ PFLEGE
●●○○○ EINFRIEREN/LAGERN
ERNTE: SPÄTSOMMER–MITTE HERBST

Königliches Gemüse
Auberginen gehören mit ihren weichen silbernen Blättern, den zierlichen lila Blüten und den imposanten Früchten zu den hübschesten Gemüsepflanzen überhaupt.

Bis vor Kurzem blieb das Anpflanzen von Auberginen den Gärtnern vorbehalten, die in Gegenden mit langen, heißen Sommern und frostfreien Wintern lebten. Die eiförmigen, mit den Tomaten verwandten Früchte stammen ursprünglich aus Indien und China, fühlen sich inzwischen jedoch auch bei uns heimisch.

In kälteren Gegenden wurden Auberginen in Gewächshäusern gezogen und konstant warm gehalten. Durch Züchtung sind aber viele neue Sorten entstanden, die sich als Kübelpflanze auf der Terrasse ebenso wohlfühlen wie im Gartenbeet. Bei guter Pflege bringt die Pflanze in einem

AUBERGINENZIEHEN EINFACH GEMACHT

1 In Gegenden mit frostigen Wintern müssen die Pflanzen in Töpfen vorgezogen werden. Stellen Sie die Töpfe auf ein sonniges Fensterbrett oder ins Gewächshaus.

2 Topfen Sie die Pflanzen um: 1 pro Kübel (30 cm Ø) oder 3 in spezielle Pflanzsäcke. Pflanzen Sie den Setzling tief an, damit er später mit den schweren Früchten nicht umfällt.

3 Knipsen Sie die Triebspitze ab und düngen und wässern Sie die Pflanze regelmäßig.

4 Sobald die Pflanze zu blühen beginnt, geben Sie ihr Tomatendünger. Anschließend sollten sich innerhalb von ein paar Tagen die ersten Früchte bilden.

EMPFOHLENE SORTEN

Im Gewächshaus

- **»Moneymaker«:** gute Gewächshaussorte mit großen violetten Früchten
- **»Mohican«:** mittelgroße weiße Früchte

Auf der Terrasse

- **»Ophelia«:** kleine dunkelviolette Früchte
- **»Bonica«:** geschmacksintensive große violette Früchte

Klein und süß
Meist schmeckt das Fleisch kleiner Auberginensorten süßer als das von Sorten, die größere Früchte hervorbringen.

einzigen Kübel bis zu 50 kleinere Auberginen hervor – bei den Sorten mit größeren Früchten sind es immerhin noch 5 bis 10 Auberginen.

Der geeignete Ort Auberginenpflanzen sind sehr attraktiv. Die Blätter sind groß und samtig, die lilafarbenen Blüten wirken beinahe exotisch. Meist werden die Pflanzen nur etwa 50 cm hoch, brauchen also keine Stützen.

Was die Temperatur angeht, sind sie allerdings recht anspruchsvoll. Wenn Sie ein Gewächshaus und noch Platz darin haben, sollten Sie auf jeden Fall ein bis zwei Töpfe Auberginen anpflanzen. Wenn nicht, ist ein großer Kübel auf der Terrasse die beste Option. Der Kübel sollte mindestens 5 l Allzweckkompost fassen. Fügen Sie noch etwas langsam wirkenden Dünger hinzu. Sobald die Pflanze zu blühen beginnt, wechseln Sie zu Tomatendünger.

Sorten Im Gewächshaus gedeiht fast jede Sorte. Im Freien ist die Auswahl etwas begrenzter, dort empfehlen sich Sorten mit kleineren Früchten. Neben dem üblichen Dunkelviolett finden Sie auch weiße oder gesprenkelte Sorten. Für Fans des wirklich Außergewöhnlichen gibt es auch orangefarbene, gelbe und grüne Auberginen (»N'Goya«, »Kermit«).

Schädlinge und Krankheiten

Mit Freilandauberginen haben Sie diesbezüglich kaum Probleme, höchstens mit Flohkäfern. Vor diesen können Sie Ihre Pflanzen mit einem feinmaschigen Netz schützen. Im wärmeren und feuchteren Gewächshaus treten dagegen mehr Probleme mit Schädlingen wie z.B. Spinnmilben, Mottenschildläusen und Blattläusen auf. Verwenden Sie ein organisches Schädlingsbekämpfungsmittel oder ziehen Sie die natürlichen Feinde der Schädlinge an (siehe S. 217).

Ernte und Lagerung Auberginen sind ab dem späten Sommer reif. Ernten sollten Sie nach und nach. Sehen Sie auf dem Saatgutpäckchen nach, wie groß die Früchte werden. Lassen Sie die Früchte zu lange an der Pflanze, bilden sie Samen im Inneren aus, die sie ungenießbar machen.

In der Küche Früher hat man Auberginen etwas in Salz liegen lassen, um ihnen die Bitterstoffe zu entziehen. Bei den durch Züchtung entstandenen neuen Sorten ist das nicht mehr nötig. Sie werden einfach gewaschen, in Scheiben geschnitten und gebraten. Unverzichtbar sind sie in der mediterranen und asiatischen Küche. Toll schmecken sie auch gegrillt oder gebacken und als Dip.

DAS GARTENJAHR

FRÜHES FRÜHJAHR

Die beste Auswahl an Sorten haben Sie, wenn Sie die Setzlinge selbst ziehen. Säen Sie die Samen in Allzweckkompost in kleinen Töpfen aus und stellen Sie die Töpfe an einen warmen Ort. Die Samen brauchen zum Keimen eine konstante Temperatur von 20 °C.

MITTLERES FRÜHJAHR

Noch immer brauchen die jungen Pflanzen es warm und hell. Nun können Sie die Setzlinge auch im Gartencenter kaufen – allerdings haben Sie dort weniger Auswahl bei den Sorten.

SPÄTES FRÜHJAHR

Topfen Sie die Setzlinge in größere Töpfe (5 l Fassungsvernögen) mit Kompost und einem langsam wirkenden Dünger um oder pflanzen Sie die Setzlinge im Freien an.

FRÜHSOMMER

Stellen Sie die Pflanzen erst auf die Terrasse, wenn der letzte Frost vorüber ist. Wenn sie etwa 20 cm hoch sind, knipsen Sie die Spitze des Leittriebs ab, damit die Pflanzen mehr in die Breite wachsen.

HOCHSOMMER

Gießen Sie regelmäßig und düngen Sie mit Tomatendünger. Halten Sie nach Schädlingen Ausschau.

SPÄTSOMMER

Sehen Sie wöchentlich nach den Pflanzen. Sie produzieren etwa 6 Wochen lang bis zum Frühherbst Früchte.

Paprika

Das süße, saftige und bunte mediterrane Gemüse macht sich auf der Terrasse ebenso gut wie in der Ratatouille.

PREIS-LEISTUNGS-VERHÄLTNIS
PFLEGE
EINFRIEREN/LAGERN
ERNTE: HOCHSOMMER–MITTE HERBST

Wenn Sie Tomaten anbauen, sollten Sie es auf jeden Fall auch mit Paprika versuchen. Sie brauchen allerdings einen langen und heißen Sommer, um Früchte hervorzubringen. Wenn Sie über ein Gewächshaus verfügen, können Sie natürlich ein bisschen schummeln; viele Sorten machen sich aber auch gut in großen Kübeln auf der Terrasse. Außerdem sind die Pflanzen mit ihren roten, gelben und orangefarbenen Früchten eine wahre Augenweide.

Der geeignete Ort Es ist zwar möglich, Paprika im Beet anzupflanzen, doch gibt es fast nichts Traurigeres, als am Ende des Sommers feststellen zu müssen, dass die kleinen grünen Früchte niemals reifen werden. Wenn Sie sich diese Erfahrung ersparen wollen, sollten Sie für den Paprikaanbau entweder das Gewächshaus wählen, wenn Sie eins haben, oder die sonnige Terrasse.

Wie Auberginen werden auch Paprikapflanzen nicht besonders groß – nur etwa 50 cm. Es gibt einige natürlich buschig wachsende Sorten, andere wachsen dagegen schnurstracks in die Höhe. In diesem Fall entfernen Sie die Spitze des Leittriebs, wenn die Pflanze etwa 20 cm hoch ist, dann wächst sie mehr in die Breite. Trägt die Pflanze pralle Früchte, braucht sie möglicherweise etwas Unterstützung in Form eines Bambusstocks, an dem Sie den Hauptstamm befestigen.

Sie können Paprika auch in Kübeln anpflanzen, in die etwa 5 l Kompost passen. Für den Anbau Garten wählen Sie am besten spezielle Pflanzsäcke, in die Sie dann jeweils drei Paprikapflanzen setzen.

Sorten Paprika hat nicht immer die typische Glockenform; es gibt auch Sorten, die längere, chiliähnliche Früchte

DEN ERTRAG DER PAPRIKAPFLANZE ERHÖHEN

1 Ist die Pflanze etwa 20 cm hoch, knipsen Sie mit Daumen und Zeigefinger die Spitze des Leittriebs ab, ohne dabei den Rest der Pflanze zu beschädigen.

2 Entfernen Sie die ersten Früchte, die sich im Frühsommer bilden; dadurch wächst die Pflanze mehr in die Breite und bringt mehr Früchte hervor.

Die pure Pracht
Paprika gibt es in allen Formen, Farben und Größen. Die Schoten bringen Abwechslung in den Garten und auf die Terrasse.

EMPFOHLENE SORTEN

Im Gewächshaus

- **»Gypsy«:** rote Sorte, die im Gewächshaus besser gedeiht als im Freien
- **»Sweet Chocolate«:** dunkelviolette Sorte, die große Früchte hervorbringt

hervorbringen. Eine große Auswahl haben Sie inzwischen auch bei der Farbe: Am weitesten verbreitet ist immer noch Rot, doch sind mittlerweile auch Sorten mit gelben, orangefarbenen, dunkelvioletten und sogar braunen Schoten erhältlich.

Jede Paprikasorte braucht lange, heiße Sommer mit viel Sonne, weshalb sich vielerorts das Gewächshaus zum Anbau empfiehlt. Einige Sorten fühlen sich aber auch auf einer sonnenüberfluteten Terrasse recht wohl. Fragen Sie beim Händler nach.

Schädlinge und Krankheiten

Paprika sind im Gewächshaus anfällig für dieselben Schädlinge und Krankheiten wie Tomaten, Gurken und Auberginen, d.h. für Mottenschildläuse, Rote Spinnmilben und Blattläuse. Verwenden Sie im Notfall ein organisches Schädlingsbekämpfungsspray.

Ernte und Lagerung Merken Sie sich die Farbe, die Ihre Paprikaschoten haben sollen, und ernten Sie, wenn die Früchte reif sind – in der Regel im Spätsommer oder Frühherbst. Sind am Ende der Saison noch grüne, unreife Paprikaschoten an der Pflanze, können Sie diese auf einem sonnigen Fensterbrett nachreifen lassen oder grün verwenden. Reif sind die Früchte natürlich süßer.

Je mehr Sie ernten, desto produktiver wird die Pflanze. Im Kühlschrank halten sich die Paprikaschoten allerdings nur wenige Wochen.

In der Küche In der asiatischen und mediterranen Küche kommt Paprika häufig vor. Sie können die Schoten roh im Salat oder gedünstet verzehren. Unschlagbar sind Paprikaschoten auch eingelegt: Legen Sie sie unter den Backofengrill, bis die Haut schwarz wird und Blasen wirft; dann lässt sie sich leicht mit einem Küchentuch abrubbeln. Das zarte Fleisch marinieren Sie dann in Essig, Öl, Salz, Pfeffer und – wenn Sie mögen – viel Knoblauch.

DAS GARTENJAHR

FRÜHES FRÜHJAHR

Säen Sie ein paar Samen in einem kleinen Topf mit Allzweckkompost aus. Diese brauchen zum Keimen eine möglichst konstante Temperatur von 20 °C – ein sonniges Fensterbrett ist ideal. Entfernen Sie nach dem Keimen die schwächeren Setzlinge.

MITTLERES FRÜHJAHR

Nach dem Keimen können Sie die Töpfe an einen kühleren Ort stellen; dann reicht eine Temperatur von 12–18 °C aus.

SPÄTES FRÜHJAHR

Topfen Sie die Setzlinge in einen größeren Topf (5 l) oder in spezielle Pflanzsäcke um oder setzen Sie sie ins Freie. Schützen Sie sie mit einer Abdeckung vor niedrigeren Temperaturen. Nun sind die Setzlinge auch im Gartencenter erhältlich.

FRÜHSOMMER

Wählen Sie für die Pflanzen den sonnigsten Standort aus. Werden sie zu groß, knipsen Sie die Spitze des Leittriebs ab, dann wächst die Pflanze mehr in die Breite. Wenn Sie zudem – obwohl es Ihnen bestimmt schwerfällt – die ersten Früchte, die sich bilden, entfernen, wird die Pflanze produktiver.

HOCHSOMMER

Gießen Sie nun etwas mehr, der Kompost sollte immer gerade feucht sein. Düngen Sie zudem mit Tomatendünger, dann bringen die Pflanzen mehr Blüten und Früchte hervor.

SPÄTSOMMER

Nun kann die Ernte beginnen.

FRÜHHERBST

Gießen und ernten Sie weiter.

MITTLERER HERBST

Sobald es kälter wird, sollten Sie die Pflanzen nach drinnen bringen.

SPÄTHERBST

Zu diesem Zeitpunkt können Sie wahrscheinlich das letzte Mal ernten.

Chili

STAR PFLANZE
MACHT SPASS
TOLLE FARBEN

Die Verwandten des Paprika verleihen jedem Gericht feurige Schärfe und Farbe.

★★★★☆ PREIS-LEISTUNGS-VERHÄLTNIS
★★☆☆☆ PFLEGE
★★★★☆ EINFRIEREN / LAGERN
ERNTE: HOCHSOMMER–MITTE HERBST

Feuer unter der Schale
Die bunten Chilischoten sehen in jedem Garten, Gewächshaus und Fenster einfach fantastisch aus. Sie können die Früchte auch problemlos trocknen.

Ursprünglich stammt Chili aus Mittel- und Südamerika, von wo aus er sich über den Rest Amerikas bis nach Asien verbreitet hat. In der mexikanischen und asiatischen Küche ist er außerordentlich beliebt; im Aussehen ähnelt er dem Paprika, geschmacklich hat er allerdings einiges mehr an Schärfe zu bieten! Die kleinen, buschigen Pflanzen haben grüne, bunte, manchmal sogar schwarze glänzende Blätter, die jeden Garten, jedes Gewächshaus und jedes Fensterbrett zieren. Die eigentliche Show sind jedoch die farbenprächtigen Früchte.

Bei Hobbygärtnern ist Chili in den letzten Jahren immer beliebter geworden. Durch Züchtung sind immer schärfere Sorten entstanden, manche sind nur noch mit dem sprichwörtlichen »gusseisernen Gaumen« genießbar. Die Schärfe kommt durch das im Fruchtfleisch und in den Samen enthaltene Capsaicin zustande, und tatsächlich kann man den Schärfegrad auf der sogenannten Scoville-Skala messen. Den mit mehr als 900 000 Scoville bislang höchsten Wert erreichte die Sorte »Dorset Naga«.

Der geeignete Ort Im Garten braucht Chili exakt dieselben Anbaubedingungen wie Paprika: lange, heiße Sommer und viel Sonne. Auch hier gibt es Sorten, die sich im Gewächshaus wohler fühlen, und solche, die auch für die Terrasse geeignet sind. Im Freien halten es die kälteempfindlichen Pflanzen nur ohne Frost aus. Für die meisten Gärtner lohnt sich der Anbau im Beet nicht, außerdem macht sich Chili als Zierpflanze im Topf viel besser. Wenn Sie eine der kleineren Sorten wählen, können Sie den Topf auch aufs Fensterbrett oder in den Wintergarten stellen.

Sorten Die kompakten Pflanzen erreichen eine Höhe von etwa 25 bis 50 cm. Sie gehören zur Gattung Paprika und sind eigentlich kurzlebige mehrjährige Pflanzen, würden bei den richtigen Klimabedingungen also jedes Jahr wiederkommen. Dennoch werden sie im Garten oft wie einjährige Pflanzen behandelt. Mittlerweile gibt es Tausende von Sorten, von grün über gelb und orange bis rot und violett. Ihr individueller Schärfegrad hängt auch von den Anbaubedingungen ab, und es kommt zudem häufig vor, dass Früchte ein und derselben Pflanze unterschiedlich scharf sind.

Ernte und Lagerung Frische Schoten können Sie im Kühlschrank lagern oder einfrieren. Meist sind sie alle gemeinsam reif. Dann können Sie die ganze

Pflanze abschneiden und kopfüber zum Trocknen aufhängen. Alternativ können Sie auch einzelne Schoten ernten und in der Sonne oder bei sehr niedriger Temperatur im Backofen trocknen. Die getrockneten Schoten können gemahlen und zum Würzen der Speisen verwendet werden.

In der Küche In der mexikanischen, asiatischen und mediterranen Küche werden meist frische Chilistückchen mit Zwiebeln und Knoblauch angebraten. Oft sind die Samen schärfer als das Fruchtfleisch; wenn Sie es lieber etwas milder haben, sollten Sie die Schoten vor der Verwendung entkernen – und sich mit den Fingern anschließend möglichst nicht in die Augen fassen!

EMPFOHLENE SORTEN

Sehr scharfe Schoten

- »Habanero«

Etwas mildere Schoten

- »Hungarian Wax«: Achtung: milder Einstieg, scharfer Abgang!

Für die Terrasse

- »Filius Blue«, »Mirasol«, »Purple Tiger«, »Numex Twilight«

Für das Fensterbrett oder das Gewächshaus

- »Explosive Blast«, »Paper Lantern«

CHILISORTEN

Die Sorte »Explosive Blast« ist eine reine Zierpflanze und bringt Bündel verschiedenfarbiger Früchte hervor.

Die Sorte »Filius Blue« trägt blau-violette eiförmige Früchte, die rot nachreifen und dabei immer milder werden.

»Numex Twilight« ist eine attraktive, dürreresistente Pflanze, die mittelscharfe Früchte hervorbringt.

»Mirasol« bedeutet etwa »in die Sonne sehen«; den Namen verdankt die Sorte ihren nach oben weisenden Schoten.

DAS GARTENJAHR

FRÜHES FRÜHJAHR

Säen Sie die Samen einzeln in kleinen Töpfen aus und stecken Sie sie etwa 1 cm tief in die Erde. Zum Keimen brauchen die Samen eine möglichst konstante Temperatur von 20 °C.

MITTLERES FRÜHJAHR

Die Samen sollten nach rund 14 Tagen gekeimt haben. Dann kann es etwas kühler sein, mindestens jedoch 12 °C. Topfen Sie die Setzlinge in etwas größere Behälter um, gießen Sie sie gut und stellen Sie sie an einen sonnigen, warmen Ort.

SPÄTES FRÜHJAHR

Topfen Sie erneut in größere (5-l-)Behälter um. Für kleinere Sorten reicht ein 2-l-Topf. Wenn die Pflanzen zu groß werden, knipsen Sie die Spitze des Leittriebs ab.

FRÜHSOMMER

Sind die Pflanzen fürs Freie gedacht, stellen Sie sie an die wärmste Stelle auf der Terrasse. Ist für die Nacht Frost vorhergesagt, holen Sie die Pflanzen nach drinnen.

HOCHSOMMER

Binden Sie die Pflanzen mit einer Schnur an einen Bambusstock, wenn sie zu schwer zu werden drohen. Bilden sich keine Früchte, klopfen Sie leicht auf die Blüten, um den Pollen zu verteilen. Dafür können Sie auch einen kleinen Pinsel verwenden.

SPÄTSOMMER

Nun kann die Ernte der reifen Früchte beginnen.

Tomate

STAR PFLANZE
WENIG PLATZ
HOHER ERTRAG

Ob Sie nun ein Gewächshaus, eine Terrasse oder nur ein Fensterbrett haben – es gibt für jede Lage die passende Tomatensorte.

★★★★★ PREIS-LEISTUNGS-VERHÄLTNIS
★★☆☆☆ PFLEGE
★★★☆☆ EINFRIEREN/LAGERN
ERNTE: HOCHSOMMER–MITTE HERBST

Tomaten sind das Salatgemüse überhaupt. Und da selbst angebaute mit gekauften geschmacklich einfach nicht zu vergleichen sind, lohnt der Anbau Jahr für Jahr aufs Neue. Kein Wunder, dass sie so beliebt sind: Die Pflanzen sind unglaublich produktiv, nehmen aber nur wenig Raum ein. Schon drei Pflanzen liefern eine Ernte von rund 15 kg Tomaten. Ist es draußen zu ungemütlich für die empfindliche südamerikanische Pflanze, kann man immer noch das Gewächshaus mit ihr füllen. Am besten verzehren Sie die vitamin- und antioxidanzienreiche Frucht im Sommer und Frühherbst frisch vom Strauch, in Salaten oder Gerichten der Mittelmeerküche. Was Sie nicht schaffen, können Sie trocknen, einfrieren, pürieren oder zu Chutney verarbeiten.

Kübelpflanzen
Durch Züchtung sind Tomatensorten entstanden, die sich auch in kleineren Kübeln und Körben wohlfühlen und dort viele kleine und extrem süße Früchte hervorbringen.

Der geeignete Ort Es gibt für beinahe jede Lage die richtige Tomatenpflanze. Sorten mit kleineren Früchten gedeihen in Töpfen, die aufs Fensterbrett passen; damit können Sie zwar keinen Pastasoßenhandel betreiben, für den Salat reicht's jedoch.

Wer mehr ernten will, baut im Garten an. Auf der Terrasse und im Gewächshaus empfehlen sich spezielle Pflanzsäcke und Kübel; einige Sorten sind attraktiv genug für Hängekörbe. Am besten eignet sich Blumenerde, möglichst ohne Torf. In der Fruchtfolge können Tomaten entweder gemeinsam mit oder nach Frühkartoffeln angebaut werden.

Sorten Durch intensive Züchtung ist eine riesige Vielfalt an Sorten entstanden.
FARBE Für die meisten müssen Tomaten immer noch rot sein. Es gibt sie aber auch orange, gelb, grün, violett und gestreift.
GRÖSSE Die reicht von 1 cm Durchmesser bis faustgroß.
GESCHMACK Bevor Sie sich für eine Sorte entscheiden, sollten Sie sich überlegen, was Sie aus den Tomaten am liebsten machen. Kirschtomaten sind ideal für Salate, Eiertomaten lassen sich gut dünsten, Fleischtomaten zieren geschnitten jedes Sandwich. →

Erntereif
Tomaten gibt es inzwischen in allen möglichen Formen und Farben. Probieren Sie doch auch einmal Kirsch-, Eier- oder Fleischtomaten aus, um verschiedene Geschmacksrichtungen in Ihren Salat zu bringen.

IN VIER SCHRITTEN ZUR REICHEN TOMATENERNTE

1 Kaufen Sie im späten Frühjahr drei Tomatensetzlinge oder ziehen Sie diese selbst. Für Anfänger eignen sich Kirschtomatensorten wie »Sungold«. Kaufen Sie auch einen Pflanzsack und Tomatendünger – mehr brauchen Sie nicht.

2 Ist der letzte Frost vorüber, schneiden Sie in regelmäßigen Abständen drei Löcher in den Pflanzsack und setzen die jungen Pflänzchen vorsichtig hinein. Drücken Sie die Erde um die Pflanze herum etwas an und gießen Sie sie.

3 Stecken Sie neben jede Pflanze einen 2 m langen Stab in die Erde, ohne die Pflanzen zu beschädigen. Beginnen Sie nach 4 Wochen mit dem Düngen. Binden Sie die Pflanzen, während sie wachsen, an den Stab und entfernen Sie die Seitentriebe (siehe oben).

4 Lassen Sie die Früchte so lange am Strauch, bis sie wirklich reif sind – dann schmecken sie am besten.

Am Strauch reifen lassen
Am besten schmecken Tomaten, wenn sie am Strauch reifen konnten.

KLIMA Tomaten sind kälteempfindlich, können aber auch im Freien angebaut werden, wenn die Temperatur mehr als 10 Wochen lang über 21 °C beträgt. In Gegenden mit Braunfäule ziehen Sie Tomaten besser im Gewächshaus.

Im Garten

ANPFLANZEN UND ERZIEHEN

Setzen Sie die Pflanzen tief in die Erde. Buschige Sorten dürfen sich ruhig auf dem Boden ausbreiten; wenn Sie nicht wollen, dass die Früchte auf der Erde liegen, geben Sie den Pflanzen ein Hasendrahtgeflecht als Stütze. Spalierpflanzen brauchen etwas mehr Pflege: Bei diesen müssen Sie den Leittrieb an einem Stock oder einer Schnur entlang dirigieren. Seitentriebe knipsen Sie ab. Den Leittrieb entfernen Sie, entweder wenn er das Dach des Gewächshauses erreicht hat oder gegen Ende des Sommers. Damit steckt die Pflanze all ihre Energie ins Reifen der Früchte.

DÜNGEN Auf jeden Fall düngen müssen Sie die Pflanzen in Kübeln oder Pflanzsäcken – das erste Mal etwa 4 bis 6 Wochen nach dem Anpflanzen. Bis sich die Früchte bilden, können Sie einen gewöhnlichen Dünger nehmen, dann sollten Sie zu Tomatendünger wechseln. Dieser ist reich an Phosphat und bietet der Pflanze ideale Nährstoffe.

MULCHEN Bedecken Sie das Beet im Frühjahr mit einer dicken Schicht Gartenkompost (siehe S. 218–223) und düngen Sie ab dem Sommer mit Tomatendünger.

WÄSSERN Ist es der Pflanze zu trocken, kann sie Blütenfäule entwickeln (siehe unten). Wässern Sie Tomaten also immer gut – im Hochsommer bis zu 2-mal am Tag – vielleicht mit einem automatischen Bewässerungssystem (siehe S. 215).

Schädlinge und Krankheiten

Die Blütenfäule wird durch schwankende Temperaturen, zu wenig Wasser, zu viel

TOMATEN SELBST ZIEHEN

1 Säen Sie die Samen im mittleren Frühjahr einzeln in kleinen Keimtöpfen aus.

2 Topfen Sie die Setzlinge in kleine Töpfe um und stellen Sie sie erst nach dem letzten Frost ins Freie.

3 Sind die Setzlinge etwa 15 cm groß, können sie entweder ins Beet oder in Pflanzsäcke ins Gewächshaus.

SAMEN ODER SETZLINGE?

Inzwischen sind Tomaten eine der am leichtesten anzupflanzenden Gemüsesorten überhaupt. Werfen Sie eine Tomate auf den Komposthaufen, und schon bald werden darauf kleine Setzlinge sprießen. Wenn Sie jedoch Wert auf verschiedene Sorten legen, kann es preiswerter – und einfacher – sein, im Gartencenter ein paar Setzlinge statt Saatgutpäckchen zu kaufen. Allerdings kann auch hier die Sortenauswahl begrenzt sein. Bei richtiger Lagerung halten sich Tomatensamen viele Jahre lang. Wenn Sie den Aussaatzeitpunkt verpasst haben (siehe »Das Gartenjahr«), ist der Setzling aus dem Gartencenter aber immer noch eine gute Alternative.

Hitze oder einen Kalziummangel hervorgerufen. Hier helfen eine gute Belüftung des Gewächshauses und eine regelmäßige Bewässerung.

Zudem sind Tomaten häufig von Blattläusen, Spinnmilben oder Mottenschildläusen befallen. Abhilfe schaffen Schädlingsbekämpfungsmittel, die natürlichen Feinde der Schädlinge und das Anbauen mit anderem Gemüse (siehe S. 226f.).

Die Kraut- und Braunfäule stellt manchmal ebenfalls ein Problem dar. Die Pilzerkrankung wird vom Wind übertragen. Hier ist das Gewächshaus eine gute Option.

Ernte und Lagerung Ernten Sie Tomaten erst, wenn sie so reif und saftig wie möglich sind. Wenn Sie nicht so oft in Ihren Garten kommen, können Sie die Früchte auch auf dem sonnigen Fensterbrett nachreifen lassen. Im Gewächshaus müssen Sie unter Umständen mehrmals pro Woche ernten. Bei mildem Klima produziert die Pflanze bis in den Spätherbst hinein Früchte. Wird es kalt, müssen Sie allerdings alles auf einmal abernten. Wenn Sie die Tomaten mit einer Banane in eine Papiertüte legen, reifen sie ebenfalls etwas nach.

In der Küche Ob im Salat, als Suppe oder als Sauce – Tomaten sind immer ein Genuss! Sie können sie auch zu Chutneys verarbeiten oder trocknen (siehe S. 240f.). Überschüssige Tomaten können Sie im Ganzen einfrieren oder passieren.

EMPFOHLENE SORTEN

- **»Gardener's Delight«, »Cherrola«:** beste Kirschtomatensorten
- **»Shirley«:** beste Sorte für den Salat
- **»Incas«:** beste Eiertomatensorte
- **»Black Russian«, »Brandywine«:** beste Fleischtomatensorten
- **»Tumbler«:** beste Hängetomate
- **»Red Robin«:** beste Sorte für das Fensterbrett

DAS GARTENJAHR

SPÄTWINTER

Wenn Sie über ein beheiztes Gewächshaus verfügen, können Sie nun schon aussäen. Die Pflanzen brauchen zum Keimen eine Temperatur von 18 °C.

MITTLERES FRÜHJAHR

Zum Anbau im Beet oder im unbeheizten Gewächshaus erfolgt die Aussaat in kleinen Töpfen erst jetzt. Topfen Sie die Pflanzen nach dem Keimen einzeln in etwas größere Töpfe um und setzen Sie sie erst nach dem letzten Frost ins Freie.

SPÄTES FRÜHJAHR

Setzen Sie die Pflanzen nun an ihren Bestimmungsort – in Kübel, in Körbe oder ins Beet. Setzen Sie nur jeweils 3 Pflanzen in einen Pflanzsack, die Kübel sollten ein Fassungsvermögen von 15 l haben, und die Körbe sollten möglichst groß sein. Im Beet sollte der Abstand zwischen den Pflanzen 45–60 cm betragen.

FRÜHSOMMER

Düngen Sie, wenn sich die ersten Früchte bilden, mit Tomatendünger. Schneiden Sie bei Spalierpflanzen alle Seitentriebe ab. Gießen Sie ab jetzt jeden Tag.

HOCHSOMMER

Schneiden Sie weiter die Seitentriebe ab und düngen Sie weiter. Nun können Sie die ersten Tomaten ernten. Achten Sie auf Schädlinge wie Spinnmilben und Mottenschildläuse.

SPÄTSOMMER–FRÜHHERBST

Schneiden Sie bei Spalierpflanzen den Leittrieb sowie alle Seitentriebe ab und entfernen Sie welke Blätter.

SPÄTHERBST

Ernten Sie vor dem letzten Frost alle Früchte ab und lassen Sie die unreifen noch etwas nachreifen.

ZWIEBEL- & BLÜTENGEMÜSE

Zu diesen Gemüsesorten zählen einige, die eine gewisse Herausforderung für den Hobbygärtner darstellen. Wer aber Brokkoli und Fenchel liebt, sollte ihnen im Gemüsegarten unbedingt ein Plätzchen reservieren. Und wer wenig Zeit hat, kann es einmal mit einer mehrjährigen Pflanze wie Spargel oder Artischocke versuchen.

Brokkoli

Wenn Sie den Entschluss gefasst haben, nur ein Mitglied der Kohlfamilie anzubauen, sollte es Brokkoli sein. Die zarten Knospen und Stängel finden in der Küche vielseitige Verwendung.

PREIS-LEISTUNGS-VERHÄLTNIS
PFLEGE
EINFRIEREN/LAGERN
ERNTE: SPÄTSOMMER–MITTLERES FRÜHJAHR

Reifer Brokkoli
Bei dieser speziellen Brokkolisorte endet der Stamm in einem einzelnen Kopf.

Brokkolistängel
Ist der Hauptkopf geerntet, produziert die Pflanze Seitentriebe.

Das Supergemüse gehört zu den beliebtesten Kohlsorten schlechthin. Brokkoli soll vorbeugend gegen Krebs- und Herzerkrankungen wirken und ist reich an Vitaminen und Folsäure. Er kann fast ganzjährig angebaut werden.

Der geeignete Ort Brokkoli braucht viel Platz. Der Abstand zwischen den großen Pflanzen sollte je nach Sorte 40 bis 60 cm betragen. Bauen Sie ihn mit anderen Mitgliedern der Kohlfamilie oder als Zwischensorte im Winter zusammen mit Zuckermais (siehe S. 86f.) an. Düngen Sie den Boden vor dem Anpflanzen gut.

Sorten Gewöhnlicher Brokkoli bringt viele Seitentriebe mit kleinen Blütenköpfen hervor. Diese werden im frühen Frühjahr geerntet, wenn sie noch sehr fest sind. Meist sind die Blüten violett oder weiß.

Es gibt aber auch Sorten, die nur einen einzelnen großen Stängel mit einem einzigen Blütenkopf hervorbringen. Dieser wird geerntet, bevor die Blüten sich öffnen. Da er keine Kälteperiode braucht, findet die Aussaat normalerweise im Frühjahr und die Ernte im Hochsommer statt. Die anderen Sorten brauchen den Kälteeinbruch und werden deshalb erst im Spätwinter geerntet.

Schädlinge und Krankheiten
Brokkoli ist anfällig für dieselben Schädlinge und Krankheiten wie andere Kohlsorten auch (siehe S. 55); bauen Sie ihn deshalb mit diesen zusammen an. Im Winter können Vögel, vor allem Tauben, zum Problem werden; schützen Sie Ihre Pflanzen mit Netzen vor ihnen.

Ernte und Lagerung Brokkoli mit einem einzelnen großen Stängel wird im Frühjahr ausgesät und im Hochsommer geerntet. Stehen die Pflanzen recht weit auseinander, können Sie den großen Stängel abschneiden und die

EMPFOHLENE SORTEN

Sorte mit einem einzelnen Stängel
- **»Decathlon«, »Calabrese natalino«**

Andere Sorten
- **»Marathon«**

Violetter Brokkoli
- **»Claret«**

Pflanze weiter wachsen lassen. Sie wird dann Seitentriebe ausbilden. Ernten Sie Brokkoli immer, bevor sich die Blüten öffnen, und verzehren Sie ihn rasch. Alternativ können Sie ihn auch einfrieren.

In der Küche Junger Brokkoli ist so zart, dass er auch roh gegessen werden kann. Sie können ihn aber auch blanchieren, dünsten, im Wok braten oder als Suppe zubereiten.

TIPP

Halten Sie einen großen Abstand zwischen den Pflanzen ein, damit die Hauptköpfe Platz zum Wachsen haben. Ist der Abstand geringer, bildet die Pflanze mehr Seitentriebe aus.

DIE BROKKOLIERNTE MAXIMIEREN

1 Halten Sie zwischen den Setzlingen mindestens einen Abstand von 45 cm ein.

2 Schneiden Sie den Hauptkopf ab, wenn sich die festen Knospen gebildet haben.

3 Danach wird die Pflanze Seitentriebe hervorbringen, die Sie nach und nach ernten können.

DAS GARTENJAHR

FRÜHES FRÜHJAHR
Nun können Sie Sorten aussäen, die einen einzelnen Stängel bilden. Stecken Sie die Samen einzeln 1 cm tief in kleine Töpfe.

MITTLERES FRÜHJAHR
Diese Sorten können Sie immer noch aussäen, ab jetzt aber auch Sorten, die im Winter geerntet werden. Graben Sie das Gemüsebeet um und düngen Sie den Boden.

SPÄTES FRÜHJAHR
Jetzt wird Brokkoli ausgesät, der im Sommer geerntet werden kann. Setzen Sie die jungen Pflanzen ins Freie um; der Abstand zwischen ihnen hängt von der Sorte ab. Schützen Sie die Pflanzen mit einem feinmaschigen Netz vor Vögeln und anderen Schädlingen.

FRÜHSOMMER
Jetzt sollten alle Pflanzen im Freien sein. Stützen Sie sie mit Bambusstöcken o.Ä.

HOCHSOMMER
Wässern Sie die Pflanzen regelmäßig und geben Sie noch etwas Dünger dazu. Nun kann der erste Brokkoli geerntet werden.

SPÄTSOMMER
Ernten Sie die Seitentriebe der zuerst angebauten Sorten.

FRÜHHERBST
Ernten Sie auch die anderen Sorten.

MITTLERER HERBST
Ernten Sie weiter.

SPÄTHERBST
Nun dürfte die Ernte der frühen und Sommersorten abgeschlossen sein.

FRÜHER–MITTLERER WINTER
Schützen Sie Ihren Winterbrokkoli weiterhin vor Vögeln.

SPÄTER WINTER
Ab jetzt bis ins mittlere Frühjahr hinein können Sie Ihren Winterbrokkoli ernten.

Blumenkohl

Der Anbau von Blumenkohl im eigenen Garten ist schwierig, durch neue Techniken aber möglich.

- ○○○○○ PREIS-LEISTUNGS-VERHÄLTNIS
- ○○○○○ PFLEGE
- ○○○○○ EINFRIEREN/LAGERN
- ERNTE: GANZJÄHRIG

Cremig-weißer Blumenkohl
Das beliebte Wintergemüse gibt es mittlerweile in vielen verschiedenen Farben.

Blumenkohl zählt zu den am schwierigsten anzubauenden Gemüsesorten. Er ist sehr anfällig für Schädlinge und schießt auch gern vorzeitig in Samen. Außerdem muss er schnell geerntet werden. Dennoch lohnt sich der Anbau, und neben den traditionellen weißen gibt es inzwischen auch violette und grüne sowie spitze Sorten (Romanesco). Bei gutem Timing können Sie von Herbst bis Frühjahr durchgehend Blumenkohl ernten.

Der geeignete Ort Bauen Sie Blumenkohl mit anderen Mitgliedern der Kohlfamilie an, vorzugsweise unter einem feinmaschigen Netz. Reichern Sie den Boden mit Kompost und Allzweckdünger an. Der Abstand zwischen den Pflanzen sollte 45 cm betragen; ist er geringer, produziern sie mehrere kleine Köpfe.

Sorten Meist wird Blumenkohl in Sommer-, Herbst- und Wintersorten eingeteilt. Letztere sind winterhart und überleben auch längere Kälteperioden. Die Sommer- und Herbstsorten können im Allgemeinen in dem Jahr geerntet werden, in dem sie gesät wurden – ab Spätsommer bis zum Frühwinter.

Schädlinge und Krankheiten Die der Kohlfamilie (siehe S. 55). Probleme können auch Flohkäfer, Schnecken, Raupen, Blattläuse und die Kleine Kohlfliege bereiten (siehe dazu auch S. 226f.).

Ernte und Lagerung Die Blumenkohlköpfe werden zwar durch die äußeren Blätter geschützt, diese müssen Sie jedoch zurückklappen, um zu prüfen, ob der Kohl schon reif ist. Das ist dann der Fall, wenn keine einzelnen Blütenknospen mehr zu erkennen sind. Schneiden Sie den Kopf mit einem Messer ab. An einem kühlen, dunklen Ort hält er sich etwa 1 Woche, Sie können ihn aber auch einfrieren.

In der Küche Blumenkohl kann für Suppen und Eintöpfe, als Gemüsebeilage, in Aufläufen und eingelegt verwendet werden.

EMPFOHLENE SORTEN

Sommer- und Herbstblumenkohl
- »Aviso«, »Moby Dick«: weiß
- »Graffiti«: violett
- »Panther«, »Emeraude«: grün
- »Cheddar«: gelb

Winterblumenkohl
- »Winter Aalsmeer«, »Walcheren«, »Winter Pilgrim«

Romanesco
- »Amfora«, »Veronica«

DAS GARTENJAHR

FRÜHES FRÜHJAHR
Was Sie jetzt aussäen, können Sie im Frühsommer ernten. Stecken Sie die Samen einzeln in kleine Töpfe und stellen Sie diese in ein unbeheiztes Gewächshaus oder aufs Frühbeet.

MITTLERES FRÜHJAHR
Säen Sie weiter aus.

SPÄTES FRÜHJAHR
Setzen Sie die ersten Pflanzen ins Freie um. Für Miniblumenkohl sollte der Abstand zwischen den Pflanzen 25 cm betragen, für normal große Köpfe etwa 45 cm. Gießen Sie direkt nach dem Anpflanzen gut, danach nicht mehr so häufig.

FRÜHSOMMER
Setzen Sie die später gesäten Pflanzen ins Freie um.

HOCHSOMMER
Beginnen Sie nun mit der Ernte und säen Sie für eine weitere Ernte im Spätherbst aus.

SPÄTSOMMER
Ist es sehr trocken, wässern Sie 1- bis 2-mal pro Woche gut.

AB FRÜHHERBST
Halten Sie nach Schädlingen Ausschau.

Kohlrabi

Das, was wir als Kohlrabi essen, ist der geschwollene Stängel der Pflanze.

PREIS-LEISTUNGS-VERHÄLTNIS
PFLEGE
EINFRIEREN/LAGERN
ERNTE: SPÄTES FRÜHJAHR–FRÜHER WINTER

Verkanntes Gemüse
Der Kohlrabi schmeckt sowohl roh im Salat als auch gedünstet als Beilage hervorragend.

Kohlrabi gehört zwar auch zur Kohlfamilie, ist jedoch das einzige Mitglied, bei dem der Stängel der essbare Teil ist. Die Pflanze wird etwa 30 cm hoch, wobei sich der Stängel auf halbem Weg zu einer Kugel verdickt. Zum richtigen Zeitpunkt geerntet schmeckt diese wunderbar süß.

Der geeignete Ort Kohlrabi wächst relativ schnell und erreicht seine essbare Größe in rund 8 Wochen. Sie bauen ihn am besten mit anderen Kohlsorten unter einem feinmaschigen Netz, gemeinsam mit Zuckermais oder nach Buschbohnen an. Sie können ihn im Frühjahr und Sommer mehrmals aussäen.

Sorten Durch Züchtung sind auch hier einige neue und interessante Sorten entstanden, die vor allem hinsichtlich ihrer Farbenpracht überzeugen: Außen erstrahlen sie in Violett, Grün oder Weiß, innen sind sie alle cremig-weiß und schmecken ein bisschen wie Steckrüben.

Roter Kohlrabi
Wem das Gemüse nicht exotisch genug ist, kann es einmal mit ungewöhnlichen Farben probieren.

Schädlinge und Krankheiten
Kohlrabi ist anfällig für dieselben Schädlinge und Krankheiten wie andere Mitglieder der Kohlfamilie auch (siehe S. 55). Er soll allerdings etwas widerstandsfähiger sein und lohnt den Anbau, auch wenn Sie mit anderem Kohl kein Glück hatten. Die meisten Sorten sind zudem hitze- und dürretoleranter als andere Kohlarten.

Ernte und Lagerung Schon wenn der Kohlrabi etwa golfballgroß ist, kann er regelmäßig geerntet werden. Ist er größer als ein Tennisball, schmeckt er holzig. Die Pflanzen sind allerdings recht robust und vertragen auch etwas Kälte. Lagern lässt sich Kohlrabi dagegen schlecht – verzehren Sie ihn möglichst frisch.

In der Küche Jungen und zarten Kohlrabi können Sie roh im Salat essen. Sie können ihn natürlich auch dünsten und als Gemüsebeilage servieren oder in Suppen und Eintöpfen verwenden.

DAS GARTENJAHR

FRÜHES FRÜHJAHR
Säen Sie die Samen einzeln in kleinen Töpfen aus und stellen Sie diese in ein unbeheiztes Gewächshaus oder aufs Frühbeet.

MITTLERES FRÜHJAHR
Nun können Sie auch direkt im Beet aussäen: Graben Sie eine flache Saatrinne und streuen Sie etwa alle 10 cm ein paar Samen darauf. Die Reihen sollten 30 cm Abstand zueinander haben. Entfernen Sie schwächere Setzlinge.

SPÄTES FRÜHJAHR
Setzen Sie die Pflanzen im Abstand von 10 cm ins Freie um. Säen Sie auch weiterhin direkt im Beet aus.

FRÜHSOMMER
Nun können Sie erstmals ernten. Säen Sie bis zum Spätsommer weiter aus, dann haben Sie noch lange etwas von Ihrem Kohlrabi.

Fenchel

Der nach Anis schmeckende Fenchel hat schon lange Einzug in die Haute Cuisine gehalten.

PREIS-LEISTUNGS-VERHÄLTNIS
PFLEGE
EINFRIEREN/LAGERN
ERNTE: SPÄTES FRÜHJAHR–FRÜHHERBST

Fenchel aus dem eigenen Garten ist eher ungewöhnlich, da er recht schwierig anzubauen ist. Doch der Anbau lohnt: Nicht nur die saftigen Knollen sind ein Genuss, auch das Fenchelgrün findet in der Küche vielseitig Verwendung.

Der geeignete Ort Fenchel bevorzugt nährstoffreiche und feuchte Sand- und Lehmböden. Kälte mag er nicht. Wird er zu früh angepflanzt, schießt er oft vorzeitig in Samen. Ziehen Sie die Pflanzen in kleinen Töpfen vor und setzen Sie sie dann vorsichtig ins Freie.

Sorten Es gibt nicht viele Fenchelsorten, einige sollen jedoch resistent gegen das vorzeitige In-Samen-Schießen sein.

Schädlinge und Krankheiten
Schnecken können zum Problem werden, vor allem dann, wenn die Pflanzen noch sehr klein sind. Ansonsten ist Fenchel kaum anfällig für Schädlinge und Krankheiten.

Ernte und Lagerung Meist ist der Fenchel bereits 10 Wochen nach der Aussaat erntereif. Schneiden Sie ihn etwa 2,5 cm über dem Boden ab. Wenn Sie die Wurzel im Boden lassen, treibt die Pflanze neu aus. Ernten Sie nicht zu spät, da die Pflanze wie gesagt dazu neigt, vorzeitig in Samen zu schießen.

In der Küche Fenchel passt gut zu allen Arten von Fisch und schmeckt auch im Ofen überbacken hervorragend.

Fedriger Fenchel
Der Anbau von Fenchel ist nicht ganz einfach. Wenn er Ihnen jedoch gelingt, werden Sie mit dem perfekten Salatgemüse belohnt.

EMPFOHLENE SORTEN

- **»Tauro«**: früh reifende Sorte, schießt weniger oft vorzeitig in Samen
- **»Amigo«**: flachere Knollen, schießt kaum vorzeitig in Samen
- **»Finale«**: sehr flache Knollen, schießt ebenfalls kaum vorzeitig in Samen

DAS GARTENJAHR

MITTLERES FRÜHJAHR
Säen Sie jeweils ein paar Samen in kleinen Töpfen aus.

SPÄTES FRÜHJAHR
Dünnen Sie schwächere Setzlinge aus und setzen Sie die stärkeren ein paar Wochen nach der Aussaat ins Freie um. Die Pflanzen brauchen viel Platz – etwa 30 cm in jede Richtung.

FRÜHSOMMER
Nun können Sie immer noch ein bis zwei Reihen direkt im Beet aussäen. Stecken Sie die Samen etwa 1,5 cm tief in die Erde und halten Sie rund 30 cm Abstand zwischen ihnen. Dünnen Sie gegebenenfalls aus.

HOCHSOMMER
Wässern Sie Ihre Pflanzen bei großer Hitze gut. Sie können nun mit der Ernte beginnen.

SPÄTSOMMER
Wässern und ernten Sie weiter.

TIPP
Auch das Fenchelgrün ist ein kulinarischer Genuss. Schneiden Sie es einfach mit einer Schere ab und verwenden Sie es wie Dill oder Koriandergrün.

Lauch

Lauch ist eine der wenigen Gemüsesorten, die Sie bis in den Winter hinein ernten können.

●●●●● PREIS-LEISTUNGS-VERHÄLTNIS
●●●●○ PFLEGE
●●●○○ EINFRIEREN/LAGERN
ERNTE: SPÄTSOMMER–FRÜHES FRÜHJAHR

Wie seine Verwandte, die Zwiebel, ist auch Lauch ein unglaublich vielseitiges Gemüse. Tapfer hält er der Kälte des Winters stand, lässt sich aber auch im Sommer gut ernten. Wenn Sie die Pflanzen nah beieinander anpflanzen, erhalten Sie frühlingszwiebelähnlichen Babylauch. Dieser ist im Supermarkt sehr teuer – warum bauen Sie ihn also nicht einfach selbst an?

Winterhartes Gemüse
Wenn es Mitte des Winters fast nichts anderes zu ernten gibt, werden Sie sich über Lauch frisch vom Beet bestimmt freuen.

BABYLAUCH SELBST ZIEHEN

1 Säen Sie im Frühjahr jeweils mehrere Samen in kleinen Töpfen aus.

2 Haben die Samen gekeimt, setzen Sie die Pflanzen in Büscheln mit 30 cm Abstand zueinander ins Freie um.

3 Die jungen Pflanzen schieben sich gegenseitig ein wenig beiseite und können als zarter Babylauch geerntet werden.

Der geeignete Ort Bauen Sie Lauch mit anderen Mitgliedern der Zwiebelfamilie im Fruchtfolgesystem (siehe S. 22f.) an. Bei wenig Platz kann er auch im Kübel auf der Terrasse angepflanzt werden. Stecken Sie alle 2,5 cm einen Samen in die Erde und bedecken Sie sie mit Kompost. Bei guter Bewässerung wird der Lauch im Topf etwa bleistiftdick.

Sorten Wählen Sie eine F-Sorte, da diese im Allgemeinen ertragreicher und robuster sind als offen bestäubte Sorten. Für Babylauch brauchen Sie davon allerdings sehr viele Samen, und die sind relativ teuer.

Schädlinge und Krankheiten
Im Vergleich zu Zwiebeln ist Lauch wenig anfällig, es kann allerdings zu Lauchrost kommen. Dann bilden sich kleine, orangefarbene Flecken auf den Blättern, gegen die Sie wenig unternehmen können. Vorbeugen können Sie nur, indem Sie die Pflanzen im Sommer ausreichend wässern. Entfernen Sie befallene Blätter.

Ernte und Lagerung Ernten können Sie Lauch ab dem Hochsommer bis ins nächste Frühjahr hinein. Stehen die Pflanzen dicht beieinander, können Sie den jungen Lauch wie Frühlingszwiebeln verwenden; ansonsten erreichen die Stangen einen Durchmesser von 2 bis 3 cm. Der Abstand zwischen den Pflanzen sollte dann 20 bis 30 cm betragen. Da sie sich draußen sehr wohl fühlen, müssen Sie den Lauch nicht ernten und einlagern. Mitte des Frühjahrs können Sie ihn auch direkt im Beet aussäen, alle 1 bis 2 cm einen Samen. Dünnen Sie dann auf 2,5 cm Abstand aus. Nach etwa 10 Wochen kann die Ernte beginnen. Ernten Sie, bis die Pflanzen einen Abstand von 20 bis 30 cm zueinander haben. Diesen Lauch lassen Sie voll ausreifen; ernten Sie ihn den Winter durch bis zum nächsten Frühjahr.

In der Küche Lauch hat einen zwiebelähnlichen, aber viel milderen Geschmack und eignet sich gedünstet als Gemüsebeilage ebenso gut wie in Suppen oder in Gerichten aus dem Wok.

TIPP

Sie können auch selbst Lauchsamen sammeln: Lassen Sie dafür ein bis zwei Pflanzen im Garten stehen und Samen ansetzen. Die weißen Blüten können so groß werden, dass sie ein wenig Unterstützung brauchen. In ihnen finden Sie die kleinen schwarzen Samen.

DAS GARTENJAHR

FRÜHES FRÜHJAHR
Säen Sie die Samen einzeln in kleinen Töpfen aus und bedecken Sie sie mit etwas Kompost. Stellen Sie die Töpfe in ein unbeheiztes Gewächshaus oder aufs Frühbeet.

MITTLERES FRÜHJAHR
Wässern Sie die Setzlinge und düngen Sie sie falls nötig mit einem Flüssigdünger.

SPÄTES FRÜHJAHR
Pflanzen Sie die Setzlinge ins Beet um. Graben Sie ein 10 cm tiefes Loch und setzen Sie die Pflanze hinein. Gießen Sie sie. Der Abstand zwischen den Reihen sollte 30 cm, zwischen den Pflanzen 15 cm betragen.

FRÜHSOMMER
Wässern Sie und jäten Sie Unkraut.

HOCHSOMMER
Wässern Sie weiter.

SPÄTSOMMER
Ab jetzt können Sie Babylauch ernten. Wenn Sie die Pflanze wachsen lassen, können Sie bis zum nächsten Frühjahr ernten.

EMPFOHLENE SORTEN
- »**Bavaria**«: frühe Sorte mit langen Stangen und hohem Ertrag; kann im Sommer und Herbst geerntet werden
- »**Herbstriesen 2/Hannibal**«: robuste Sorte, die sich gut für den Bio-Anbau eignet

Ertragreiches Gemüse
Lauch bringt eine reiche Ernte und ist eine willkommene Zutat in vielen Aufläufen, Suppen und Eintöpfen.

Frühlingszwiebel

Für alle, die schnell ernten wollen.

✪✪✪✪✪ PREIS-LEISTUNGS-VERHÄLTNIS
✪✪✪✪○ PFLEGE
✪✪○○○ EINFRIEREN/LAGERN
ERNTE: SPÄTES FRÜHJAHR–SPÄTHERBST

Frühlingszwiebeln wachsen sehr schnell und sind ideal für Salate und Wokgerichte. Sie empfehlen sich vor allem für Anfänger, die kaum Erfahrung mit dem Gärtnern und dem Anbau von Zwiebeln haben. Die Aussaat kann jederzeit zwischen dem frühen Frühjahr und dem Frühherbst stattfinden.

Der geeignete Ort Bauen Sie Frühlingszwiebeln mit anderen Zwiebeln im Fruchtfolgesystem (siehe S. 22f.) an. Sie brauchen so wenig Platz, dass Sie sie auch zwischen Kohlpflanzen oder nach Buschbohnen und Erbsen setzen können.

Zudem eigen sich Frühlingszwiebeln für den Anbau in Kübeln. Sie können sie sehr

FRÜHLINGSZWIEBELN IN TÖPFEN ANPFLANZEN

1 Wählen Sie einen Behälter mit 30 cm Durchmesser und 5 l Fassungsvermögen und füllen Sie ihn mit Allzweckkompost.

2 Streuen Sie die Samen einzeln im Abstand von 2,5 cm auf den Kompost.

3 Bedecken Sie sie mit einer Schicht Kompost und wässern Sie das Ganze vorsichtig.

Geschwindes Gemüse
Frühlingszwiebeln wachsen sehr schnell und sind bereits 6 bis 8 Wochen nach der Aussaat erntereif.

dicht aussäen und viel ernten. Ab dem frühen Frühjahr können die Pflanzen ins Freie. Wenn Sie in der Anbausaison alle paar Wochen neu aussäen, haben Sie den ganzen Winter über immer frische Frühlingszwiebeln im Salat.

Sorten Die traditionellen Sorten bringen eine kleine Knolle über der Wurzel hervor. Winterzwiebeln sind ganz ähnlich, wachsen aber viel gerader und haben fast keine Knolle. Es gibt auch Kreuzungen dieser beiden Sorten und rote Neuzüchtungen, die im Garten und auf dem Teller sehr hübsch aussehen.

Schädlinge und Krankheiten
Frühlingszwiebeln sind kaum anfällig für Schädlinge und Krankheiten, ausgenommen für Weißfäule und Falschen Mehltau, der alle Mitglieder der Zwiebelfamilie befällt. Wenn er auftritt, sollten Sie die Ernte vernichten und in diesem Teil des Gartens keine Zwiebeln mehr anbauen.

Ernte und Lagerung Von der Aussaat bis zur Ernte dauert es nur etwa 10 Wochen. Ziehen Sie die bleistiftdicken Stängel sanft aus der Erde. Ist diese sehr fest, sollte sie mit einer Grabegabel aufgelockert werden. Am besten schmeckt das Gemüse frisch aus dem Garten, es hält sich aber auch rund 1 Woche im Kühlschrank. Ernten Sie immer nur das, was Sie brauchen.

In der Küche Traditionellerweise verwendet man Frühlingszwiebeln auch zum Garnieren; durch ihren milden Geschmack passen sie aber auch gut in Salate. Aus der asiatischen Küche sind sie nicht wegzudenken, vor allem in Wokgerichten sind sie ein Muss. Sie können sie auch statt normaler Zwiebeln verwenden.

4 Nach ein paar Wochen wird der untere Teil der Frühlingszwiebeln langsam anschwellen.

5 Ziehen Sie die Frühlingszwiebeln aus der Erde, wenn sie etwa bleistiftdick sind. Lassen Sie die dünneren noch wachsen.

DAS GARTENJAHR

SPÄTER WINTER
Graben Sie das Beet gut um und jäten Sie gründlich Unkraut.

FRÜHES FRÜHJAHR
Beginnen Sie nun mit der ersten Aussaat. Ziehen Sie einen etwa 1–2 cm tiefen und 10 cm breiten Graben. Streuen Sie alle 2,5 cm einen Samen hinein und bedecken Sie die Samen mit Erde.

MITTLERES FRÜHJAHR
Sie können immer noch aussäen.

SPÄTES FRÜHJAHR
Um die Saison zu verlängern, können Sie auch jetzt noch aussäen.

FRÜHSOMMER
Sie können Frühlingszwiebeln auch dort aussäen, wo sich kleine Lücken im Garten auftun.

HOCHSOMMER
Gießen Sie, wenn der Boden sehr trocken ist. Nun kann die Ernte beginnen.

SPÄTSOMMER
Säen Sie weiter aus und wässern Sie die Pflanzen bei Bedarf.

FRÜHHERBST
Sie können den ganzen Herbst hindurch ernten.

EMPFOHLENE SORTEN
- »Elody«: weiße Frühlingszwiebel mit Knolle
- »Guardsman«, »Ishikura«: weiße Frühlingszwiebel mit sehr kleiner Knolle
- »Deep Purple«, »Rossa Lunga di Firenze«: rote Frühlingszwiebel

Staudensellerie

In der Küche ist Staudensellerie sehr beliebt. Bei Hobbygärtnern eher weniger – zeigt er sich im Garten doch etwas zickig.

PREIS-LEISTUNGS-VERHÄLTNIS
PFLEGE
EINFRIEREN/LAGERN
ERNTE: FRÜHSOMMER–SPÄTHERBST

Wie Fenchel bevorzugt Staudensellerie warme und feuchte Klima- und Bodenbedingungen. Die lassen sich im Garten nicht immer leicht herstellen. Wer jedoch die Zeit hat, sich dieser Pflanze zu widmen, wird mit einem unvergleichlichen Geschmack belohnt.

Der geeignete Ort Es ist recht schwierig, Sellerie zum Keimen zu bringen. Die Samen brauchen Licht, sollten also auf die Oberfläche eines mit Kompost gefüllten kleinen Topfes gestreut werden. Bedecken Sie sie mit einer dünnen Schicht lichtdurchlässigen Vermiculits oder legen Sie

STAUDENSELLERIE ZUM KEIMEN BRINGEN

1 Füllen Sie einen kleinen Topf mit Kompost und streuen Sie ein paar Samen auf die Oberfläche.

2 Bedecken Sie die Samen mit einer sehr dünnen Schicht Vermiculit und befeuchten Sie sie mithilfe eines Zerstäubers.

3 Halten Sie die Oberfläche immer gut feucht und sorgen Sie für eine konstante Temperatur von 15 °C. Decken Sie die Töpfe dafür eventuell mit einer Glasplatte ab.

Frisches Grün
Die neueren Staudenselleriesorten sind wesentlich einfacher anzubauen – zumindest solange Sie die Pflanzen gut wässern.

eine Glasplatte auf den Topf, damit der Kompost feucht bleibt. Die Samen brauchen eine Temperatur von rund 15 °C.

Im Garten bevorzugt Staudensellerie nährstoffreichen, Feuchtigkeit speichernden Boden mit einem pH-Wert von um die 7 (siehe S. 219).

Sorten Früher musste man immer wieder Erde um den Sellerie herum aufschütten, damit die Stangen eher blass und zart blieben. Bei den heutigen Neuzüchtungen ist das nicht mehr nötig. Diese Sorten bringen langstielige Pflanzen hervor, die bis zu 45 cm hoch werden. Auch sie haben es nicht gern zu kalt, sollten also am besten im Sommer angebaut werden. Darüber hinaus haben Sie die Wahl zwischen verschiedenen Farben: Neben den üblichen grünen Stangen gibt es heute auch hellgelbe und rötliche.

Schädlinge und Krankheiten

Staudensellerie kann von der Möhrenfliege befallen werden. Davor schützen Sie Ihre Pflanzen am besten mit einem Vlies oder einem feinmaschigen Netz. Da der Boden immer feucht sein soll, können auch Schnecken zum Problem werden. Verwenden Sie entsprechende Schädlingsbekämpfungsmittel.

Ernte und Lagerung Ist der Staudensellerie bereit zur Ernte, lockern Sie den Boden um ihn herum mit einer Grabegabel auf, heben die Pflanze heraus und schneiden die Wurzel ab. Leider hält er sich nur etwa 1 Woche. Die Pflanzen schießen vorzeitig in Samen oder erleiden Frostschäden, weshalb man den Sellerie ernten sollte, bevor es zu kalt wird.

In der Küche Geschmacklich passt Staudensellerie gut zu Zwiebeln und Karotten als Basis für einen Eintopf. Aber auch roh ist Staudensellerie eine kleine Delikatesse. Unverzichtbar ist er zudem als Garnierung für Tomatensaft.

DAS GARTENJAHR

MITTLERES FRÜHJAHR
Streuen Sie die Samen auf die Oberfläche eines mit Allzweckkompost gefüllten Topfes und sorgen Sie für eine konstante Temperatur von 15 °C. Halten Sie die Oberfläche immer gut feucht.

SPÄTES FRÜHJAHR
Zeigen sich die jungen Setzlinge, gewöhnen Sie die Pflanzen allmählich an kühlere Bedingungen.

FRÜHSOMMER
Setzen Sie die jungen Pflanzen etwa zur Zeit des letzten Frosts in den Garten um. Der Boden sollte nährstoffreich und Feuchtigkeit speichernd sein, die Pflanzen brauchen einen Abstand von 25 cm zueinander. Wässern Sie sie gut und bedecken Sie sie mit einem feinmaschigen Netz.

HOCHSOMMER
Gießen Sie 2-mal pro Woche.

SPÄTSOMMER
Gießen Sie weiter. Nun kann die Ernte beginnen.

FRÜHHERBST
Gießen und ernten Sie weiter.

EMPFOHLENE SORTEN
- **»Goldener Asti«**: mit gelben Stangen
- **»Tango«**: Sorte mit delikatem Aroma

Mit Fingerspitzengefühl
Wenn Sie die Bewässerung richtig dosieren, kann Staudensellerie eine sehr produktive und den Anbau lohnende Pflanze sein.

Spargel

STAR PFLANZE
FÜR GOURMETS
GERINGER AUFWAND

Spargel ist beim Gemüsehändler sehr teuer, aber leicht selbst anzubauen. Allerdings müssen Sie ein bis zwei Jahre warten, bis Sie erstmals ernten können.

●●●●● PREIS-LEISTUNGS-VERHÄLTNIS
●●●●○ PFLEGE
●●○○○ EINFRIEREN / LAGERN
ERNTE: MITTLERES–SPÄTES FRÜHJAHR

Spargel ist eine mehrjährige Pflanze, kommt also Jahr für Jahr wieder. In den ersten beiden Jahren nach dem Anpflanzen sollten Sie noch nicht ernten und der Pflanze etwas Zeit geben. Dann aber haben Sie jedes Jahr vom Frühling bis zum Frühsommer frischen Spargel auf dem Tisch. Es gibt männliche und weibliche Pflanzen; Erstere bringen größere Spargelstangen hervor, Letztere produzieren dafür Samen. Um ernten zu können, brauchen Sie nicht beide Pflanzen.

Saftige Stangen
Ist die Pflanze erst einmal angebaut, können Sie mindestens 6 Wochen lang frischen Spargel aus dem eigenen Garten genießen.

Tiefsttemperaturen

Zwischen –34 °C.

Der geeignete Ort Spargel muss in Ihrem Garten nicht »umziehen«. Pflanzen Sie ihn an einer offenen Stelle mit gut kultiviertem und kompostiertem,

SPARGELSETZLINGE ANPFLANZEN

1 Heben Sie einen etwa 40 cm breiten Graben aus und schütten Sie die Erde anschließend in der Mitte wieder zu einem kleinen Hügel auf.

2 Legen Sie die Spargelsetzlinge auf den Hügel und verteilen Sie die Wurzeln auf beide Seiten. Das obere Ende der Pflanze sollte etwa 10 cm unter Bodenniveau liegen.

3 Halten Sie zwischen den Pflanzen rund 45 cm Abstand. Der Abstand zwischen zwei Gräben sollte 90 cm betragen.

4 Bedecken Sie die Setzlinge mit Erde und einer Schicht selbst gemachten Komposts.

EMPFOHLENE SORTEN

- **»Backlim«, »Mondeo«** und **»Purple Pacific«** sind alle eine gute Wahl.

unkrautfreiem Boden an. Die Setzlinge müssen Sie im Winter bestellen, geliefert werden sie Mitte des Frühjahrs. Wässern Sie die Setzlinge nach dem Anpflanzen gut und jäten Sie regelmäßig Unkraut. Wenn Sie auch im zweiten Jahr nach dem Anpflanzen noch nicht ernten, ist die Pflanze in den darauffolgenden Jahren produktiver.

Sorten Bei den modernen Kreuzungen gibt es nur männliche Pflanzen. Sie müssen die einjährigen Setzlinge bereits im Winter bestellen.

Schädlinge und Krankheiten
Spargel ist eigentlich nur für einen Schädling anfällig: das Gemeine Spargelhähnchen. Man erkennt es leicht an den weißlich-gelben Flecken auf den Flügeln. Am besten sammeln Sie die Käfer von den Blättern ab.

Ernte und Lagerung Im dritten Jahr nach dem Anpflanzen können Sie ab dem mittleren Frühjahr für etwa 6 bis 7 Wochen Spargel ernten. Warten Sie, bis die Stangen rund 10 cm lang sind und eine feste Knospe haben. Schneiden Sie die Stangen dann mit einem scharfen Messer 2,5 bis 5 cm über dem Boden ab. Sehen Sie mindestens 2-mal pro Woche nach den Pflanzen, Spargel wächst sehr schnell! Lagern lässt er sich dagegen schlecht; Sie sollten ihn entweder gleich verzehren oder blanchiert einfrieren.

In der Küche Spargelkenner wissen, dass man Spargel nicht nur gedünstet mit jungen Kartoffeln und Sauce hollandaise genießen, sondern auch zu köstlichen Suppen, Aufläufen und Quiches verarbeiten kann. Probieren Sie ihn doch auch einmal roh im Salat oder im Risotto.

DAS GARTENJAHR

MITTLERES FRÜHJAHR
Heben Sie das Spargelbeet aus. Wenn Sie schon vor zwei Jahren angepflanzt haben, können Sie nun erstmals ernten.

SPÄTES FRÜHJAHR
Bei dreijährigen Pflanzen können Sie weiterhin ernten.

HOCHSOMMER
Bei dreijährigen Pflanzen hört die Ernte nun auf. Düngen Sie die Pflanzen gut und schützen Sie sie mit einer Schicht hauseigenen Komposts.

SPÄTHERBST
Schneiden Sie das welke Blattwerk bis zum Boden hinunter ab.

Artischocke

Artischocken sind beeindruckende Pflanzen. Sie lohnen den Anbau, wenn Sie viel Platz haben und den einzigartigen Geschmack des mehrjährigen Gemüses lieben.

Exoten im heimischen Garten
Artischocken zählen zwar – gemessen an dem Platz, den sie brauchen – nicht zu den produktivsten Pflanzen, sehen im Garten aber einigermaßen exotisch aus.

✪✪✪✪✪ PREIS-LEISTUNGS-VERHÄLTNIS
✪✪✪✪✪ PFLEGE
✪✪✪✪✪ EINFRIEREN/LAGERN
ERNTE: SPÄTES FRÜHJAHR–FRÜHSOMMER

Artischocken sind elegante Pflanzen mit silbernen Blättern und wunderschönen distelähnlichen Blüten, die sich im Ziergarten ebeno gut machen wie im Küchengarten. Allerdings brauchen sie jede Menge Platz: Sie werden bis zu 1,20 m hoch und 1 m breit und sind zudem mehrjährig, beanspruchen den Platz also mindestens 2 bis 3 Jahre lang.

Sie können die Setzlinge im Gartencenter kaufen oder relativ leicht selbst ziehen. Im ersten Jahr ist der Ertrag bescheiden, bei guter Pflege dankt die Pflanze Ihnen aber die Mühe.

Tiefsttemperaturen –18 °C oder höher.

Der geeignete Ort Artischocken mögen nährstoffreiche, Feuchtigkeit speichernde Böden und relativ viel Sonne. Wind und Kälte oder gar Frost mögen sie dagegen nicht.

Sorten Bei Artischocken gibt es nur wenige Sortenkennzeichnungen, und selbst die Pflanzen aus ein und demselben Saatgutpäckchen schlagen sich unterschiedlich gut. Entsorgen Sie schwächere Pflanzen. Neben grünen Artischocken gibt es inzwischen auch violette.

Im Garten Die mehrjährige Pflanze wird Jahr für Jahr immer größer und bringt immer mehr essbare Knospen hervor. Halten Sie das Beet unkrautfrei und mulchen Sie im Frühjahr mit einer Schicht hauseigenen Komposts. Nach 4 Jahren ist

Violette Varianten
Bei Artischocken haben Sie keine allzu große Sortenauswahl, können es aber sowohl mit grünen als auch mit violetten Versionen probieren – vorausgesetzt, Sie haben Platz.

die Pflanze in der Regel erschöpft und sollte neu angepflanzt werden.

Schädlinge und Krankheiten Damit haben Artischocken wenig Probleme.

Ernte und Lagerung Der essbare Teil der Pflanze sind die unreife Knospe und der Stängel unmittelbar darunter. Ist die Knospe noch sehr jung, kann sie ganz verzehrt werden; meist wird sie jedoch geerntet, kurz bevor sie zu blühen beginnt. Im ersten Jahr können Sie nur eine Knospe pro Pflanze ernten, danach durch Seitentriebe etwa zwölf. Schneiden Sie die Knospe mit rund 10 cm Stängel im Sommer ab.

In der Küche Die reiferen Knospen müssen Sie etwa 20 Minuten in Salzwasser kochen; den Boden – das »Heu« – können Sie nicht mitessen. Schälen Sie die Blütenblätter einzeln ab und nagen Sie mit den Zähnen das Fruchtfleisch heraus. Dazu passen Zitronensaft und ein Knoblauchdip.

Wenn die Artischocke blüht ...
... können Sie nicht mehr ernten. Betrachten Sie die Pflanze dann als reine Zierpflanze.

DAS GARTENJAHR

SPÄTER WINTER
Säen Sie die Samen in kleinen Pflanztöpfen aus und bedecken Sie sie mit einer dünnen Schicht Kompost. Stellen Sie die Töpfe im Haus an einen sehr hellen Ort.

FRÜHES FRÜHJAHR
Pflanzen Sie die stärksten Setzlinge in größere Töpfe um. Stellen Sie die Töpfe ins Gewächshaus oder ins Frühbeet.

MITTLERES FRÜHJAHR
Düngen Sie die Pflanzen bei Bedarf mit einem Allzweckdünger.

SPÄTES FRÜHJAHR
Setzen Sie die Pflanzen ins Freie um und lassen Sie etwa 90 cm Abstand zwischen ihnen. Mulchen Sie ausgiebig.

FRÜHSOMMER
Wässern Sie die Pflanzen. Wenn sich die Knospen bilden, kann die Ernte beginnen.

SPÄTHERBST
Schneiden Sie welke Stängel knapp über dem Boden ab und jäten Sie Unkraut. Mulchen Sie in jedem Frühjahr.

EMPFOHLENE SORTEN
- **»Green Globe«**: Sorte mit eleganten Pflanzen; auch als Zierpflanze geeignet
- **»Romanesco«**: eignet sich auch für kältere Gegenden
- **»Violette von Chioggia«**: violette Sorte mit gutem Geschmack

Sprossen

Dieses Gemüse gedeiht auch auf dem Fensterbrett und kann das ganze Jahr über geerntet werden.

●●●●○ PREIS-LEISTUNGS-VERHÄLTNIS
●●○○○ PFLEGE
●●○○○ EINFRIEREN/LAGERN
ERNTE: GANZJÄHRIG

Kleine Leckerbissen
Sprossen wachsen rasch und sind leicht anzubauen – die ideale Möglichkeit, sich das ganze Jahr über gesund zu ernähren.

Seit einigen Jahren sind Sprossen nicht nur in der vegetarischen Küche sehr beliebt. Kein Wunder: Sie sind gesund und nährstoffreich, lassen sich einfach anbauen und schmecken sehr gut. Wenn der Garten im Winter sonst wenig liefert, bringen Sprossen Vitamine in jeden Salat.

Sie müssen spezielles Saatgut für Sprossen kaufen, da Sie sehr viel davon brauchen. Wählen Sie möglichst unbehandeltes Saatgut.

Der geeignete Ort Um Sprossen zum Keimen zu bringen, brauchen Sie eigentlich nur ein Glas. Im Fachhandel sind allerdings bestimmte Sets erhältlich, bei denen Sie gleich mehrere Sprossensorten anbauen können. Wenn Sie wenig Platz in der Küche haben, sind diese Sets ideal. Alternativ können Sie wie gesagt auch ein altes Marmeladenglas verwenden, das Sie mit Plastikfolie abdecken. Das Saatgut bekommen Sie im Fachhandel oder manchmal auch bei Ihrem Gemüsehändler bzw. im Reformhaus.

Die verschiedenen Sprossenarten stellen unterschiedliche Anforderungen an ihre Umgebung; lesen Sie also die Angaben auf dem Saatgutpäckchen. Auf jeden Fall müssen Sie die Samen erst einmal einweichen – meist über Nacht. Spülen Sie die Samen dann ab und geben Sie sie in das Glas. Sie müssen weiterhin 2-mal am Tag gründlich gespült werden. Dafür eignen sich die Sets besser, da sie Löcher haben, durch die das Wasser abfließen kann. Stellen Sie die Samen dann abgedeckt auf ein Fensterbrett, aber nicht in direktes Sonnenlicht. 3 bis 10 Tage später sind die Sprossen zum Verzehr bereit. Sie können sie ein paar Tage lang im Kühlschrank aufbewahren, müssen sie aber weiterhin täglich abspülen.

Sprossenvielfalt
Bei Sprossen haben Sie eine riesige Sortenauswahl. Alle unterscheiden sie sich in Konsistenz und Geschmack – es lohnt sich also, ein paar auszuprobieren, bevor Sie eine zu Ihren Lieblingssprossen erklären!

Sorten Inzwischen sind sehr viele Samen erhältlich, die sich zum Ziehen von Sprossen eignen. Einige keimen schneller, andere schmecken dafür besser.

Alfalfa Ernte: 5 Tage nach der Aussaat. Knackige Stängel mit nussigem Geschmack.

Bockshornklee Ernte: 5 Tage nach der Aussaat. Knackige Stängel mit mildem Currygeschmack.

Mungbohne Ernte: 3 Tage nach der Aussaat. Große Bohnen mit fetten Sprossen.

Rettich Ernte: 4 Tage nach der Aussaat. Starker Rettichgeschmack mit scharfem Nachgeschmack.

Sonnenblume Ernte: 5 Tage nach der Aussaat. Knackige Stängel mit leichtem Erbsengeschmack.

In der Küche Sprossen – vor allem Mungbohne und Bockshornklee – schmecken hervorragend in Wokgerichten. Die kleineren Sorten wie Alfalfa und Rettich eignen sich für Salate und Sandwiches.

Mikrogemüse

Die Mischung aus Sprossen und Babysalat macht sich besonders gut als Garnierung.

- PREIS-LEISTUNGS-VERHÄLTNIS
- PFLEGE
- EINFRIEREN / LAGERN
- ERNTE: GANZJÄHRIG

Salat »en miniature«
Im Grunde genommen ist Mikrogemüse nichts anderes als die ganz jungen Blätter der Pflanze.

Mikrogemüse ist nichts anderes als sehr junge Blattpflanzen. Während Sprossen (siehe gegenüber) gegessen werden, bevor sich die Blätter entwickelt haben, wird Mikrogemüse kurz danach verzehrt. Kinder mögen besonders gern Roten Senf und Kresse, und auch im Restaurant wird Mikrogemüse immer beliebter. Sie können es aus allen möglichen Samen selbst ziehen – Basilikum, Sellerie, Koriander, Fenchel, Rettich, Sauerampfer, Brunnenkresse und die unten genannten Sorten.

Der geeignete Ort Mikrogemüse können Sie das ganze Jahr über anbauen; Sie brauchen dafür aber ein sonniges Fensterbrett oder ein Gewächshaus. Da Sie nur eine geringe Menge ernten können, ist der Anabu zudem recht arbeitsintensiv. Probieren Sie es erst einmal mit nur wenigen Pflanzen.

Sie brauchen dafür möglichst viele kleine Pflanztöpfe, die Sie mit Allzweckkompost füllen. Streuen Sie die Samen großzügig darauf und halten Sie sie gut feucht. Stellen Sie die Töpfe an einen hellen und warmen Ort. Innerhalb 1 Woche beginnen die Samen zu keimen. Sobald sich die Blättchen gebildet haben, schneiden Sie sie an der Basis ab.

Sorten Für Mikrogemüse brauchen Sie spezielles Saatgut, da Sie sehr viel mehr Samen benötigen als für den Anbau der normal großen Pflanzen. Der Fachhandel hat auf die steigende Nachfrage bereits reagiert und bietet entsprechendes Saatgut in Hülle und Fülle an.

Brokkoli Ernte: 6 Tage nach der Aussaat. Knackige Blätter mit mildem Geschmack.
Kerbel Ernte: 10 Tage nach der Aussaat. Kerbel kennt man meist als Kraut; als Mikrogemüse schmeckt er leicht nach Anis.
Roter Senf Ernte: 6 Tage nach der Aussaat. Kinder lieben Roten Senf. Entdecken auch Sie den würzigen Geschmack der Blätter und bauen Sie Roten Senf zu Hause an.

Ernte und Lagerung Mikrogemüse lässt sich gar nicht lagern; es muss sofort nach der Ernte verzehrt werden.

In der Küche Geben Sie Ihren Gerichten einen professionellen Touch, indem Sie sie mit Mikrogemüse garnieren, oder streuen Sie eine Handvoll davon über Ihren Salat.

Kerbel
Kerbel als Mikrogemüse verleiht Ihren Gerichten einen leichten Anisgeschmack.

Roter Senf
Roter Senf schmeckt nicht nur gut, sondern bringt auch Farbe in die Salatschüssel.

Essbare Blüten

Essbare Blüten sehen nicht nur im Garten bezaubernd aus, sondern verleihen Gerichten auch das gewisse Etwas.

★★★☆☆ PREIS-LEISTUNGS-VERHÄLTNIS
★★☆☆☆ PFLEGE
★☆☆☆☆ EINFRIEREN/LAGERN
ERNTE: GANZJÄHRIG

Duftveilchen
Essbare Blüten wie das Duftveilchen sind im Garten eine Augenweide und ein kulinarischer Hochgenuss auf dem Teller.

Es gibt Hunderte von Pflanzen, deren Blüten essbar sind. Die meisten davon werden frisch in Salaten oder Cocktails verzehrt, viele sehen auch im Garten hübsch aus. In Produkten aus dem Supermarkt finden oft Safran, und Holunderblüten Verwendung; etwas exotischer sind Veilchen, Kapuzinerkresse und Borretsch.

Der geeignete Ort Essbare Blüten gibt es in allen Formen, Größen und Farben. Bevor Sie die entsprechenden Pflanzen anbauen, sollten Sie sich überlegen, wie groß sie an dem Ort werden dürfen, für den sie gedacht sind. Oft sieht man Pflanzen mit essbaren Blüten am Eingang zum Gemüsegarten, entlang der Gartenwege oder zwischen Kräutern. Dort machen sie sich mit ihrer Farbenpracht und Ästhetik besonders gut. Da sich die Pflanzen im Anbau sehr voneinander unterscheiden, können hier nicht alle mit ihrem jeweiligen Standort und ihrer jeweiligen Anbaumethode aufgelistet werden. Wählen Sie ein paar aus und folgen Sie den Anweisungen auf den Saatgutpäckchen. Hunderte von Blüten dürfen Sie allerdings nicht erwarten; erfreuen Sie sich an den wenigen, die Sie ernten können, sowie an der Farbe in Ihrem Garten.

Taglilie
In der asiatischen Küche wird die Taglilie auch ganz verzehrt: Blüten, Knospen und Blatttriebe.

Ernte und Lagerung Pflücken Sie die Blüten früh am Tag und behandeln Sie sie mit äußerster Vorsicht, da sie leicht Schaden nehmen. Sitzt ein Insekt in der Blüte, schütteln Sie es sanft hinaus. Waschen sollten Sie die Blüten vor dem Verzehr möglichst nicht; Sie können sie jedoch kurz in Eiswasser tauchen, um sie vor dem Servieren aufzufrischen. Einige Blüten, darunter Zucchini und Kapuzinerkresse, können ganz verzehrt werden; von anderen, darunter Ringelblumen und Gänseblümchen, können Sie nur die Blütenblätter verwenden.

In der Küche Streuen Sie die Blütenblätter z.B. von Gänseblümchen kurz vor dem Servieren über den Salat oder legen Sie die ganzen Blüten z.B. von Kapuzinerkresse dekorativ an den Tellerrand. Zucchiniblüten können Sie in Teig tauchen und frittieren, Veilchen machen sich gut im Tee. Lavendel können Sie zum Backen verwenden, die hellblauen Blüten des Borretsch sehen wunderbar in sommerlichen Getränken aus.

EMPFOHLENE SORTEN

Die Liste der essbaren Blüten ist sehr lang. Einige davon wachsen vielleicht schon in Ihrem Garten, andere müssen Sie erst anbauen, insbesondere die, die Sie selbst ziehen können.

MEHRJÄHRIGE PFLANZEN

Kaufen Sie diese als Setzlinge im Gartencenter.

Nelke *(Dianthus)*
Die Blüten dieser beliebten Gartenpflanze, die bei Ihnen vielleicht ohnehin schon wächst, verströmen einen betäubenden süßlichen Duft. Verwenden Sie sie für Eiscreme und Fruchtsalate.

Schnittlauch *(Allium schoenoprasum)*
Schnittlauch kennt jeder, aber haben Sie auch schon einmal seine hübschen rosafarbenen Blüten gesehen? Sie passen zu Salaten und zum Garnieren in Suppen.

Rose *(Rosa)*
Mit Rosenblütenblättern können Sie Salate verzieren. Manche schmecken nicht – probieren Sie sie vorher.

Lavendel *(Lavandula)*
Die geschmacksintensiven Blüten sind ideal für Kuchen oder Eiscreme.

Taglilie *(Hemerocallis)*
Der Geschmack dieser weitverbreiteten mehrjährigen Pflanze variiert. Je heller die Farbe der Blüte, desto süßer schmeckt sie angeblich. Probieren Sie sie, bevor Sie sie in Salate geben.

Duftveilchen *(Viola odorata)*
Sie bringen Farbe in jeden Salat, schmecken allerdings nicht besonders außergewöhnlich, allenfalls etwas nach Parfüm. Getrocknet können Veilchenblätter auch im Tee verwendet werden.

Gänseblümchen *(Bellis perennis)*
Das gewöhnliche Gänseblümchen wächst fast überall und ist tatsächlich essbar. Einige Kulturvarietäten bringen größere und buntere Blüten hervor. Streuen Sie die Blütenblättern einzeln über Salate.

Gänseblümchen
Sie kennen Gänseblümchen nur von der Wiese? Dann werden Sie von ihrem herben und würzigen Geschmack überrascht sein!

Borretsch
Borretsch ist nicht nur hübsch, sondern auch voller Nektar, der Bienen in Ihren Garten lockt.

Kapuzinerkresse
Kapuzinerkresse können Sie ganz leicht selbst ziehen; im Garten mag sie es im Sommer gern sonnig und trocken.

BLÜTEN ZUM SELBSTZIEHEN

Diese Pflanzen können Sie ganz leicht selbst ziehen. Sie passen im Garten in jede Lücke oder auch gut auf die Terrasse.

Ringelblume *(Calendula officinalis)*
Die einjährige Pflanze können Sie direkt im Beet aussäen, um sich den ganzen Sommer über an ihren hellorangefarbenen Blüten zu erfreuen. Sie schmecken leicht pfeffrig, besonders gut im Kuchen und im Salat.

Nachtviole *(Hesperis matronalis)*
Die Blüten der hübschen Pflanzen sind hellviolett und schmecken leicht nach Parfüm. Streuen Sie sie über Salate.

Kapuzinerkresse *(Tropaeolum majus)*
Dies ist vermutlich die bekannteste Pflanze, die essbare Blüten hervorbringt. Sie können sie ganz leicht selbst ziehen und haben dabei eine große Auswahl an Sorten. Verwendet werden die ganzen Blüten.

Borretsch *(Borago officinalis)*
Die große Pflanze wird etwa 1 m hoch und ist sehr pflegeleicht. Den ganzen Sommer über produziert sie sehr viele hübsche blaue Blüten. Da sie sehr süß sind, eignen sie sich gut für Puddings und Eiscremes, zieren aber auch jeden Sommerdrink.

Zucchini *(Cucurbita pepo ssp. pepo convar. giromontiina)*
Wenn Sie nicht wissen, wohin mit den vielen Zucchini, pflücken Sie die Blüten, bevor sich die Frucht bildet. Sie schmecken ganz köstlich durch Teig gezogen und frittiert oder auch – mit viel Fingerspitzengefühl – gefüllt.

Basilikum *(Ocimum basilicum)*
Wenn Ihre Basilikumpflanze blüht – keine Sorge: Pflücken Sie die Blüten einfach und verwenden Sie sie für mediterrane Gerichte.

KRÄUTER

Wenn Sie ein ebenso passionierter Koch wie Hobbygärtner sind, werden Sie auf Kräuter im Garten nicht verzichten wollen. Einige mehrjährige Kräuter wie Lorbeer und Rosmarin sind leicht anzubauen und verleihen Ihrem Garten Struktur. Bei anderen – etwa bei Basilikum, Petersilie und Koriander – lohnt der Anbau im großen Stil, damit Sie sie die ganze Saison über immer großzügig in der Küche verwenden können.

Lorbeer

Lorbeerblätter verleihen Soßen Geschmack und Konsistenz.

●●●●● PREIS-LEISTUNGS-VERHÄLTNIS
●●●●● PFLEGE
●●●●○ EINFRIEREN/LAGERN
ERNTE: GANZJÄHRIG

Oft pflanzt man Lorbeerbäume ihrer eleganten Erscheinung wegen an. Sie eignen sich für fast jeden Garten, ob nun als Baum oder Kübelpflanze, die Innenhöfe und Terrassen auf der ganzen Welt ziert. In der Küche schätzt man sie aufgrund ihrer aromatischen Blätter, die in Soßen, Suppen und sogar Desserts Verwendung finden.

Tiefsttemperaturen
–18°C oder mehr.

Der geeignete Ort Lorbeerbäume mögen zwar keine extrem kalten oder feuchten Klimabedingungen, überstehen die meisten Winter jedoch unbeschadet. Wählen Sie zum Anpflanzen einen sonnigen, windgeschützten und möglichst frostfreien Ort.

Im Gartencenter bekommen Sie Lorbeerpflanzen mittlerweile im Kübel; sie haben einen langen Stamm und eine kugelförmige Krone und bedürfen – abgesehen vom regelmäßigen Gießen – kaum der Pflege.

Sorten Am verbreitetsten ist die Spezies *Laurus nobilis* mit hellgrünen, glänzenden Blättern.

Schädlinge und Krankheiten
Lorbeer ist anfällig für Schildläuse, die Blätter und Rinde befallen und Rußtau verursachen. Waschen Sie den befallenen Baum mit Seifenwasser ab.

Ernte und Lagerung Ernten Sie die Blätter bei Bedarf. Wenn Sie den Baum im Hochsommer zurückschneiden, lassen Sie den Schnitt mitsamt den Blättern für eine spätere Verwendung trocknen.

In der Küche Zerreißen Sie die Blätter, damit sie ihr Aroma freigegeben, und geben Sie sie in Suppen, Soßen und Eintöpfe.

Würze für das ganze Jahr
Lorbeerbäume sehen im Garten hübsch aus, und ihre Blätter können Sie frisch oder getrocknet das ganze Jahr über verwenden.

DAS GARTENJAHR

MITTLERES FRÜHJAHR
Wenn Sie eine Kübelpflanze haben, geben Sie ihr im Frühjahr etwas langsam wirkenden Dünger und topfen Sie sie gegebenenfalls in einen größeren Kübel um.

SPÄTES FRÜHJAHR
Das ganze restliche Frühjahr sowie den Sommer über sollten Sie die Pflanze gießen.

FRÜHSOMMER
Nun hat die Pflanze wahrscheinlich neu ausgetrieben. Schneiden Sie sie jetzt in ihre ursprüngliche Form zurück.

HOCHSOMMER
Gießen Sie den Lorbeerbaum regelmäßig und ernten Sie die Blätter bei Bedarf.

SPÄTHERBST
Stellen Sie Kübelpflanzen an einen geschützten Ort, wo sie nicht direkt dem Wind ausgesetzt sind.

LORBEER ZURÜCKSCHNEIDEN UND PFLEGEN

1 Ab dem Frühsommer können Sie Ihren Lorbeerbaum zurückschneiden. Wenn er bereits einen Formschnitt hat, sollten Sie diesen beibehalten.

2 Wenn Sie Probleme mit Schildläusen haben, waschen Sie Blätter und Stamm zuerst mit Seifenwasser und anschließend noch einmal mit klarem Wasser ab.

Basilikum

Basilikum gehört zwar nicht zu den pflegeleichtesten Kräutern, bestimmt aber zu denen, die in der Küche am meisten gebraucht werden.

★★★★★ PREIS-LEISTUNGS-VERHÄLTNIS
★★☆☆☆ PFLEGE
★★★☆☆ EINFRIEREN / LAGERN
ERNTE: FRÜHSOMMER–MITTE HERBST

Genoveser Basilikum
Die Blätter der Basilikumsorte »Genovese« eignen sich zum Großanbau. Das daraus hergestellte Pesto können Sie gut einfrieren.

Basilikum findet in der Küche vielfach Verwendung, am beliebtesten ist es vielleicht in der italienischen. Neben der bei uns bekannten Sorte gibt es auch das sogenannte Thai-Basilikum, das etwas würziger, herber und leicht nach Minze schmeckt. Jede Basilikumsorte mag es gern warm und schießt, wenn nicht rechtzeitig geerntet wird, vorzeitig in Samen.

Der geeignete Ort Sie können Basilikum in den Sommermonaten jederzeit direkt im Garten aussäen. Es gedeiht aber auch in Töpfen auf der Terrasse bzw. dem Fensterbrett. Wird regelmäßig gegossen und gedüngt, versorgt Sie ein einzelner Topf immer mit frischen Blättern. Wenn Sie gern Pesto essen, lohnt sich der Anbau in größeren Mengen im Garten. Die Blätter lassen sich gut einfrieren und später zu Pesto verarbeiten.

Als Setzlinge können Sie übrigens ohne Weiteres auch die Töpfe verwenden, die es im Supermarkt zu kaufen gibt.

Ernte und Lagerung Basilikum eignet sich hervorragend zum Einfrieren und kann dann später zum Kochen oder fürs Pesto verwendet werden. Oder Sie geben die Blätter frisch aus dem Garten in den Topf.

In der Küche Basilikum kann mit Olivenöl, Pinienkernen und Parmesan zu Pesto verarbeitet oder frisch in feine Streifen geschnitten und kurz vor dem Servieren zum Gericht gegeben werden.

GEKAUFTES BASILIKUM PFLEGEN

1 Wenn Sie Basilikum im Supermarkt kaufen, sollten Sie den Topf zunächst zum Wässern in Wasser stellen.

2 Topfen Sie die Pflanze dann in einen größeren Behälter mit Allzweckkompost um und geben Sie etwas Dünger dazu.

3 Stellen Sie den Topf auf ein sonniges Fensterbrett und ernten Sie die Blätter bei Bedarf.

DAS GARTENJAHR

MITTLERES FRÜHJAHR

Nun können Sie im Haus in kleinen Töpfen aussäen. Füllen Sie sie mit Kompost, streuen Sie ein paar Samen darauf und bedecken Sie sie mit etwas Kompost. Halten Sie die Pflanzen immer gut feucht. Bis die Samen kei-
men, dauert es einige Wochen.

SPÄTES FRÜHJAHR

Sind die Setzlinge etwa 15 cm groß, knipsen Sie die Spitze des Leittriebs ab, damit die Pflanze in die Breite wächst. Topfen Sie sie in größere Behälter mit Allzweckkompost um und fügen Sie etwas Dünger hinzu.

FRÜHSOMMER

Säen Sie nun in größeren Töpfen für die Terrasse oder direkt im Garten aus. Setzen Sie die im Frühjahr gesäten Pflanzen ins Freie um.

HOCHSOMMER

Nun kann die Ernte beginnen. Entfernen Sie eventuelle Blüten.

SPÄTSOMMER

Sie können immer noch aussäen.

FRÜHHERBST

Stellen Sie die Kübel ins Gewächshaus.

BASILIKUMSORTEN

Griechisches Basilikum
Die kompakte Pflanze mit den kleinen, nur etwa 1 cm langen Blättern wird in der griechischen Küche verwendet.

»Siam Queen«
Die attraktive Thai-Basilikumsorte sieht nicht nur hübsch aus, sondern hat auch ein ausgezeichnetes Aroma.

Indisches Basilikum
Die Pflanze wird in Indien auch in der ayurvedischen Medizin verwendet. Sie gedeiht besonders gut in Kübeln.

»Lime Mrs Burns«
Die Blätter dieser Sorte haben ein zartes Limettenaroma und eignen sich auch hervorragend für Kräutertees.

EMPFOHLENE SORTEN

Europäisches Basilikum
- **»Griechisches Basilikum«:** kleinblättrige Sorte
- **»Genoveser Basilikum«**
- **»Purple ruffles«:** rotblättrige Sorte

Thai-Basilikum
- **»Siam Queen«:** hübsche violette Blüten
- **»Lime Mrs Burns«:** mit Limettenaroma
- **»Indisches Basilikum«:** rosafarbene Blüten

Kerbel

Das Winterkraut schmeckt ein wenig nach Petersilie.

PREIS-LEISTUNGS-VERHÄLTNIS
PFLEGE
EINFRIEREN/LAGERN
ERNTE: MITTLERES FRÜHJAHR–SPÄTHERBST

Diese winterharte einjährige Pflanze ist in der französischen Küche sehr beliebt. Sie schmeckt leicht nach Petersilie und Anis und enthält viel Vitamin C sowie Eisen. Kerbel gedeiht im Garten sehr gut, Sie können ihn aber auch im Topf anpflanzen.

Sorten Zum Anbau eignet sich am besten der Echte Kerbel *(Anthriscus cerefolium).*

Der geeignete Ort Die Pflanzen werden etwa 60 cm groß und 30 cm breit. Am besten bauen Sie sie im Gemüsegarten an. Sie wachsen sehr rasch und sterben auch rasch wieder ab, weshalb Sie etwa alle 2 bis 4 Wochen neu aussäen sollten. Am liebsten mag Kerbel Halbschatten; in der vollen Sonne blüht er schneller. Ein geeigneter Ort wäre auch zwischen anderen Pflanzen, etwa Mais oder Kohl.

Schädlinge und Krankheiten
Probleme gibt es nur mit Blattläusen.

Ernte und Lagerung Ganz entfaltet sich der frische Anisgeschmack des Kerbels nur, wenn die Blätter gleich nach dem Ernten verwendet werden. Fällt die Ernte etwas reichlicher aus, können Sie die frischen Blätter auch gut einfrieren.

In der Küche Gehackte Kerbelblätter eignen sich hervorragend für Suppen und Soßen und passen besonders gut zu allen Gemüse-, Fisch- und Geflügelgerichten. Am besten geben Sie die Blätter erst kurz vor Ende der Garzeit dazu, das erhält ihr feines Aroma.

Feine Blättchen
Aufgrund seiner zierlichen Blättchen eignet sich Kerbel beinahe schon als Zierpflanze.

DAS GARTENJAHR

FRÜHES FRÜHJAHR
Säen Sie Kerbelsamen direkt im Beet aus. Ziehen Sie eine etwa 1,5 cm tiefe Pflanzrinne und geben Sie alle 20 cm ein paar Samen darauf. Bedecken Sie diese mit Erde.

MITTLERES FRÜHJAHR
Dünnen Sie die Setzlinge bei Bedarf aus und ziehen Sie eine zweite Pflanzrinne.

SPÄTES FRÜHJAHR
Nun kann die Ernte beginnen.

SOMMER
Wenn Sie jetzt erneut aussäen, können Sie in etwa 8 Wochen wieder ernten.

FRÜHHERBST
Nun ist der letzte Aussaatzeitpunkt. Kerbel ist zwar winterhart, hat aber nichts dagegen, mit einem Vlies bedeckt zu werden. So bleiben die Blättchen in Form.

KERBEL IM TOPF ANPFLANZEN

1 Füllen Sie einen Topf mit Allzweckkompost.

2 Streuen Sie alle 5 cm 1 Samen darauf und bedecken Sie sie mit Kompost. Gießen Sie.

3 Schneiden Sie den Kerbel etwa 5 cm über dem Boden ab, dann wächst er nach.

Schnittlauch

Das mehrjährige Kraut ist mit der Zwiebel verwandt und bringt sehr hübsche lila Blüten hervor.

★★★★★ PREIS-LEISTUNGS-VERHÄLTNIS
★★★★☆ PFLEGE
★★★☆☆ EINFRIEREN / LAGERN
ERNTE: FRÜHES FRÜHJAHR–SPÄTHERBST

Ob im Garten oder auf der Terrasse – Schnittlauchpflanzen sind ausgesprochen attraktiv. Sie können das aromatische Kraut den ganzen Sommer über bis in den Herbst hinein ernten.

Tiefsttemperaturen
–40 °C bis –2 °C.

Der geeignete Ort Sie können Schnittlauch selbst ziehen oder als Setzling im Gartencenter kaufen. Die Pflanzen halten sich mehrere Jahre lang: Nach einiger Zeit können Sie sie teilen und an anderer Stelle neu anpflanzen. Schnittlauch ist sehr produktiv. Auch für den Anbau im Topf eignet er sich, und solange er gut gewässert wird, produziert er den ganzen Sommer über neue Stängel. Im Garten ziehen die hübschen lilafarbenen Blüten im Frühsommer Bienen an.

Sorten Hier haben Sie wenig Auswahl; neben den lila blühenden Sorten gibt es auch weiß blühende. Alle werden etwa 25 cm hoch.

Schädlinge und Krankheiten Theoretisch dieselben wie bei Zwiebeln, Knoblauch und Lauch (siehe S. 46), praktisch aber kaum betroffen.

Ernte und Lagerung Schneiden Sie die Stängel bei Bedarf knapp über dem Boden ab.

In der Küche Schnittlauch verleiht fast jedem Gericht einen delikaten Zwiebelgeschmack. Am häufigsten wird er in feine Röllchen geschnitten über Suppen und Eintöpfe gestreut.

Hervorragende Gewürzpflanze
Schnittlauch sieht nicht nur gut aus und schmeckt – die Pflanze ist zudem extrem produktiv.

DAS GARTENJAHR

MITTLERES FRÜHJAHR
Säen Sie jetzt direkt im Beet oder im Topf aus. Stecken Sie die Samen 1 bis 2 cm tief in die Erde.

SPÄTES FRÜHJAHR
Nun entwickeln sich die ersten Stängel. Topfpflanzen müssen Sie immer gut feucht halten.

FRÜHSOMMER
Ernten Sie bei Bedarf. Wenn Sie die Stängel knapp über dem Boden abschneiden, bringt die Pflanze viele neue hervor.

SPÄTHERBST
Entfernen Sie abgestorbenes welkes Blattwerk.

SCHNITTLAUCHPFLANZEN TEILEN

1 Graben Sie mithilfe eines Spatens eine ganze Pflanze aus.

2 Teilen Sie sie mitsamt den Wurzeln sanft in mehrere Teile.

3 Pflanzen Sie diese Teile an einer anderen Stelle neu an.

Koriander

Wer gern Gerichte aus Asien oder dem Mittleren Osten kocht, kommt um dieses würzige Kraut einfach nicht herum.

PREIS-LEISTUNGS-VERHÄLTNIS
PFLEGE
EINFRIEREN/LAGERN
ERNTE: FRÜHSOMMER–MITTE HERBST

Fleißige Pflanze
Wenn Sie im Frühjahr und Sommer regelmäßig neu aussäen, werden Sie lange ernten können.

Koriander ist in der Küche fast unverzichtbar, steht aber in dem Ruf, etwas zickig zu sein. Wenn Sie zu den richtigen Zeiten aussäen, können Sie ganzjährig ernten.

Der geeignete Ort Koriander gedeiht im Topf und im Beet. Früher wurde er nur im Frühjahr ausgesät, heute auch im Herbst. Dafür dass die Pflanze aus Südeuropa und Asien stammt, ist sie erstaunlich winterhart. Am besten säen Sie sie ein paar Mal aus: einmal im Frühjahr und einmal im Herbst. Wenn sich feinere, fedrige Blättchen entwickeln, bringt die Pflanze bald Samen hervor. Dann müssen Sie sie entweder blühen lassen und die Samen einsammeln oder von vorn beginnen.

Sorten Heutige Sorten bringen weniger Samen, dafür aber mehr Blätter hervor.

Schädlinge und Krankheiten
Koriander ist wenig anfällig, kann aber von Schnecken befallen werden.

Ernte und Lagerung Ist die Pflanze etwa 15 cm groß, können Sie die Stängel mit einer Schere rund 5 cm über dem Boden abschneiden. Sie wachsen dann nach. Verwenden Sie die Blättchen sofort. Die gesammelten Samen lassen Sie in einer Papiertüte trocknen; bewahren Sie sie in einem luftdicht verschlossenen Behälter auf. Zerstoßen Sie sie leicht im Mörser und verwenden Sie sie als Gewürz.

In der Küche In der indischen Küche streut man frischen Koriander kurz vor dem Servieren auf das Gericht. Auch in den Küchen Südamerikas, der Karibik und des Mittleren Ostens findet er Verwendung, beispielsweise im Salat.

EMPFOHLENE SORTEN

- »Cilantro«: gute Blätter und Samen
- »Confetti«: farnähnliche Blätter mit süßem Aroma
- »Leisure«: bringt viele Blätter hervor

DAS GARTENJAHR

SPÄTES FRÜHJAHR–FRÜHSOMMER
Füllen Sie Allzweckkompost in einen großen Behälter und fügen Sie etwas langsam wirkenden Dünger hinzu. Streuen Sie etwa alle 5 cm 1 Samen auf die Oberfläche und bedecken Sie sie mit Kompost. Gießen Sie gut. Alternativ können Sie auch eine Reihe anpflanzen, die Samen dabei 0,5 cm tief in die Erde stecken und die Pflanzen später auf 10 cm Abstand ausdünnen.

HOCHSOMMER
Gießen Sie sowohl die Pflanzen im Beet als auch im Topf weiter. Ernten Sie bei Bedarf; das verhindert, dass die Pflanze Samen bildet.

SPÄTSOMMER–FRÜHHERBST
Säen Sie nun erneut aus. Für den Winter eignet sich dafür ein Kübel. Sammeln Sie eventuelle Samen zum Würzen ein.

HERBST–WINTER
Sie können die Töpfe im Freien lassen, sollten sie allerdings an einen geschützten Ort stellen.

FRÜHJAHR
Nun können Sie das ernten, was Sie im Spätsommer oder Frühherbst ausgesät haben.

KORIANDER IM WINTER IM TOPF ANPFLANZEN

1 Füllen Sie im Frühherbst Kompost in einen kleinen Topf.

2 Streuen Sie die Samen darauf, gießen Sie sie und, bedecken Sie den Topf mit Klarsichtfolie.

3 Haben die Samen gekeimt, entfernen Sie die Folie und stellen Sie den Topf aufs Fensterbrett.

Dill & Fenchelgrün

Die hübschen Kräuter bringen feine, fedrige Blätter und untertassenförmige Blüten hervor.

●●●●○ PREIS-LEISTUNGS-VERHÄLTNIS
●●●○○ PFLEGE
●●●○○ EINFRIEREN/LAGERN
ERNTE: SPÄTES FRÜHJAHR–MITTE HERBST

Dill und Fenchelgrün passen ausgezeichnet zu Fisch- und Kartoffelgerichten. Ersterer hat nur einen ganz feinen Anisgeschmack, Zweiteres einen kräftigeren. Dill ist eine einjährige Pflanze, Fenchel hält sich im Garten mehrere Jahre. Wenn Sie sich entscheiden müssen, nehmen Sie Fenchel – die Pflanze ist viel pflegeleichter.

Tiefsttemperaturen
Fenchel: –29 °C bis 5 °C.

Der geeignete Ort Dill ist viel kleiner als Fenchel, der nicht selten bis zu 2 m groß wird. Letzterer ist auch als Zierpflanze sehr beliebt. Für den Anbau im Topf ist die Pflanze zu groß.

Trocknen die Pflanzen aus, schießen sie gern vorzeitig in Samen. Sorgen Sie also für eine regelmäßige Bewässerung.

Sorten Es gibt einige verschiedene Dillsorten. Am besten bewährt haben sich die Sorten »Sari« und Vierling«.

Fenchelsorten gibt es nur zwei: die mit den grünen und die mit den bronzefarbenen Blättchen. Beide Pflanzen werden bis zu 2 m groß.

Ernte und Lagerung Ernten Sie die Stängel bei Bedarf. Sie können auch warten, bis die Dillpflanze Samen gebildet hat, und diese dann einsammeln. Trocknen Sie die Samen in einer Papiertüte und verwenden Sie sie als Gewürz.

In der Küche Die frischen Blättchen passen zu Joghurt, Gurke und Fisch wie z.B. Räucherlachs. Mit den Samen würzen Sie Suppen und Kartoffelsalat.

Verlockende Blüten
Die beinahe ätherisch wirkenden Dill und Fenchel sieht man in Küchengärten oft.

DAS GARTENJAHR

FRÜHES FRÜHJAHR
Sie können zwar schon aussäen, die Samen werden jetzt aber nur sporadisch keimen. Ziehen Sie eine 1,5 cm tiefe Pflanzrinne und streuen Sie die Samen hinein, etwa einen alle 2,5 cm. Bedecken Sie die Samen mit Erde.

MITTLERES FRÜHJAHR
Säen Sie Dillsamen direkt im Beet aus; stecken Sie sie 2 cm tief in den Boden.

SPÄTES FRÜHJAHR
Dünnen Sie die Setzlinge auf einen Abstand von rund 15 cm aus. Wenn Sie sich für Fenchel entschieden haben, kaufen Sie 1 bis 2 Setzlinge im Gartencenter und pflanzen Sie sie in nährstoffreichem und Feuchtigkeit speicherndem Boden an.

FRÜHSOMMER
Gießen Sie die Pflanzen regelmäßig und ernten Sie das Kraut.

HOCHSOMMER–SPÄTSOMMER
Schneiden Sie die Blüten ab und bewahren Sie die Samen auf. Sie können sie entweder als Gewürz oder im nächsten Jahr zum Aussäen verwenden.

Federbüschlein
Die fedrigen grünen Wedel des Dills verleihen vielen Gerichten eine besondere Note.

Liebstöckel

Dieser Riese unter den Kräutern würzt Suppen und Eintöpfe.

PREIS-LEISTUNGS-VERHÄLTNIS
PFLEGE
EINFRIEREN/LAGERN
ERNTE: MITTLERES FRÜHJAHR–SPÄTHERBST

Da Liebstöckel eine mehrjährige Pflanze ist, haben Sie im Garten lange etwas davon. Allerdings braucht er bei einer Höhe von rund 1,50 m auch viel Platz. Sie benötigen nur eine einzige Pflanze, die Sie später teilen können (siehe unten). Mit seinen glänzenden Blättern und den langen, schmalen Stängeln ist Liebstöckel sehr attraktiv. Er wurde schon von den alten Griechen als Heilpflanze genutzt. Die Blätter sollen verdauungsfördernd und antiseptisch wirken.

Gigant im Kräutergarten
Liebstöckel erinnert im Aussehen und Geschmack an Sellerie, ist aber pflegeleichter.

DAS GARTENJAHR

SPÄTES FRÜHJAHR
Säen Sie in Töpfen aus, die Sie ins Gewächshaus oder aufs Fensterbrett stellen. Geben Sie 1 bis 2 Samen in jeden kleinen Topf und bedecken Sie sie mit etwas Kompost.

FRÜHSOMMER
Pflanzen Sie den Setzling ins Freie um, wenn er groß genug ist. Mulchen Sie mit Kompost und wässern Sie die Pflanzen gut.

HOCHSOMMER
Wenn Sie nicht selbst ausgesät haben, können Sie nun einen Liebstöckelsetzling im Gartencenter kaufen – was viel einfacher ist, wenn Sie nur eine Pflanze brauchen.

SPÄTSOMMER
Die Blätter können den ganzen Sommer und Herbst hindurch geerntet werden. Wenn Sie sie zurückschneiden, sollten Sie die Pflanze gut gießen, damit sie neu austreibt.

Tiefsttemperaturen
–40 °C oder darüber.

Der geeignete Ort Liebstöckel bevorzugt tiefe, nährstoffreiche und feuchte Böden. Ob Halbschatten oder volle Sonne – Hauptsache, er bekommt im Sommer genug Wasser. Bereiten Sie den Boden mit viel reifem Kompost vor und düngen Sie die Pflanzen im Frühjahr damit. Um die Pflanze zu teilen, bietet sich ebenfalls das Frühjahr an.

Sorten Am weitesten verbreitet ist *Levisticum officianale* mit seinen winzigen gelben Blüten.

Schädlinge und Krankheiten Ein Problem sind Minierer, die mit ihren Fraßgängen die Blätter schädigen. Entfernen Sie die betroffenen Blätter, dann treibt die Pflanze neu aus. Auch Schnecken können zum Problem werden.

Ernte und Lagerung Ernten Sie die frischen Blätter während der gesamten Vegetationsperiode der Pflanze. Wenn Sie nicht alle sofort verwenden können, frieren Sie die Blätter ein, zerbröseln sie und verwenden sie als Gewürz.

In der Küche Liebstöckel erinnert geschmacklich an Sellerie. Er passt gut zu Suppen, Eintöpfen und Brühe. Wurzeln und Stängel können Sie als Gemüse essen.

LIEBSTÖCKELPFLANZEN TEILEN

1 Graben Sie mithilfe einer Grabegabel eine Liebstöckelpflanze aus.

2 Teilen Sie die Pflanze mithilfe eines Spatens und pflanzen Sie die Teile neu an.

STAR PFLANZE
PFLEGELEICHT FRISCH ODER GETROCKNET

Oregano

Der Eigenanbau von Oregano – auch bekannt als Wilder Majoran – lohnt sich, schmeckt er frisch doch so viel besser als aus dem Gewürzregal im Supermarkt.

●●●●● PREIS-LEISTUNGS-VERHÄLTNIS
●●●●○ PFLEGE
●●●○○ EINFRIEREN / LAGERN
ERNTE: GANZJÄHRIG

Oregano darf in keinem mediterranen Gericht fehlen. Er schmeckt frisch ebenso gut wie selbst getrocknet (siehe unten).

Tiefsttemperaturen –29 °C bis 5 °C.

Der geeignete Ort Die Pflanze macht sich im Garten sehr gut. Sie wird rund 30 cm groß und blüht im Hochsommer rosafarben. Wenn Sie sie am Ende des Sommers zurückschneiden, treibt sie im nächsten Jahr neu aus. Sie duftet fantastisch und liebt sonnige, trockene Flecken.

Sorten Im Gartencenter bekommen Sie meist *Origanum vulgare*, es gibt aber auch andere Arten. Der »Goldene Oregano« *(Origanum aureum)* hat gelbe Blätter, die im Frühjahr den Boden wie ein Teppich bedecken. Die meisten Arten kommen Jahr für Jahr wieder, einige sind allerdings nicht winterhart. Majoran *(Origanum majorana)* etwa muss jedes Jahr neu angepflanzt werden.

Ernte und Lagerung Sie können die Blätter während der gesamten Vegetationsperiode der Pflanze ernten. Wenn Sie sie trocknen wollen, sollten Sie sie im Sommer ernten. Bewahren Sie die getrockneten Blätter in luftdicht verschlossenen Behältern auf.

In der Küche Verwenden Sie die frischen Blätter für Marinaden, in denen Sie Fleisch oder Fisch einlegen, sowie für Pastasaucen. Verwenden Sie die getrockneten Blätter im Winter für Tomatensoßen oder als Pizzagewürz.

Mediterranes Juwel
Jeder Liebhaber der Mittelmeerküche sollte das aromatische Kraut im Garten haben.

DAS GARTENJAHR

MITTLERES FRÜHJAHR
Kaufen Sie im Gartencenter 1 bis 2 Oreganosetzlinge.

SPÄTES FRÜHJAHR
Pflanzen Sie die Setzlinge ins Freie um. Wählen Sie einen trockenen, sonnigen Ort. Oregano bevorzugt trockene, sandige Böden; fügen Sie schwerem Boden also bei Bedarf etwas groben Sand hinzu.

FRÜHSOMMER–FRÜHHERBST
Nun können die Blätter geerntet werden.

FRÜHHERBST
Schneiden Sie die blühenden Stängel bis zum Boden zurück.

OREGANO TROCKNEN

1 Schneiden Sie im Früh- oder Hochsommer lange Oreganostängel ab.

2 Binden Sie die Stängel unten zusammen und hängen Sie sie kopfüber ins Gewächshaus oder in eine helle Küche.

Vielseitiges Kraut
Mit frischer Minze können Sie nicht nur kochen; sie lässt sich auch zu einem köstlichen Tee zubereiten.

STAR PFLANZE GOURMETKRAUT FRISCH ODER GETROCKNET

Minze

Das erfrischende Kraut lässt sich leicht anbauen – und breitet sich rasch im Garten aus!

●●●●● PREIS-LEISTUNGS-VERHÄLTNIS
●●●●○ PFLEGE
●●●○○ EINFRIEREN/LAGERN
ERNTE: FRÜHES FRÜHJAHR–MITTE HERBST

Minze liebt Schatten, Feuchtigkeit und nährstoffreiche Böden, und wenn Sie nicht aufpassen, übernimmt sie Ihren Garten. In der Küche findet sie vielseitige Verwendung, und auch in der Kosmetik und Aromatherapie kommt sie zum Einsatz. Sogar medizinisch soll sie wirken, insbeson-

MINZEARTEN

Schwarze Pfefferminze
Die Pflanze hat dunkle, grünlich-violette Blätter und Stängel und im Sommer blaue Blüten. Sie lässt sich gut im Topf anpflanzen.

Ingwerminze
Die Blätter dieser Pflanze sind nicht nur hübsch gelb-grün gestreift, sondern schmecken auch interessant nach Ingwer. Im Sommer blüht die Ingwerminze rosafarben.

dere verdauungsfördernd, antiseptisch und abschwellend. Es gibt Hunderte verschiedene Minzearten. Alle wachsen sie etwas anders und unterscheiden sich deutlich in Geruch und Geschmack. Ob Pfefferminze, Zitronenminze, Marokkanische Minze, Ananasminze oder Schokoladenminze – jede ist ein Erlebnis für sich.

Tiefsttemperaturen
–34 °C bis –2 °C

Der geeignete Ort Alle Minzearten lassen sich gut im Garten anbauen, breiten sich aber schnell aus, wenn man sie unkontrolliert wachsen lässt. Abhilfe schafft das Anpflanzen in einem Kübel, den Sie ins Beet eingraben und oben etwa 1 cm herausragen lassen.

Wenn Sie sie direkt im Beet anpflanzen, wird Ihnen nichts anderes übrig bleiben, als die Minze alle paar Jahre auszugraben und an ihren ursprünglichen Ort zurückzubringen!

Sorten Minze ist eine mehrjährige Pflanze; schneiden Sie sie gegen Ende des Herbstes zurück, dann wird sie im nächsten Frühjahr neue Blätter haben. Es gibt etwa 30 verschiedene Minzearten und viele Züchtungen mit ungewöhnlichem Geschmack. Die »normale« Minze eignet sich nicht nur für Tee, sondern auch für viele Gerichte. Darüber hinaus haben Sie eine breite Auswahl an Geschmacksrichtungen (siehe unten). Am besten kaufen Sie Minze als Setzlinge im Gartencenter.

Schädlinge und Krankheiten
Bis auf Rostkrankheiten werden Sie mit Minze kaum Probleme haben. Entfernen Sie befallene Blätter, gießen Sie gut und geben Sie der Pflanze etwas Dünger, damit sie neu austreibt.

Ernte und Lagerung Ernten Sie die Minzestängel, wenn Sie sie brauchen. Sie können sie auch trocknen oder fein gehackt einfrieren, dann müssen Sie auch im Winter nicht auf den frischen Minzegeschmack verzichten.

In der Küche Für Pfefferminztee geben Sie kochendes Wasser über die Stängel mit den Blättern und lassen das Ganze etwas ziehen. Probieren Sie doch auch einmal typisch englische Minzsoße.

Schokoladenminze
Beinahe unglaublich, welchen Schokoladenduft die Blätter verströmen, wenn sie zerrieben werden! Außerdem sieht die Pflanze im Garten sehr gut aus.

Zitronenminze
Die aromatische Pflanze ist sehr nützlich. Sie kombiniert die Aromen Zitrone und Minze auf das Harmonischste.

Pfefferminze
Der Klassiker unter den Minzearten ist nicht nur eine gute kulinarische Wahl. Er lässt sich auch sehr gut zu erfrischendem Tee verarbeiten.

Grüne Minze
Grüne Minze hat den stärksten Minzegeschmack. Sie ist unter der englischen Bezeichnung »Spearmint« auch in Zahnpasta, Kaugummi und Drinks zu finden.

DAS GARTENJAHR

FRÜHES FRÜHJAHR
Bestellen Sie Setzlinge im Fachhandel oder kaufen Sie sie im Gartencenter.

MITTLERES FRÜHJAHR
Pflanzen Sie die Setzlinge ins Freie um und lassen Sie dabei mindestens 30 cm Abstand zwischen den Pflanzen. Sie können Sie auch im Kübel anpflanzen und den Kübel ins Beet eingraben. Verwenden Sie dazu Allzweckkompost und etwas Dünger.

AB DEM SPÄTEN FRÜHJAHR
Auf jeden Fall braucht Minze nährstoffreiche Erde und viel Feuchtigkeit. Wenn es sehr trocken ist, sollten Sie die Pflanzen gut wässern. Gießen und düngen Sie nach der Ernte weiter, damit sich neue Blätter bilden.

HERBST
Falls die Pflanze zu groß wird, können Sie sie jetzt auch ausgraben, teilen und die Teile neu anpflanzen.

Petersilie

STAR PFLANZE ZUM SELBST-ZIEHEN GANZJÄHRIG

Dieses vielseitige Kraut ist für Hobbygärtner und Köche gleichermaßen unverzichtbar.

●●●●● PREIS-LEISTUNGS-VERHÄLTNIS
●●●●○ PFLEGE
●●●○○ EINFRIEREN/LAGERN
ERNTE: GANZJÄHRIG

Petersilie ist wahrscheinlich das gebräuchlichste Küchenkraut überhaupt. Fast jedem Gericht verleiht sie ihren typischen Geschmack und eine gewisse Frische. Zudem ist sie leicht anzubauen. Sie bekommen sie als Setzling im Gartencenter, es lohnt sich aber auch, die Pflanzen selbst zu ziehen. Im Winter wächst Petersilie nicht besonders gut, im Frühjahr, Sommer und Herbst ist die Pflanze dagegen sehr produktiv. Im Winter können Sie allerdings immer noch auf das Gewächshaus bzw. ein wärmendes Vlies zurückgreifen.

Tiefsttemperaturen
–40 °C bis –2 °C.

Der geeignete Ort Wenn Sie wenig Platz haben, können Sie Petersilie auch gut im Kübel anpflanzen. Dort gedeiht sie nicht nur gut, sondern kann durchaus auch als Zierpflanze durchgehen. Pflanzen Sie sie beispielsweise zusammen mit Blumen oder als Beetbegrenzung an. Wenn Sie allerdings viel Petersilie in der Küche brauchen, sollten Sie ihr unbedingt ein Fleckchen im Kräuter- oder Gemüsegarten reservieren.

Petersilie gibt sich mit Halbschatten ebenso zufrieden wie mit voller Sonne, bevorzugt aber nährstoffreiche Böden. Unter den richtigen Bedingungen wird die Pflanze sehr groß. Kleiner halten können Sie sie, wenn Sie die Stängel in der Saison regelmäßig ernten. Man kann Petersilie in einem Schwung ernten; wenn Sie jedoch immer nur 1 bis 2 Stängel auf einmal abschneiden, wächst die Pflanze weiter und bringt mehr neue Stängel hervor.

Perfekt zum Fisch
Petersilie können Sie leicht selbst ziehen. Am besten säen Sie immer wieder neu aus, damit Ihnen der Vorrat in der Küche nicht ausgeht.

Sorten Petersilie lässt sich entsprechend ihrer Blattform in zwei Hauptgruppen einteilen. Früher gab es fast nur krause Petersilie zu kaufen; sie ist anscheinend widerstandsfähiger gegen kaltes, ungünstiges Wetter. Mittlerweile ist die glatte Petersilie beliebter; sie soll etwas kräftiger schmecken und wird deshalb gern für Gerichte der Mittelmeerküche verwendet. Was die Winterhärte angeht, so steht sie der krausen Petersilie jedoch kaum nach.

Innerhalb dieser Hauptgruppen gibt es jeweils verschiedene Sorten, die speziell unter den Aspekten der Widerstandskraft und der Vermeidung des vorzeitigen In-Samen-Schießens gezüchtet wurden.

Ernte und Lagerung Wenn Sie alles auf einmal ernten, schneiden Sie die Stängel etwa 2 cm über dem Boden ab.

Alternativ können Sie natürlich auch nur die Stängel ernten, die Sie brauchen. Petersilie ist eine zweijährige Pflanze; wenn sich Blüten bilden, können Sie sich entweder an diesen erfreuen oder die Pflanze ausgraben und von vorn beginnen.

Wenn Sie viel Petersilie im Garten haben, können Sie sie nach dem Ernten auch hacken und einfrieren.

In der Küche Petersilie eignet sich für Salate, als Garnierung, in Soßen sowie in Suppen und Eintöpfen.

PETERSILIENARTEN

Krause Petersilie
Die Blätter der krausen Petersilie sind in der Regel etwas fester. Zudem wird sie auch als Zierpflanze genutzt.

Glatte Petersilie
Die Blätter der glatten Petersilie sind etwas weicher. Sie ist aber genauso produktiv wie die krause Petersilie.

DAS GARTENJAHR

MITTLERES FRÜHJAHR
Säen Sie nun in kleinen Pflanztöpfen aus. Geben Sie 1 bis 2 Samen in jeden Topf und bedecken Sie sie mit etwas Kompost.

SPÄTES FRÜHJAHR
Die Samen brauchen etwas Zeit, bis sie keimen. Pflanzen Sie die Setzlinge im Abstand von 15 cm zueinander in den Garten um. Sie können die Pflanzen auch in gemischte Kübel setzen.

FRÜHSOMMER
Nun können Sie mit der Ernte beginnen.

HOCHSOMMER
Es lohnt sich, jetzt erneut entweder im Topf oder direkt im Beet auszusäen, dann haben Sie auch im Herbst und im darauffolgenden Frühjahr immer frische Blättchen.

SPÄTSOMMER
Setzen Sie die jungen Pflanzen von der Aussaat im Vormonat nun ins Freie um. Halten Sie alle Petersilienpflanzen – vor allem die Setzlinge – immer gut feucht. Ernten Sie weiter.

HERBST
Sie können auch im Herbst noch ernten.

FRÜHER WINTER
Bedecken Sie die Pflanzen im Winter mit Vlies und lassen Sie sie bis zum nächsten Frühjahr ruhen.

EMPFOHLENE SORTEN
Krause Petersilie
- »Champion Moss Curled«, »Mooskrause 2/Grandeur«

Glatte Petersilie
- »Plain Leaved 2«

Rosmarin

Der Anbau von Rosmarin lohnt nicht nur aus kulinarischen Gründen. Auch optisch und olfaktorisch ist die Pflanze ein Genuss!

- PREIS-LEISTUNGS-VERHALTNIS
- PFLEGE
- EINFRIEREN/LAGERN
- ERNTE: GANZJÄHRIG

Hübsche Blüten
Rosmarin ist eine ausgesprochen attraktive Pflanze und eine Zierde für jeden Garten und jede Terrasse.

Schon der Duft des Rosmarins lässt einen von Ferien am Mittelmeer schwärmen. Mittlerweile wird die strauchartige immergrüne Pflanze mit ihren hübschen blauen, weißen oder rosafarbenen Blüten fast überall kultiviert. Trotz ihrer Herkunft aus wärmeren Gefilden ist sie erstaunlich robust; nur sehr lange Kälteperioden können ihr etwas anhaben. Sie blüht auch im Winter und ist deshalb gegen Ende des Herbsts sehr nützlich für bestäubende Insekten wie Bienen.

Tiefsttemperaturen
–18 °C oder darüber.

Der geeignete Ort Von der mehrjährigen Pflanze haben Sie lange etwas. Wählen Sie einen sonnigen, geschützten Standort, an dem das Wasser gut abfließen kann. Wenn Sie mehrere Rosmarinpflanzen haben, sollten Sie einen Abstand von 60 cm zwischen ihnen einhalten. Normalerweise erreicht die Pflanze eine Höhe von 1 m, Sie können sie aber auch zurückschneiden.

Sorten Die Sorten schmecken alle etwa gleich, unterscheiden sich aber in Wachstum und Blütenfarbe.

Ernte und Lagerung Ernten Sie Rosmarin bei Bedarf. Die Haupterntezeiten sind Frühjahr und Sommer, dann bringt die Pflanze besonders viele Zweige hervor. Doch auch außerhalb der genannten Zeiträume kann noch ein wenig geerntet werden.

In der Küche Rosmarin passt ausgezeichnet zu Lamm und Wild. Sie können den Braten auch mit ganzen Zweigen spicken. Zudem schmeckt Rosmarin hervorragend mit Hühnchen, mit Bratkartoffeln, in Soßen sowie im Dressing.

DAS GARTENJAHR

MITTLERES FRÜHJAHR
Kaufen Sie Setzlinge im Gartencenter.

SPÄTES FRÜHJAHR
Graben Sie das Beet gut um und fügen Sie schwerer Erde etwas groben Sand hinzu. Pflanzen Sie die Setzlinge im Beet an.

FRÜHSOMMER
Nach der Blüte kann die Pflanze zurückgeschnitten werden. Nutzen Sie den Schnitt für Ableger.

ROSMARINABLEGER ZÜCHTEN

1 Ziehen Sie im Hochsommer etwa 10 cm lange Seitentriebe vom Leittrieb. Entfernen Sie die Nadeln im unteren Bereich und knipsen Sie die Spitze ab.

2 Stecken Sie jeden Zweig in einen kleinen Topf mit grobkörniger Blumenerde, gießen Sie ihn gut und bedecken Sie ihn mit einer Plastiktüte. Stellen Sie den Topf an einen kühlen Ort, nicht in die direkte Sonne.

EMPFOHLENE SORTEN

Kriechpflanzen
- Der *Rosmarinus officinalis prostratus* wird nur etwa 30 cm hoch und breitet sich am Boden aus. Er bringt im Sommer hellblaue Blüten hervor.

Weiß blühender Rosmarin
- *Rosmarinus officinalis var. albiflorus:*

rosafarben blühender Rosmarin
- **»Roseus«:**

blau blühender Rosmarin
- *Rosmarinus officinalis:*

als Hecke geeignet
- **»Miss Jessopp's Upright«**

Salbei

Auch diese mediterrane Pflanze ist im Kräutergarten sehr beliebt. Sie ist leicht anzubauen und sieht das ganze Jahr über hübsch aus.

PREIS-LEISTUNGS-VERHÄLTNIS
PFLEGE
EINFRIEREN/LAGERN
ERNTE: FRÜHES FRÜHJAHR–FRÜHER WINTER

Aromatische Blätter
Die samtigen, immergrünen Blätter des Salbei sind unverzichtbarer Bestandteil des winterlichen Küchengartens.

Die strauchartige Pflanze ist aus der Mittelmeerküche ebenfalls nicht wegzudenken. Insbesondere zu Fleisch passt das Aroma der dicken, samtigen Blätter. Da dies sehr intensiv ist, brauchen Sie nur eine Salbeipflanze im Garten. Sie ist immergrün und mehrjährig; am besten kaufen Sie einen Setzling im Gartencenter.

Im Garten macht sich Salbei gut neben anderen mediterranen Kräutern wie Rosmarin und Thymian. Ernten können Sie das ganze Jahr hindurch.

Tiefsttemperaturen
–29 °C bis –2 °C.

Der geeignete Ort Die Pflanze mag Böden, aus denen das Wasser gut abfließen kann, und sonnige Standorte. Wenn möglich, sollte der Boden leicht alkalisch sein. Ist die Erde sehr schwer, vermengen Sie sie mit etwas grobem Sand. Die Pflanzen werden nur etwa 60 cm hoch und wachsen dann in die Breite. Wuchern sie, sollten Sie im Sommer Ableger für das darauffolgende Jahr züchten.

Sorten In der Küche findet meist der Echte Salbei *(Salvia officinalis)* Verwendung. Mittlerweile gibt es Züchtungen mit lilafarbenen oder gestreiften Blättern. Die Sorte »Purpurescens« hat hübsche lila Blätter, »Tricolor« ist dreifarbig – rosa, cremefarben und grün. Für Kübel eignet sich der sogenannte Honigmelonensalbei *(Salvia elegans)*, der allerdings nicht winterhart ist. Er hat auffällige rote Blüten, und seine Blätter duften nach Ananas.

Ernte und Lagerung Ernten Sie die Salbeiblätter bei Bedarf. Sie können sie auch trocknen; doch da Sie ganzjährig ernten können, dürfte dies kaum nötig sein. Auch den Winter übersteht die Pflanze in den meisten Gegenden; bedecken Sie sie dann mit einem Vlies, um sie vor der Kälte zu schützen und damit die Blätter ansehnlich bleiben.

In der Küche Salbei passt ausgezeichnet zu Fleisch, insbesondere zu gebratenem Schwein oder Lamm. Geben Sie einfach ein paar Blätter ins Bratfett. Auch für Füllungen eignet sich das Kraut, und großartig schmeckt Salbei mit Kürbis.

SALBEIABLEGER ZÜCHTEN

1 Schneiden Sie einige Stängel ab und entfernen Sie die unteren Blätter.

2 Stecken Sie die Stängel einzeln in kleine Töpfe mit Allzweckkompost.

3 Gießen Sie sie gut und stülpen Sie eine Plastiktüte darüber. Stellen Sie die Töpfe an einen hellen Ort, aber nicht in direkte Sonne.

DAS GARTENJAHR

FRÜHES–MITTLERES FRÜHJAHR
Kaufen Sie einen Setzling im Gartencenter. Sie können auch verschiedene Sorten nehmen, das bringt Farbe in Ihren Garten.

SPÄTES FRÜHJAHR
Stellen Sie den Topf an einen geschützten Ort, bis alle Frostgefahr gebannt ist. Setzen Sie die junge Pflanze dann in den Garten oder in einen Kübel um. Sie mag es sonnig.

FRÜHES FRÜHJAHR
Schneiden Sie die Pflanze ab dem zweiten Pflanzjahr jedes Jahr im Frühjahr auf 15 cm über dem Boden zurück.

Estragon

Das »langbeinige« mehrjährige Kraut gehört zu den produktivsten Pflanzen im Küchengarten.

PREIS-LEISTUNGS-VERHÄLTNIS
PFLEGE
EINFRIEREN/LAGERN
ERNTE: SPÄTES FRÜHJAHR–FRÜHHERBST

Temperamentvolle Pflanze
Die große Pflanze ist sehr anspruchsvoll und eignet sich nicht für jeden Garten.

Der hübsche Estragon macht sich gut als Randbepflanzung oder im Vorgarten. Für ein Küchenkraut ist er mit seinen 90 cm relativ groß, durch die schmalen Blätter wirkt er zudem sehr elegant. In der Küche passt er gut zu Fisch und Geflügel, insbesondere zu kalten Gerichten. Er schmeckt leicht nach Anis und ist Hauptbestandteil der Sauce béarnaise.

Tiefsttemperaturen
–40 °C bis –8 °C.

Der geeignete Ort Pflanzen Sie Estragon an einem warmen, trockenen Ort an, am besten sogar in der direkten Sonne. Aus dem Boden sollte das Wasser gut abfließen können; ist die Erde längere Zeit kalt und nass, nimmt Ihnen die anspruchsvolle Pflanze das sehr übel. Sie braucht viel Platz und kommt jedes Jahr wieder.

Sorten Viel Auswahl haben Sie nicht. Russischer Estragon *(Artemisia dracunculus)* ist recht scharf, Französischer Estragon hat einen viel feineren Anisgeschmack.

Schädlinge und Krankheiten Rostkrankheiten können ein Problem darstellen. Dann sollten die Pflanzen bis zum Boden zurückgeschnitten werden; wässern und düngen Sie, dann treibt die Pflanze neu aus.

Ernte und Lagerung Ernten Sie die Stängel bei Bedarf in der Saison etwa auf halber Höhe der Pflanze. Sie können die Blätter auch hacken, einfrieren und für den Winter aufbewahren.

In der Küche Verwenden Sie Estragon vor allem für Huhn- und Fischgerichte.

ESTRAGONPFLANZEN TEILEN

1 Graben Sie die Pflanze mithilfe einer Grabegabel aus, sobald es draußen wärmer wird.

2 Nehmen Sie eine zweite Grabegabel zur Hand, stecken Sie beide in den Wurzelstock und teilen Sie diesen. So schaden Sie den Wurzeln am wenigsten.

3 Pflanzen Sie die beiden Teile sofort wieder an und gießen Sie sie gut.

DAS GARTENJAHR

FRÜHJAHR
Kaufen Sie Setzlinge im Gartencenter. Am besten nehmen Sie Französischen, keinen Russischen Estragon (siehe links). Pflanzen Sie die Setzlinge an einem sonnigen Ort an, wo das Wasser gut abfließen kann. Sie benötigen nur 1 bis 2 Pflanzen, diese brauchen aber viel Platz.

SOMMER
Ernten Sie bei Bedarf. Sie können die Blätter auch hacken und einfrieren.

HERBST
Wird die Pflanze nach ein bis zwei Jahren zu groß, können Sie sie teilen (siehe links) und die Teile an verschiedenen Stellen im Garten neu anpflanzen.

Thymian

Die kleine strauchartige Pflanze gedeiht im Kräutergarten ebenso gut wie auf der Terrasse oder dem Fensterbrett.

PREIS-LEISTUNGS-VERHÄLTNIS
PFLEGE
EINFRIEREN/LAGERN
ERNTE: GANZJÄHRIG

Die Qual der Wahl
Thymian gibt es in vielen verschiedenen und teilweise sehr interessanten Varianten.

DAS GARTENJAHR

FRÜHJAHR

Graben Sie das Beet im Frühjahr gut um und vermischen Sie die Erde mit etwas grobem Sand, um den Abfluss zu erleichtern. Kaufen Sie Setzlinge in verschiedenen Varianten im Gartencenter und pflanzen Sie diese in Ihrem Beet an.

SOMMER

In der ganzen Saison können die Blätter geerntet werden. Nach der Blüte kann die Pflanze zurückgeschnitten werden. Aus dem Schnitt können Sie Ableger für das kommende Jahr züchten.

Thymianpflanzen werden in der Regel nur etwa 30 cm groß. Sie breiten sich am Boden aus und bringen einen aromatisch duftenden Blätterteppich hervor, manche Sorten blühen rosa oder violett.

Tiefsttemperaturen
–34 °C bis –2 °C.

Der geeignete Ort Wie jedes mediterrane Kraut bevorzugt Thymian einen trockenen, sonnigen Standort. Ist die Erde sehr schwer, sollten Sie etwas groben Sand untermischen; ist der Boden sauer, sollten Sie im Frühjahr vor dem Anpflanzen etwas Kalk streuen. Die kleine Pflanze macht sich auch in Kübeln gut, hält aber – ebenso wie Lavendel – nicht besonders lange. Wenn sie nach ein paar Jahren ihre Blätter verliert, sollten Sie die Pflanze ersetzen. Kaufen Sie die Setzlinge im Gartencenter, sie lassen sich nur schwer selbst ziehen (siehe unten). Sie können im Frühsommer auch Ableger züchten.

Sorten Es gibt Hunderte verschiedene Thymianarten. In der Küche ist am weitesten der Echte Thymian *(Thymus vulgaris)* verbreitet. Dieser wird vermutlich auch beim Selbstziehen herauskommen. Zudem gibt es verschiedene Geschmacksrichtungen.

Ernte und Lagerung Theoretisch kann die immergrüne Pflanze das ganze Jahr über geerntet werden, im Winter wuchert sie jedoch gern. Sie können die Blätter abzupfen oder mitsamt der Zweige verwenden.

In der Küche Geben Sie die Zweige in Brühen oder zu gebratenem Fleisch und Kartoffeln. Für Soßen und Füllungen zupfen Sie die Blätter ab und hacken sie klein.

THYMIAN SELBST ZIEHEN

1 Säen Sie die Samen im mittleren Frühjahr in kleinen Töpfen mit Allzweckkompost aus.

2 Stellen Sie die Töpfe ins Zimmergewächshaus und halten Sie die Temperatur konstant auf über 15 °C.

EMPFOHLENE SORTEN

- Echter Thymian *(Thymus vulgaris)*: gute Wahl zum Selbstziehen und für viele Pflanzen
- **»Archers Gold«:** Kriechvariante mit goldenen Blättern und mildem Geschmack
- **Zitronenthymian:** bis zu 30 cm groß, mit Zitronenaroma und rosafarbenen Blüten im Sommer
- **Korsischer Thymian:** wächst nur ein paar Zentimeter hoch; dunkelgrüne Blätter mit Kümmelduft, passt gut zu Fleisch

OBST

Obst können Sie sogar noch leichter selbst anbauen als Gemüse. Wenn Sie Ihre Obstbäume einmal im Jahr zurückschneiden und sie ab und zu mit Kompost mulchen, werden Sie jahrelang mit frischem Obst aus dem eigenen Garten belohnt. Beerenobst braucht wenig Platz und kann, falls nötig, sogar im Kübel angepflanzt werden; manche Obstbäume erreichen dagegen eine so respektable Größe, dass sie nur in größere Gärten passen. Wählen Sie die Sorten also sorgfältig aus – denn ist der Baum einmal angepflanzt, müssen Sie Jahr für Jahr ernten.

KERN- UND STEINOBST

Den Anbau dieser Obstsorten sollten Sie für Ihren Garten immer Erwägung ziehen. Einige müssen in offenem Gelände angepflanzt werden und werfen dann möglicherweise Schatten auf die Beete; andere können Sie entlang der Wege oder in Kübeln ziehen.

Der Anbau von Äpfeln, Birnen, Pflaumen und anderem Kern- oder Steinobst ist einfach und lohnt die geringe Mühe allemal.

Apfel

STAR PFLANZE
WENIG AUFWAND HOHER ERTRAG

Wenn Sie in Ihrem Garten etwas Platz haben, sollten Sie unbedingt ein Apfelbäumchen pflanzen.

●●●●● PREIS-LEISTUNGS-VERHÄLTNIS
●●●○○ PFLEGE
●●●●● EINFRIEREN/LAGERN
ERNTE: SPÄTSOMMER–MITTE HERBST

Wenn Sie an einen Apfelbaum aus Ihrer Kindheit denken, war es wahrscheinlich ein großer, vielleicht mit einer Schaukel und niedrigen Ästen zum Hinaufklettern. Ein Baum dieser Größe ist sicherlich produktiv, doch gibt es mittlerweile kleinere, die ebenso viele Früchte tragen.

Auf großem Gelände ist der Obstgarten der traditionelle Ort für den Apfelanbau. Er liegt meist neben einer Wildblumenwiese und ist ein Paradies für Tiere. Die Blüte versorgt Bienen und andere Bestäuber mit Nektar, im Baum selbst fühlen sich alle möglichen Arten von Wirbellosen wohl. Im Winter ernährt das Fallobst die Vögel.

Doch selbst in einem kleinen Garten kann man Äpfel anbauen. Sie können die Bäume vielfältigst erziehen, und durch den Wurzelstock haben Sie auch bei der Größe die Wahl.

Tiefsttemperaturen

–40 °C bis –2 °C.

Der geeignete Ort Apfelbäume lieben sonnige Standorte jenseits rauer Winde. Sie bevorzugen nährstoffreiche Böden, die nicht schnell austrocknen. Einige Sorten machen sich auch im Halbschatten gut, brauchen aber viel organisches Material in der Erde. Und wenn der Boden gar nicht passt, können Sie Äpfel immer noch im Kübel anpflanzen.

Der Standort entscheidet letztlich über die Wahl der Sorte. Einige sind etwas robuster als andere, aber am wichtigsten – auch hinsichtlich der Größe – ist es, welchen Wurzelstock Sie wählen.

Produktive Apfelbäume
Die pflegeleichten Apfelbäume liefern Ihnen im Herbst Unmengen von Früchten, die Sie den ganzen Winter über einlagern können.

Wurzelstöcke Alle Apfelbäume sind veredelt, d.h. dass der Stamm einer Edelsorte auf die Wurzel einer anderen Sorte aufgepfropft wurde. Diese sogenannten Wurzelstöcke weisen spezifische Charakteristika auf, die letztlich die Wachstumskraft und Größe des

EINEN WURZELNACKTEN APFELBAUM ANPFLANZEN

1 Bereiten Sie den zukünftigen Standort des Baums gut vor, indem Sie z.B. mehrjähriges Unkraut sorgfältig jäten. Graben Sie ein Loch, das größer ist als die Wurzeln des Baums und so tief, wie der junge Baum es gewohnt war.

2 Hämmern Sie einen Holzstock senkrecht in den Boden. Dieser dient dem Baum als Stütze, während er wächst.

3 Lockern Sie die Wurzeln ihres wurzelnackten Apfelbaums über dem gegrabenen Loch gründlich, aber sanft auf.

4 Befestigen Sie den Baum mit einer entsprechenden Klammer an dem Holzstock. Wenn Sie Kaninchen, Eichhörnchen oder andere Nager im Garten haben, sollten Sie den Stamm mit einer Baumbandage umwickeln, damit die Tiere die Rinde nicht anknabbern.

5 Füllen Sie die ausgehobene Erde wieder in das Loch und geben Sie etwas Allzweckdünger darauf. Wenn Sie den Baum in der Nähe einer Mauer anpflanzen, sollten Sie einen Abstand von 25 bis 30 cm zwischen Baum und Mauer einhalten.

6 Im ersten Jahr muss der Baum regelmäßig gewässert werden – im Frühjahr und Sommer pro Woche eine Gießkanne voll. Wenn es sehr heiß ist, müssen Sie auch mehrmals pro Woche gießen. In den darauffolgenden Jahren sollte der Boden immer gut gemulcht sein. Düngen Sie ab und zu und lockern Sie die Klammer, wenn der Baum wächst.

Baums bestimmen. Wichtig ist die Wahl des Wurzelstocks wie bereits erwähnt auch hinsichtlich des geplanten Standorts.

Es gibt etwa 6 Hauptwurzelstöcke für Apfelbäume. Manchmal haben Sie gar nicht die Wahl, es sei denn, Sie wenden sich an einen Gartenbauspezialisten:

M27 Die Zwergbäume dieses Wurzelstocks werden nur etwa 1,50 bis 1,80 m groß. Er braucht guten Boden, für den Anbau im Kübel eignet er sich nicht.

M9 Auch dieser Wurzelstock bringt Zwergbäume mit einer Größe von 2,40 bis 3 m hervor. Er braucht ebenfalls guten Boden und eigent sich für die Cordon- oder Spalier-Erziehung.

M26 Die Bäume dieses Wurzelstocks werden 3 bis 3,50 m groß. Er braucht guten Boden und eignet sich für die Cordon- oder Spalier-Erziehung.

MM106 Die Bäume dieses Wurzelstocks werden 4 bis 5,50 m groß. Sie kommen auch mit kärgeren Böden zurecht und eignen sich für die Cordon- oder Spalier-Erziehung.

MM25 Die Bäume dieses kräftigen Wurzelstocks erreichen eine Höhe von 4 bis 5,50 m. Wählen Sie diesen, wenn Sie einen größeren Baum wollen und der Boden nicht sehr nährstoffreich ist.

M2, MM111 Diese Wurzelstöcke werden auch Kraftkerl genannt. Ihre Bäume werden bis zu 9 m groß.

Sorten Wenn Sie sich für die Größe des Baums entschieden haben, müssen Sie sich überlegen, welche Art Äpfel Sie wollen.

Apfelbäume brauchen auf jeden Fall noch einen weiteren Apfelbaum als Bestäuber in der Nähe. Das kann ein Holzapfel oder ein essbarer Apfel sein. Bei wenig Platz ist manchmal auch der Baum in Nachbars Garten hilfreich.

Grundsätzlich lassen sich Äpfel in Tafeläpfel, die roh verzehrt werden, und Kochäpfel einteilen. Erstere sind süßer und saftiger, Letztere eignen sich gut für Apfelmus. Außerdem gibt es frühe Sorten, die im Hochsommer reif sind, und späte Sorten, die ab Mitte Herbst geerntet werden.

Baumformen und Anbau

BUSCHFORM / STANDARD Die häufigste Form, die man bei Apfelbäumen im Garten sieht, ist die Busch- oder Standardform. Der Stamm ist zwischen 60 cm und 2 m lang, die Baumkrone wird im Winter auf eine runde, kompakte Form zurückgeschnitten.

Die restlichen Baumformen kommen vor allem dann infrage, wenn wenig Platz zur Verfügung steht.

CORDON-ERZIEHUNG Beim Cordon wachsen die Äste im 45-Grad-Winkel z.B. an einer Mauer oder an einem Zaun entlang. Auf diese Weise kann der Baum mehr Gewicht tragen und bringt mehr Äpfel hervor. Da die Seitentriebe sehr kurz gehalten werden, können die Bäume eng beieinander stehen – bis zu 60 cm nah.

SPALIER Hier wachsen die Äste im 90-Grad-Winkel an einem Zaun oder einer Mauer entlang, die Seitentriebe sind allerdings wesentlich länger.

NIEDRIGSPALIER Diese Baumform gehört ebenfalls zur Spalier-Erziehung. Hierbei werden zwei Äste etwa 15 cm über dem Boden in die Waagerechte erzogen – so, dass man noch darübersteigen kann. Ideal als Wegbegrenzung.

BAUMFORMEN UND ANBAU
(ZURÜCKSCHNEIDEN UND ERZIEHUNG VON OBSTBÄUMEN SIEHE S. 206–209)

Buschform / Standard
Diese Form des Apfelbaums ist am weitesten verbreitet und bringt die höchsten Erträge. Die Bäume müssen im Winter auf ihre runde Form zurückgeschnitten werden.

Cordon-Erziehung
Diese Form eignet sich, wenn wenig Platz vorhanden ist. Die Äste wachsen im 45-Grad-Winkel, und der Baum muss regelmäßig zurückgeschnitten werden.

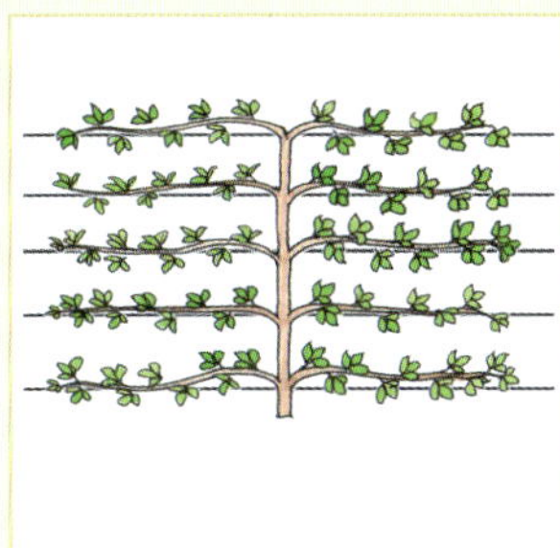

Spalier
Das Spalier stellt eine attraktive kompakte Form dar, die hohe Erträge bringt und gut an Mauern bzw. Zäunen funktioniert.

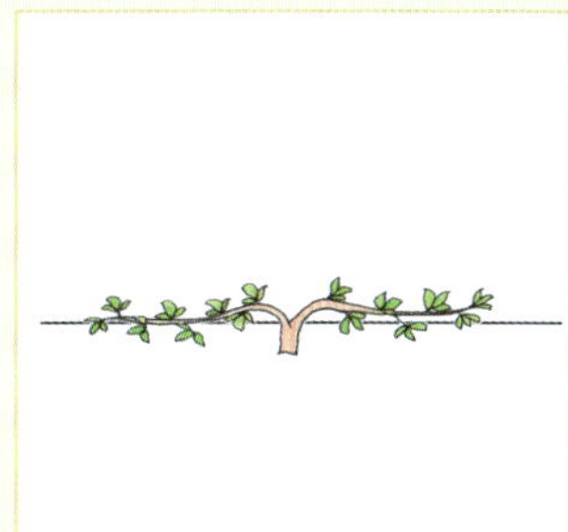

Niedrigspalier
Das Niedrigspalier besteht aus zwei Ästen, die im 90-Grad-Winkel etwa 15 cm über dem Boden erzogen werden.

Schädlinge und Krankheiten

Geht es dem Apfelbaum gut, ist er unglaublich produktiv. Doch natürlich haben auch diese Pflanzen hin und wieder mit Problemen zu kämpfen. Das sollte Sie allerdings nicht davon abhalten, Apfelbäume anzupflanzen; Sie müssen nur ein paar Ratschläge beherzigen.

Manchmal bringt der Baum einfach deshalb nicht so viele Früchte hervor, wie er sollte, weil er zu wenig Nährstoffe bekommt. Das kommt vor allem vor, wenn der Baum auf einem Rasen oder einer Wiese steht. Abhilfe schaffen 100 g Allzweckdünger pro Quadratmeter im Frühjahr, etwas Mulch und das Entfernen des Grases 1 m um den Baum herum.

Ein Obstgartentraum
In diesem Umfang werden Äpfel eigentlich nur zu kommerziellen Zwecken angebaut. Für Sie reichen ein bis zwei Apfelbäume, strategisch gut in Ihrem Garten verteilt.

VERJÜNGUNG EINES ALTEN APFELBAUMS

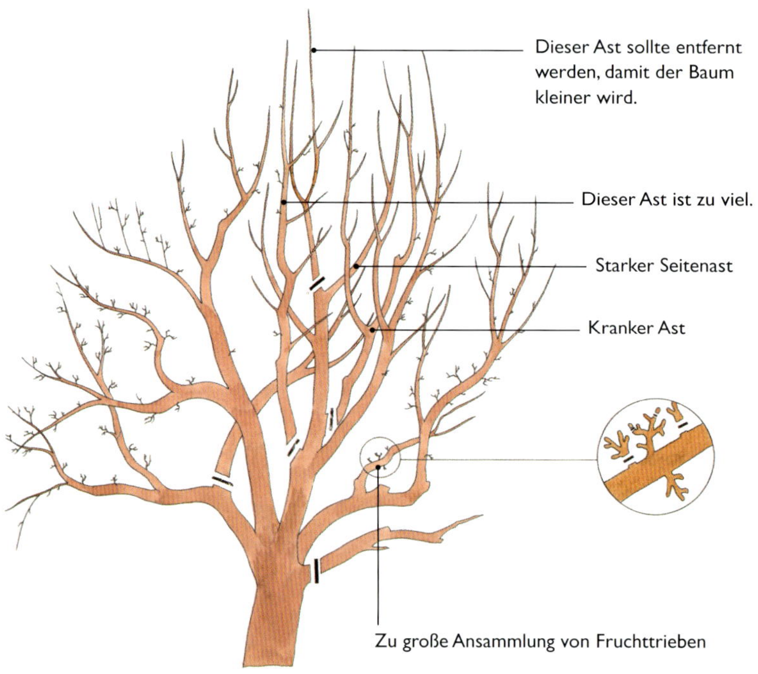

Einen älteren Baum können Sie durch Zurückschneiden wieder auf Vordermann bringen. Diese Arbeit sollten Sie während der Vegetationsruhe vornehmen.

1 Schneiden Sie alle kranken, gebrochenen oder anderweitig beschädigten Äste bis gut ins gesunde Holz hinein ab.

2 Hat der Baum sehr viele Äste, sollten Sie auch einige gesunde – insbesondere in der Mitte des Baums – entfernen, damit mehr Licht durch die Baumkrone dringt. Entfernen Sie auch quer gewachsene Äste.

3 Ist der Baum zu groß, schneiden Sie die längsten Äste zu starken Seitentrieben zurück.

4 Dünnen Sie die Fruchttriebe drastisch aus (siehe S. 207). Vielleicht müssen Sie einige vollständig entfernen. Lassen Sie mehrere Triebe nicht näher als 23 cm nebeneinander stehen.

5 Säubern Sie die entstandenen Wunden und versiegeln Sie sie mit Spezialfarbe aus dem Gartencenter.

Sind die Früchte sehr klein, müssen Sie im Frühjahr schon welche pflücken, dann haben die restlichen mehr Nährstoffe, um voll auszureifen.

Raupen können zwar die Blätter von Apfelbäumen schädigen, sind aber kein größeres Problem. Ganz im Gegensatz zum Apfelwickler, dessen Larven sich vom Kerngehäuse der Früchte ernähren.

Ein weiteres Problem kann der Echte Mehltau darstellen. Schneiden Sie den Baum wie empfohlen zurück und stellen Sie sicher, dass er immer genug Wasser hat. Apfelschorf – er befällt die Früchte – wird von einem Pilz verursacht. Wiederum ist der beste Rat, den Baum durch regelmäßiges Zurückschneiden, Mulchen und Wässern gesund zu halten. Entfernen Sie zudem im Herbst altes Laub und Fallobst.

Ernte und Lagerung Äpfel werden zwischen dem Hochsommer und Spätherbst reif, das ist von Sorte zu Sorte unterschiedlich. Spätestens beim ersten Fallobst wissen Sie allerdings, dass der Erntezeitpunkt gekommen ist. Am besten ziehen Sie die Ernte einige Wochen hin und ernten zuerst die reifsten Früchte. Lagern sollten Sie die Äpfel an einem möglichst kühlen, dunklen und eventuell sogar etwas feuchten Ort. Ideal sind ein Keller, ein kühler Schuppen oder die Garage. Sehen Sie regelmäßig nach, ob die Äpfel faulen.

In der Küche Die reifen Früchte können Sie noch auf der Leiter stehend essen – vorausgesetzt, Sie haben sich für eine relativ süße Sorte entschieden. Kochäpfel sind im Gegensatz zu Tafeläpfeln manchmal etwas sauer; und ob Sie daraus Apfelmus machen oder einen Apfelkuchen zubereiten – Sie müssen auf jeden Fall immer etwas Zucker hinzufügen.

Äpfel lagern
Gut halten sich Äpfel in Holzkisten an einem kühlen, dunklen Ort. Allzu viele sollten Sie allerdings nicht aufeinanderstapeln, da ein einziger fauler Apfel die ganze Kiste verderben kann.

EMPFOHLENE SORTEN

Tafeläpfel

- **»Beauty of Bath«, »Discovery«:** im Hochsommer reif
- **»Red Devil«:** im Spätsommer/Frühherbst reif
- **»Falstaff«, »Rosemary Russet«:** ab Mitte Herbst reif

Kochäpfel

- **»Grenadier«:** im Hochsommer reif
- **»Bountiful«:** im Frühherbst reif
- **»Bramley's Seedling«:** ab Mitte Herbst reif

DAS GARTENJAHR

FRÜHES FRÜHJAHR
Jetzt ist der richtige Zeitpunkt, um die Apfelbäume zu pflanzen. Pflanzen Sie mindestens zwei an, damit die Bestäubung gewährleistet ist.

MITTLERES FRÜHJAHR
Mulchen und düngen Sie die Bäume gut.

SPÄTES FRÜHJAHR
Bringen Sie Fallen für den Apfelwickler an.

FRÜHSOMMER
Entfernen Sie jegliches mehrjähriges Unkraut gründlich. Dünnen Sie die Äpfel am Baum aus.

HOCHSOMMER
Wässern Sie Ihre Apfelbäume gut.

SPÄTSOMMER
Bäume, die im Cordon oder Spalier erzogen wurden, müssen jetzt zurückgeschnitten werden.

FRÜHHERBST
Ab jetzt können Sie die reifen Äpfel ernten.

MITTLERER HERBST
Rechen Sie Fallobst und abgefallenes Laub zusammen.

SPÄTHERBST
Nunn sollte der letzte Apfel geerntet sein.

WINTER
Schneiden Sie Ihre Bäume nun zurück. Die Baumkrone sollte hinterher wie ein geöffneter Kelch aussehen. Entfernen Sie keine größeren Knospen, die vielleicht blühen könnten.

Birne

Birnen schmecken nicht nur frisch vom Baum, sondern auch gekocht sehr gut.

STAR PFLANZE
SCHMECKT TOLL
HOHER ERTRAG

PREIS-LEISTUNGS-VERHÄLTNIS
PFLEGE
EINFRIEREN/LAGERN
ERNTE: SPÄTSOMMER–MITTE HERBST

Reife Birnen
Die reiche Ernte der saftigen, süßen Früchte lohnt den Anbau in jedem Obstgarten.

Birnbäume sind bekannt dafür, dass sie erst spät Früchte tragen. In der Regel dauert das bei einem neu angepflanzten Baum mehrere Jahre. Dennoch ist ein Birnbaum im Garten etwas ganz Besonderes.

Der Anbau ist der gleiche wie bei Apfelbäumen – entweder in der offenen Kelchform oder in der Cordon- bzw. Spalier-Erziehung. Ideal ist der Anbau vor einer sonnenbeschienenen Mauer, da Birnen, was das Wetter angeht, etwas anspruchsvoller als Äpfel sind und es vor allem früh in der Saison gern warm haben. Ansonsten sind Birnbäume recht pflegeleicht: Sie müssen Sie nur jährlich zurückschneiden und ihnen die übliche Aufmerksamkeit widmen.

Tiefsttemperaturen

–34 °C bis –2 °C.

EMPFOHLENE SORTEN

- **»Conference«:** sehr zuverlässige Sorte mit gutem Ertrag und Geschmack
- **»Merton Pride«:** mit roten Flecken
- **»Concorde«:** moderne Sorte, die recht bald Früchte trägt
- **»Catillac«:** Sorte mit großen Blüten und festen Früchten, die sich gut lagern lassen und zum Kochen eignen

Der geeignete Ort Birnbäume haben eine lange Vegetationsperiode. Im frühen Frühjahr erscheinen die ersten Blüten; diese müssen dann bestäubt und vor Frost geschützt werden. Im Allgemeinen sind Birnen später reif als Äpfel. In kühleren Gegenden ist es sinnvoll, den Birnbaum an einer Mauer oder einem Zaun entlang zu erziehen, dort finden Blüten und Früchte am ehesten Schutz vor rauerem Klima. Wenn Sie in einer wärmeren Gegend wohnen, können Sie den Birnbaum auch im offenen Garten anpflanzen; dann kann der Baum auch größer sein.

Was den Boden angeht, sind Birnen eher anspruchslos; nur kreidig oder zu nass sollte er nicht sein. Es lohnt sich, den Boden jedes Jahr mit gut verrottetem Kompost zu mulchen.

Wie Äpfel werden auch Birnen veredelt. Dadurch erreicht man eine bestimmte Größe und Produktivität des Baums. Interessant ist die Wahl des Wurzelstocks auch hinsichtlich des Standorts.

Wurzelstöcke Meist werden Birnen auf Quittenwurzelstöcke aufgepfropft und als Quitte A oder Quitte C verkauft. Bäume der Birnenunterlage Quitte C werden nur etwa 3 m groß, Bäume der Unterlage Quitte A 4 m oder mehr; diese sind ideal, wenn der Boden sehr karg ist.

Sorten Birnensorten lassen sich grob in zum rohen Verzehr geeignete Tafelbirnen und Kochbirnen sowie in Gruppen nach der Zeit ihrer Blüte einteilen. Die meisten Sorten brauchen einen zweiten Birnbaum in der Nachbarschaft zum Fremdbestäuben, der möglichst zur selben Zeit blühen sollte. Die Sorten »Conference« und »Williams' Bon Chrétien« brauchen keine Fremdbestäubung, eignen sich also für den Einzelanbau. Früh blühende Sorten, die zusammen angepflanzt werden sollten, sind u.a. »Durondeau« und »Merton Pride«, spät blühende »Concorde« und »Comice«.

Anbau und Zurückschneiden Für welchen Baum und welche Erziehungsform Sie sich entscheiden, hängt maßgeblich von der Größe Ihres Gartens ab. Die Erziehung ähnelt der von Äpfeln (siehe S. 141). Hat der Baum die gewünschte Form erreicht, muss er regelmäßig zurückgeschnitten werden (siehe S. 206–209), am besten in der Mitte des Winters.

Schädlinge und Krankheiten

Möglicherweise trägt Ihr Birnbaum zu wenige oder keine Früchte. Dann hat ein zu kaltes Frühjahr die Blüte beeinträchtigt. Ist Frost angekündigt, sollten Sie den Baum nachts mit einem Vlies bedecken, das Sie morgens wieder entfernen.

Bei Birnenschorf erscheinen auf den Früchten schwarze Flecken. Dann können Sie das betroffene Laub und die Früchte nur verbrennen und kranke oder beschädigte Äste entfernen. Manchmal sind die Äste auch von Feuerbrand befallen; diese müssen dann ebenfalls weit zurückgeschnitten werden. Fressen Ihnen Vögel oder Wespen die Birnen weg, sollten Sie den Baum mit einem feinmaschigen Netz bedecken.

Ernte und Lagerung Der beste Erntezeitpunkt für Birnen ist kurz bevor sie reif sind – so halten sie sich länger. Dieser Zeitpunkt ist nicht immer einfach zu bestimmen; am besten pflücken Sie eine Birne und probieren sie. Oder Sie drehen den Zweig etwas: Fällt die Birne ab, ist sie reif. Lagern lassen sich Birnen am besten bei 5 °C einzeln auf einem Tablett ausgebreitet. Im Winter eignet sich ein kühler Keller oder die Garage. Allzu lange halten sie sich allerdings nicht – verzehren Sie sie innerhalb von 2 Monaten.

In der Küche Meist schaffen es die frischen Birnen nicht vom Garten in die Küche, doch wenn, dann sind sie sehr vielseitig verwendbar. Eine klassische Zubereitungsart ist das Pochieren in Wein. Sie passen aber auch roh in Salate und – ebenfalls roh – zu würzigem Käse.

VERJÜNGUNG EINES ALTEN BIRNBAUMS

Einen sehr alten Birnbaum ersetzen Sie am besten durch einen neuen, doch oft lohnt auch eine Verjüngung während der Vegetationsruhe der Pflanze.

1 Ist der Baum sehr groß, sollten Sie die Äste, die Sie entfernen wollen, zunächst mit Kreide markieren und dann aus der Distanz prüfen, ob Sie die richtigen markiert haben. Entfernen Sie auf jeden Fall zuerst totes oder krankes Holz.

2 Entfernen Sie dann quer verlaufende oder störende Äste. Wenn Sie die Wahl haben, lassen Sie den Ast mit vielen oder großen Knospen stehen.

3 Geben Sie der Krone nun etwa die Form eines Weinglases und entfernen Sie Äste, die weniger als 60 cm Abstand zueinander haben. Lassen Sie wieder die Äste mit vielen oder großen Knospen stehen.

4 Ist der Baum zu groß, schneiden Sie den Hauptast bis zu einem nach außen weisenden Seitenast zurück. Seien Sie dabei sehr vorsichtig; bei einem mehr als 4,50 m großen Baum sollten Sie die Arbeit einem Fachmann überlassen.

5 Dünnen Sie die Fruchttriebe wie für Äpfel beschrieben (siehe S. 142) aus.

DAS GARTENJAHR

FRÜHES FRÜHJAHR

Pflanzen Sie nun Ihren Birnbaum mithilfe eines Holzstocks und einer Klammer. Um die Bestäbung zu gewährleisten, müssen Sie möglicherweise mehr als einen Baum anpflanzen. Düngen Sie Ihre Bäume jährlich und mulchen Sie sie mit hauseigenem Kompost.

MITTLERES FRÜHJAHR

Blüht der Baum bereits und ist Frost vorhergesagt, sollten Sie die Knospen mit einem Vlies vor der Kälte schützen. Wenn Sie den Baum an einer Mauer entlang erziehen, muss nun das Drahtgeflecht an Ort und Stelle sein.

SPÄTES FRÜHJAHR

Wässern Sie den jungen Baum.

FRÜHSOMMER

Dünnen Sie bei Bedarf die Früchte auf ein bis zwei pro Gruppe (siehe Abb.) aus.

HOCHSOMMER

In den ersten Jahren müssen Sie in dieser Zeit gut wässern.

SPÄTSOMMER

Nun müssen die Bäume im Cordon oder Spalier zurückgeschnitten werden.

FRÜHHERBST

Nun kann die Ernte beginnen.

MITTLERER HERBST

Entfernen Sie herabgefallenes Laub und Fallobst.

SPÄTHERBST

Jetzt ist die Ernte in der Regel beendet.

WINTER

Schneiden Sie Ihren Birnbaum zurück. Entfernen Sie quer verlaufende, kranke oder beschädigte sowie lange Äste und lassen Sie die kurzen Fruchttriebe stehen, an denen sich die Blüten bilden.

Pflaume & Zwetschge

Eine der zuverlässigsten Früchte in kälteren Gegenden ist die Pflaume, und auch geschmacklich lässt diese Köstlichkeit nichts zu wünschen übrig.

PREIS-LEISTUNGS-VERHÄLTNIS
PFLEGE
EINFRIEREN / LAGERN
ERNTE: HOCHSOMMER–MITTE HERBST

Saftige Früchtchen
Pflaumenbäume sehen den Großteil des Jahres zwar etwas ungepflegt aus, bringen aber wunderbar süße Früchte hervor.

Wer gern geschmacksintensive Pflaumen und Zwetschgen isst, wird sie wohl selbst anbauen müssen – die aus dem Supermarkt schmecken meist wässrig. Leicht ist der Anbau allerdings nicht. Obwohl sie in kühleren Gegenden gut zurechtkommen, können Spätfröste die Ernte gefährden. Doch wenn Sie Ihren Pflaumenbaum ganz traditionell jedes Jahr zurückschneiden, mulchen und düngen, belohnt er Sie vom Hochsommer bis zum Herbst mit köstlichen Früchten.

Tiefsttemperaturen –34 °C bis 5 °C.

Der geeignete Ort Gras mögen Pflaumenbäume nicht so sehr, weshalb Sie als Standort am besten eine sonnenbeschienene Mauer oder einen Zaun wählen, der nach Westen oder Süden weist. Pflaumenbäume blühen früh, sollten also mit einem Vlies vor Spätfrösten geschützt werden. Durch den nährstoffreichen Boden sollte das Wasser gut abfließen können; fügen Sie ihm in jedem Frühjahr etwas hauseigenen Kompost eine Handvoll Allzweckdünger hinzu.

Anpflanzen / Zurückschneiden
Kaufen Sie Ihren Baum im Winter, da sich Pflaumen am besten während der Vegetationsruhe anpflanzen lassen. Der Fachhandel hält verschiedene Sorten und verschiedene Größen für Sie bereit.

Die Cordon-Erziehung eignet sich für Pflaumen nicht. Wenn Sie den Baum nicht an einer Mauer anpflanzen können, wählen Sie einen sonnigen, offenen Platz im Garten. Hat er die gewünschte Form erreicht, muss er regelmäßig zurückgeschnitten werden (siehe S. 206–209).

Wurzelstöcke
Auch Pflaumenbäume werden auf Unterlagen aufgepfropft, die die Größe bestimmen.

PIXY Der kleine Wurzelstock produziert maximal 3 m große Bäume. Früchte trägt er nach 3 bis 4 Jahren.

ST. JULIEN A Der Wurzelstock produziert 5 m hohe Bäume, die gut auf kärgeren Böden zurechtkommen.

Sorten Auch der Schlehdorn *(Prunus spinosa)* gehört zur Familie, bringt aber nur sehr kleine Früchte hervor. Kreuzt man die Art mit der Kirschpflaume *(Prunus cerasifera)*, kommt die gewöhnliche Gartenpflaume dabei heraus. Es gibt Sorten, die pralle, süße und saftige Früchte hervorbringen, die man am besten frisch vom Baum nascht. Es gibt aber auch Sorten, die sich zum Kochen eignen.

Die Zwetschge ist eine Unterart der Pflaume. Sie hat in reifem Zustand eine blaue bis blauschwarze Farbe und verjüngt sich auf beiden Seiten deutlich.

EINEN PFLAUMENBAUM AUS DEM KÜBEL ANPFLANZEN

1 Graben Sie ein Loch, das größer ist als der Wurzelballen des Baums.

2 Setzen Sie den Baum hinein und befestigen Sie ihn an einem Holzstab, damit er dem Wind standhalten kann. Mulchen Sie ihn mit hauseigenem Kompost.

Zwetschgen gedeihen auch in rauem Klima gut und eignen sich ideal zur Herstellung von Marmelade. Sie sind etwas widerstandsfähiger gegen Schädlinge und Krankheiten als Pflaumen.

Sehr unempfindlich ist die Kriechenpflaume *(Prunus insititia)*. Sie reift spät und eignet sich ebenfalls gut zum Kochen.

Schädlinge und Krankheiten
Leider sind Pflaumen für eine ganze Reihe von Schädlingen und Krankheiten anfällig. Am schlimmsten ist der Violette Knorpelschichtpilz, bei dem sich die Blätter silbern verfärben und ganze Äste absterben. Vorbeugen können Sie, indem Sie den Baum im Sommer zurückschneiden, da der Baum im Winter anfälliger für den Pilz ist. Ähnliches trifft auf den sogenannten Baumkrebs zu; ist der Baum davon befallen, tritt eine klebrige Flüssigkeit aus der Rinde aus.

Ebenso kann die Kräuselkrankheit die Blätter befallen, die dem Baum allerdings nicht allzu sehr schaden sollte. Jedoch können sich Pflaumenmaden ins Innere der Früchte vorfressen und sie dadurch ungenießbar machen. Abhilfe schaffen hier spezielle Fallen, die Sie im Baum aufhängen.

Ein weit verbreitetes Problem bei Pflaumenbäumen ist, dass der Baum keine Früchte trägt. Das liegt in der Regel daran, dass die Blüten durch Spätfröste beschädigt wurden. Ist also Frost vorhergesagt, wenn der Baum blüht, sollten Sie ihn möglichst großflächig mit einem warmen Gartenvlies bedecken.

Doch auch das Gegenteil ist manchmal der Fall: Dann sind die Zweige so schwer mit Früchten beladen, dass sie abbrechen können. Stützen Sie solche schweren Zweige mit Holzstäben ab, oder dünnen Sie die Früchte auf 2 cm Abstand zueinander aus.

Ernte und Lagerung Pflaumen und Zwetschgen reifen je nach Sorte zwischen dem Spätsommer und dem frühen Herbst. Drücken Sie die Früchte leicht; fühlen sie sich weich an, sind sie reif. Dennoch sollten Sie ein oder zwei vor dem Ernten probieren. Einige Zwetschgensorten und Kriechenpflaumen reifen später. Sie schmecken dann zwar noch säuerlich, eigen sich aber hervorragend für die Herstellung von Marmelade oder Chutneys.

In der Küche Pflaumen sind die ideale Spätsommerfrucht. Direkt vom Baum schmecken sie wunderbar süß, aber auch in Puddings und Kuchen sind sie ein Genuss. Zwetschgen ergeben köstliche Marmeladen und Chutneys. Am besten schmeckt das Chutney, wenn Sie es nach der Zubereitung mindestens 6 Monate lang lagern.

EMPFOHLENE SORTEN

Pflaumen
- **»Königin Viktoria«:** viele, große hellrote Früchte
- **»Czar«:** gut zum Kochen geeignet

Zwetschgen
- **»Bühler«:** stark verbreitete Frühsorte
- **»Hauszwetschge«:** die wertvollste Sorte

DAS GARTENJAHR

FRÜHES FRÜHJAHR

1. JAHR
Graben Sie den Boden gut um und pflanzen Sie Ihren Baum an. Befestigen Sie den Baum mit einer Klammer an einem Holzstab und mulchen Sie ihn mit hauseigenem Kompost.

AB DEM 2. JAHR
Schützen Sie frühe Blüten mit einem Vlies, wenn Frost vorhergesagt ist.

MITTLERES FRÜHJAHR

1. JAHR
Schneiden Sie den Baum im ersten Jahr im frühen Frühjahr zurück. Schneiden Sie sowohl den Leittrieb als auch alle Seitentriebe zurück.

AB DEM 2. JAHR
Geben Sie dem Baum etwas Dünger und ein paar Eimer hauseigenen Kompost.

SPÄTES FRÜHJAHR

Hängen Sie Pflaumenwicklerfallen im Baum auf. Schneiden Sie junge Bäume nun in die gewünschte Form.

FRÜHSOMMER

Dünnen Sie die Früchte aus, wenn der Baum schwer beladen ist.

HOCHSOMMER

Wässern Sie Ihren Baum. Nun müssen Sie ältere Bäume zurückschneiden – danach möglichst nicht mehr.

SPÄTSOMMER

Stützen Sie schwer mit Früchten behangene Zweige ab.

FRÜHHERBST

Ab jetzt können Sie die reifen Früchte ernten.

MITTLERER HERBST

Entfernen Sie herabgefallenes Laub und Fallobst.

Verlockende Beute
Die Süßkirsche kann zu einem riesigen Baum heranwachsen. Schützen Sie seine Früchte vor naschsüchtigen Vögeln.

Süßkirsche

Kirschen aus dem eigenen Garten – für viele Menschen geht damit ein Kindheitstraum in Erfüllung.

●●●●● PREIS-LEISTUNGS-VERHÄLTNIS
●●●○○ PFLEGE
●●●○○ EINFRIEREN/LAGERN
ERNTE: HOCHSOMMER–FRÜHHERBST

Süßkirschen schmecken zwar traumhaft, sind jedoch berüchtigt für ihren nicht ganz leichten Anbau. Die Bäume werden sehr groß und sind ausgesprochen anspruchsvoll; ab dem frühen Frühjahr darf das Wetter eigentlich nicht mehr schlecht werden. Heute sind jedoch auch kleinere Sorten erhältlich, die Sie gut vor Spätfrösten und Vögeln schützen können, die Ihnen sonst die besten Früchte wegschnappen.

Tiefsttemperaturen

–29 °C bis –2 °C.

SÜSSKIRSCHENFÄCHER ZURÜCKSCHNEIDEN

1 Eine in Fächerform erzogene Süßkirschenpflanze sollten Sie im Sommer zurückschneiden, um den Blattwuchs zu reduzieren und die Knospenbildung im nächsten Jahr zu fördern. Entfernen Sie die Spitze neuer Triebe, wenn sie 5 bis 6 Blätter haben. Entfernen Sie den Trieb ganz, wenn er direkt an die Mauer stößt.

2 Schneiden Sie die gleichen Triebe im Frühherbst auf drei Knospen zurück. Entfernen Sie altes Holz und dünnen Sie Spornansammlungen – die Überbleibsel alter Fruchttriebe – aus.

3 Um die Größe beizubehalten, schneiden Sie sehr lange Triebe an der Spitze des Fächers zu einem schwächeren Seitentrieb zurück. Oder Sie binden die Triebe mithilfe einer Schnur in die Waagerechte.

Der geeignete Ort Süßkirschen brauchen einen sonnigen, windgeschützten Standort, an dem Frost möglichst unwahrscheinlich ist. Am besten eignet sich eine nach Süden oder Südwesten weisende Mauer.

Die am weitesten verbreitete Süßkirschenunterlage ist die sogenannte Colt-Unterlage. Sie bringt frei stehende Bäume von über 5 m Größe hervor. Da dies für viele Gärten zu groß ist, gibt es mittlerweile alternative Unterlagen, etwa Tabel oder Gisela; bei diesen werden die Bäume zwischen 2 und 3 m groß.

Pflanzen Sie Süßkirschen während der Vegetationsruhe an. Wählen Sie einen Standort mit gutem Abfluss und geben Sie eventuell etwas hauseigenen Kompost dazu. Mulchen Sie im Frühjahr mit einer 5 cm dicken Schicht organischen Materials und düngen Sie.

Sorten Im Gegensatz zu Sauerkirschen brauchen viele Süßkirschensorten einen anderen Baum zum Bestäuben. Dabei passt aber noch lange nicht jeder Baum zu jedem anderen. Wählen Sie deshalb eine selbstbestäubende Sorte.

Zurückschneiden und Erziehung Sie können die Pflanze zu einem Fächer zurückschneiden (siehe gegenüber und S. 209) oder zu einem Baum auswachsen lassen. Süßkirschen fruchten auf altem Holz, müssen also im Gegensatz zu Sauerkirschen kaum zurückgeschnitten werden. Entfernen Sie im Sommer höchstens quer verlaufende oder kranke Äste.

Schädlinge und Krankheiten Ihre ärgsten Fressfeinde bei Kirschen sind Vögel. Halten Sie den Baum so klein wie möglich; auf diese Weise können Sie ihn am besten mit einem feinmaschigen Netz schützen.

Manchmal fallen die Kirschen auch vom Baum, bevor sie reif sind. Da dies wetterbedingt ist, können Sie kaum etwas dagegen unternehmen. Die Sorte »Lapins« ist dagegen relativ resistent. Zudem können Süßkirschen vom Violetten Knorpelschichtpilz befallen sein. Beugen Sie durch Zurückschneiden im Sommer vor.

Ernte und Lagerung In der Regel sind Süßkirschen produktiver als Sauerkirschen. In guten Jahren können Sie von einem einzigen Baum rund 45 kg Kirschen ernten und entweder frisch essen oder einfrieren.

In der Küche Am besten essen Sie Süßkirschen frisch.

EINEN SÜSSKIRSCHENBUSCH ZURÜCKSCHNEIDEN

Werden Süßkirschenbüsche nicht zurückgeschnitten, werden sie schnell groß und haben nur wenige Äste in Bodennähe.

Bildet der Busch die ersten Früchte, entfernen Sie bis auf 7 oder 8 alle Haupttriebe, damit Sie bei der Ernte überall gut herankommen. Bei einem sehr alten Baum muss stärker ausgedünnt werden, damit er neu austreibt.

DAS GARTENJAHR

FRÜHES FRÜHJAHR

Graben Sie den Boden gut um und pflanzen Sie Ihren Baum an. Befestigen Sie ihn mit einer Klammer an einem Holzstock. Mulchen Sie mit viel hauseigenem Kompost. Je nach Sorte müssen Sie mehrere Bäume anpflanzen, um die Bestäubung zu gewährleisten. Geben Sie dem Baum einige Handvoll Allzweckdünger.

MITTLERES FRÜHJAHR

Sollte immer noch Frost vorhergesagt sein, müssen Sie die Blüten mit einem Vlies schützen. Nun sollten Sie junge Bäume zurückschneiden.

SPÄTES FRÜHJAHR

Wässern Sie den Baum in den ersten Jahren regelmäßig und danach immer dann, wenn es sehr trocken ist.

FRÜHSOMMER

Schützen Sie die sich entwickelnden Früchte vor Vögeln. Halten Sie nach ersten reifen Früchten Ausschau.

HOCHSOMMER

Gießen Sie Ihren Baum.

SPÄTSOMMER

Ein guter Zeitpunkt, einen älteren Baum zurückzuschneiden, ist kurz nach dem Fruchten. Dies tun die Bäume auf ein- bis zweijährigem Holz und auf den Fruchttrieben älteren Holzes. Nun können Sie auch gut die Größe des Baums reduzieren.

EMPFOHLENE SORTEN

- **»Lapins«**: große, dunkelrote, fast schwarze Früchte, die im Hochsommer reif sind
- **»Celeste«**: kompakter Baum mit dunkelroten Früchten
- **»Stella«**: verbreitetste Süßkirschensorte mit dunkelroten Früchten

Saure Pracht
Sauerkirschen kommen gut mit kühlerem Klima zurecht. Sie tolerieren weitaus niedrigere Temperaturen als Süßkirschen (siehe S. 148f.).

Sauerkirsche

Die robusteren Verwandten der Süßkirsche eignen sich gut für Desserts, Kuchen und Marmelade.

●●●●● PREIS-LEISTUNGS-VERHÄLTNIS
●●●○○ PFLEGE
●●●○○ EINFRIEREN/LAGERN
ERNTE: SPÄTSOMMER–FRÜHHERBST

Wenn Sie in einer kühleren Gegend wohnen, in der Süßkirschen vielleicht nicht gedeihen, haben Sie mit Sauerkirschen möglicherweise mehr Glück. Die Früchte stammen aus Südwestasien, zu ihnen gehören Sorten wie »Morello« und »Nabella«. Wie der Name schon sagt, sind die Kirschen saurer als Süßkirschen (siehe S. 148f.), eignen sich aber bestens zum Kochen, etwa für Desserts und Kuchen.

Tiefsttemperaturen
–34 °C bis –8 °C.

Der geeignete Ort Sauerkirschen passen besser in den Garten als Süßkirschen, da die Bäume nur etwa 3 m groß werden. Sie können fächerförmig erzogen werden, man kann sie aber auch einfach wachsen lassen. Sie gedeihen selbst an einer nach Norden weisenden Mauer, haben es aber trotzdem lieber warm und geschützt. Die Blüte erfolgt im mittleren bis späten Frühjahr; möglicherweise müssen Sie den Baum dann noch vor Frost schützen.

Sorten Im Gegensatz zu vielen Süßkirschen sind Sauerkirschen selbstbefruchtend, brauchen zur Bestäubung also keinen zweiten Baum in der Nähe. Die am weitesten verbreitete Sauerkirschenunterlage ist Colt, die einen etwa 3 m hohen Baum hervorbringt.

Hinsichtlich der Sorten haben Sie ebenfalls keine große Wahl. »Morello« ist eine sehr alte Sorte, die geschmacksintensive Früchte trägt. »Nabella« ist eine neuere Züchtung mit ähnlich dunkelroten Früchten; sie soll noch produktiver als »Morello« sein.

Zurückschneiden und Erziehung
Sauerkirschen fruchten auf neuem Holz, müssen also jedes Jahr stark zurückgeschnitten werden. Mit dem Zurückschneiden regen Sie ein neues Wachstum der Pflanze an. Hat der Baum die gewünschte Form erreicht, können Sie die Äste jährlich auch nur etwa um ein Drittel kürzen.

Schädlinge und Krankheiten Wie bei Süßkirsche (siehe S. 148f.).

Ernte und Lagerung Ein anständig großer Baum trägt durchschnittlich 14 bis 18 kg Früchte, ein fächerförmig geschnittener etwas weniger. Ernten Sie die Früchte, wenn sie ihre dunkelrote Farbe erreicht haben und vollreif sind, was vermutlich nicht auf einmal der Fall ist. Schneiden Sie den Stängel mit ab, pflücken Sie die Kirsche nicht einfach. Sie können die Früchte frisch verwenden oder einfrieren.

In der Küche Sauerkirschen eignen sich nicht zum Rohverzehr, da sie mit einer ordentlichen Portion Zucker gesüßt werden müssen. Sie besitzen jedoch einen ausgezeichneten Geschmack und machen sich besonders gut in sommerlichen Kuchen und Desserts. Bei reichlicher Ernte können Sie die Sauerkirschen auch zu Marmelade oder Gelee verarbeiten.

DAS GARTENJAHR

FRÜHES FRÜHJAHR
Graben Sie den Boden gut um und pflanzen Sie Ihren Baum an. Befestigen Sie ihn mit einer Klammer an einem Holzstock und mulchen Sie großzügig mit hauseigenem Kompost. Geben Sie Ihrem Baum im zweiten Jahr jetzt etwas Allzweckdünger.

MITTLERES FRÜHJAHR
Nun ist ein guter Zeitpunkt zum Zurückschneiden junger Bäume.

FRÜHSOMMER
Schützen Sie die sich entwickelnden Früchte vor Vögeln. Nun kann allmählich die Ernte beginnen.

HOCHSOMMER
Wässern Sie Ihren Baum gut.

SPÄTSOMMER
Einen älteren Baum schneiden Sie zurück, kurz nachdem er Früchte getragen hat. Entfernen Sie etwas altes Holz, um neues Wachstum anzuregen und damit der Baum im nächsten Jahr wieder blüht.

SAUERKIRSCHENFÄCHER ZURÜCKSCHNEIDEN

1 Dünnen Sie im späten Frühjahr oder Frühsommer die neuen Triebe am Leittrieb auf 7,5 bis 10 cm Abstand zueinander aus und binden Sie sie an einen Stock, um die Fächerform zu sichern. Lassen Sie, wenn möglich, einen Trieb an der Basis jedes Seitentriebs stehen, der Früchte tragen kann.

2 Schneiden Sie die Triebe, die Früchte getragen haben, nach der Ernte bis zu den neuen Seitentrieben zurück. Wenn der Fächer nur am Rand Früchte trägt, entfernen Sie einige der drei- bis vierjährigen Triebe im frühen Frühjahr, um die Pflanze zu neuem Wachstum anzuregen.

Korrektes Zurückschneiden
Ein guter Schnitt weist nach unten, und zwar weg vom Haupttrieb des Baums.

Pfirsich, Nektarine & Aprikose

Eigentlich sind diese Früchte an ein wärmeres Klima gewöhnt, doch gedeihen sie auch in Kübeln auf einer sonnigen Terrasse.

★★★☆☆ PREIS-LEISTUNGS-VERHÄLTNIS
★★★☆☆ PFLEGE
★★☆☆☆ EINFRIEREN / LAGERN
ERNTE: SPÄTSOMMER–FRÜHHERBST

Reife Aprikosen
Saftige Aprikosen, Pfirsiche und Nektarinen – ein Traum, der auch für den Hobbygärtner wahr werden kann, der über eine sonnige Terrasse verfügt.

Pfirsiche, Nektarinen und Aprikosen brauchen ein warmes Klima mit einer langen Vegetationsperiode. Sie sind allerdings auch vollständig winterhart und brauchen ebenso eine Kälteperiode, die die Vegetationsruhe einleitet. Sie blühen bereits im späten Winter und müssen deshalb in dieser Zeit gut vor Frost geschützt werden. Sollte es zudem in Ihrer Gegend keine bestäubenden Insekten geben, müssen Sie das selbst übernehmen.

Neben der häufigen Anbauweise als Fächer vor einer sonnigen Mauer gedeihen viele Sorten heute auch im Kübel auf der Terrasse. Diesen können Sie bei Frost dann einfach ins Warme stellen.

Tiefsttemperaturen
–29 °C bis –2 °C.

Der geeignete Ort Als Standort bietet sich eine sonnige, nach Süden oder Westen weisende Mauer an. Dafür verwenden Sie am besten eine St.-Julien-A-Unterlage, bei der der Baum rund 1,80 m groß und 4 m breit wird. Fügen Sie dem Boden gut verrotteten Kompost hinzu, er darf außerdem nicht alkalisch sein. Pflanzen Sie den Baum mit etwa 25 cm Abstand zur Mauer an; im Frühjahr düngen Sie und mulchen mit hauseigenem Kompost.

Auch beim Anpflanzen im Kübel verwenden Sie Allzweckkompost und düngen im Frühjahr sowie im Sommer, dann mit Tomatendünger. Wässern Sie die Pflanzen.

Sorten Beim fächerförmigen Anbau sind die Pflanzen am besten vor rauem

BLÜTEN BESTÄUBEN

1 Sind bestäubende Insekten im Frühjahr rar, sollten Sie Ihre Pflanze von Hand bestäuben. Tupfen Sie den Pollen mit einem Pinsel auf die Narbe der Fruchtblätter.

2 Wenn sich Früchte gebildet haben, dünnen Sie sie im Frühsommer auf 10 bis 15 cm Abstand zwischen ihnen aus.

Klima und die Pfirsiche vor der Kräuselkrankheit geschützt. Nehmen Sie den Wurzelstock St. Julien A und kombinieren Sie ihn mit einer der folgenden Sorten:
PFIRSICHE »Duke of York« ist im Hochsommer reif, »Peregrine« hat weißes Fruchtfleisch und ist erst im Spätsommer reif. »Rochester« ist sehr verlässlich, reift ebenfalls im Spätsommer und hat gelbes Fruchtfleisch.
NEKTARINEN »Early Rivers« reift im Hochsommer und hat saftiges gelbes Fruchtfleisch, »Lord Napier« reift später und hat rötliches Fruchtfleisch.
APRIKOSEN »Moorpark« ist die beste Sorte. Sie reift im Spätsommer und hat orangefarbenes bis rötliches Fruchtfleisch.

Im Kübel Für den Anbau im Kübel verwenden Sie die Unterlage Pixy mit den folgenden Sorten. Die Bäume müssen kaum zurückgeschnitten werden.
PFIRSICHE »Bonanza« und »Garden Lady« tragen im Hochsommer Früchte.
NEKTARINEN »Nectarella« ist eine gute Wahl für den Anbau auf der Terrasse.
APRIKOSEN Hier ist »Golden Glow« die beste Wahl.

Schädlinge und Krankheiten

Beim Anbau im Gewächshaus oder Wintergarten können Spinnmilben ein Problem sein. Abhilfe schafft die Raubmilbe *Phytoseiulus,* ein natürlicher Feind der Spinnmilbe. Im Freien schlagen härtere Schädlinge und Krankheiten zu, etwa die durch einen Pilz verursachte Kräuselkrankheit, von der sowohl Pfirsiche als auch Nektarinen befallen sein können. Die Blätter kräuseln sich und sterben ab. Sie können ein Fungizid auf Kupferbasis sprühen, die beste Vorbeugung ist es jedoch, die Pflanzen vom mittleren Winter bis zum mittleren Frühjahr trocken zu halten.

Zurückschneiden und Erziehung

Schneiden Sie die Pflanzen im Sommer zurück. Wachsen die Bäume an einer Mauer, folgen Sie den Ratschlägen für Kirschen. Die Früchte bilden sich auf einjährigem Holz; entfernen Sie jedes Jahr die meisten Seitentriebe, die restlichen binden Sie im Sommer an den Leittrieb. Schneiden Sie im Spätsommer die Triebe, die gefruchtet haben, ab, dann werden sie durch die zurückgebundenen ersetzt.

Ernte und Lagerung Ernten Sie die Früchte, wenn sie reif oder fast reif sind; das ist der Fall, wenn sie sich leicht vom Baum lösen lassen. Reife Früchte können Sie sofort verzehren, noch nicht ganz reifen reifen drinnen nach.

In der Küche Pfirsiche, Nektarinen und Aprikosen isst man am besten frisch.

EMPFOHLENE SORTEN

Im Kübel

PFIRSICHE
- **»Bonanza«, »Garden Lady«:** tragen im Hochsommer Früchte

NEKTARINEN
- **»Nectarella«:** gute Wahl für den Anbau auf der Terrasse

APRIKOSEN
- **»Golden Glow«:** beste Aprikosensorte für den Anbau im Kübel

EMPFOHLENE SORTEN

Im Freien

PFIRSICHE
- **»Duke of York«, »Peregrine«, »Rochester«**

NEKTARINEN
- **»Early Rivers«, »Lord Napier«**

APRIKOSEN
- **»Moorpark«**

DAS GARTENJAHR

FRÜHES FRÜHJAHR

1. JAHR
Graben Sie den Boden gut um und pflanzen Sie Ihren Baum an. Wenn Sie ihn an einer Mauer anpflanzen, verwenden Sie dazu ein Gestell mit waagerecht gespannten Drähten, die mindestens 60 cm Abstand zueinander haben. Schneiden Sie die Pflanze in Fächerform.

AB DEM 2. JAHR
Im letzten Spätherbst oder Winter haben Sie Schutzvorrichtungen gegen Frost oder die Kräuselkrankheit errichtet. Erhalten Sie diese aufrecht. Mulchen Sie den Baum jedes Jahr gut und geben Sie ihm etwas Allzweckdünger.

MITTLERES FRÜHJAHR

Bestäuben Sie, falls nötig, von Hand. Entfernen Sie die Schutzvorrichtungen.

SPÄTES FRÜHJAHR

Binden Sie die Triebe an die waagerecht gespannten Drähte. Dünnen Sie die Früchte aus, wenn sie die Größe von Walnüssen erreicht haben.

FRÜHSOMMER

Wässern Sie den Baum in den ersten Jahren gut und auch danach, wenn es sehr trocken ist.

HOCHSOMMER

Nun kann die Ernte beginnen.

SPÄTSOMMER

Ernten Sie weiter. Schneiden Sie jetzt ältere Bäume zurück. Die Bäume fruchten auf Holz aus dem Vorjahr, weshalb Triebe, die gefruchtet haben, durch neue ersetzt werden sollten.

WINTER

Bauen Sie für Ihren Baum eine Schutzvorrichtung vor Regen und Frost.

Trauen Sie sich!
Der Feigenanbau ist gar nicht so schwer, wie Sie vielleicht denken; die Bäume sind sehr produktiv und machen sich im Garten auch gut als Zierpflanzen.

Feige

Wenn Sie verhindern, dass der Feigenbaum wuchert, belohnt er Sie im Spätsommer mit süßen Früchten.

○○○○○ PREIS-LEISTUNGS-VERHALTNIS
○○○○○ PFLEGE
○○○○○ EINFRIEREN/LAGERN
ERNTE: SPÄTSOMMER–FRÜHHERBST

Die Früchte des Feigenbaums muten etwas exotisch an. In Großbritannien werden sie schon seit dem 16. Jahrhundert angebaut, in unseren Gärten haben sie sich erst im 18. Jahrhundert verbreitet. Besonders gern mögen sie das Mittelmeerklima mit wenig Niederschlag, kaum Frost und langen, heißen Sommern. Dort tragen die Bäume zweimal im Jahr Früchte, bei uns nur im Spätsommer.

EINEN FEIGENBAUM AN EINEM ZAUN ANPFLANZEN

1 Graben Sie ein Loch und säumen Sie es mit vier Steinplatten. Das Loch sollte 45 cm tief und 60 x 60 cm groß sein. Die Platten sollten etwas überstehen, damit die Wurzeln nicht aus dem Loch wachsen. Füllen das Loch zunächst mit einer 10 bis 15 cm dicken Bruchsteinschicht.

2 Geben Sie Erde auf die Bruchsteinschicht und pflanzen Sie das Feigenbäumchen in der Mitte gegen die Mauer lehnend an.

3 Schneiden Sie den Leittrieb um ein Drittel zurück und binden Sie die anderen Triebe an ein fächerförmiges Gestell.

Tiefsttemperaturen –12 °C und darüber.

Der geeignete Ort Feigenbäume sind sehr robust und bringen Unmengen von Blättern hervor – auf Kosten der Früchte. Aus diesem Grund sollten die Wurzeln im Zaum gehalten werden – entweder durch den Anbau im Kübel oder in einem begrenzten Pflanzloch (siehe unten links). Ein guter Standort ist eine nach Süden oder Westen weisende Mauer, dort ist es durch das Mauerfundament auch trockener. Wenn es im Frühjahr und Sommer allerdings wenig regnet, müssen Sie die Pflanze regelmäßig gießen und ihr etwas Dünger geben.

Hinsichtlich des Bodens sind Feigen nicht besonders anspruchsvoll, es muss nur das Wasser gut abfließen können.

Sorten Im Gegensatz zu anderen Obstbäumen wurden Feigen nicht veredelt – daher auch die Tendenz zum Wuchern. Das erleichtert aber wiederum die Sortenauswahl.

Zudem müssen Sie entscheiden, welche Form der Baum haben soll. Oft werden sie als »Büsche« in kleinen Töpfen verkauft. Diese jungen Bäume brauchen allerdings etwas Zeit, um sich an die neue Umgebung zu gewöhnen. Sie können auch größere Bäume in Fächerform kaufen, die sich gut für den Anbau an einer Mauer eignen. Für den Kübel wählen Sie am besten einen jungen Baum.

Zurückschneiden und Erziehung
Um die Fächerform beizubehalten, müssen Sie Ihren Baum hauptsächlich im Frühjahr, wenn der schlimmste Frost vorbei ist, zurückschneiden. Im Sommer binden Sie die Triebe dann an das entsprechende Gestell. Kürzen Sie dann auch die Spitze des Leittriebs, das stimuliert das Reifen der Früchte.

Für den Kübel eignet sich die Form eines mehrstämmigen Buschs besser, dann trägt die Pflanze mehr Früchte. Schneiden Sie den Baum ein paar Jahre nach dem Anpflanzen auf Bodenhöhe zurück, dann bilden sich viele neue Triebe. Auch von diesen sollten Sie jährlich etwa ein Drittel entfernen.

Schädlinge und Krankheiten
Das größte Problem bei Feigen sind Vögel. Schützen Sie Ihre Bäume mit einem Netz.

Ernte und Lagerung Die Früchte bilden sich an den Blattachseln an den jungen Seitentrieben – im Herbst und Winter sind sie zunächst etwa erbsengroß. Im folgenden Jahr wachsen sie und reifen vom Hoch- bis zum Spätsommer. Feigen ernten Sie am besten reif; dann wirken sie sehr schwer, hängen tief nach unten und brechen manchmal auf. Leicht unreife Früchte reifen auf einem sonnigen Fensterbrett nach. Essen Sie sie möglichst frisch.

In der Küche Feigen schmecken am besten frisch aus dem Garten. Dann lassen sie sich leicht schälen, und Sie können das süße, etwas klebrige Fruchtfleisch genießen. Ausgezeichnet passen sie auch in Salate mit Mozzarella und/oder Parmaschinken. Fällt die Ernte reichlich aus, können Sie die Früchte auch trocknen: Halbieren Sie sie, bestreuen Sie sie mit etwas Zucker und legen Sie sie ein paar Stunden in den warmen Ofen. Sie können sie aber auch zu Marmelade verarbeiten.

EMPFOHLENE SORTEN

- **»Brown Turkey«:** wahrscheinlich die zuverlässigste Sorte; blasslila Früchte mit süßem rotem Fruchtfleisch
- **»Violetta«:** die robusteste Sorte mit außergewöhnlich geschmacksintensiven Früchten

DAS GARTENJAHR

SPÄTES FRÜHJAHR

1. JAHR
Kaufen Sie Ihren jungen Feigenbaum im Kübel am besten im späten Frühjahr, wenn der schlimmste Frost vorbei ist. Die Wurzeln halten Sie durch ein Pflanzloch mit Begrenzung im Zaum.

AB DEM 2. JAHR
Schneiden Sie den Baum drastisch in die gewünschte Form zurück. Entfernen Sie auch quer verlaufende, beschädigte oder kranke Zweige. Vielleicht haben sich jetzt schon Früchte gebildet, bei kurzer Saison werden sie aber nicht reif.

FRÜHSOMMER

Wässern Sie den Baum vor allem in den ersten paar Jahren gut.

HOCHSOMMER–SPÄTSOMMER

Schneiden Sie die Spitzen der Triebe ab, dann bilden sich mehr Früchte. Diese Minifeigen überwintern und reifen im nächsten Sommer. Ernten Sie die Früchte, sobald sie reif sind. Sie müssen Ihren Baum eventuell vor Vögeln schützen.

HERBST

Wenn der Winter voraussichtlich hart wird, sollten Sie die kleinen Früchte mit einem Vlies schützen.

FRÜHES FRÜHJAHR

AB DEM 2. JAHR
Geben Sie Ihrer Pflanze etwas Allzweckdünger und eine gute Schicht hauseigenen Komposts.

BEERENOBST

Erdbeeren, Himbeeren, Johannisbeeren – so schmeckt der Sommer. Die mittlerweile erhältlichen Neuzüchtungen bringen hohe Erträge und geschmacksintensive Früchte. Beerenobst ist nicht nur gesund und nährstoffreich, es lässt sich im Allgemeinen auch leicht anbauen und ist natürlich viel preiswerter als im Supermarkt.

Erdbeere

Produktive Pflanze
Ein paar Jahre nach dem Anpflanzen belohnen Sie Ihre Erdbeerpflanzen im Sommer mit köstlichen Früchten – und das gleich kiloweise.

Die bei Alt und Jung beliebten saftigen Früchte sind gewissermaßen ein Synonym für Sommer.

PREIS-LEISTUNGS-VERHÄLTNIS
PFLEGE
EINFRIEREN/LAGERN
ERNTE: SPÄTES FRÜHJAHR–MITTE HERBST

Inzwischen ist die Erdbeere eine der am leichtesten selbst anzubauenden Früchte. Die kleinen Pflanzen passen in jeden Garten, sogar aufs Fensterbrett. Die hellroten, duftenden, süßen Früchte sind kaum zu übertreffen. Sie eignen sich auch gut für größere Obstgärten; hier müssen Sie allerdings gut auf Unkraut aufpassen.

Die Erdbeere, wie wir sie heute kennen, ist eine Kreuzung aus der chilenischen und der nordamerikanischen Erdbeere. Erst im frühen 20. Jahrhundert begann man, ausgiebig mit den Sorten zu experimentieren.

In der Regel halten sich Erdbeerpflanzen allerdings nur etwa 3 Jahre. Dann graben Sie die alte Pflanze aus und beginnen von Neuem. Sie können sie allerdings ganz leicht selbst ziehen.

Delikate Walderdbeere
Die kleinere Walderdbeere hat einen viel intensiveren Geschmack als ihre Schwester aus dem Garten, gedeiht dort aber auch, solange es trocken und schattig ist.

Tiefsttemperaturen –40 °C bis 5 °C.

Der geeignete Ort Was den Boden angeht, so ist die Pflanze nicht ganz anspruchslos. Zu feucht mag sie es nicht, auch nicht zu alkalisch oder zu sandig. Wenn Sie keine Lehmerde haben, sollten Sie dem Boden gut verrottetes organisches Material zufügen.

Liegen die Beeren auf dem Boden auf, faulen sie außerdem gern. Deshalb breitet man unter den Pflanzen traditionellerweise Stroh aus, was auch ihren englischen Namen – *strawberry* – erklärt. Heute verwendet man meist Plastikfolie; die schützt nicht nur die Früchte, sondern hält auch den Boden warm und frei von Unkraut.

Erdbeeren fügen sich als ein- bis zweijährige Pflanzen auch gut in den Gemüse- und sogar in den Blumengarten ein. Dort bevorzugen sie einen trockenen, schattigen Standort. Im Kübel gedeihen die Pflanzen ebenfalls gut, solange Sie sich um sie kümmern: Sie müssen Sie regelmäßig gießen und im Sommer ein wenig mit Tomatendünger verwöhnen. Fürs Fensterbrett oder den Hängekorb eignet sich die Walderdbeere am besten.

Sorten Mittlerweile gibt es Sorten, die zu verschiedenen Zeiten Früchte tragen und als frühe, mittlere oder späte Sorte gekennzeichnet sind. In der Praxis bedeutet das eine Ernte vom späten Frühjahr bis zum Hochsommer. Sie können die Saison noch verlängern, indem Sie →

Kübelpflanzen
Erdbeeren gedeihen ausgezeichnet auch im Kübel. Düngen und gießen Sie sie regelmäßig, dann steht einer reichen Ernte ohne Schneckenfraß nichts mehr im Wege.

mehrere Sorten wählen. Es gibt auch mehrjährige – diese tragen oft bis in den Herbst hinein Früchte.

Am besten kaufen Sie Ihre Erdbeerpflanzen im Spätsommer oder im Herbst. Dann haben die Pflanzen genug Zeit, sich an die neue Umgebung zu gewöhnen, und tragen im nächsten Jahr reichlich Früchte. In der Regel sind die Pflanzen das ganze Jahr über erhältlich.

Schädlinge und Krankheiten
Leider sind Erdbeeren anfällig für einige Schädlinge und Krankheiten. Halten Sie zur Vorbeugung den Boden von Unkraut frei, nährstoffreich und feucht.

Gegen Blattläuse hilft nur das Sprühen eines biologischen Pestizids. Mit ähnlichen Mitteln müssen Sie auch gegen Schnecken vorgehen. Ebenfalls problematisch werden kann der Gefurchte Dickmaulrüssler, der sich an den Wurzeln vergeht, insbesondere bei Kübelpflanzen. Gehen Sie, falls nötig, mit einem Nematodenbekämpfungsmittel gegen ihn vor. In feuchten Gegenden kann Grauschimmel auftreten; dünnen Sie die Blätter der Pflanze aus, damit die Luft gut zirkulieren kann. Generell sollten Sie nach der Ernte alle alten Blätter entfernen; dann bilden sich bald neue, saubere Triebe.

Ernte und Lagerung Ernten Sie die Erdbeeren, wenn sie reif sind, in der Zeit zwischen Frühjahr und Herbst. Sie können die Saison noch verlängern, wenn Sie einige Töpfe mit Erdbeerpflanzen ins Gewächshaus stellen. Suchen Sie die Pflanzen 2-mal wöchentlich nach reifen Früchten ab. Am besten schmecken sie frisch, Sie können sie aber auch einfrieren.

ERDBEEREN SELBST ZIEHEN

1 Nach ein paar Jahren ist Ihre Erdbeerpflanze erschöpft. Sie hat im Sommer am Hauptstängel lange Sprossausläufer hervorgebracht, die Sie verwenden können, um einen Ableger zu ziehen.

2 Jeder Sprossausläufer produziert kleine Pflanzen mit eigenen Blättern und Wurzeln. Schneiden Sie eine einzelne Pflanze ab und setzen Sie sie in einen kleinen Topf mit Allzweckkompost. Gießen Sie sie gut und stellen Sie den Topf an einen geschützten Ort.

3 Im Herbst können Sie die Pflanzen ins Freie umsetzen. Halten Sie zwischen ihnen einen Abstand von 45 cm ein. Im ersten Jahr wird die Ernte noch recht klein sein, im zweiten schon beträchtlich größer.

Erotische Beere
Die mittlere Sorte »Eros« bringt attraktive, kegelförmige Früchte mit ausgewogenem Geschmack hervor.

In der Küche Wenn Sie die Nase voll haben von frischen Erdbeeren mit Sahne – was vermutlich kaum der Fall sein wird – und auch keinen Erdbeerkuchen mehr sehen können, verarbeiten Sie die köstlichen Früchte einfach zu Marmelade – vielleicht zusammen mit Rhabarber?

EMPFOHLENE SORTEN

Ständig werden neue Sorten gezüchtet und auf den Markt gebracht.

Frühe Sorten
- »Rosie«, »Honeoye«, »Elsanta«

Mittlere Sorten
- »Alice«, »Eros«

Späte Sorten
- »Florence«, »Symphony«

Mehrjährige Pflanzen
- »Flamenco«, »Evie 2«

Schädlingsschutz
Schützen Sie Ihre Pflanzen mit einem feinmaschigen Netz vor Vögeln. Legen Sie das Netz auf ein Gestell aus Reifen (siehe unten) oder direkt aufs Beet.

DAS GARTENJAHR

FRÜHES FRÜHJAHR

Entfernen Sie den Mulch, den Sie im Winter ausgelegt haben, wenn die Pflanzen zu wachsen beginnen.

FRÜHJAHR

Erdbeerpflanzen sind fast das ganze Jahr über erhältlich und lassen sich sowohl im Frühjahr und Herbst als auch im Frühsommer erfolgreich anpflanzen. Graben Sie das Beet gut um und jäten Sie Unkraut. Fügen Sie der Erde etwas gut verrottetes organisches Material hinzu. Sie können das Beet auch mit einer schwarzen Plastikfolie bedecken und die Pflanzen in Löcher in der Folie setzen. Der Abstand zwischen den Pflanzen sollte 45 cm betragen.

SOMMER

Ist es sehr trocken, gießen Sie die Pflanzen durch die Löcher in der Folie gut. Vermeiden Sie, dass die Blätter nass werden, da dies Schädlinge und Krankheiten begünstigt. Düngen Sie die Pflanzen bei Bedarf mit Tomatendünger.

Haben Sie keine Folie verwendet, können Sie Mulch auf das Beet aufbringen. Dafür können Sie so ziemlich alles, von Stroh bis zu Pappe, verwenden. Damit verhindern Sie, dass die Früchte faulen. Falls Sie keine Erdbeeren selbst ziehen wollen, entfernen Sie nun die Sprossausläufer und beginnen mit der Ernte. Schützen Sie die Pflanzen eventuell mit einem Netz vor Vögeln.

HERBST

Nun ist der Großteil der Ernte beendet.

WINTER

Gegen Ende des Winters sehen Ihre Erdbeerpflanzen vermutlich recht zerzaust aus. Wenn Sie sie zurückschneiden, werden sich bald neue Triebe bilden.

Himbeere

STAR PFLANZE KÖSTLICH GUT FÜR MARMELADE

Reife und süße Himbeeren, die einem vom Strauch fast in den Mund fallen, gehören sicherlich zu den größten Freuden des Hobbygärtnerns.

●●●●● PREIS-LEISTUNGS-VERHÄLTNIS
●●●●○ PFLEGE
●●●○○ EINFRIEREN/LAGERN
ERNTE: FRÜHSOMMER–MITTE HERBST

Lange Himbeersaison
Wenn Sie ein paar verschiedene Himbeersorten sorgfältig auswählen, können Sie vom Frühsommer bis Mitte Herbst immer frische Himbeeren genießen.

Himbeeren sind im Supermarkt ausgesprochen teuer, was daran liegt, dass die Ernte aufwendig ist und die Früchte sich nur schlecht transportieren lassen. Da ist der Eigenanbau wesentlich leichter. Zudem sind die Pflanzen sehr produktiv – jede liefert Ihnen mehr als 1 kg Himbeeren, obwohl sie wenig Platz und Pflege braucht.

Tiefsttemperaturen

–40 °C bis –13 °C.

Der geeignete Ort Himbeeren bevorzugen einen leicht sauren Boden mit einem pH-Wert zwischen 6 und 6,5. Ist das bei Ihnen nicht der Fall, geben Sie etwas Schwefel in die Erde. Sand und Lehm mögen sie nicht, hauseigenen Kompost dagegen sehr. Pflanzen Sie sie an einem geschützten Ort, möglichst in der vollen Sonne an.

Herbsthimbeeren brauchen keine Stützen, Sommerhimbeeren schon. Am besten legen Sie zwei Reihen im Abstand von 2 m an, das erleichtert Ihnen die Ernte. Im Kübel gedeihen die Pflanzen leider nicht.

Sorten Die Beeren wachsen an Ranken, die sich am Fuß der Pflanze jedes Jahr neu bilden. Deshalb müssen die alten Ranken auch jährlich zurückgeschnitten werden; wann, hängt von der Sorte ab.

Man kann Himbeeren grob in zwei Hauptsorten einteilen. Sommerhimbeeren tragen ihre Früchte auf Ranken aus dem Vorjahr. Bei ihnen ist die Ernte etwas schwieriger, weil dann bereits die neuen

TIPP
Falls das Wetter sehr schlecht sein sollte, können Sie mit dem Anpflanzen Ihres Himbeerstrauchs auch bis zum frühen Frühjahr warten. Setzen Sie die Pflanze den Winter über in einen Graben und bedecken Sie die Wurzeln mit Erde.

Wann sind die Früchte reif?
Reife Himbeeren erkennen Sie daran, dass sie sich leicht pflücken lassen und dass der Blütenboden dabei am Strauch bleibt.

Ranken wachsen, die Sie aus dem Weg binden müssen. Herbsthimbeeren sind viel pflegeleichter. Sie reifen, wie der Name schon verrät, später und tragen ihre Früchte auf den Ranken des gleichen Jahres. Da sie deshalb nicht so viel Zeit zum Wachsen haben, sind die Ranken auch nicht so groß und brauchen im Gegensatz zu den Sommerhimbeeren keine Stützen.

Anbau Am besten kaufen Sie Himbeerpflanzen im späten Herbst. Sie werden wurzelnackt angeboten, meist in Bündeln zu 6, 10 oder 12. Nehmen Sie robuste Ranken mit fest geschlossenen, gesund aussehenden Knospen. Das Wurzelwerk sollte dicht und faserig sein. Der Abstand zwischen den Ranken sollte rund 45 cm betragen.

Für Sommerhimbeeren brauchen Sie, wie bereits erwähnt, Stützen für die →

SOMMER- UND HERBSTHIMBEERSTRÄUCHER ZURÜCKSCHNEIDEN

SOMMERHIMBEEREN

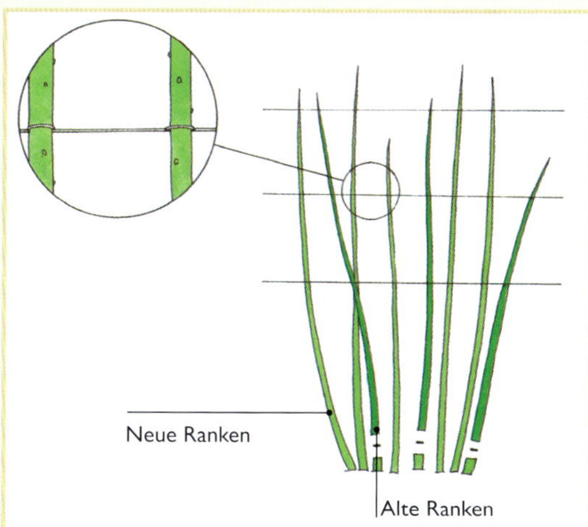

Sommerhimbeeren tragen ihre Früchte auf einjährigen Ranken. Schneiden Sie während der Vegetationsruhe alle Ranken, die Früchte getragen haben, zurück und binden Sie die neuen Ranken an die Stützen. Wird der Strauch zu dicht, dünnen Sie die Ranken auf 7,5 cm Abstand zueinander aus.

HERBSTHIMBEEREN

Herbsthimbeeren tragen ihre Früchte auf diesjährigen Ranken, was das Zurückschneiden sehr vereinfacht. Schneiden Sie während der Vegetationsruhe einfach alle Ranken auf Bodenniveau zurück.

EMPFOHLENE SORTEN

Wählen Sie eine pflegeleichte Herbstsorte oder eine lange Früchte tragende Sommersorte oder eine Kombination aus beiden, um die Saison zu verlängern.

Sommerhimbeeren

- **»Tulameen«:** neuere Sorte, die lange Früchte trägt
- **»Glen Ample«:** in Schottland gezüchtete Sorte, die auch rauerem Klima standhält und den ganzen Sommer lang Früchte trägt

Herbsthimbeeren

- **»Autumn Bliss«:** die verbreitetste Herbsthimbeersorte; zuverlässige Sorte, die bis zum ersten Frost Früchte trägt
- **»All Gold«:** gelbe Himbeersorte, ähnlich wie »Autumn Bliss«, aber weniger produktiv

Pures Gold
Die gelbe Himbeersorte »All Gold« ist gut, aber nicht so produktiv wie die Herbsthimbeersorte »Autumn Bliss«.

Ranken. Diese errichten Sie am besten vor dem Anpflanzen (siehe unten).

Graben Sie den Boden um und fügen Sie ihm reichlich organisches Material zu. Himbeeren werden nicht gern zu tief angepflanzt und breiten ihre Wurzeln knapp unter der Erdoberfläche aus.

Im ersten Jahr nach dem Anpflanzen dürfen Sie keine allzu große Ernte erwarten. Wenn Sie die Pflanzen aber regelmäßig zurückschneiden und ihnen jedes Frühjahr ein wenig Allzweckdünger und eine gute Schicht Mulch aus Gartenkompost gönnen, halten sich die Pflanzen lange und sind sehr produktiv.

Schädlinge und Krankheiten

Das Zurückschneiden von Himbeersträuchern gehört zu den einfacheren Aufgaben, mit der Schädlingsbekämpfung sieht das leider etwas anders aus. Die Pflanze ist anfällig für mehrere Pilzerkrankungen,

STÜTZEN FÜR SOMMERHIMBEEREN

1 Das einfachste Gestell besteht aus einzelnen Pfosten und waagerecht gespannten Drähten.

2 Stecken Sie die 2,40 m langen Pfosten etwa 60 cm tief und im Abstand von 3 m zueinander in den Boden.

3 Spannen Sie verzinkte Drähte horizontal zwischen den Pfosten auf den Höhen 90 cm und 1,50 m.

darunter die Rote Wurzelfäule und die Rutenkrankheit. Die einfachste Art der Vorbeugung besteht darin, die alten Ranken jedes Jahr bis zur Basis zurückzuschneiden und zu vernichten, wenn sie von einem Pilz befallen waren.

Auch bei Himbeeren sind Ihre größten Fressfeinde Vögel, die Ihnen die gerade reifen Früchte nur allzu gern vor der Nase wegschnappen. Errichten Sie im Bedarfsfall ein Gestell auf den Pfosten, über das Sie ein Netz werfen können.

Wenn Sie feststellen, dass sich die Blätter fleckig verfärbt haben oder die Pflanzen schlecht wachsen, stehen ihnen vermutlich zu wenig Nährstoffe zur Verfügung. Wenn die jüngsten Blättchen gelb werden, müssen Sie die Pflanze mit sequestriertem Eisen düngen. Verfärben sich die älteren Blätter gelb, behalten aber ihre grünen Blattadern, brauchen sie Magnesium, z.B. in Form von Bittersalzen.

Ernte und Lagerung Himbeeren können über einen relativ langen Zeitraum hinweg geerntet werden, vor allem wenn Sie Sommer- und Herbstsorten anbauen. Die reifen Früchte sind leuchtend rot und lassen sich leicht pflücken. Vermeiden Sie es, sie zu quetschen; breiten Sie sie z.B. auf einem Tablett aus, dann können auch kleine Käfer und Spinnen aus den Früchten noch rechtzeitig die Flucht ergreifen.

Himbeeren lassen sich gut einfrieren. Daraus können Sie später dann beispielsweise Marmelade zubereiten. Wenn Sie sie beim Einfrieren auf einem Tablett ausbreiten, werden sie nicht beschädigt.

In der Küche Himbeeren schmecken himmlisch in Sommerdesserts, zu Eiscreme oder als Püree. Wenn Sie nicht alle Früchte frisch essen können, lassen sie sich auch hervorragend zu Marmelade, Konfitüre oder Gelee verarbeiten.

4 Pflanzen Sie die Sträucher zwischen den Pfosten an und befestigen Sie die wachsenden Ranken an den Drähten. Sollten die Ranken sehr lang werden, können Sie sie oben auch waagerecht am Draht befestigen.

Zähe Beeren
»Glen Ample« wurde in Schottland gezüchtet. Sie kommt mit rauerem Klima gut zurecht und trägt im Sommer üppig Früchte.

DAS GARTENJAHR

SPÄTHERBST

Kaufen Sie nun Ihre Himbeerpflanze und bereiten Sie den Boden vor, indem Sie viel organisches Material einarbeiten. Pflanzen Sie den Strauch möglichst flach an.

FRÜHJAHR/SOMMER

Mulchen und düngen Sie jedes Frühjahr. Wässern Sie die Pflanzen in den ersten paar Jahren gut – vor allem natürlich, wenn es sehr trocken ist. Danach müssen Sie nicht mehr so oft gießen. Im ersten Jahr wird die Ernte nicht besonders groß ausfallen, doch das wird sich bald ändern.

SOMMERHIMBEEREN
SOMMER 1. JAHR
Befestigen Sie die neu wachsenden Ranken an den waagerecht gespannten Drähten.

2. JAHR
Die Ranken aus dem Vorjahr werden nun Früchte tragen. Gleichzeitig wachsen neue Ranken, die Sie ebenfalls an den Drähten festbinden. Am Ende des 2. Jahres schneiden Sie die Ranken, die Früchte getragen haben, bis auf den Boden zurück.

AB DEM 3. JAHR
Siehe 2. Jahr

HERBSTHIMBEEREN
1. JAHR
Schneiden Sie alle Ranken vom Vorjahr zu Beginn des Jahres bis auf den Boden zurück. Es werden sich neue Ranken bilden; festbinden müssen Sie diese nicht.

2. JAHR
Schneiden Sie alle Ranken vom Vorjahr zu Beginn des Jahres bis auf den Boden zurück. Es werden sich neue Ranken bilden; festbinden müssen Sie diese nicht. Sie werden im Spätsommer Früchte tragen.

AB DEM 3. JAHR
Siehe 2. Jahr

Brombeere & Hybridbeere

Dunkle Pracht
Brombeerpflanzen können ausgesprochen produktiv sein. Wenn in Ihrer Nähe nicht ohnehin welche wild wachsen, sollten Sie Ihnen im Garten unbedingt ein Plätzchen reservieren.

PFLEGE VON BROMBEERE & HYBRIDBEERE

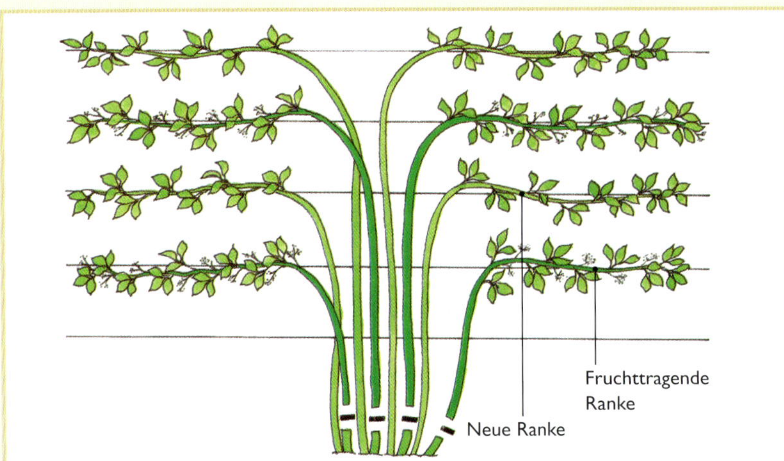

1 Bilden sich neue Ranken, befestigen Sie diese mit weichen Schnüren an horizontal gespannten Drähten.

2 Die Früchte bilden sich an den Ranken des Vorjahres. Ernten Sie die Beeren, sobald sie reif sind.

3 Schneiden Sie nach der Ernte die fruchttragenden Ranken bis auf den Boden zurück (siehe oben).

Für Ihren Bedarf an saftigen Brombeeren in der Küche brauchen Sie nur eine einzige Pflanze.

✪✪✪✪✪ PREIS-LEISTUNGS-VERHÄLTNIS
✪✪✪✪✪ PFLEGE
✪✪✪✪✪ EINFRIEREN/LAGERN
ERNTE: HOCHSOMMER–MITTE HERBST

Brombeeren und Hybridbeeren (Kreuzungen mit Himbeeren) zeichnen sich durch ein einzigartiges Aroma aus, sind im Garten aber nicht besonders beliebt. Dies liegt zum einen daran, dass die Pflanzen relativ groß werden und eine etwa 4 m^2 große Fläche an einer Mauer oder einem Zaun brauchen. Zudem bilden sich an den Ranken spitze Dornen, was man spätestens nach dem ersten Beschnitt weiß. Manchmal wachsen Brombeeren auch einfach wild ganz in der Nähe, und man kann sich dort bedienen. Inzwischen gibt es allerdings Neuzüchtungen, die kleiner sind und nicht so viele Dormen haben.

Tiefsttemperaturen
–29 °C bis –8 °C.

Der geeignete Ort Alle Brombeeren und Hybridbeeren brauchen Stützen für

EMPFOHLENE SORTEN

Die besten Brombeeren
- **»Chester Thornless«:** kälteunempfindliche Sorte ohne Dornen
- **»Black Satin«:** dornlose Sorte mit großen, wohlschmeckenden Früchten
- **»Triple Crown«:** später reifende Sorte mit großen, aromatischen Früchten

EMPFOHLENE SORTEN

Die besten Hybridbeeren

- **»Buckingham Tayberry«:** dornenlose Variante der Taybeere, die ab dem Hochsommer große rote Früchte trägt
- **Boysenbeere:** Die raumgreifende Pflanze trägt rot-violette bis schwarze Früchte.
- **»Loganberry Thornless«:** dornenlose Variante der Loganbeere, die im Sommer große rote Früchte trägt

die Ranken, etwa an einem Zaun befestigte horizontale Drähte. Oder Sie lassen die Ranken über einer Pergola wachsen. In jedem Fall müssen sie das ganze Jahr über zurückgeschnitten werden.

Brombeeren gedeihen am besten in der Sonne, kommen aber auch mit etwas Schatten zurecht.

Im Garten Bereiten Sie den Boden vor dem Anpflanzen vor. Brombeeren bevorzugen einen leicht sauren Boden, der nicht zu feucht und nährstoffreich ist. Gönnen Sie ihnen einige Eimervoll hauseigenen Komposts. Da Brombeeren eher spät blühen, spielt Frost kaum eine Rolle. Zudem sind die Pflanzen recht robust.

Sorten Wilde Brombeeren gibt es am Rand von Wäldern, wo der Boden gut ist, schon immer. Bis vor etwa 100 Jahren hat man sie deshalb gar nicht gezüchtet. In jüngerer Zeit wollte man damit jedoch größere Früchte, kleinere Pflanzen und weniger Dornen erzeugen. Mittlerweile gibt es relativ viele verschiedene Brombeersorten.

Hybridbeeren sind das Ergebnis der Kreuzung von Brombeeren mit Himbeeren. Ihre Wachstumsbedingungen sind denen der Brombeere recht ähnlich; auch sie brauchen viel Platz und müssen kräftig zurückgeschnitten werden. Die Früchte sind größer als Brombeeren und meist rot. Die erste Hybridbeere war die Loganbeere, die man 1883 in Santa Cruz in den USA entdeckte. Seitdem werden Hybridbeeren gezielt gezüchtet. Sie sind meist früher in der Saison reif.

Schädlinge und Krankheiten

Außer mit Vögeln werden Sie bei Brombeeren und Hybridbeeren wahrscheinlich keine Probleme haben. Damit Ihnen die frechen Tierchen nicht die Ernte vor der Nase wegschnappen, sollten Sie die Pflanzen mit Netzen bedecken.

Ernte und Lagerung Brombeeren sind ab dem Hochsommer reif, die Ernte kann sich aber auch bis in den Herbst hinein hinziehen. Die Früchte sind reif, wenn sie ihre schwarzblaue Farbe angenommen haben. Bei Hybridbeeren lässt sich dies schwerer sagen – je nach Sorte werden sie auch hellrot geerntet. Probieren Sie die Früchte einfach, bevor Sie sie ernten. Bei einigen Sorten liefert Ihnen eine einzige Pflanze bis zu 10 kg Früchte.

Breiten Sie die Beeren auf einem Tablett im Freien aus, dann haben kleine Käfer und Spinnen noch die Chance zu entfliehen, bevor sie weggewaschen werden.

Die frischen Früchte halten sich nicht besonders lange, sollten also möglichst bald verzehrt werden. Sie können sie natürlich auch einfrieren. Wenn Sie sie dazu ebenfalls auf einem Tablett ausbreiten, behalten sie ihre Form.

In der Küche Sie können den fantastischen Geschmack der Brombeere das ganze Jahr über als Marmelade genießen. Sind die Früchte erst später reif, können Sie sie gut mit Äpfeln zu Streusel- und anderen Obstkuchen verarbeiten.

DAS GARTENJAHR

FRÜHJAHR

1. JAHR

Errichten Sie ein Stützgestell für die Ranken. Pflanzen Sie Ihren Strauch flach im Boden an und breiten Sie die Wurzeln aus, damit sich neue Triebe bilden.

FOLGENDE JAHRE

Fügen Sie eine gute Schicht Mulch wie etwa hauseigenen Kompost sowie etwas Allzweckdünger hinzu.

SOMMER

1. JAHR

Befestigen Sie die neuen Ranken an den Stützen.

FOLGENDE JAHRE

Halten Sie neue und alte Ranken getrennt. Von den Ranken des Vorjahrs können Sie nun die Beeren ernten.

HERBST

1. JAHR

Im ersten Jahr wird Ihr Strauch keine Früchte tragen. Schneiden Sie die Pflanze jetzt nicht zurück.

FOLGENDE JAHRE

Ernten Sie weiter.

WINTER

1. JAHR

Jetzt gibt es nichts zu tun.

FOLGENDE JAHRE

Schneiden Sie nach der Ernte alle Ranken, die Früchte getragen haben, bis zum Boden zurück. Binden Sie die neuen Ranken an die Stützen und breiten Sie sie gut aus.

Loganbeeren
Hybridbeeren wie die Loganbeere sind eine Kreuzung aus Brombeeren und Himbeeren. Ihre Früchte sind meist größer als die der Brombeerpflanze, schmecken aber genauso intensiv.

Schwarze Johannisbeere

STAR PFLANZE
VITAMINREICH
HOHER ERTRAG

Die Juwelen des Obstgartens

★★★★☆ PREIS-LEISTUNGS-VERHÄLTNIS
★★★★☆ PFLEGE
★★★☆☆ EINFRIEREN/LAGERN
ERNTE: FRÜHSOMMER–FRÜHHERBST

Reiche Ernte
Von einer einzigen Schwarze-Johannisbeer-Pflanze können Sie bis zu 5 kg Früchte erwarten.

Wenn Sie bisher keine Schwarzen Johannisbeeren mochten, dann vielleicht, weil Sie sie nicht selbst angebaut haben. Im Supermarkt sind sie teuer und meist zu sauer. Da schmecken die aus dem eigenen Garten schon ganz anders und sind außerdem wahre Vitamin-C-Bomben. Obendrein ist der Anbau kinderleicht: Einmal im Jahr zurückschneiden reicht.

Tiefsttemperaturen

–40 °C bis –13 °C.

Der geeignete Ort Schwarze Johannisbeeren sind sehr robust und kommen mit fast allen Bedingungen gut zurecht. Die meisten Früchte tragen sie an einem sehr sonnigen Standort, doch auch im Schatten schlagen sie sich gut. Hinsichtlich des Bodens machen sie ebenfalls kaum Umstände: Mit etwas Kompost und Dünger ist ihnen beinahe jeder Boden recht.

Einige Sträucher werden ziemlich groß, bis zu 2 m. Allerdings gibt es inzwischen auch kleinere Sorten, die besser in den Garten passen. Wenn Sie viel Beerenobst anbauen, sollten Sie dies in einer gemeinsamen Ecke des Gartens tun, damit Sie im Sommer alle Pflanzen auf einmal vor Vögeln schützen können. Ein Schwarzer Johannisbeer-Strauch hält sich bis zu 15 Jahren, sein Standort sollte also zum Zurückschneiden und Ernten gut zugänglich sein. Bei 5 kg Früchte pro Strauch brauchen Sie wahrscheinlich nur einen oder zwei.

Schädlinge und Krankheiten

Früher war Mehltau ein Problem, die neueren Sorten sollen dagegen resistent sein. Die Johannisbeergallmilbe kann ebenfalls Schäden verursachen; sie dringt in die

EINEN SCHWARZE-JOHANNISBEER-STRAUCH ANPFLANZEN

1 Heben Sie in einem gut vorbereiteten Beet ein Pflanzloch aus. Der Boden um das Beet sollte möglichst wenig kompakt sein.

2 Wenn Sie eine wurzelnackte Pflanze gekauft haben, sollten Sie diese für etwa 1 Stunde in einen Eimer voll Wasser stellen. Nehmen Sie die Pflanze aus dem Topf.

3 Pflanzen Sie sie so tief ein, wie sie es gewohnt war, füllen Sie das Loch mit Erde auf und treten Sie sie mit dem Fuß fest.

Knospen ein, die dann anschwellen, sich aber nicht öffnen, sondern absterben. Viel können Sie nicht tun: Graben Sie die Pflanze aus und beginnen Sie von vorn.

Ernte und Lagerung Im Hochsommer hängt der ganze Strauch voller Früchte. Ernten Sie sie, sobald sie reif sind. Das ist normalerweise auf einen Schlag der Fall, Sie werden sich also vor Beeren nicht retten können. Vermeiden können Sie dies nur durch den Anbau verschiedener Sorten, die unterschiedlich reifen. Am einfachsten schneiden Sie ganze Zweige ab und pflücken die Beeren später in der Küche. Gehen Sie sanft mit ihnen um: Die Früchte haben eine dünne Schale und können somit leicht beschädigt werden. Entfernen Sie auch die Blütenreste, wenn noch welche an den Beeren sind. Schwarze Johannisbeeren lassen sich auch gut einfrieren.

In der Küche Hervorragend eignen sich die Beeren zur Zubereitung von Sirup oder Saft; bei letzterer Variante behalten sie außerdem ihren hohen Vitamin-C-Gehalt. Ebenfalls köstlich sind Marmeladen und Gelees aus Schwarzen Johannisbeeren. Doch auch Eiscreme, Pudding sowie Kuchen und anderes Gebäck lassen sich mit den Früchten zaubern.

EMPFOHLENE SORTEN

- **»ECM«:** mehltaufeste Sorte mit großen Beeren
- **»Bona«:** Sorte mit großen, geschmacksintensiven Beeren, die früh geerntet werden können
- **»Ben Sarek«:** Sorte mit hohem Ertrag, ideal für eine begrenzte Fläche

DAS JÄHRLICHE ZURÜCKSCHNEIDEN

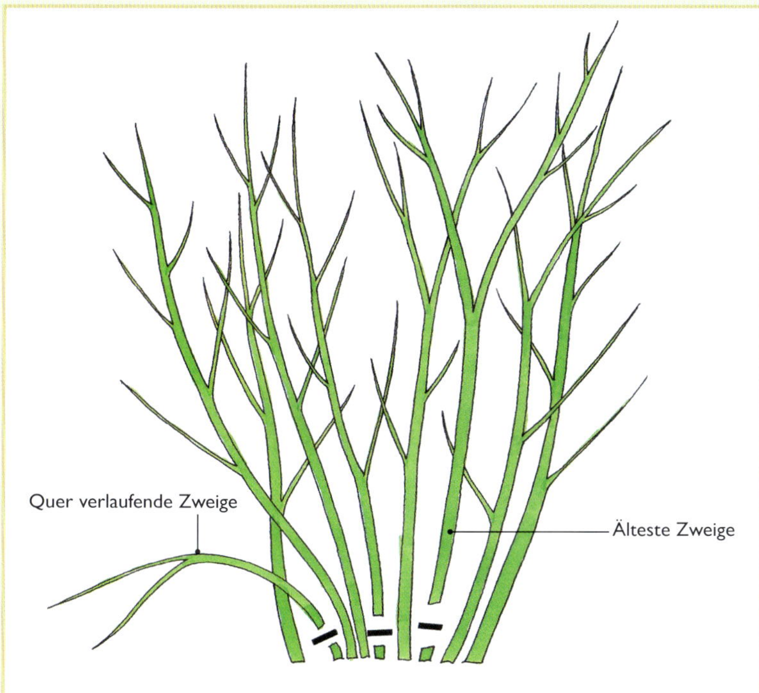

1 Schneiden Sie die Pflanzen im Winter zurück, da die jüngsten Zweige die meisten Früchte tragen. Zweige, die älter als 3 Jahre sind, sind sehr unproduktiv.

2 Schneiden Sie die älteren Zweige bis knapp über den Boden zurück. Entfernen Sie auch quer verlaufende Zweige. Sie können die Pflanze jedes Jahr um etwa ein Drittel reduzieren.

DAS GARTENJAHR

WINTER

1. JAHR

Pflanzen Sie die Sträucher mit mindestens 1,50 m Abstand dazwischen an. Setzen Sie sie etwa 2,5 cm tiefer in den Boden, als sie es gewohnt waren, dann treiben sie neu aus. Schneiden Sie die Zweige auf 1 Knospe über Bodenniveau zurück.

FRÜHJAHR

Geben Sie der Pflanze etwas Allzweckdünger und mulchen Sie mit hauseigenem Kompost.

SOMMER

Nun gibt es nichts zu tun.

HERBST

Nun gibt es nichts zu tun.

WINTER

AB DEM 2. JAHR

Nun gibt es nichts zu tun.

FRÜHJAHR

Geben Sie der Pflanze etwas Allzweckdünger und mulchen Sie mit hauseigenem Kompost.

SOMMER

An etwa 6 bis 8 Zweigen bilden sich Früchte. Ernten Sie sie, wenn sie reif sind.

Rote & Weiße Johannisbeere

Neben Schwarzen Johannisbeeren (siehe S. 166f.) sind auch Rote und Weiße Johannisbeeren vielseitig verwendbar und produktiv. Diese Beeren bringen Farbe in Ihren Garten!

●●●●○ PREIS-LEISTUNGS-VERHÄLTNIS
●●●●○ PFLEGE
●●●○○ EINFRIEREN/LAGERN
ERNTE: HOCHSOMMER

Rote und Weiße Johannisbeeren sind eng mit Stachelbeeren verwandt. Da sie jedoch etwas anders wachsen und Früchte tragen, sind auch ihre Anbaubedingungen anders.

Tiefsttemperaturen
–40 °C bis –13 °C.

Der geeignete Ort Gut lassen sich Rote und Weiße Johannisbeeren an einer Mauer oder einem Zaun anbauen. Sie mögen Sonne, sind aber auch im Schatten recht produktiv. Sie können sie als Strauch in offenem Gelände anpflanzen oder als Cordon erziehen, was Platz spart. Sie können sie bereits so erzogen kaufen; die meisten Pflanzen sind jedoch als zweijährige Sträucher erhältlich. Hinsichtlich des Bodens sind die Pflanzen nicht besonders anspruchsvoll, jährliches Düngen und Mulchen reicht. Von einer Pflanze können Sie rund 5 kg Früchte ernten.

Schädlinge und Krankheiten
Die Stachelbeerblattwespe befällt auch Rote und Weiße Johannisbeeren. Gierig fressen ihre Larven im mittleren Frühjahr die Blätter auf. Behalten Sie die Rückseite der Blätter im Auge und sprühen Sie bei Bedarf ein Insektenschutzmittel; befallene Pflanzen tun sich schwer, überhaupt Früchte zu tragen.

Wie bei allen Beeren sind auch hier Vögel ein Problem, vor denen Sie die

JOHANNISBEEREN ERNTEN UND EINFRIEREN

1 Sind die Früchte reif, schneiden Sie die Stängel mit einer Schere ab und breiten sie vorsichtig auf einem Tablett aus.

2 Am leichtesten lassen sich die Früchte vom Stängel trennen, indem Sie sie mit einer Gabel abstreifen.

3 Legen Sie sie zum Einfrieren ebenfalls auf ein Tablett. In gefrorenem Zustand können Sie die Beeren in Plastiktüten lagern

Früchte wie kleine Rubine
Die glänzenden, hellroten Früchte sehen an ihren Stängeln wie kleine Juwelen aus.

Zierde für Garten und Teller
Weiße Johannisbeeren schmecken auch nicht anders als Rote, eignen sich durch ihre ungewöhnliche Farbe aber sehr gut zum Garnieren.

Pflanze mit einem feinen Netz schützen können. Ebenfalls verbreitet sind verschiedene Pilzerkrankungen. Sieht ein Zweig krank aus, sollten Sie ihn zurückschneiden.

Ernte und Lagerung Sie müssen weder Rote noch Weiße Johannisbeeren sofort ernten, sie verderben am Strauch nicht allzu schnell. Passen Sie nur auf, dass Vögel sie Ihnen nicht wegschnappen. Für Marmelade und Gelee sollten die Früchte geerntet werden, sobald sie Farbe angenommen haben, beim sofortigen Verzehr lautet die Devise: je reifer, desto süßer. Schneiden Sie die Stängel mit den Früchten ab.

In der Küche Weiße Johannisbeeren sehen sehr elegant aus und eignen sich gut zum Garnieren; sie schmecken aber auch nicht anders als Rote Johannisbeeren. Diese werden oft zu Gelee verarbeitet oder tauchen in Kuchen, Desserts, Fruchtsalaten oder Eiscreme auf.

EMPFOHLENE SORTEN

- **»Jonkheer van Tets«:** früh reifende Sorte Roter Johannisbeeren mit großen hellroten Früchten
- **»White Pearl«:** Sorte, die reiche weiße Früchte trägt und kaum Pflege braucht

DAS GARTENJAHR

WINTER

1. JAHR

Pflanzen Sie die Sträucher im Abstand von 1,50 m zueinander an. Cordons brauchen nur 40 cm Abstand. Schneiden Sie die Hauptzweige auf die Hälfte ihrer Länge zurück und entfernen Sie von einem Hauptzweig alle Seitentriebe.

FRÜHJAHR

Geben Sie den Pflanzen etwas Allzweckdünger und als Mulch etwas Kompost.

SOMMER

Nun gibt es nichts zu tun.

HERBST

Nun gibt es nichts zu tun.

WINTER

AB DEM 2. JAHR

Schneiden Sie die neuen Triebe, die sich im Sommer entwickelt haben, um die Hälfte zurück; die Pflanze sollte eine Kelchform bekommen.

FRÜHJAHR

Geben Sie den Pflanzen etwas Allzweckdünger und als Mulch etwas Kompost.

SOMMER

Schützen Sie die Pflanzen vor Vögeln und ernten Sie die Beeren, wenn sie reif sind. Entfernen Sie quer verlaufende Zweige und schneiden Sie alle anderen bis auf zwei Knospen zurück.

HERBST

Nun gibt es nichts zu tun.

Süßsaure Köstlichkeiten
Aus Roten Johannisbeeren lassen sich köstliche Gelees zaubern, doch auch der säuerliche Geschmack der frischen Früchte ist wunderbar.

Heidelbeere

Unter den richtigen Bedingungen sind Heidelbeeren sehr produktiv und relativ pflegeleicht.

○○○○○ PREIS-LEISTUNGS-VERHÄLTNIS
○○○○○ PFLEGE
○○○○○ EINFRIEREN/LAGERN
ERNTE: HOCHSOMMER–FRÜHHERBST

Die Superfrucht
Heidelbeeren haben viele gesundheitliche Vorzüge. Man kann sie während der Sommermonate mehrere Wochen lang ernten.

Heidelbeeren gehören zur Familie der Heidekrautgewächse. Sie brauchen einen sauren Boden und wenig Nährstoffe. Die Pflanzen werden in der Regel nicht mehr als 2 m groß und können unter den richtigen Bedingungen sehr produktiv sein. Außerdem sind sie sehr attraktiv mit ihren hübschen weißen oder rosafarbenen glockenförmigen Blüten. Mit ihren vielen Antioxidanzien gelten sie als Supernahrungsmittel; ihren festen Platz haben sie in Muffins und Pfannkuchen, doch auch frisch schmecken die Beeren einfach toll.

Tiefsttemperaturen

–40 °C bis –2 °C.

Der geeignete Ort Manchen Gärtnern erlauben es die Bodenbedingungen, den Strauch direkt im Garten anzupflanzen. Liegt der pH-Wert allerdings über 6, sollten Sie die Pflanze lieber im Kübel ziehen. Am besten gedeihen sie in direkter Sonne. Wenn Sie mehrere Sträucher anpflanzen, sollten Sie einen Abstand von 1,50 m zwischen diesen einhalten. Werfen Sie ein feinmaschiges Netz darüber, wenn die Früchte zu reifen beginnen, da sie auch Vögeln ausgezeichnet munden. Um die Bestäubung zu sichern, sollten Sie mindestens zwei verschiedene Sorten anpflanzen.

Beim Anpflanzen im Kübel empfehlen sich ein spezieller Kompost und Dünger für Heidekrautgewächse, da diese den pH-Wert niedrig halten. Gießen sollten Sie mit Regenwasser, da das Wasser aus dem Hahn meist zu alkalisch ist. Stellen Sie eine Regentonne im Garten auf.

Alternativ können Sie Heidelbeeren im Pflanzloch oder im Hochbeet anpflanzen. Graben Sie ein 20 cm tiefes Loch, legen Sie es mit unkrautfestem Material aus und füllen Sie es mit saurem Kompost. Sie können dem Boden im Frühjahr auch noch spezielle Schwefelchips zufügen, die den pH-Wert ebenfalls niedrig halten.

Sorten Von wild wachsenden Heidelbeeren haben sich insbesondere die amerikanischen Ureinwohner ernährt, und auch heute noch gehört das Sammeln von Heidelbeeren zu den Vergnügen der Kindheit. Seit Kurzem verwendet man die bis zu 2 m große Amerikanische Heidelbeere *(Vaccinium corymbosum)* zur

Züchtung von produktiveren, größeren und robusteren Pflanzen. Diese sind im Allgemeinen winterhart, eignen sich also auch für kühlere Gegenden. Daneben gibt es noch die Wilde Heidelbeere *(Vaccinium angustifolium)*, die man heute oft mit der anderen Art kreuzt. Die Sträucher werden nur etwa 75 cm hoch, und die Beeren sind kleiner, dafür haben diese aber einen sehr intensiven Geschmack. Im Supermarkt bekommen Sie in der Regel nur die relativ geschmacksneutralen Kulturheidelbeeren, die aus der Kreuzung einer Untergattung – *Cyanococcus* – mit der Hauptgattung *Vaccinium* hervorgegangen sind.

Schädlinge und Krankheiten
Wie immer bei Beeren sind Vögel der Fressfeind Nummer eins. Dann sind über einem Gestell gespannte Netze die einzige Lösung. Kränkeln die Pflanzen, ist der Boden meist nicht sauer genug. Außerdem hassen sie es auszutrocknen. Prüfen Sie den pH-Wert des Bodens regelmäßig; liegt er über 6, fügen Sie ihm einige Schwefelchips oder einen Dünger für Heidekrautgewächse hinzu. Eine Zeitlang können Sie die Pflanzen mit Wasser aus dem Hahn gießen, doch wie bereits erwähnt eignet sich Regenwasser besser. Blühen die Pflanzen, wenn noch Frost vorhergesagt ist, sollten Sie sie nachts mit einem wärmenden Vlies vor der Kälte schützen.

Ernte und Lagerung Eine einzige Heidelbeerpflanze kann bis zu 4 kg Früchte hervorbringen, wahrscheinlicher sind jedoch 2 kg.

Die Beeren reifen über den Sommer. Einige Sorten, darunter »Duke« und »Patriot«, können Sie bereits im Hochsommer ernten; andere – etwa »Bluecrop« oder »Sunshine Blue« – sind erst ab dem Spätsommer reif. Reife Früchte erkennen Sie daran, dass sie keine grünen oder roten Stellen mehr aufweisen. Sehen Sie im Sommer 4 bis 6 Wochen lang jede Woche nach den Sträuchern. Die reifen Beeren halten sich ein paar Tage im Kühlschrank oder sollten nach der Ernte sofort eingefroren werden.

In der Küche Frische Heidelbeeren schmecken in Kuchen, Muffins, Pfannkuchen und Puddings ebenso gut wie im Obstsalat oder im morgendlichen Müsli.

HEIDELBEEREN ANPFLANZEN

1 Heben Sie einen 20 cm tiefen und etwa 1,50 m breiten Bereich aus.

2 Legen Sie das Loch mit unkrautfestem Material aus und füllen Sie es mit Kompost für Heidekrautgewächse.

3 Pflanzen Sie einige Heidelbeersträucher darin an.

DAS GARTENJAHR

FRÜHJAHR

1. JAHR
Heidelbeeren, die im Topf angeboten werden, pflanzen Sie am besten im Frühjahr an – wenn der pH-Wert es erlaubt, direkt im Garten. Alternativ können Sie auch ein Pflanzloch anlegen (siehe unten) oder die Sträucher im Kübel ziehen.

AB DEM 2. JAHR
Geben Sie den Pflanzen etwas organisches Material wie Laubkompost, alte Nadeln von Nadelbäumen oder Rinde.

SOMMER

1. JAHR
Gießen Sie die Pflanzen, am besten mit Regenwasser. Schneiden Sie einige neue Triebe zurück.

AB DEM 2. JAHR
Geben Sie den Pflanzen Spezialdünger für Heidekrautgewächse und beginnen Sie mit der Ernte.

HERBST

Nun gibt es nichts zu tun.

WINTER

1. & 2. JAHR
Das Zurückschneiden ist jetzt noch nicht erforderlich.

AB DEM 3. JAHR
Entfernen Sie etwa ein Fünftel der älteren Triebe mit wenigeren Fruchtknospen.

EMPFOHLENE SORTEN

- **»Patriot«, »Bluecrop«, »Brigitta«:** ideal für Gärten mit kalten Wintern und Frösten
- **»Sunshine Blue«:** ideal für wärmere Gärten, möglichst ohne Frost
- **»Polaris«, »Northblue«, »Chippewa«:** halbhohe Kulturheidelbeeren; winterhart und besser für den Anbau im Kübel geeignet

Preiselbeere

Ähnlich wie Heidelbeeren bevorzugen auch Preiselbeeren einen leicht sauren Boden, der zudem noch sehr feucht sein kann.

●●●●○ PREIS-LEISTUNGS-VERHÄLTNIS
●●○○○ PFLEGE
●●●○○ EINFRIEREN/LAGERN
ERNTE: FRÜHHERBST–FRÜHER WINTER

Aufgrund ihrer Ansprüche an den Boden werden die meisten Gärtner Preiselbeeren nur im Kübel anbauen können. Sie können aber auch ein Pflanzloch mit Kompost für Heidekrautgewächse (siehe S. 171) füllen. Verwendung finden Preiselbeeren überwiegend in Gelees und Fruchtchutneys, doch sehen die Pflanzen so hübsch aus, dass sie sich wunderbar für Hängekörbe eignen.

Tiefsttemperaturen
–40 °C bis –13 °C.

Der geeignete Ort Wie bereits erwähnt, brauchen Preiselbeeren einen sauren Boden, in dem sich das Wasser möglichst staut. Sie können dafür ein spezielles Biotop anlegen oder auf Kübelpflanzen zurückgreifen.

Sorten Hier haben Sie nicht viel Auswahl. Am besten eignet sich »Early Black« mit ihren großen, dunklen Früchten.

Ernte und Lagerung Ernten können Sie Preiselbeeren im Herbst, lagern lassen sie sich in einem luftdicht verschlossenen Behälter bis zu 3 Monate im Kühlschrank. Sie können sie natürlich auch einfrieren.

In der Küche Die klassische Zubereitungsart von Preiselbeeren ist als Soße zu Wildgerichten.

DAS GARTENJAHR

FRÜHJAHR

1. JAHR

Pflanzen Sie Ihren Preiselbeerstrauch im Kübel, in einem Hängekorb, in einem speziellen Pflanzloch (siehe Anleitung S. 171) oder – bei den passenden Bodenbedingungen – direkt im Garten an.

AB DEM 2. JAHR

Schneiden Sie einige Zweige auf Bodenniveau zurück, damit der Strauch nicht zu dicht wird.

SOMMER

Nun gibt es nichts zu tun, außer die Pflanzen regelmäßig zu gießen.

HERBST

Ernten Sie die reifen Früchte.

WINTER

1. JAHR

Nun gibt es nichts zu tun.

AB DEM 2. JAHR

Dünnen Sie die Pflanzen aus und geben Sie ihnen etwas saures organisches Material wie z.B. Laubkompost, alte Nadeln von Nadelbäumen, Rinde oder kalkfreien Sand, damit die neuen Triebe Wurzeln schlagen.

Herbstfrüchte
Für ein wahres Farbenspektakel im Herbst sorgen die dunkelroten Preiselbeeren, die sich ab dem späten Sommer bilden.

Traube

Wenn sich die Reben nach ein paar Jahren an ihre Umgebung gewöhnt haben, werden sie Sie mit süßen und saftigen Früchten verwöhnen.

✪✪✪✪✪ PREIS-LEISTUNGS-VERHÄLTNIS
✪✪✪✪✪ PFLEGE
✪✪✪✪✪ EINFRIEREN / LAGERN
ERNTE: SPÄTSOMMER–FRÜHHERBST

Trauben stehen in dem Ruf, schwer anzubauen zu sein. Tatsächlich brauchen sie ein paar Jahre, um sich an ihren Standort zu gewöhnen, und in dieser Zeit werden Sie für Ihre Mühe kaum belohnt. Doch danach ist die Pflanze sehr produktiv und braucht wenig Pflege.

Reben sind große und kräftige Pflanzen, die man im Zaum halten muss; dies kann allerdings durch Erziehung und Zurückschneiden gut bewältigt werden. Für den Garten eignen sich Tafeltrauben besonders gut, da sie Sie vom Spätsommer bis zum Herbst mit großen saftigen Beeren beliefern.

Tiefsttemperaturen –40 °C und darüber, je nach Sorte.

Der geeignete Ort Alle Reben sind frostbeständig, haben aber eine lange Vegetationsperiode, in der sie viel Sonne brauchen. Wählen Sie einen möglichst warmen und geschützten Standort, am besten an einer Mauer oder einem Zaun. Alternativ bietet sich auch eine sonnenbeschienene Pergola an.

Trauben brauchen viele Nährstoffe und einen leicht sauren Boden mit einem pH-Wert von 6,5, aus dem das Wasser gut abfließen kann. Mulchen Sie in jedem Frühjahr gut mit organischem Material und geben Sie den Pflanzen Allzweckdünger.

Sind die Bedingungen im Garten nicht ideal, müssen Sie auf das Gewächshaus oder den Wintergarten zurückgreifen. Im Gewächshaus werden die Reben normalerweise im Cordon erzogen: Ein Rebschenkel wird in die Horizontale →

Wie in Italien
Mit den Zuchterfolgen der letzten Jahre ist der Traum von süßen und saftigen Tafeltrauben aus dem eigenen Garten in greifbare Nähe gerückt.

WEINREBEN NACH DEM GUYOT-SYSTEM ERZIEHEN

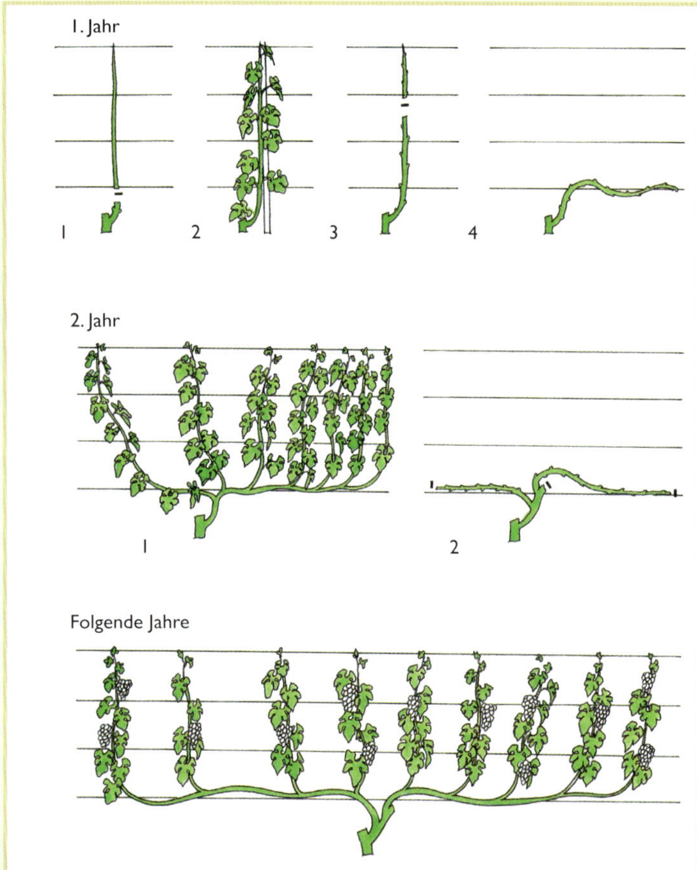

Reberziehungssysteme gibt es viele, für den Garten eignet sich die Guyot-Erziehung am besten. Die Rebschenkel und Triebe verlaufen entlang horizontal gespannter Drähte, die im Abstand von jeweils 30 cm an Pfosten befestigt sind. Zwischen den Drähten und einer Mauer oder einem Zaun sollten 15 bis 30 cm Platz sein.

1. Jahr

1 Schneiden Sie nach dem Anpflanzen in der Vegetationsruhe die Vorjahrtriebe bis auf 1 bis 2 Knospen zurück.

2 Binden Sie im ersten Sommer einen kräftigen Rebschenkel vertikal an die Drähte. Andere Triebe entfernen Sie.

3 Schneiden Sie im Herbst oder frühen Winter die diesjährigen Triebe auf 75 cm zurück.

4 Führen Sie den Rebschenkel zur Seite und binden Sie ihn horizontal an den untersten Draht.

2. Jahr

1 Im zweiten Sommer werden sich viele neue Triebe gebildet haben. Binden Sie sie wie oben gezeigt an die Drähte. Wenn die Haupttriebe den oberen Rand erreichen, entfernen Sie die Spitzen. Kürzen Sie alle Seitentriebe auf 5 Blätter.

2 Am Ende der Vegetationsperiode schneiden Sie alle Triebe bis auf 2 in der Nähe des untersten Drahts ab. Kürzen Sie diese auf etwa 75 cm und binden Sie sie an den unteren Draht.

Folgende Jahre

Binden Sie die Triebe, die sich im Sommer bilden, an die Drähte. Wählen Sie am Ende Saison 2 Triebe wie unter Punkt 2 beschrieben aus und schneiden Sie den Rest zurück.

geleitet, und an diesem bilden sich dann mehrere fruchttragende Triebe. Damit ist im Gewächshaus allerdings wenig Platz für andere Pflanzen.

Sorten Mancherorts werden auf dem eigenen Wurzelstock gezogene Reben verkauft, die sich einfach vermehren lassen, indem man ihnen im Winter Hartholzschnitte entnimmt. Andernorts – vor allem in Weinanbaugebieten – gibt es Schädlinge im Boden, die die Reben abtöten. Dann müssen die Pflanzen durch einen anderen Wurzelstock veredelt werden. Lassen Sie sich im Fachhandel beraten, welche Pflanze sich für Ihre Anbaubedingungen am besten eignet.

Die meisten Reben werden als einjährige Ableger mit Wurzeln verkauft. Sie sehen wie ein dünner, spindeliger Trieb aus und brauchen erst etwas Zeit zum Wachsen. Manchmal werden die Reben auch schon als größere Pflanzen angeboten; diese eigen sich besser für den Anbau im Kübel und wenn Sie nicht erst einige Jahre warten wollen, bevor die ersten Trauben auf Ihren Tisch kommen.

Bei den Sorten haben Sie die Wahl zwischen Wein- und Tafeltrauben. Dabei spielt es auch eine Rolle, ob Sie die Pflanzen im Freien oder im Gewächshaus anbauen wollen.

Schädlinge und Krankheiten

Freilandreben sind im Allgemeinen wenig anfällig für Schädlinge und Krankheiten, im Gewächshaus können diese schon besser Fuß fassen. An vorderster Front sind Spinnmilben, Schmierläuse and Schildläuse. Wenn Sie Kübelpflanzen haben, sollten Sie diese im Sommer ins Freie stellen und sie im Winter sorgfältig auf lose Rinde absuchen – dort nisten sich die Schädlinge besonders gern ein. Kübelpflanzen können auch vom Gefurchten Dickmaulrüssler befallen sein; hier schafft ein biologisches Nematodenpestizid Abhilfe.

Zudem können Blätter und Früchte von Mehltau und Botrytis befallen sein. Die einzige Vorbeugung dagegen besteht darin, die Pflanze gut feucht zu halten und ihr bei Bedarf Dünger zu geben.

Ernte und Lagerung Ernten Sie die Trauben reif bei Bedarf und verzehren Sie sie möglichst frisch. Schneiden Sie sie mit Stiel ab und fassen Sie sie mit Samthandschuhen an, da die Trauben leicht beschädigt werden und dann schnell faulen. Wenn Sie nicht nur Hobbygärtner, sondern auch Winzer sind, ernten Sie die Trauben natürlich alle auf einmal.

In der Küche Trauben passen nicht nur ausgezeichnet zu Käse, sondern ergeben entsaftet und mit anderem Obst gemischt wunderbar erfrischende Getränke. Oder Sie beeindrucken Ihre Freunde mit selbst gemachtem Wein.

EMPFOHLENE SORTEN

Tafeltrauben

- **»Booskoop Glory«:** verlässliche Freilandsorte mit violetten Früchten
- **»Perlette«:** kernlose Freilandsorte mit hellgrünen Früchten
- **»Black Hamburg«:** bringt große Bündel süßer dunkler Trauben hervor

Trauben zur Weinbereitung

- **»Rondo«:** dunkle Sorte
- **»Siegerrebe«:** bringt wunderschöne goldene Beeren hervor

Knorrige Stämme
Alte Reben sind nicht nur produktiv, sondern machen sich im Garten auch als Zierpflanzen sehr gut.

DAS GARTENJAHR

WINTER

1. JAHR

Errichten Sie ein Erziehungsgestell und pflanzen Sie die Rebe mit einer dicken Mulchschicht organischen Materials daran an. Schneiden Sie die Rebe auf etwa 60 cm zurück.

AB DEM 2. JAHR

Schneiden Sie die Seitentriebe bis auf 2 Knospen zurück. Kürzen Sie auch den Haupttrieb bis auf die Höhe der höchsten gesunden Knospe.

FRÜHJAHR

1. JAHR

Erziehen Sie den vertikalen Trieb.

AB DEM 2. JAHR

Erziehen Sie den vertikalen Trieb und die Seitentriebe. Düngen Sie mit Allzweckdünger und einer guten Schicht hauseigenen Komposts.

SOMMER

Schneiden Sie die Seitentriebe auf 5 Blätter zurück. Falls nötig, dünnen Sie vor allem bei jungen Pflanzen die Früchte im Frühsommer aus. Bei älteren Pflanzen werden die Trauben ab dem Hochsommer reif.

HERBST

Ernten Sie die reifen Früchte. Beim Anpflanzen an einer Mauer oder einem Zaun befestigen Sie die horizontalen Drähte im Abstand von 30 cm mithilfe spezieller Klammern am Hintergrund. An einer Pergola müssen die Reben an dieser entlanggeführt werden. Bei einem einzelnen Pfosten schneiden Sie die Pflanze in die gewünschte Form zurück.

Stachelbeere

Die braven Stachelbeeren gedeihen sowohl im Kübel als auch in kleineren Gärten.

PREIS-LEISTUNGS-VERHÄLTNIS
PFLEGE
EINFRIEREN/LAGERN
ERNTE: SPÄTES FRÜHJAHR–HOCHSOMMER

Im 18. Jahrhundert waren Stachelbeeren ausgesprochen beliebt. Heute bekommt man sie in den meisten Supermärkten nicht – ein Glück, dass sie so leicht anzubauen sind. Sie bilden in offenem Gelände kleine Sträucher oder können als Cordon sowie an einer Mauer oder einem Zaun erzogen werden. Sogar im Kübel gedeihen sie. Die Früchte sind schon früh im Sommer reif und ergeben ausgezeichnete Marmeladen und Desserts. Auch frisch sind sie ein Genuss!

Unterschätzte Pflanze
Stachelbeeren sind zwar nicht so beliebt wie etwa die »Superfrucht« Heidelbeere. Dennoch ist die Pflanze sehr produktiv und sieht im Garten ausnehmend hübsch aus.

Tiefsttemperaturen
–40 °C bis –13 °C.

Der geeignete Ort Auch Stachelbeeren bevorzugen einen leicht sauren Boden, dem Sie deshalb vor dem Anpflanzen viel organisches Material zufügen. Die Pflanze ist etwas frostsensibel, wählen Sie als Standort also ein geschütztes Eckchen. Mit Schatten kommen die Pflanzen gut zurecht. Sie halten viele Jahre und liefern pro Strauch rund 5 kg Früchte. Im Cordon erzogene Pflanzen liefern nur etwa 1 kg; dafür können Sie aber mehrere Pflanzen anbauen.

Sorten Einst gab es Hunderte verschiedener Sorten, heute finden sich im Gartencenter nur 2 oder 3. Meist unterscheiden sie sich in der Farbe der Frucht, die im grünen, weißen, gelben oder roten Gewand daherkommt. Zudem gibt es Unterschiede in der Form der Pflanze. Mehr zum Zurückschneiden und zur Erziehung finden Sie auf den Seiten 206 bis 209.

Strauch Meist werden die Pflanzen als zwei- bis dreijährige Sträucher verkauft. Sie eignen sich als frei stehende kleine Büsche.
Fächer Wenn Sie die Pflanze an einem Zaun oder einer Mauer anbauen wollen, spart die Fächerform viel Platz. Wählen Sie dafür eine leicht erziehbare Pflanze.
Cordon Unter Cordon versteht man im Grunde einen vertikalen Hauptstamm, an dem kurze fruchtende Triebe wachsen. Das spart ebenfalls Platz, doch müssen die Pflanzen gut zurückgeschnitten werden, damit sie produktiv bleiben. Wählen Sie eine Pflanze mit kräftigem Leittrieb.
Standardform Diese besteht im Prinzip aus einem Strauch auf einem Fuß. Die Form erleichtert die Ernte enorm, da sich die Früchte weiter oben befinden. Sie können einen Strauch in dieser Standardform kaufen oder ihn so erziehen, indem Sie nach und nach von unten ausgehend alle Seitentriebe entfernen.

Schädlinge und Krankheiten
Am unangenehmsten ist die Stachelbeerblattwespe, die den Strauch ab dem Frühjahr kahl frisst. Halten Sie nach den raupenähnlichen Tieren auf den Unterseiten der Blätter Ausschau und sprühen Sie bei Bedarf ein Pestizid. Der Stachelbeermehltau bedeckt die Blätter mit einer weißen Schicht und kann die Pflanze ernsthaft schwächen. Ausreichend gießen hilft ebenso wie zurückschneiden und – im Frühjahr – mit hauseigenem Kompost mulchen. Einige Sorten, darunter »Invicta« und »Pax«, weisen eine gewisse Resistenz dagegen auf; ansonsten müssen Sie zu einem Fungizid greifen.

Ernte und Lagerung Am besten ernten Sie Stachelbeeren in zwei Schritten. Der erste erfolgt, wenn die Beeren gerade zu reifen beginnen, etwa im Frühsommer. Diese Früchte eignen sich gut für Marme-

STACHELBEEREN ZURÜCKSCHNEIDEN

Stachelbeeren tragen ihre Früchte auf Trieben, die mindestens 1 Jahr alt sind, tragen also auch dann noch welche, wenn das Zurückschneiden einmal vernachlässigt wird. Dann allerdings wird die Ernte immer schwieriger; bei sehr alten Pflanzen hängen die Zweige fast bis zum Boden herab.

Entfernen Sie nach der Ernte alle Zweige, die quer verlaufen, zu tief hängen oder die Krone verstopfen (siehe oben). Schneiden Sie die tiefen Zweige auf die erste nach oben weisende Knospe zurück.

Kürzen Sie im Winter die Triebe, die sich im Sommer auf den Hauptzweigen gebildet haben, etwa um die Hälfte und die Seitentriebe, die die Früchte tragen, bis auf 2 Knospen des alten Holzes (siehe oben).

Entfernen Sie alle Zweige, auf denen sich Mehltau gebildet hat, sowie alle paar Jahre auch 1 bis 2 alte Triebe, die vermutlich bald absterben werden. Sie werden durch jüngere Triebe ersetzt.

laden und Eingemachtes sowie für Kuchen. Sie sind noch etwas säuerlich, enthalten aber viel Pektin. Die restlichen Früchte ernten Sie im Hochsommer. Diese sind dann vollreif und können frisch vom Strauch verzehrt oder zu Chutney verarbeitet werden. Sie können sie natürlich auch einfrieren; dazu müssen die Beeren gewaschen und entstielt oder zu Mus gekocht werden.

In der Küche Einige Menschen lieben den Geschmack frischer reifer Stachelbeeren, am häufigsten werden die Früchte jedoch gekocht verwendet. Als Eingemachtes und Chutney sind sie perfekt, dann werden sie gern zu Fleisch- und Geflügelgerichten serviert. Doch auch als Dessert sind sie nicht zu verachten.

EMPFOHLENE SORTEN

Grüne Stachelbeeren
- **»Invicta«**: Sorte mit hohem Ertrag
- **»Greenfinch«**

Gelbe Stachelbeeren
- **»Leveller«**
- **»Laxtons Amber«**

Rote Stachelbeeren
- **»Pax«**
- **»Rokula«**

DAS GARTENJAHR

FRÜHJAHR

1. JAHR

Bereiten Sie den Boden vor und pflanzen Sie die Stachelbeeren mit etwa 1,50 m Abstand zueinander an. Mulchen Sie mit organischem Material. Cordon-Pflanzen brauchen nur 30 cm Abstand. Entfernen Sie in den unteren 20 cm des Haupttriebs alle anderen Triebe und schneiden Sie den Haupttrieb auf die Hälfte zurück.

AB DEM 2. JAHR

Düngen Sie mit Allzweckdünger und mulchen Sie mit Kompost.

SOMMER

1. JAHR

Gießen Sie die Pflanzen, wenn es sehr trocken ist.

AB DEM 2. JAHR

Nun kann die Ernte beginnen. Entfernen Sie alle quer verlaufenden Triebe und gießen Sie regelmäßig.

HERBST

AB DEM 1. JAHR

Nun gibt es nichts zu tun.

WINTER

1. JAHR

Schneiden Sie die neuen Triebe dieses Jahres auf die Hälfte zurück.

AB DEM 2. JAHR

Schneiden Sie die Pflanze, wenn möglich, zu einer Kelchform zurück. Als Cordon sollte sie etwa 1,50 m hoch sein.

Rhabarber

Die winterharte mehrjährige Pflanze lässt sich leicht anbauen und liefert die frühesten Früchte des Jahres für Desserts und Kuchen.

●●●●● PREIS-LEISTUNGS-VERHÄLTNIS
●●●●○ PFLEGE
●●○○○ EINFRIEREN/LAGERN
ERNTE: SPÄTES FRÜHJAHR–SPÄTSOMMER

Streng genommen ist Rhabarber kein Obst, da hier die Blattstiele geerntet und verzehrt werden – allerdings meist in süßer Form als Kompott. Geerntet werden kann bereits ab dem frühen Frühjahr, dann sind die Stiele am zartesten. Ist die Pflanze an ihre Umgebung gewöhnt, können Sie bis in den Hochsommer hinein ernten.

Tiefsttemperaturen
–34 °C bis –8 °C.

Der geeignete Ort Die mehrjährige Pflanze hält sich im Garten oft mehr als 10 Jahre, ihr Standort will also gut gewählt sein. Rhabarber wird recht groß und hat sehr breite Blätter. Deshalb brauchen die einzelnen Pflanzen etwa 90 cm Platz um sich herum, und 2 bis 3 Pflanzen sind für den Eigenbedarf mehr als genug. Sie haben es gern sonnig, der Boden sollte gut Wasser speichern. Sehr anspruchsvoll sind sie allerdings nicht: Etwas hauseigener Kompost, und die Pflanze ist zufrieden.

Zum Gedeihen brauchen die Pflanzen zudem eine Kälteperiode. Wenn die Blätter im Herbst absterben, sollten Sie sie entfernen und auf den Komposthaufen werfen; auf diese Weise setzen Sie die Pflanze der größtmöglichen Kälte aus.

Sorten Die Sorten sind nach Jahreszeiten eingeteilt, einige kann man früher ernten als andere. Wählen Sie eine kompakte

RHABARBER FORCIEREN

1 Bedecken Sie die Pflanze Mitte des Winters mit Stroh.

2 Geben Sie einen großen Terrakotta-Forciertopf darüber. Sie können auch einen großen Plastiktopf oder einen Mülleimer verwenden.

3 Sehen Sie nach ein paar Wochen nach, ob die Stiele schon reif sind.

Zarte Stiele
Die zartesten Stiele hat die Pflanze zu Beginn der Saison. Später werden sie etwas holzig.

Sorte, da die Pflanze mit zunehmendem Alter die Tendenz hat zu wuchern. Sie können Rhabarber auch selbst ziehen; viel einfacher ist es allerdings, sich im Herbst oder Frühjahr im Gartencenter eine ein- bis zweijährige Pflanze zu besorgen.

4 Hat die Pflanze das obere Ende des Topfs erreicht, können Sie ihn abnehmen und den Rhabarber ernten.

Im Garten Noch früher ernten Sie, wenn Sie Rhabarber forcieren (siehe unten). Durch den Mangel an Licht werden die Stiele vergeilt, d.h. auf der Suche nach Licht zum schnelleren Wachsen gezwungen. Sie sind dann etwas heller und schmecken noch zarter.

Schädlinge und Krankheiten Viel Ärger haben Sie diesbezüglich mit Rhabarber nicht. Im Laufe der Zeit – nach rund 10 Jahren – werden die Pflanzen vielleicht durch Viren geschwächt; dann ist es Zeit, sie durch neue zu ersetzen. Ist der Boden im Garten sehr schwer, kann die Pflanze in Bodennähe faulen. Abhilfe schafft eine ordentliche Schicht hauseigener Kompost, mit der Sie den Boden jährlich verbessern.

Ernte und Lagerung Im ersten Jahr nach dem Anpflanzen sollten Sie noch keine Rhabarberstiele ernten, und auch zu Beginn des zweiten Jahrs nur ein paar. Ab dem dritten Jahr kann vom frühen Frühjahr bis zum Hochsommer geerntet werden. Greifen Sie in die Mitte der Pflanze hinein und brechen Sie die Blattstiele so weit unten wie möglich ab. Ernten Sie nur, was Sie unmittelbar brauchen. Im Kühlschrank halten sich die Stiele etwa 1 Woche, Sie können sie aber auch einfrieren.

In der Küche Rhabarber schmeckt so säuerlich, dass er ein wenig Zucker braucht und sich deshalb ideal für Marmelade und Kompott eignet. Ebenfalls großartig schmeckt Rhabarberkuchen. Probieren Sie es doch auch einmal mit einer Rhabarbersoße zu Schweinefleisch oder Ente.

EMPFOHLENE SORTEN

- **»Champagne«:** frühe Sorte mit rosafarbenen (im Kübel) und dunkelroten (im Garten) Stängeln
- **»Stockbridge Arrow«:** Sorte mit langen, zarten dunkelrosa Stängeln
- **»Timperley Early«:** frühe Sorte, die ab dem Spätwinter rosafarbene Stängel hervorbringt

DAS GARTENJAHR

HERBST

1. JAHR
Am besten pflanzen Sie Rhabarber im Herbst an, im Frühjahr geht es allerdings auch. Fügen Sie dem Boden viel organisches Material hinzu und setzen Sie die Pflanze so hinein, dass die oberste Knospe gerade herausschaut.

AB DEM 2. JAHR
Nun gibt es nichts zu tun.

WINTER

1. JAHR
Nun gibt es nichts zu tun.

AB DEM 2. JAHR
Entfernen Sie die alten Blätter.

AB DEM 3. JAHR
Forcieren Sie die Pflanzen bei Bedarf.

FRÜHJAHR

1. JAHR
Ernten Sie noch nicht.

2. JAHR
Ernten Sie nur ein paar der jungen Stiele.

AB DEM 3. JAHR
Ernten Sie die Stiele regelmäßig.

SOMMER

1. & 2. JAHR
Wässern Sie die Pflanze bei Bedarf, damit sie sich gut eingewöhnt, und düngen Sie sie mit einem Allzweckdünger.

AB DEM 3. JAHR
Ernten Sie die Stiele noch bis zum Hochsommer.

EXOTISCHE FRÜCHTE

Wen der Ehrgeiz packt und wer es als Hobbygärtner auch einmal mit etwas Exotischem probieren möchte, sollte sich für eine der hier vorgestellten Pflanzen entscheiden. Dafür brauchen Sie es im Sommer allerdings lange heiß und sonnig; doch wenn Ihnen der Anbau gelingt, können Sie Ihre Gäste mit einem ausgefallenen Obstsalat überraschen.

Kiwi

Wenn es in Ihrem Garten sehr warm ist, können Sie es ruhig einmal mit dieser exotischen, aber raumgreifenden Pflanze probieren.

PREIS-LEISTUNGS-VERHÄLTNIS
PFLEGE
EINFRIEREN/LAGERN
ERNTE: SPÄTHERBST

Zarte Ranken
Die Kiwipflanze braucht es sehr warm, um eine gute Ernte hervorzubringen.

Kiwis stammen aus China und werden deshalb auch als Chinesische Stachelbeeren bezeichnet. Die große, wuchernde Pflanze hat breite, flaumige Blätter und duftende weiße Blüten. Um Früchte tragen zu können, braucht sie Temperaturen zwischen 5 und 25 °C. Die großen Pflanzen müssen drastisch zurückgeschnitten werden.

Tiefsttemperaturen

–40 °C bis 5 °C, je nach Sorte.

Der geeignete Ort Kiwis brauchen Kletterhilfen, die auch die schweren fruchtbehangenen Zweige stützen, am besten ein Gerüst aus Pfosten und Drähten oder ein Spalier an einer Mauer. Die Mauer sollte nach Westen oder Süden zeigen und windgeschützt sein. Sie können es auch mit dem Anbau im Wintergarten oder Gewächshaus versuchen, doch wie gesagt werden die Pflanzen sehr groß. Hinsichtlich der Bodenqualität bevorzugen Kiwipflanzen nährstoffreiche Erde mit viel organischem Material und einen pH-Wert zwischen 6 und 7.

TIPP

Damit die Ernte reichlicher ausfällt, schneiden Sie im Frühsommer die fruchttragenden Triebe auf 5 Blätter oberhalb der jungen Frucht zurück. Diese wird dann anschwellen und besser reifen.

Sorten Früher musste man eine männliche Pflanze anpflanzen, um eine weibliche zu befruchten. Neuere Züchtungen haben jedoch auch selbstbefruchtende Sorten hervorgebracht. Leider hat das auch seine Nachteile: Die Früchte dieser Sorten sind wesentlich kleiner als die der althergebrachten Sorten.

Ernte und Lagerung Bevor die Ranken das erste Mal Früchte tragen, dauert es zwischen 3 und 8 Jahre. Kiwis sind ab Herbst erntereif, was sich durch leichtes Drücken der Frucht feststellen lässt. Wenn Sie sie noch etwas unreif ernten, halten sich Kiwis bei guter Lagerung oft wochenlang.

In der Küche Am besten essen Sie Kiwis frisch, etwa in Obstsalaten oder als Obstkuchenbelag.

EMPFOHLENE SORTEN

- »Jenny«: selbstbefruchtende Sorte mit recht kleinen Früchten
- »Solo«: ebenfalls selbstbefruchtende Sorte mit eher kleinen Früchten, aber starkem Wuchs

DAS GARTENJAHR

WINTER
Pflanzen Sie Kiwis mindestens 50 cm vor einer nach Süden oder Westen weisenden Mauer an, am besten mit einer Kletterhilfe. An der Wand brauchen sie etwa 5 m Platz.

FRÜHJAHR
Mulchen Sie die Pflanzen gut mit organischem Material und geben Sie ihnen jedes Jahr etwas Allzweckdünger.

SOMMER
Erziehen Sie die Triebe entlang der Kletterhilfe. Kiwis fruchten auf Trieben, die einjährigem Holz entspringen, sollten also jährlich zurückgeschnitten werden.

HERBST
Nach ein paar Jahren bringt Ihre Pflanze Früchte hervor, die ab Frühherbst reif sind.

WINTER
Schneiden Sie die Zweige, die Früchte getragen haben, radikal zurück. Binden Sie die Zweige, die im nächsten Sommer Früchte tragen werden, an die Kletterhilfe.

Passionsfrucht

Zum Anbau von Passionsfrüchten brauchen Sie ein sehr warmes Klima. Sie können aber auch in Kübeln auf der Terrasse gedeihen.

PREIS-LEISTUNGS-VERHÄLTNIS
PFLEGE
EINFRIEREN/LAGERN
ERNTE: SPÄTSOMMER–FRÜHHERBST

Passionsfrüchte sind Kletterpflanzen mit wunderschönen Blüten – für viele Menschen ein ausreichender Grund, sie im Garten zu haben. Wenn Sie der Pflanze gute Bedingungen bieten können, werden Sie zudem mit hocharomatischen Früchten belohnt.

TIPP

Sollte die Pflanze nach der Blüte keine Früchte ansetzen, können Sie sie mit einem Pinsel selbst bestäuben. Gehen Sie nur ganz sanft über die Blüten und bringen Sie den Pollen von einer Blüte auf eine andere auf.

Tiefsttemperaturen

–7 °C und darüber.

Der geeignete Ort Bei unter 10 °C tun sich Passionsfrüchte schwer. Wenn es im Winter bei Ihnen kälter ist, kommt eigentlich nur das Gewächshaus oder der Wintergarten infrage. Da die Pflanze auf diesjährigen Trieben fruchtet, kann sie recht kompakt gehalten und damit auch gut im Kübel angepflanzt werden.

Für den Anbau im Freien eignet sich ein Standort mit Kletterhilfe – etwa ein Spalier – vor einer Mauer. Daran rankt sich die Pflanze, die recht groß werden kann, dann empor.

EMPFOHLENE SORTEN

- »**Crackerjack**«: am weitesten verbreitete Sorte mit dunkelvioletten Früchten

Sorten Bei den Zierpflanzen gibt es viele verschiedene Arten und Sorten; bei denen, die Früchte tragen, unterscheidet man zwei Arten. *Passiflora edulis f. flavicarpa* bringt gelbe und eher saure Früchte hervor. *Passiflora edulis* trägt Früchte mit violetter Schale, die man üblicherweise auch im Supermarkt kaufen kann. Sie sind viel süßer und aromatischer.

Schädlinge und Krankheiten

Im Gewächshaus müssen Sie mit Blattläusen, Schildläusen und der Roten Spinnmilbe rechnen. Gehen Sie mit einem biologischen Schädlingsbekämpfungsmittel dagegen vor.

Ernte und Lagerung Die Früchte sind reif, wenn die Schale Dellen aufweist. Sie reifen auch in der Obstschale nach. An einem kühlen Ort halten sie sich mehrere Wochen lang.

In der Küche Aus Passionsfruchtmark lassen sich ideal Eiscremes oder Sorbets zubereiten. Auch Marmelade und Chutneys lassen sich daraus zaubern.

Unreife Passionsfrucht
Ihren unglaublichen Geschmack erhalten Passionsfrüchte nur in wärmerem Klima.

DAS GARTENJAHR

FRÜHJAHR

Pflanzen Sie die Pflanze im Freien an und mulchen Sie sie mit viel hauseigenem Kompost. Geben Sie ihr jedes Frühjahr etwas Allzweckdünger.

SOMMER

Geben Sie der Pflanze eine Kletterhilfe, an der Sie zwei Hauptzweige befestigen. Deren Seitentriebe tragen die Früchte.

HERBST

Ernten Sie die Früchte, sobald sie reif sind.

WINTER

Schneiden Sie die Seitentriebe, nachdem sie gefruchtet haben, bis auf die Hauptzweige zurück.

Physalis

Die auch Kapstachelbeere genannte Pflanze ist eine entfernte Verwandte der Tomate, die Sie am besten selbst ziehen.

PREIS-LEISTUNGS-VERHÄLTNIS
PFLEGE
EINFRIEREN / LAGERN
ERNTE: SPÄTSOMMER–FRÜHHERBST

Die Physalispflanze bringt kleine orangefarbene Früchte in einer hauchdünnen, lampionartigen Schale hervor. In Restaurants werden sie oft zum Garnieren verwendet, sie sind süß und saftig und schmecken nach bittersüßer Ananas. Die einjährige Pflanze ist leicht anzubauen, braucht aber einen warmen Sommer.

Verborgener Schatz
Um an die köstliche Kapstachelbeere zu gelangen, müssen Sie zunächst die papierartige Schale zurückfalten.

Der geeignete Ort Ziehen Sie die Pflanze im Frühsommer im Gewächshaus selbst; dort sollten die Setzlinge bleiben, bis die Frostgefahr gebannt ist. Dann können Sie sie ins Freie umsetzen. Wählen Sie einen sonnigen Standort; falls sie sehr groß werden, brauchen sie vielleicht eine Stütze in Form eines Bambusstocks. Die Pflanzen gedeihen aber auch in Kübeln auf der Terrasse.

Sorten Bei Physalispflanzen haben Sie die Wahl zwischen mehreren Sorten. Da sie auf Kompaktheit hin gezüchtet wurden, eignen sie sich für den Anbau im Kübel.

Ernte und Lagerung Lassen Sie die Früchte an der Pflanze hängen und ernten Sie bei Bedarf. Sie sind reif, wenn sie einen satten Orangeton erreicht haben. Dann fällt auch die papierartige Schale ab.

In der Küche Am besten schmecken Physalis frisch, Sie können sie aber auch zu Marmelade oder Gelee verarbeiten.

EMPFOHLENE SORTEN

- »**Golden Berry Little Lanterns**« und »**Golden Berry Pineapple**«: Sorten mit kompakten Pflanzen und vielen Früchten

DAS GARTENJAHR

FRÜHJAHR
Säen Sie das Saatgut in kleinen Töpfen aus und halten Sie die Temperatur konstant zwischen 18 und 21 °C. Setzen Sie die Setzlinge einzeln in größere Töpfe um. Ist jegliche Frostgefahr gebannt, setzen Sie die Pflanzen ins Freie um und bedecken sie in kühleren Nächten mit einer Folie.

SOMMER
Stützen Sie die Pflanzen gegebenenfalls mit Bambusstöcken, wenn sie zu groß werden. Wässern Sie sie regelmäßig und geben Sie ihnen etwas Tomatendünger, sobald sich die Früchte bilden. Diese beginnen im Hochsommer zu reifen.

HERBST
Ernten Sie die reifen Früchte. Ziehen Sie die Pflanze am Ende der Saison aus dem Boden und geben Sie sie auf den Komposthaufen.

Hauchdünnes Gewächs
Mit ihren lampionartigen Schalen macht sich die Physalis auch als Zierpflanze gut.

Melone

STAR PFLANZE – EXOTISCH SEHR AROMATISCH

Melonen schmecken nicht nur toll, sondern lassen sich auch leicht im Garten oder auf der Terrasse anbauen.

PREIS-LEISTUNGS-VERHÄLTNIS
PFLEGE
EINFRIEREN/LAGERN
ERNTE: SPÄTSOMMER–FRÜHHERBST

Schwere Frucht
Melonen brauchen lange, heiße Sommer, um reifen zu können.

Melonen sind mit den Gurken verwandt und brauchen zum Wachsen viel Platz und Wärme. In kühleren Gegenden wurden sie deshalb früher oft im Gewächshaus angebaut; heute jedoch hat man durch intensive Züchtung neue Sorten entwickelt, die auch im Freien gedeihen.

Der geeignete Ort Melonen haben es gern warm und windgeschützt. Heftiger Wind kann die Blätter schädigen und das Pflanzenwachstum hemmen, insbesondere im Frühjahr. Bei kälterem Klima reifen Melonen erst gegen Ende des Sommers. Zuckermelonen fühlen sich bei Temperaturen um 25 °C am wohlsten, Wassermelonen brauchen es noch wärmer – bis zu 30 °C. Ist das in Ihrem Garten utopisch, sollten Sie es mit einem Frühbeet versuchen. Scheitert auch dieses, ist das Gewächshaus die einzige Option. Allerdings werden die einjährigen Pflanzen sehr groß – sie brauchen jeweils rund 2 m² Fläche. Beim Anbau im Freien können Sie den Boden mit schwarzer Plastikfolie bedecken, um die Erde warm, die Oberfläche trocken und Unkraut fern zu halten. »Untenrum« haben es Melonen gerne feucht – auch dabei hilft die Folie. Ist es immer Sommer sehr trocken, müssen Sie die Pflanzen regelmäßig gießen; blühen sie, sollten Sie ihnen noch etwas flüssigen Tomatendünger geben.

Reifende Cantaloupe-Melone
Der Anbau von Melonen im eigenen Garten lohnt sich auch deshalb, weil die Pflanzen sehr hübsch aussehen, vor allem wenn sie erzogen werden (siehe rechts).

Sorten Zuckermelonensorten gibt es Hunderte verschiedene; sie lassen sich jedoch grob in einige wenige Kategorien einteilen. Cantaloupe-Melonen haben meist eine netzartige grüne Schale und orangefarbenes Fruchtfleisch. Moschusmelonen sind oft kleiner, haben eine glattere Schale und manchmal grünes Fruchtfleisch. Schließlich gibt es noch Honigmelonen mit gelber Schale und weißlich-grünem Fruchtfleisch. Cantaloupe-Melonen gedeihen ebenfalls in kühleren Gegenden, doch auch bei den anderen Sorten hat der Hobbygärtner inzwischen eine recht große Auswahl.

Wassermelonen haben dunklere, farnähnliche Blätter und brauchen es wie gesagt noch wärmer. Aber auch da sorgen Neuzüchtungen mittlerweile dafür, dass der Hobbygärtner hierzulande nicht enttäuscht ist.

EMPFOHLENE SORTEN

Cantaloupe-Melonen
- **»Sweetheart«:** am weitesten verbreitet Sorte, braucht es aber sehr warm
- **»Fastbreak«:** gedeiht auch in kühleren Gegenden recht gut, da sie früher reif ist; mit grüner Schale und orangefarbenem Fruchtfleisch

Zuckermelonen
- **»Durandal«:** kleine Früchte – etwa 2 bis 3 pro Pflanze – mit süßem, orangefarbenem Fruchtfleisch
- **»Earlidawn«:** grüne Schale, orangefarbenes Fruchtfleisch, reift früh

Schädlinge und Krankheiten Bei Trockenheit bekommen die Früchte Risse. Regelmäßiges Gießen beugt zudem dem Echten Mehltau vor (siehe S. 85). Manchmal verrottet die Basis des Stamms. Um das zu verhindern, schütten Sie um die Basis etwas Erde auf, damit das Wasser gut abfließen kann. Im Gewächshaus können auch Spinnmilben ein Problem darstellen. Wenn die Blätter ein Mosaikmuster aufweisen und die Pflanze verkrüppelt wächst, ist sie vielleicht vom Gurkenmosaikvirus befallen. Dann müssen Sie die Pflanze sofort entfernen, damit Nachbarpflanzen intakt bleiben.

Ernte und Lagerung In der Regel sind die Melonen reif, wenn der Stängel einreißt. Zuckermelonen verströmen außerdem einen intensiven süßlichen Duft. Wassermelonen werden dort, wo sie auf dem Boden aufliegen, gelb, wenn sie reif sind. Schneiden Sie die Früchte mit einer Gartenschere ab, sie halten sich in der Küche noch ein paar Wochen lang. Sind die Früchte zu Beginn des Herbstes noch nicht reif, können Sie sie eventuell mit einer Glasglocke bedecken und damit einen gewissen Treibhauseffekt erzeugen.

In der Küche Üblicherweise werden frische Zuckermelonen als Dessert oder als Vorspeise serviert. Sie passen beispielsweise ausgezeichnet zu Parmaschinken und Käse, sind aber auch pur ein Genuss – ebenso wie Wassermelonen.

MELONEN IN KÜBELN ANPFLANZEN

1 Ziehen Sie ab dem mittleren Frühjahr 1 bis 2 Melonenpflanzen selbst.

2 Pflanzen Sie die Setzlinge einzeln in größere (30 cm Durchmesser), mit Allzweckkompost gefüllte Töpfe um und düngen Sie sie. Stützen Sie sie gegebenenfalls mit Bambusstöcken.

3 Binden Sie die jungen Triebe mit weichen Schnüren an die Bambusstöcke.

4 Größere Früchte brauchen vielleicht noch mehr Unterstützung – z.B. Netze, die Sie ebenfalls an den Bambusstöcken befestigen.

EMPFOHLENE SORTEN

Wassermelonen

- **»Blacktail Mountain«:** klassische Sorte, die auch mit kühleren Nächten zurechtkommt; die Früchte wiegen bis zu 5 kg
- **»Yellow Baby«:** kleinere Sorte mit gelbem Fruchtfleisch, gedeiht im Gewächshaus und im Freien, hat wenig Kerne

DAS GARTENJAHR

MITTLERES FRÜHJAHR

Säen Sie das Saatgut an einem warmen Ort aus. Geben Sie einzelne Samen in kleine Töpfe und halten Sie die Temperatur bei mindestens 16 °C.

SPÄTES FRÜHJAHR

Die Setzlinge wachsen schnell. Gießen Sie sie gut und und topfen Sie sie bei Bedarf in größere Kübel um.

FRÜHSOMMER

Setzen Sie die Pflanzen nun ins Freie um. Pflanzen Sie sie nicht zu tief an und halten Sie einen Abstand von 1 m zwischen den Pflanzen ein.

HOCHSOMMER

Knipsen Sie die Spitze des Haupttriebs ab und anschließend auch die der sich entwickelnden Seitentriebe. Düngen und wässern Sie regelmäßig.

SPÄTSOMMER

Die Früchte sollten nicht zu feucht liegen. Ernten Sie sie, wenn sie reif sind.

FRÜHHERBST

Bedecken Sie schlecht reifende Früchte mit einer Glasglocke.

MITTLERER HERBST

Entfernen Sie die Pflanzen und geben Sie sie auf den Komposthaufen.

Zitrusfrüchte

Falls Sie über ein großes Gewächshaus verfügen, können Sie etwas mediterranes Flair in Ihre Küche bringen.

○○○○○ PREIS-LEISTUNGS-VERHÄLTNIS
○○○○○ PFLEGE
○○○○○ EINFRIEREN/LAGERN
ERNTE: MITTE HERBST–MITTE WINTER

Duftende Kübelpflanzen
Zitrusgewächse bauen Sie am besten in Kübeln an, damit Sie sie während der Saison leicht ins Freie transportieren können.

Wer mag sie nicht, die Zitrusgewächse mit ihren glänzenden grünen Blättern und den betörend duftenden Blüten? Die Früchte – ob Zitronen, Limetten oder Orangen – bringen Farbe und Exotik in jeden Garten. Den ganzjährigen Anbau im Freien können Sie allerdings vergessen, wenn Sie nicht in einer völlig frostfreien Gegend leben. Die Pflanzen mögen bei Temperaturen unter null überleben, die Blüten nicht. Sie brauchen auf jeden Fall ein beheiztes Gewächshaus oder einen Wintergarten und im Sommer eine sonnige Terrasse, damit die Pflanzen Früchte tragen.

Tiefsttemperaturen –12 °C bis 5 °C.

Der geeignete Ort Zitrusbäume werden etwa 10 m groß und fast ebenso breit. In frostfreien Gegenden blühen und fruchten sie das ganze Jahr über. In gemäßigterem Klima müssen Sie die Pflanzen im

EINEN ZITRUSBAUM ERZIEHEN

1 Binden Sie den Stamm beim Anpflanzen an einen Stock und kürzen Sie die Seitentriebe jeweils um ein Drittel.

2 Zwischen dem Spätwinter und dem folgenden frühen Frühjahr schneiden Sie den Haupttrieb zu einer gesunden Knospe etwa auf Höhe der gewünschten Größe des Baums zurück. Entfernen Sie alle Seitentriebe, die Sie im letzten Jahr gekürzt haben, aber lassen Sie die neuen stehen.

3 Hat der Baum über dem Haupttrieb 3 bis 4 neue Triebe hervorgebracht, schneiden Sie diese um 3 bis 5 Blätter zurück. Entfernen Sie am Haupttrieb alle Triebe darunter und wiederholen Sie das Prozedere jedes Jahr.

Winter aus dem Garten holen und an einen wärmeren Ort stellen.

Wenn Sie sie im Kübel anbauen wollen, müssen Sie entweder eine natürlich kleinere Art wählen – etwa einen Calamondinbaum – oder eine veredelte, die auf einen Zwergwurzelstock aufgepfropft wurde. Generell wachsen die Wurzeln eher vertikal als horizontal, Sie brauchen also einen tiefen, mit Blumenerde gefüllten Kübel. Geben Sie beim Anpflanzen noch etwas Dünger dazu. Die Pflanzen müssen alle 3 bis 4 Jahre umgetopft und dazwischen immer gut gedüngt und gegossen werden. Zudem wollen Sie die Pflanze kompakt halten. Schneiden Sie sie deshalb im Winter nach der Ernte zurück. Die Bäume fruchten sowohl auf altem als auch auf neuem Holz.

Sorten Zitrusarten gibt es viele. Zitronen und Limetten stehen in dem Ruf, etwas leichter anzubauen zu sein; übermäßig viel ernten werden Sie jedoch nicht. Orangenbäume sind ebenfalls in großer Sortenvielfalt erhältlich, darunter Navel- und Blutorangen, Mandarinen und Clementinen. Dann gibt es noch die Bitterorangen zur Zubereitung von Marmelade und die Calamondinorangen, die jedoch hauptsächlich als Zierpflanzen dienen. Nicht zu vergessen die Grapefruit, mit gelbem oder rosafarbenem Fruchtfleisch.

Schädlinge und Krankheiten
Wie alle Pflanzen, die man vor Frost schützen und im Winter ins Gewächshaus stellen muss, sind auch Zitrusbäume anfällig für typische Schädlinge wie Blattläuse, Mottenschildläuse, Schildläuse und Spinnmilben. Rüsten Sie auf – mit biologischen Schädlingsbekämpfungsmitteln oder den natürlichen Feinden der Schädlinge.

Ernte und Lagerung Zitrusbäume blühen überwiegend im Winter und im Frühjahr und tragen im späten Herbst oder frühen Winter Früchte. Behalten Sie die Pflanzen im Auge, da die Früchte zu verschiedenen Zeitpunkten reif werden. Sie können sie dann aber auch noch eine Weile am Zweig hängen lassen. Schneiden Sie sie mit einer Gartenschere ab; an einem kühlen Ort halten sie sich mehrere Wochen lang.

In der Küche Wenn Ihre Kübelpflanzen jeweils ein Dutzend Früchte hervorbringen, können Sie sich schon glücklich schätzen. Da sie unterschiedlich reifen, können Sie meist nur 1 oder 2 auf einmal ernten. Für frisch gepressten Orangensaft zum Frühstück reicht das nicht. Sie können aber z.B. die Schale abreiben und getrocknet aufbewahren – dann haben Sie immer etwas ganz Besonderes zum Backen oder Würzen herzhafter Speisen im Haus.

EMPFOHLENE SORTEN

Orangen
- **»Washington Naval«:** reift früh und schmeckt besonders gut
- **»Sanguinelli«:** Blutorange mit dunkelrotem Fruchtfleisch und sehr süßem Geschmack
- **»Calamondin«:** kleine, säurehaltige Früchte am Strauch, fürs Fensterbrett geeignet

EMPFOHLENE SORTEN

Zitronen
- **»Four Seasons Lemon«:** blüht und trägt das ganze Jahr über Früchte
- **»Variegata«:** grün und gelb gestreifte Früchte das ganze Jahr hindurch

Limetten
- **»Tahiti«:** gelbe und relativ süße Früchte

DAS GARTENJAHR

FRÜHJAHR
Nach dem Anpflanzen des Baums stellen Sie den Kübel an einen hellen Ort, jedoch nicht ins direkte Sonnenlicht. Stellen Sie den Kübel auf Kies, den Sie konstant feucht halten – das erhöht die Luftfeuchtigkeit. Lassen Sie die Erde im Kübel aber austrocknen und wässern Sie die Pflanze dann gründlich. Verfahren Sie das ganze Jahr über so. Düngen Sie mit einem stickstoffreichen Dünger.

SOMMER
Stellen Sie den Kübel im Frühsommer auf die Terrasse und geben Sie der Pflanze alle paar Wochen einen ausgewogenen Dünger. Besprühen Sie sie regelmäßig mit Wasser und halten Sie nach Schädlingen Ausschau.

HERBST
Geben Sie der Pflanze nun auch Dünger mit Spurenelementen. Sinkt die Temperatur unter 7 °C, stellen Sie den Kübel in den Wintergarten. Gießen Sie nun nicht mehr so oft.

WINTER
Ab jetzt sollten die Früchte reifen; wenn es so weit ist, können Sie sie ernten. Schneiden Sie die Pflanze danach bei Bedarf zurück und topfen Sie sie um, falls sie zu groß wird.

NÜSSE

Es gibt nicht viele Nüsse, die sich für den Anbau im eigenen Garten eignen. Wenn Sie jedoch etwas Platz erübrigen können, sind Haselnüsse, Mandeln und Walnüsse durchaus einen Versuch wert. Sie brauchen wenig Pflege, allerdings dauert es ein paar Jahre, bis Sie die ersten Nüsse ernten können.

Haselnuss

STAR PFLANZE
KLEINER BAUM HOHER ERTRAG

Wenn Sie sich bei Ihrem Haselnussstrauch für die richtige Sorte entscheiden, können Sie sehr große Nüsse ernten.

PREIS-LEISTUNGS-VERHÄLTNIS
PFLEGE
EINFRIEREN/LAGERN
ERNTE: FRÜHHERBST–MITTE HERBST

Pelziges Kleidchen
In den Deckblättern verbergen sich wunderbar saftige Nüsse – die Ihnen die Eichhörnchen möglicherweise vor der Nase wegschnappen!

Frische Haselnüsse halten sich nicht besonders lang, weshalb man sie im Supermarkt auch nur für kurze Zeit zu kaufen bekommt, meist im mittleren Herbst. Bei der Ernte im eigenen Garten müssen Sie zusehen, dass Sie den Eichhörnchen zuvorkommen. Doch bis es erst einmal so weit ist, müssen Sie in der Regel 5 bis 6 Jahre warten.

Tiefsttemperaturen
–29 °C bis –8 °C.

Der geeignete Ort Die Gemeine Hasel, *Corylus avellana,* wird gern zur Herstellung von Holzkohle verwendet, aus ihren Ruten macht man auch Flechtwerk. Auch auf freiem Feld kann sie reichlich Früchte tragen. Im Garten steht sie gern für sich. An den Boden stellt sie abgesehen von der Feuchtigkeit keine besonderen Ansprüche, am liebsten steht sie in der direkten Sonne. Pflanzen Sie mindestens zwei Sträucher im Abstand von 3 bis 4 m zueinander an.

Beim Kauf sind die jungen Pflanzen meist erst ein paar Jahre alt. Schneiden Sie diese in die gewünschte Form, am besten mit einem 45 cm hohen Haupttrieb.

Sorten Die Gemeine Haselnuss ist relativ klein, bringt mittlerweile durch Neuzüchtungen aber auch größere, gerundete Früchte hervor. Einige Sorten entstanden durch Kreuzung mit südosteuropäischen und asiatischen Arten. Ihre Nüsse sind länger und flacher und ragen meist nicht aus dem Deckblatt hervor.

Die Sträucher entwickeln weibliche und männliche Blüten auf ein und derselben Pflanze, weshalb Sie theoretisch nur eine in Ihrem Garten brauchen. Es gilt jedoch die Faustregel, dass die Sträucher mehr Früchte tragen, wenn man mehr als eine Sorte anbaut. Wenn Sie den Platz haben, sollten Sie 2 bis 3 Sorten zu einer kleinen Gruppe zusammenstellen.

Schädlinge und Krankheiten

Ihr schlimmster Fressfeind ist das Eichhörnchen. Dagegen, dass Ihnen die kleinen Racker die Nüsse mopsen, können Sie wenig tun. Zu den schlimmeren Schädlingen gehört der Haselnussbohrer.

Ernte und Lagerung Das Eichhörnchen neigt dazu, die Nüsse zu ernten, bevor diese ganz reif sind. Sie sollten die Früchte möglichst so lange am Strauch lassen, bis sich die Deckblätter gelb verfärben, was meist im Frühherbst der Fall ist. Ernten Sie nach Möglichkeit alle Nüsse auf einmal und lagern Sie sie an einem kühlen, trockenen Ort. Geben Sie sie dazu auf ein Tablett oder in ein Netz, das Sie aufhängen.

In der Küche Am besten schmecken die großen saftigen Nüsse frisch, Sie können sie aber auch trocknen und geröstet sowie gehackt oder gemahlen beispielsweise zum Backen verwenden.

Haselkätzchen
Im frühen Frühjahr versorgen die männlichen Kätzchen Insekten und die kleinen, weniger auffälligen weiblichen Blüten mit Pollen.

DAS GARTENJAHR

WINTER

Kaufen Sie wurzelnackte Sträucher und pflanzen Sie sie im Garten mit mindestens 3 m Abstand zueinander an. Mulchen Sie den Boden gut mit hauseigenem Kompost.

FRÜHJAHR

Haben Sie viele Kaninchen im Garten, sollten Sie den Strauch mit Hasendraht einzäunen. Schneiden Sie den Haupttrieb um die Hälfte zurück, damit der Strauch in die Breite wächst. Lassen Sie etwa 6 Seitentriebe stehen. Mulchen Sie Ihre Pflanzen ab dem 2. Wachstumsjahr immer im frühen Frühjahr.

SOMMER

Wässern Sie die Sträucher in den ersten paar Jahren gut.

HERBST

Nach ein paar Jahren können Sie nun die ersten Nüsse ernten.

WINTER

Schneiden Sie den Strauch jährlich im späten Winter zurück: die neuen Triebe um etwa die Hälfte, bis der Strauch insgesamt 2 m groß ist – ansonsten brauchen Sie eine Leiter, um zu ernten. Entfernen Sie quer verlaufende, kranke oder beschädigte Zweige.

EMPFOHLENE SORTEN

- »Webbs Preisnuss«, »Pearson's Prolific«, »Kentish Cob«, »Ennis«

Mandel

Die Mandel ist eng mit dem Pfirsich verwandt und braucht wie dieser einen heißen Sommer, um Früchte hervorzubringen.

●●●●○ PREIS-LEISTUNGS-VERHÄLTNIS
●●●○○ PFLEGE
●●●●○ EINFRIEREN/LAGERN
ERNTE: FRÜHHERBST–SPÄTHERBST

Zarte Bäumchen
Haben sie es warm genug, bringen die hübschen Mandelbäumchen viele Früchte hervor.

Der Mandelbaum hat seine ursprüngliche Heimat im Mittelmeerraum. Er braucht ein sonniges Frühjahr, um zu blühen, und im Sommer durchweg warme Wetterbedingungen. Ist das bei Ihnen der Fall, sollten Sie sich unbedingt ein Mandelbäumchen in den Garten stellen. Es bleibt relativ kompakt und gedeiht auch an einem sonnigen Zaun oder einer Mauer gut. Ernten können Sie zwar erst nach ein paar Jahren – dann aber reichlich.

Tiefsttemperaturen
–18 °C bis –2 °C.

Der geeignete Ort Mandeln können als Standardbäume angepflanzt werden, am besten an einem sonnigen Ort, wo das Wasser im Boden gut abfließt. Sie können die Pflanze an einem sonnigen Zaun oder einer Mauer auch fächerförmig erziehen.

Veredelte Wurzelstöcke bringen kompaktere Pflanzen hervor. Aber auch sie brauchen eine Fläche von etwa 6 m^2.

Sorten Für den Eigenanbau eignet sich am besten der Echte Mandelbaum, *Prunus dulcis*. Seine Früchte enthalten weniger Bitterstoffe und schmecken süßer.

TIPP

Die Bestäubung ist im frühen Frühjahr möglicherweise noch unzureichend, und einige Sorten mögen es auch, fremdbestäubt zu werden. Trägt Ihr Baum Blüten, aber keine Mandeln, greifen Sie zum Pinsel und tragen den Pollen von den Blüten auf die Narben auf.

Schädlinge und Krankheiten Gimpel lieben die Blütenknospen, die sich im Spätwinter entwickeln. Die einzige Lösung für dieses Problem ist ein Netz über dem Baum. Zudem sind die Pflanzen oft von der Kräuselkrankheit betroffen; auch hier schafft eine Abdeckung vom Spätwinter bis zum mittleren Frühjahr Abhilfe, am besten mit einer durchsichtigen Plastikfolie.

Ernte und Lagerung Am besten warten Sie, bis die Mandeln vom Baum fallen, was Mitte bis Ende Herbst der Fall ist. Lösen Sie sie aus der Schale, säubern Sie sie und lassen Sie sie drinnen trocknen. Getrocknet lassen sie sich gut lagern.

In der Küche Leicht zu knacken sind sie nicht, aber sie schmecken toll – am besten naturbelassen. Alternativ können Sie sie auch rösten und gemahlen in Kuchen verwenden – oder mit Schokolade Mandelsplitter daraus machen.

DAS GARTENJAHR

WINTER
Die beste Anpflanzzeit. Mulchen Sie gut und schneiden Sie den Haupttrieb um ein Drittel zurück. Lassen Sie nur einen Leittrieb stehen.

FRÜHJAHR
Mulchen Sie die Pflanzen ab dem zweiten Jahr jetzt gut mit hauseigenem Kompost und geben Sie ihnen etwas Allzweckdünger.

SOMMER
Das Zurückschneiden im Sommer ab dem zweiten Jahr hält Krankheiten fern. Mandeln fruchten am besten auf jungem Holz vom Vorjahr, dünnen Sie das alte Holz also gründlich aus.

HERBST
Nach ein paar Jahren trägt Ihr Mandelbaum die ersten Früchte, die Sie am besten vom Boden aufsammeln.

EMPFOHLENE SORTEN
- **»Robijn«** und **»Ingrid«**: Beide tragen im frühen Frühjahr hellrosa Blüten und im Herbst Mandeln.

Walnuss

Walnussbäume können sehr groß werden, dafür aber auch viele köstliche Früchte hervorbringen.

✪✪✪✪✪ PREIS-LEISTUNGS-VERHÄLTNIS
✪✪✪✪✪ PFLEGE
✪✪✪✪✪ EINFRIEREN/LAGERN
ERNTE: MITTE HERBST–SPÄTHERBST

Wenn Sie Glück haben, trägt Ihr Baum das erste Mal nach 8 Jahren Früchte, es kann aber auch erheblich länger dauern. Ausgewachsene Bäume werden bis zu 20 m groß, doch haben sie die Hälfte der Größe erst nach etwa 20 Jahren erreicht. Dann sollten Sie die Walnüsse aber schon eimerweise in der Küche stehen haben.

Die Echte Walnuss, *Juglans regia,* stammt zwar aus Iran und China, ist aber absolut winterhart. Leider gibt der Baum eine Chemikalie in den Boden ab, die die Pflanzen in seiner Umgebung am Wachsen hindert. Berücksichtigen Sie dies bei der Standortwahl.

Tiefsttemperaturen

–34 °C bis –8 °C.

Reiche Ernte
Walnussbäume brauchen sehr viel Platz, doch wer den hat, kann über viele Jahre hinweg eine reiche Ernte einbringen.

Sorten Die Schwarznuss, *Juglans nigra,* bringt viel weniger Früchte hervor als *Juglans regia.* Bei beiden Arten gibt es auch verschiedene Kulturvarietäten. Sie werden nicht so groß und tragen früher Früchte.

Im Garten Wählen Sie einen Standort, an dem sonst nicht viel wächst. In kälteren Gegenden werden Sie nicht so viele Walnüsse ernten können. Die Bäume werden übrigens bis zu 6 m breit.

Ernte und Lagerung Ernten Sie die Walnüsse, wenn die äußere Hülle aufbricht, also meist im Herbst. Säubern Sie die Nüsse und trocknen Sie sie, wenn möglich in der Sonne. Lagern Sie sie in einer Holzkiste an einem kühlen, gut durchlüfteten Ort.

In der Küche Walnüsse schmecken pur oder in Kuchen und Desserts.

DAS GARTENJAHR

WINTER

Pflanzen Sie einen 2- bis 4-jährigen Baum im Winter an. Suchen Sie sich einen mit einem möglichst geraden Stamm aus. Binden Sie diesen an einen Stecken und geben Sie im Umkreis von 1 m eine gute Schicht Mulch um den Baum, die Feuchtigkeit und Nährstoffe speichert. In der Nähe sollten möglichst keine anderen Pflanzen stehen.

FRÜHJAHR

Wässern Sie den Baum im ersten Jahr.

SOMMER

Gießen Sie den Baum in den ersten paar Jahren im Sommer gründlich.

HERBST

Schneiden Sie den Baum jetzt zurück, zu anderen Zeiten »blutet« er. Entfernen Sie im ersten Jahr die unteren Äste, damit der Leittrieb wächst. Entfernen Sie auch alle konkurrierenden Leittriebe. Nach mehreren Jahren können Sie die ersten Walnüsse ernten. Denken Sie in den ersten Jahren immer wieder ans Mulchen.

EMPFOHLENE SORTEN

- **»Broadview«:** kompakter Baum, der bereits nach etwa 6 Jahren Früchte trägt
- **»Buccaneer«:** ebenfalls früh Früchte tragende Sorte; wird allerdings recht groß

TEIL 3: *ANBAU LEICHT GEMACHT*

Wenn Sie sich überlegt haben, welche Obst- und Gemüsesorten Sie anbauen wollen, müssen Sie Ihren Garten gut planen, um auf jede Eventualität vorbereitet zu sein. Das betrifft etwa die Gartengeräte, die Sie brauchen, aber auch Informationen über die Qualität des Bodens und wie Sie diese verbessern können. Mit der richtigen Ausrüstung und den richtigen Techniken steht der reichen Ernte bald nichts mehr im Wege!

Gartengeräte

Einige wichtige Geräte brauchen Sie bei der Gartenarbeit jeden Tag. Andere wiederum sind zwar verzichtbar, ersparen Ihnen auf lange Sicht aber Zeit und Mühe.

Für den Hobbygärtner gibt es verschiedene hilfreiche Gartengeräte. Wenn Sie nicht ohnehin schon welche besitzen, lohnt sich die Anschaffung einer soliden Grundausrüstung. Doch auch wenn Sie den Schuppen schon voller Geräte haben, lohnt der kritische Blick, ob es denn auch die richtigen sind. Bereitet Ihnen die Arbeit mit dem Spaten oder dem Rechen beispielsweise Mühe, haben sie im Verhältnis zu Ihrer eigenen Körpergröße vielleicht nicht die richtige Länge. Und dann sind Rückenschmerzen schon vorprogrammiert.

Grundlegend wichtig ist Schutzkleidung wie Gartenhandschuhe und das richtige Schuhwerk. Dann kommen die wichtigsten Geräte für das Graben, Anpflanzen und Unkrautjäten. Ohne Spaten, Grabegabel, Rechen und Hacke etwa kommt der Hobbygärtner nicht aus. Auch Schneidegeräte sind sehr wichtig. Das Zurückschneiden der Pflanzen ist eine regelmäßig wiederkehrende Aufgabe, insbesondere bei Obstpflanzen, weshalb eine gute Gartenschere ein absolutes Muss ist. Und schließlich benötigen Sie noch eine Schubkarre o.Ä., um Töpfe, Pflanzen und Kompost von einer Ecke des Gartens in die andere zu transportieren.

Kleidung, Handschuhe, Schuhwerk

Welche Kleidung Sie auch immer tragen – sie sollte belastbar und bequem sein. Viele Taschen, in denen man Werkzeug unterbringen kann, sind sehr hilfreich.

Schuhwerk Die Schuhe werden vor allem dreckig, sollten also – wie z.B. Gummistiefel – abwaschbar sein. Wenn Sie mit Maschinen arbeiten, sollte das Schuhwerk robust genug sein, um Ihre Füße zu schützen.

Gartenhandschuhe Auch ein paar solide Handschuhe, die Ihnen dennoch genügend Fingerspitzengefühl lassen, sind für den Hobbygärtner unverzichtbar. Für die Arbeit im Gewächshaus oder die Aussaat bieten sich Latexhandschuhe an – die Hände bleiben sauber, Samen und empfindliche Pflanzen unbeschädigt. Für das Graben oder Zurückschneiden wählen Sie besser dicke Lederhandschuhe. Sie sollten bis über das Handgelenk reichen, damit die sensible Stelle z.B. vor Brombeerdornen geschützt bleibt. Sparen Sie hier nicht am falschen Ende: Mit teurerem, weichem Leder arbeitet es sich ungleich leichter.

Arbeitsgeräte

Spaten und Grabegabel Die haben die meisten Leute schon im Geräteschuppen stehen. Beim Neukauf

Maximale Effektivität
Eine gute Auswahl an Gartengeräten macht Ihnen das Hobbygärtnern viel leichter. Kaufen Sie immer das Beste, das Sie sich leisten können, und pflegen Sie die Geräte auch. Scheren beispielsweise sollten nach Gebrauch immer trockengewischt und regelmäßig geschliffen werden.

lohnt es sich, auf das Gewicht und die Handhabbarkeit zu achten. In einem guten Gartencenter können Sie die Geräte auch ausprobieren. Achten Sie auf Folgendes:

- **Metallteile aus rostfreiem Stahl** Nicht teurer als andere, dafür sauberer und länger scharf
- **Stabiler Stiel** Meist müssen Spaten und Grabegabel viel Gewicht bei der Gartenarbeit aushalten. Der robuste Stiel sollte aus glattem Holz oder Metall sein.
- **Ergonomischer Griff** T-förmige Griffe sind zwar immer noch weit verbreitet, bequemer sind allerdings D- oder Y-förmige. Natürlich sollte der Griff vor allem stabil sein.
- **Passende Größe** Zum einen sollten Sie darauf achten, dass die Schaufel nicht zu groß ist. Eine große Schaufel spart zwar Zeit, ist aber auch unhandlicher. Zum anderen ist es wichtig, dass die Länge des Gartengeräts an Ihre persönliche Größe angepasst ist.

Rechen Mit einem guten Rechen können Sie Saatrinnen und Beete optimal vorbereiten. Der Griff sollte Ihnen bis zur Nase reichen, dann müssen Sie sich nicht allzu sehr bücken. Die Zinken sollten aus rostfreiem Stahl gefertigt und das Gerät sollte insgesamt relativ leicht sein.

Hacke Eine Hacke brauchen Sie, um Unkraut zu jäten; insbesondere beim Anpflanzen in Reihen können Sie das lästige Kraut damit rasch entfernen. Sie werden das Gerät vom frühesten Frühjahr bis in den Winter hinein benutzen – wählen Sie also ein praktisches und effektives. Es sind zahlreiche verschiedene Hacken auf dem Markt: Einige schneiden das Unkraut an der Wurzel ab, andere graben es mit Wurzeln aus.

Einige Hacken müssen regelmäßig geschliffen werden, andere – vor allem die aus rostfreiem Stahl – bleiben jahrelang scharf. Probieren Sie das Gerät vor dem Kauf auf jeden Fall aus, ob Sie bequem damit arbeiten können, ohne sich zu oft bücken zu müssen. Vielleicht kommt ein Jäter für Sie eher infrage: Bei diesem Gartengerät sind Schaufel oder Zinken stärker abgewinkelt.

DIE WICHTIGSTEN GARTENGERÄTE

Handschuhe
Ein paar dicke Handschuhe, die bis über das Handgelenk reichen, schützen Sie vor Brombeerdornen.

Hacke
Wenn Sie in Reihen angepflanzt haben, können Sie mit einer Hacke am schnellsten Unkraut jäten.

Baumschere
Dieses Gerät ist unverzichtbar zum Zurückschneiden älterer Obstbäume, da es auch dickere Äste mühelos durchdringt.

Rechen
Damit breiten Sie Saatrinnen und Beete optimal vor.

Taschenmesser
Das sollten Sie bei der Gartenarbeit wirklich jederzeit in der Tasche haben.

Pflanzschaufel und Handharke
Diese brauchen Sie, wenn Sie in Bodennähe arbeiten, z.B. beim Anpflanzen und Unkrautjäten.

Jäter
Damit können Sie nicht nur Unkraut jäten, sondern auch hervorragend Kartoffeln ernten.

Gartenschere
Ideales Arbeitsgerät zum Zurückschneiden kleinerer Äste.

Spaten
Damit graben Sie den Boden im Frühjahr oder Herbst um und pflanzen neue Bäume oder Sträucher an.

Grabegabel
Damit können Sie Gemüse wie Karotten oder Kartoffeln aus dem Boden holen und Kompost oder Mulch auf dem Beet verteilen.

KAUFEN ODER MIETEN?

DIE FRÄSE

Die Fräse ist ein sehr nützliches Bodenbearbeitungsgerät, insbesondere wenn Sie einen größeren Garten haben. Die Benzinvariante ist sehr teuer und lohnt sich oft nicht, da die Maschine wie ein Pflug nur ein paar Mal im Jahr, wenn die Beete leer sind, zum Einsatz kommt. Sie können auch eine Fräse mieten – was allerdings ebenfalls nicht billig ist. Vielleicht sind Sie ja auch Mitglied in einem Gartenklub oder fragen mal bei den freundlichen Nachbarn nach, ob sie im Besitz einer solchen Maschine sind. Oder Sie gründen ein Fräsen-Sharing. Wichtig ist, dass sich die Maschine leicht starten lässt und pflegeleicht ist.

Pflanzschaufel und Handharke Diese Gartengeräte brauchen Sie für die Arbeit in Bodennähe, etwa zum Anpflanzen und zum Unkrautjäten. Meist werden die beiden praktischerweise als Paar angeboten. Achten Sie darauf, dass Ihnen der Griff bequem in der Hand liegt; ein Griff aus Holz und eine Schaufel bzw. Zinken aus rostfreiem Stahl sind ideal. Der Stiel sollte aus einem Stück gefertigt sein, da er relativ großen Druck aushalten muss.

Schneidewerkzeug

Zum Zurückschneiden von Sträuchern und Obstbäumen brauchen Sie eine robuste Gartenschere. Am besten wählen Sie das Modell mit zwei Schneideblättern. Gartenscheren mit nur einem Schneideblatt eignen sich zwar sehr gut, um Totholz zu entfernen, Geräte mit zwei Schneideblättern aber schneiden Totholz ebenso gut wie lebendes. Achten Sie auf die passende Größe – es werden verschiedene angeboten – und darauf, dass sich die Schere gut schleifen lässt. Es gibt auch Modelle, bei denen Sie verschlissene Schneideblätter austauschen können. Wichtig ist auch, dass der Griff eine auffällige Farbe hat – Sie legen die Schere bei der Arbeit öfter aus der Hand, und so lässt sie sich im Gras leichter wiederfinden.

Baumscheren sind im Grunde nichts anderes als langstielige Gartenscheren; damit können Sie auch schwierigere Stellen erreichen und dickere Zweige durchschneiden. Auch hier sind Scheren mit zwei Schneideblättern die bessere Wahl. Wenn Sie viele Obstbäume haben, lohnt eventuell auch der Kauf einer Säge.

Mit dem Lineal gezogen
Damit Ihre Pflanzen auch ordentlich in Reih und Glied stehen, benutzen Sie am besten einen Markierungsstab.

Transportmittel

Ein flexibler Gartenkorb aus Plastik ist eine der neuesten Erfindungen für den ambitionierten Hobbygärtner. Darin lässt es sich wunderbar ernten oder Unkraut bzw. Holz sammeln. Ein solcher Korb empfiehlt sich für Gärten jeder Größe, und bei der Auswahl an Formen und Farben wird sicher auch etwas für Ihren Geschmack dabei sein.

Darüber hinaus lohnt auch die Investition in eine gute Schubkarre. Damit transportieren Sie schwereres oder unhandlicheres Material, beispielsweise Kompost oder junge Pflanzen. Wählen Sie auf jeden Fall ein Modell mit Luftreifen und einer Plastikwanne. Sie sollten damit auch gut die Balance halten können, damit Ihre empfindlichen Pflänzchen nicht beschädigt werden.

Mit der Hacke arbeiten
Die Hacke brauchen Sie überwiegend im Frühjahr und im Herbst, doch eigentlich kann sich nach jedem kräftigen Regen Unkraut in Ihrem Beet breitmachen. Und das sollten Sie möglichst bald entfernen, damit es Ihren Garten nicht überwuchert.

Im Gartencenter gibt es natürlich noch eine große Auswahl an Gartenwägelchen aller Art, doch mit Gartenkorb und Schubkarre kommen Sie im Allgemeinen gut zurecht.

Geräte zum Messen und Anpflanzen

Zum Anpflanzen empfiehlt sich ein Markierungsstab, der im Großen und Ganzen aus einem Stück Holz und einer Schnur besteht. Alternativ können Sie auch einfach ein breites Brett verwenden, auf das Sie sich bei der Arbeit im Beet auch noch knien können. Ein simples Lineal leistet natürlich ebenfalls gute Dienste. Ist das Auge erst einmal trainiert, können Sie das Lineal vermutlich auch im Schuppen stehen lassen, doch für den Anfang ist es sehr praktisch.

Erntegräte

Ein scharfes Klappmesser sollte jeder Gärtner haben. Damit können Sie nicht nur Zucchini, Gurken und Trauben ernten, sondern auch schnell mal ein Stück Schnur abschneiden. Wählen Sie ein kleines mit handlichem Griff und scharfer Klinge, das sich leicht auf- und zuklappen lässt. Auch mit Haushaltsscheren lässt sich gut ernten.

GARTENGERÄTE PFLEGEN

- Bewahren Sie Gartengeräte immer im Trockenen auf, etwa in einem Schuppen oder in der Garage.
- Halten Sie die Gartengeräte sauber, dann rosten sie nicht. Auch rostfreien Stahl sollten Sie regelmäßig pflegen.
- Gartenscheren halten Sie funktionstüchtig, indem Sie sie in einen ölgetränkten Lappen einwickeln.
- Einige Geräte müssen regelmäßig geschliffen werden, durchschnittlich einmal im Jahr. Ziehen Sie die Anschaffung eines Allzweckschleifgeräts in Betracht.

Pflanzen selbst ziehen

Ob Sie direkt im Beet aussäen oder die Pflanzen in Töpfen vorziehen – im Folgenden finden Sie bewährte Techniken und Tricks, mit denen Ihnen dies auf jeden Fall gelingt.

Die Befriedigung, die es birgt, sein eigenes Obst und Gemüse anzubauen, wird definitiv noch gesteigert, wenn Sie auch noch die Pflanzen selbst gezogen haben. Das ist bei den meisten Gemüsesorten und Kräutern sogar preiswerter, als Setzlinge zu kaufen. Empfindliche Pflanzen müssen Sie in Töpfen vorziehen, ebenso solche, die schlecht keimen. Doch den Großteil können Sie direkt im Beet aussäen, darunter viele Gemüsesorten, Salat und Kräuter.

Im Beet aussäen

Das Aussäen dirket im Beet bietet sich vor allem bei größeren Pflanzenmengen an, bei denen das Vorziehen in Töpfen sehr zeitraubend ist. Einige Pflanzen fühlen sich sogar wohler, wenn sie an ihrem Standort ausgesät werden, etwa Karotten und Pastinaken – sie verkraften die Entwurzelung nur schlecht.

Das Aussäen im Beet erfordert allerdings eine regelmäßige Kontrolle der Bodentemperatur und der Feuchtigkeit. Zudem müssen Sie auf Schnecken achtgeben, die sich gern an Ihren jungen Setzlingen vergehen.

SAATGUT SAMMELN

Samen zu kaufen, bedeutet zwar, dass sie gut keimen und Sie wissen, was Sie da aussäen, preiswerter ist es allerdings, das Saatgut selbst zu sammeln. Das geht bei einigen Pflanzen leichter als bei anderen.

- Erbsen und Bohnen beispielsweise können Sie bis zum Ende der Saison an der Pflanze lassen und die Hülsen anschließend im Ganzen im Gewächshaus trocknen.
- Tomaten drücken Sie in einem Sieb aus und lassen die Samen dann ein paar Tage in Wasser gären.

Am besten hält sich das Saatgut bis zum nächsten Jahr in einer kühlen und trockenen Umgebung. Rechnen Sie allerdings auch mit Fremdbestäubung und völlig neuen Pflanzen!

Der richtige Zeitpunkt

Knoblauch und Zwiebeln können Sie im Herbst aussäen, andere Sorten brauchen den wärmeren Boden im Frühjahr. Dazu gehören z.B. Karotten und Rote Bete. Die Temperatur prüfen Sie am besten mit einem Bodenthermometer – für die meisten Sorten sollte sie über 5 °C betragen. Buschbohnen und Mais brauchen etwa 12 °C, um zu keimen.

Das Beet vorbereiten

Rechen Sie den Boden zuerst gut durch, damit das Saatgut anschließend locker im Erdreich sitzt. Dazu ziehen Sie mit der Kante des Rechens am besten eine Saatrinne. Oder Sie legen ein Brett auf das Beet, knien sich darauf und rechen per Hand. Ist der Boden sehr trocken, gießen Sie etwas Wasser in die Saatrinne.

Folgen Sie den Instruktionen auf dem Saatgutpäckchen bezüglich der Bodentiefe und bedecken Sie das Saatgut anschließend mit der Erde, die Sie für die Saatrinne ausgehoben haben. Stecken Sie ein Schildchen ins Beet, damit Sie später noch wissen, was Sie wann angepflanzt haben. Hat nach ein paar Wochen noch nichts gekeimt, kommt auch nichts mehr, und Sie können es erneut versuchen. Sind nur ein paar Pflanzen zu sehen, können Sie noch Saatgut in die Lücken ausbringen.

Saubohnen und Mais pflanzen Sie am besten in Blöcken statt in Reihen an. Das hilft zum einen dabei, die Pflanzen aufrecht zu halten, und zum anderen bei der Bestäubung.

Pflanzen ausdünnen

Normalerweise werden Sie eher zu viel Saatgut ausbringen und die Setzlinge hinterher ausdünnen müssen, damit sie genug Platz haben. Sie können entweder die schwächeren an eine andere Stelle im Beet umsetzen oder Babygemüse ernten, was sich vor allem bei Lauch und Karotten anbietet.

In Töpfen vorziehen

Die besten Startbedingungen haben junge Pflanzen, wenn Sie sie in kleinen Töpfen im Gewächshaus oder auf dem Fensterbrett vorziehen. Auf diese Weise haben Sie die

Direkte Aussaat
Pflanzen selbst zu ziehen, ist die preiswerteste Form des Eigenanbaus. Wenn es Boden und Klima zulassen, sparen Sie sich mit der direkten Aussaat im Beet viel Zeit und Mühe.

Kontrolle über die Bodenqualität, die Feuchtigkeit, die Wärme, das Licht und die Schädlinge.

Der geeignete Ort

Der ideale Ort, um Samen zum Keimen zu bringen, ist der Propagator, eine Schale mit einer durchsichtigen Abdeckung. Darin entwickeln sich eine hohe Feuchtigkeit und viel Wärme. Für Sorten, die eine hohe oder konstante Temperatur brauchen, gibt es beheizte Geräte, die Sie entweder ins Gewächshaus oder aufs Fensterbrett stellen.

Wenn Sie auf dem Fensterbrett zu wenig Platz für einen ausladenden Propagator haben, erzielen Sie einen ähnlichen Effekt, wenn Sie eine durchsichtige Plastiktüte über den Pflanztopf stülpen.

AUSSAATMÖGLICHKEITEN

In Töpfen Gute Wahl für Pflanzen mit großen Samen, die schnell wachsen und bald den Platz aufgebraucht haben werden, z.B. Markkürbisse, Zucchini, Gurken, Auberginen.

In Pflanzmodulen Gute Wahl für eine große Pflanzenmenge, da die Module direkt ins Beet gesetzt werden; u.a. geeignet für Kohl, Rote Bete, Lauch und Zwiebeln.

Im Wurzel-Trainer Dies sind im Grunde nur tiefere Module, die mehr Platz für schnell wachsende Wurzeln bieten. Geeignet für Mais und Kletterbohnen.

Auf Tabletts Hier müssen die Pflanzen nach dem Keimen pikiert werden. Ideal für Salat und Kräuter.

In der Regenrinne Erbsen können Sie sehr gut auch in einem Stück Regenrinne anpflanzen, am besten in mehreren Reihen. Lassen Sie sie im Gewächshaus keimen und setzen Sie sie dann einfach in die vorbereitete Saatrinne.

Setzlinge im Propagator
Pflanzen im Propagator vorzuziehen, bietet sich dann an, wenn Sie früher mit der Aussaat beginnen wollen, beispielsweise bei Gewächshaustomaten oder Gewächshauspaprika.

KEIMEN LEICHT GEMACHT

Für welchen Behälter Sie sich auch entscheiden – beachten Sie die folgenden Tipps, damit das Saatgut keimt.

- Füllen Sie den Behälter mit speziellem Saat- oder Allzweckkompost. Die meisten Gemüsesamen sind nicht allzu wählerisch, Sie können auch qualitativ hochwertigen torffreien Kompost verwenden.
- Wenn Sie die Samen auf die Oberfläche streuen, sollten Sie auf eine gleichmäßige Verteilung achten. Wenn Sie einzelne Samen in die Erde stecken, tun Sie dies in der Mitte des Topfs. Legen Sie die Samen von Zucchini, Gurken und anderem Gemüse mit flachen Samen auf die Seite.
- In Pflanzmodule können Sie auch zwei Samen geben und später ausdünnen.
- Bedecken Sie die Samen mit einer dünnen Schicht Kompost, dann bleibt die Feuchtigkeit besser gespeichert. Sie können auch etwas Vermiculit darauf geben, dann dringt noch Licht an die Samen, was z.B. bei Sellerie wichtig ist.
- Gießen Sie mit Leitungswasser und benutzen Sie eine feine Gießkannentülle, damit das Saatgut nicht weggeschwemmt wird.

Setzlinge pikieren
Wenn Sie das Saatgut auf einem Tablett ausgebracht haben, müssen Sie die jungen Setzlinge in kleine Einzeltöpfe umsetzen. Den Vorgang nennt man Pikieren.

Töpfe, Tabletts und anderes

Traditionellerweise werden Samen auf großen Tabletts ausgesät, und nach dem Keimen pikiert, d.h. in kleinere Einzeltöpfe umgesetzt. Um Zeit zu sparen, kann man direkt in kleinen Töpfen oder in Pflanzmodulen aussäen. Letztere sind Tabletts, die in mehrere Pflanzeinheiten unterteilt sind. Sie eignen sich vor allem für Hobbygärtner mit wenig Zeit und Platz, lassen sich auch im Propagator unterbringen oder können gut mit Plastikfolie bedeckt werden, um das Keimen zu beschleunigen.

Pflanzen pikieren

Wenn Sie in Einzeltöpfen oder -modulen angepflanzt haben, müssen Sie die Pflanzen nicht pikieren; wenn Sie jedoch offene Tabletts verwendet haben, müssen Sie die kleinen Setzlinge in Einzeltöpfe umsetzen. Füllen Sie dazu kleine Töpfe mit Allzweckkompost und bohren Sie mit einem Bleistift ein kleines Loch in die Mitte. Ziehen Sie den Setzling vorsichtig aus der Erde im Tablett und geben Sie ihn das Loch. Fassen Sie ihn immer nur an der Blattspitze an, niemals am Stängel, da dieser leicht beschädigt werden kann. Drücken Sie den Setzling sanft ins Erdreich und häufen Sie etwas Erde um ihn herum auf. Schenken Sie ihm ein paar Tage Aufmerksamkeit, bis er sich an sein neues Zuhause gewöhnt hat.

Nachsorge

Nach einer Weile kann der Setzling ins Freie oder – bei Kübelpflanzen – in größere Töpfe umgesetzt werden. Manchen, darunter Erbsen und Saubohnen, macht das wenig aus; andere, darunter Mais und Stangenbohnen, sollten vorerst noch bedeckt werden, bis die Wetterbedingungen stabil sind.

Wenn die Pflanzen längere Zeit in den kleinen Töpfen verbleiben, sollten Sie daran denken, dass der Dünger in der Blumenerde nur für etwa 5 Wochen reicht. Danach sollten Sie etwas Flüssigdünger nachschenken. Am besten planen Sie es gleich so, dass die Pflanzen nicht allzu lange im kleinen Topf aushaaren müssen, das macht sie beim Umsetzen weit weniger empfindlich.

Schutzbedeckungen

Ist das Wetter nach der Aussaat noch ungemütlich, sollten Sie die Samen mit Abdeckungen vor Kälte schützen.

Die Setzlinge gedeihen
Im mittleren Frühjahr wird Ihr Gewächshaus vor Setzlingen und jungen Pflänzchen überquellen. Eine Gartenbank schafft zusätzlichen Platz.

AUSSAAT LEICHT GEMACHT

Das meiste Saatgut können Sie in seiner natürlichen Form kaufen. Manchmal ist es aber auch behandelt, damit es leichter keimt.

Samenmatten Die Matten haben den Vorteil, dass sie als Ganzes in den Topf oder Kübel gelegt werden können und man sich nicht mit einzelnen Samen herumärgern muss. Die Matten sind ideal für manche Kräuter wie z.B. Basilikum.

Samenbänder Für Gemüse, das normalerweise in Reihen angepflanzt wird, gibt es fertige Samenbänder zu kaufen, die Sie einfach auf die Erde legen. Sie sind beispielsweise für Salat, Karotten und Pastinaken erhältlich, allerdings ist die Auswahl recht begrenzt.

Behandelte Samenkügelchen Das meiste Saatgut für Hobbygärtner ist nicht behandelt, manchmal ist es aber auch mit einem Fungizid imprägniert. Das steht dann auf der Packung. Manche Samen gibt es als Kügelchen mit einer Lehmhülle zu kaufen, die das Handling erleichtert.

Vlies
Am ökonomischsten ist Vlies. Damit bedecken Sie den Boden, nachdem Sie das Saatgut ausgebracht haben. Der um ein paar Grad wärmere Boden fördert das Keimen. Die Enden des Vlieses beschweren Sie z.B. mit Steinen.

Plastiktunnel
Sie können das Beet, in dem Sie ausgesät haben, auch mit Plastiktunneln vor Kälte schützen. Auch darunter heizt sich die Luft etwas auf, und das Keimen wird gefördert, vor allem wenn es noch früh in der Saison ist. Die Tunnel lassen sich leicht entfernen und verstauen.

Pflanzenglocken
Glockenartige Abdeckungen sind zwar teurer, schützen dafür aber einzelne Pflanzen besser. Sie bieten sich insbesondere für Zucchini, Gurken und Melonen an.

Saatgut aufheben

Wenn Sie gesammeltes Saatgut übrig haben, sollten Sie es sorgsam aufbewahren, damit Sie es auch im nächsten Jahr noch verwenden können.

- Benutzen Sie einen verschließbaren Plastikbehälter.
- Beschriften Sie den Behälter mit dem Pflanzen- und dem Sortennamen.
- Geben Sie ein Päckchen Kieselgel dazu, das den Behälter möglichst trocken hält.
- Bewahren Sie das Saatgut im Kühlschrank oder an einem anderen kühlen und dunklen Ort auf.

Pflanzen kaufen

Sowohl bei Samen als auch bei Setzlingen oder jungen Pflanzen sollten Sie sich immer für die beste Qualität und die besten Sorten entscheiden.

PFLANZEN IM GARTENCENTER KAUFEN

- Prüfen Sie den Stamm der Pflanzen – er sollte unbeschädigt sein und keine Risse haben.
- Untersuchen Sie die Pflanze auf Schädlinge und Krankheiten, was Sie meist am Stamm und an den Blättern sehen. Letztere dürfen nicht vergilbt sein.
- Wählen Sie einen Baum mit geradem und starkem Haupttrieb.
- Wenn Sie eine Pflanze im Topf kaufen, nehmen Sie sie heraus und prüfen Sie die Wurzeln. Sie sollten bis an den Rand des Topfs reichen, aber nicht zu gedrängt wirken und sich umeinanderwickeln.
- Wenn Sie Setzlinge kaufen, wählen Sie buschige Pflanzen mit gesundem grünem Blattwerk.
- Lassen Sie sich beraten – in guten Gartencentern findet sich viel Fachpersonal. Erkundigen Sie sich auch nach den Rückgabebedingungen und was Sie tun können, wenn die Pflanze abstirbt.

Für den Anbau von Obst und Gemüse im eigenen Garten brauchen Sie etwas Startkapital. Sie können sparen, wenn Sie viele der Pflanzen selbst ziehen. Wenn Sie jedoch nur eine oder zwei davon brauchen, ist ein ganzes Saatgutpäckchen wieder relativ teuer. Junge Obstbäume sind zwar auch nicht billig, lohnen die Investition jedoch.

Samen

Auf den ersten Blick scheint Saatgut die preiswerteste Option zu sein, doch brauchen Sie dafür auch Töpfe, Kompost und manchmal einen beheizten Propagator. Die Rechnung ändert sich zu Ihren Gunsten, wenn Sie direkt im Beet aussäen können, vor allem bei in Reihen angepflanztem Gemüse wie Kopfsalat, Erbsen und Bohnen, für das sich der Kauf von Saatgutpäckchen lohnt. Wurzelgemüse wie Karotten, Rote Bete oder Pastinaken hat es nicht gern, wenn es durch Umtopfen gestört wird – auch hier empfiehlt sich der Saatgutkauf. Informieren Sie sich genau über die erhältlichen Sorten und entscheiden Sie sich im Zweifelsfall immer für die F1-Sorte, auch wenn diese etwas teurer ist.

Wenn Sie nicht das ganze Saatgutpäckchen brauchen, können Sie den Rest für das kommende Jahr aufheben (siehe S. 203). Am besten kaufen Sie es im Winter, dann kommen die neuen Lieferungen, und Sie können in aller Ruhe Ihren Garten planen (siehe S. 20).

Junge Pflanzen

Junge Gemüsesetzlinge zu kaufen, ist manchmal tatsächlich ökonomischer und spart Zeit, insbesondere wenn Sie nur wenige Pflanzen brauchen wie bei Rosenkohl, Auberginen und Paprika. Dann können Sie auch mehrere Sorten ausprobieren, ohne Saatgut zu verschwenden. Oder Sie haben bereits ausgesät und stellen fest, dass Sie eine bestimmte Sorte vergessen haben – das Problem löst ein Ausflug zum Gartencenter. Dort sind die Setzlinge ab dem frühen Frühjahr erhältlich, wenngleich in begrenzter Auswahl. Ein größeres Angebot haben Sie im Internet, wo Sie die Pflanzen über den Fachhandel bestellen können – und zwar am besten schon im Spätwinter, dann ist die Auswahl noch am größten.

Mehrjähriges Gemüse

Einige mehrjährige Gemüsesorten wie Artischocken oder Spargel können Sie zwar auch selbst ziehen, die meisten Hobbygärtner kaufen sie allerdings als Setzlinge. Die richtige Zeit dafür ist das frühe Frühjahr, wenn sie direkt ins Beet gepflanzt werden können.

Andere Anbaumethoden

Einige Gemüsesorten werden als Zwiebeln angepflanzt, für Kartoffeln gibt es spezielle Saatkartoffeln. Sie finden Sie im Internet oder im Spätwinter und frühen Frühjahr im Gartencenter. Zwiebeln und Knoblauch pflanzen Sie am besten im Frühjahr oder Herbst an.

Kräuter

Petersilie und Koriander können Sie leicht selbst ziehen, bei anderen mehrjährigen Kräutern wie Estragon und Thymian lohnt der Kauf junger Pflanzen.

Beeren

Beerenobst, etwa Himbeeren oder Erdbeeren, ist im Spätwinter, im frühen Frühjahr und manchmal auch im Herbst erhältlich. Bestellen Sie dieses am besten über das Internet beim Fachhändler; der schickt es direkt an Sie, was bedeutet, dass die Pflanzen sehr frisch und die Wurzeln nicht ausgetrocknet sind.

DIE PFLANZEN TREFFEN EIN

- Im Fachhandel bestellte Pflanzen treffen entweder lose oder auf Tabletts ein. Entfernen Sie umgehend die Verpackung.
- Bestimmte Gemüsesorten, z.B. Kohl, können Sie direkt im Freien anpflanzen. Schützen Sie sie gut vor Schnecken.

Sobald die Pflanzen eingetroffen sind, sollten sie so schnell wie möglich in die Erde. Wenn Sie die Wahl haben, entscheiden Sie sich für jüngere, kleinere Pflanzen, die gewöhnen sich schneller an ihre neue Umgebung.

Bäume

Im Gartencenter gibt es eine große Auswahl an Obstbäumen, und bevor Sie viel Geld für einen ausgeben, möchten Sie ihn sicherlich zuerst in Augenschein nehmen. Wählen Sie ein Gartencenter oder eine Baumschule in Ihrer Nähe. Wenn Sie spezielle Wünsche – z.B. einen einjährigen Baum – haben, ist wiederum der Internetfachhandel die richtige Adresse. Bestellen Sie den Baum im Winter oder Spätsommer, dann wird er im Frühjahr oder Herbst geliefert.

Kräuter aus dem Gartencenter
Mehrjährige Kräuter kaufen Sie am besten als junge Pflanzen im Topf. Sie sollten möglichst robust und gesund aussehen.

Obstbaumpflege

Das Zurückschneiden der Obstbäume gehört zu den gefürchteteren Aufgaben des Hobbygärtners, doch wenn Sie es in den ersten paar Jahren korrekt durchgeführt haben, braucht der Baum später immer weniger Pflege.

Grundsätzlich dient das Zurückschneiden von Pflanzen dem Entfernen unerwünschter Zweige und Äste – sei es, weil diese krank sind oder am falschen Ort wachsen. Zudem kann man damit die Fruchtproduktion anregen. Mit dem richtigen Zurückschneiden bleibt Ihre Pflanze über Jahre attraktiv und produktiv.

Mit dem sogenannten Erziehungsschnitt – dem Zurückschneiden in den ersten Jahren – schneiden Sie den Baum in Form. Zu dieser Form schneiden Sie den Baum dann in den darauffolgenden Jahren zurück.

Das Zurückschneiden

Nach dem Anpflanzen des jungen Baums müssen Sie ihn in Form schneiden. Auf der folgenden Doppelseite (S. 208f.) finden Sie Hinweise zu den am weitesten verbreiteten Baumformen und Erziehungssystemen.

Der richtige Zeitpunkt

Äpfel und Birnen schneidet man meist im Winter zurück. Pflaumen, Aprikosen, Kirschen und Nektarinen sollten im Frühjahr und Sommer zurückgeschnitten werden.

EINEN OBSTBAUM VOR EINER MAUER ANPFLANZEN

- Wenn Ihr Obstbaum an einer Mauer stehen soll, bringen Sie an dieser horizontal gespannte Drähte an, an denen Sie die Zweige und Äste leicht festbinden können.
- Wenn Sie den Baum fächerförmig erziehen wollen, brauchen Sie alle 30 cm einen Draht. Für Cordons und Spaliere reichen 45 cm.
- Befestigen Sie Schrauben oder Klammern an der Wand oder dem Zaun. Zwischen diesen und der Wand sollte etwas Abstand sein, damit die Luft dahinter gut zirkulieren kann.
- Spannen Sie die Drähte zwischen den Schrauben oder Klammern.

Die Form wahren
Dem Baum eine solche Form zu verleihen, dauert ein paar Jahre. Doch ist er einmal korrekt erzogen, macht die nachfolgende Pflege kaum noch Mühe.

Fruchttriebe oder Spitze?

Die meisten Äpfel und Birnen sind sporntragend – ihre Fruchtknospen sitzen auf neuen Trieben, die sich an sehr kurzen holzigen Trieben, den sogenannten Fruchttrieben oder Spornen, entwickeln. Andere tragen an der Spitze – hier sitzen die Blütenknospen auf nicht zurückgeschnittenen zweijährigen Trieben. Würde man diese zurückschneiden, entfernte man die Blütenknospen, und der Baum würde keine Früchte tragen. Beobachten Sie, wie Ihr Baum Früchte trägt. Sitzen die Früchte an den Spitzen der Triebe oder eher an den kurzen Spornen?

Im Winter können Sie an einem Obstbaum zwei Arten von Knospen erkennen. Als Faustregel gilt: immer zu einer Blattknospe zurückschneiden.

SPORNTRAGEND

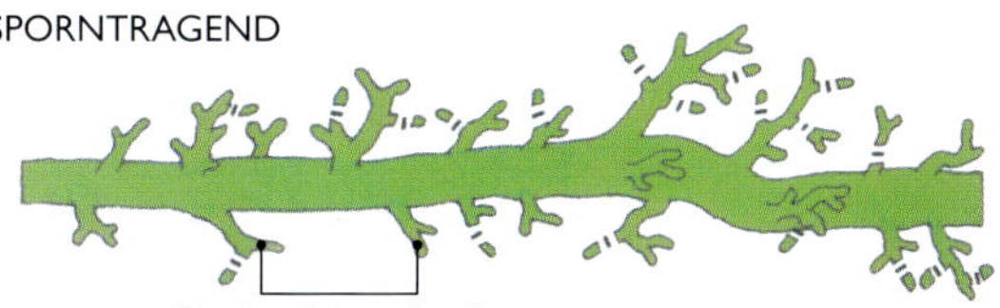

Fruchtknospen

Diese Knospen bringen die Blüten und somit auch die Früchte hervor. Meist sind sie größer als die Blattknospen. Fördern Sie das Wachstum von Fruchtknospen, damit der Baum viele Früchte trägt.

Blattknospen

Blattknospen sind kleiner als Fruchtknospen. Der Baum braucht sie, um Blätter hervorzubringen und zur Fotosynthese.

AN DER SPITZE TRAGEND

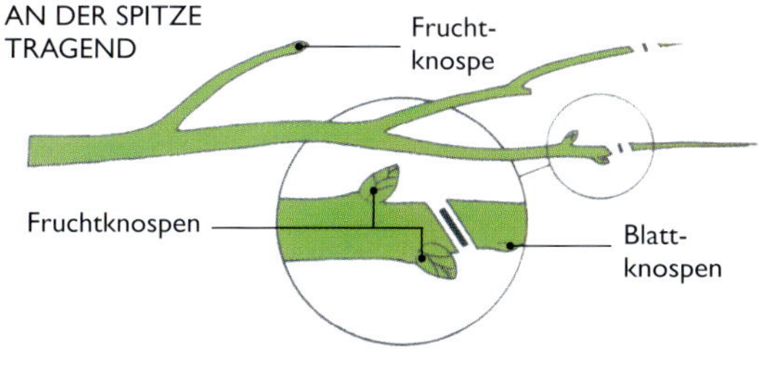

ERZIEHUNGSSYSTEME

Die hier vorgestellten Erziehungssysteme können Sie z.B. bei Äpfeln, Birnen, Pflaumen, Kirschen, Pfirsichen und Feigen anwenden. Sie reichen von zeitaufwendigen Systemen wie dem Cordon oder dem Spalier bis zu Buschformen auf schwachwüchsigen Unterlagen, bei denen die Bäume eher wie Sträucher aussehen. Spezifische Informationen zu den einzelnen Obstbäumen finden Sie im jeweiligen Pflanzenporträt.

Fächer
Die Äste verzweigen sich fächerförmig von einem eher kurzen Stamm aus. Empfehlenswert für Pfirsiche, Nektarinen, Feigen und Kirschen, die einen sonnigen Platz an einer Mauer oder einem Zaun brauchen.

Spalier
Mittig ausgerichtetes System mit horizontalen Ästen, meist an einer Mauer oder einem Zaun. Sehr zeitaufwendig, aber auch attraktiv; empfehlenswert für Äpfel und Birnen.

Cordon
Hier werden die Triebe zu einem 45-Grad-Winkel erzogen. Ideal für viele Bäume und wenig Platz; die Erziehung muss jedoch an einer Mauer oder einem Zaun erfolgen.

Busch
Der frei stehende Baum hat einen klar erkennbaren längeren Stamm und eine offene Krone.

TECHNIKEN

Spalier *(für Apfel, Birne)*

Vertikaler Stamm, von dem aus je 1 Trieb auf jeder Seite alle 50 cm horizontal erzogen wird

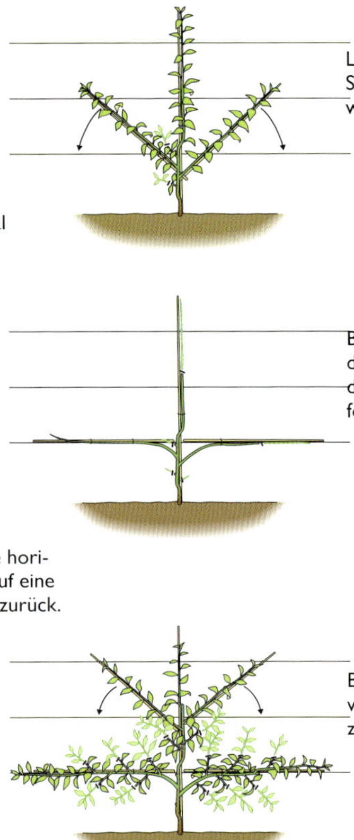

1. JAHR: Wählen Sie drei starke Triebe aus. Binden Sie zwei horizontal nach unten und lassen Sie den mittleren vertikal wachsen. Entfernen Sie alle anderen Triebe.
2. JAHR: Beschneiden Sie im Winter den Leittrieb, um die Verästelung anzuregen – am besten in der Nähe der Äste, die als nächste horizontal nach unten gebunden werden sollen. Binden Sie im Sommer die nächsten beiden Triebe horizontal nach unten. Fahren Sie so fort, bis Sie die gewünschte Anzahl horizontaler Triebe haben. Diese sollten dann jeweils im Sommer zurückgeschnitten werden, damit sich möglichst kurze Fruchtknospen entwickeln.

NIEDRIGSPALIER

Wenden Sie diese Technik auch bei Niedrigspalieren an, die im Grunde nichts anderes als einarmige Spaliere sind (siehe S. 141).

Cordon *(für Apfel, Birne, Pflaume)*

Mit diesem Erziehungssystem können Sie auch bei wenig Platz viele unterschiedliche Sorten anbauen.

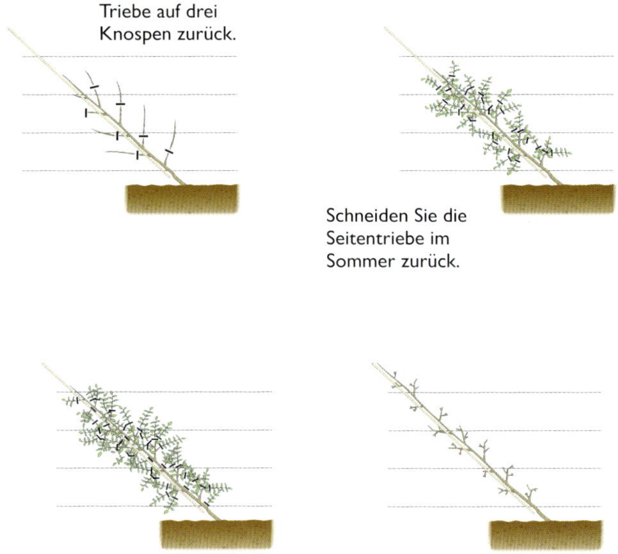

1. JAHR: Stecken Sie nach dem Anpflanzen einen Stock in dem Winkel in die Erde, in dem der Baum wachsen soll, und binden Sie den Stamm daran. Lassen Sie den Leittrieb stehen und schneiden Sie alle anderen Triebe auf drei Knospen vor dem Stamm zurück. Schneiden Sie diese Seitentriebe im Sommer bis fast auf die Höhe zurück, auf die Sie sie auch im Winter zurückgeschnitten haben.
2. JAHR: Schneiden Sie die Spitze des Haupttriebs auf der Höhe, die der Baum haben soll, ab. Wenn er größer werden soll, warten Sie damit noch ein Jahr. Schneiden Sie die Seitentriebe im Sommer bis fast auf die vorherige Höhe zurück. Auf diese Weise entwickeln sich dicke kurze Fruchtknospen.

Busch *(für Apfel, Birne, Pflaume, Kirsche, Pfirsich, Feige)*

Die am weitesten verbreitete Obstbaumform. Die Höhe hängt von der Länge des Leittriebs ab.

Schneiden Sie den Haupttrieb zurück.

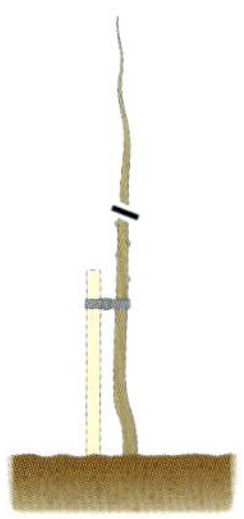

Schneiden Sie im folgenden Jahr drei bis fünf Seitentriebe und den Leittrieb zurück.

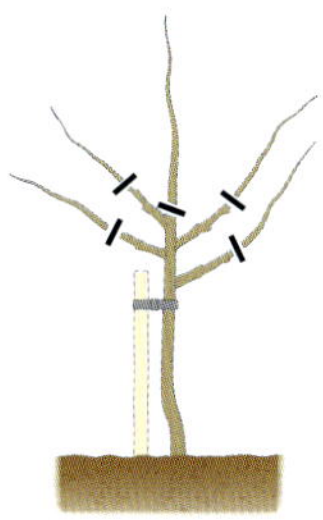

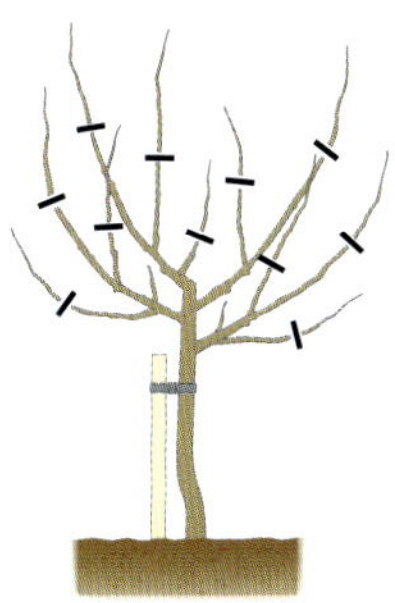

Kürzen Sie im dritten Jahr alle Triebe um ein Drittel.

Fahren Sie so auch in den folgenden Jahren fort.

1. JAHR: Schneiden Sie den Stamm nach dem Anpflanzen auf die Höhe zurück, auf der später der Stamm enden soll. Lassen Sie auf jeden Fall mehrere gesunde Knospen stehen. Kürzen Sie eventuelle Seitentriebe um etwa zwei Drittel.
2. JAHR: Wählen Sie drei bis fünf starke Seitentriebe aus, die später die gewünschte Kelchform ergeben. Kürzen Sie diese um etwa zwei Drittel. Schneiden Sie die restlichen Seitentriebe bis auf den Stamm zurück.
3. JAHR: Nun sollten Sie nicht mehr viel zurückschneiden müssen. Schneiden Sie die Haupttriebe um etwa ein Drittel bis zu einer Blattknospe zurück. Entfernen Sie alle Äste, die der Form zuwiderlaufen.

Fächer *(für Apfel, Birne, Pflaume, Kirsche, Pfirsich, Feige)*

Der Fächer hat nur einen sehr kurzen Stamm und besteht aus fächerförmig ausgebreiteten Ästen.

Schneiden Sie den Stamm bis auf vier gesunde Knospen zurück.

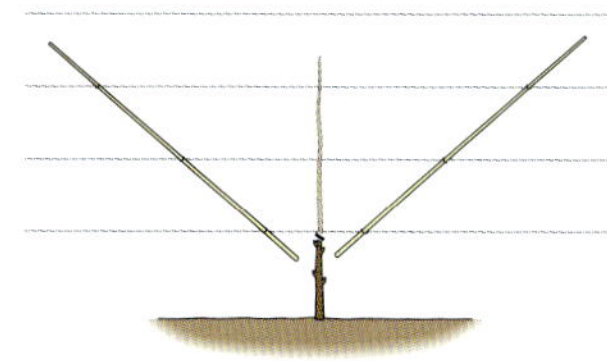

Hat Ihr Baum beim Kauf Äste, entfernen Sie alle bis auf zwei.

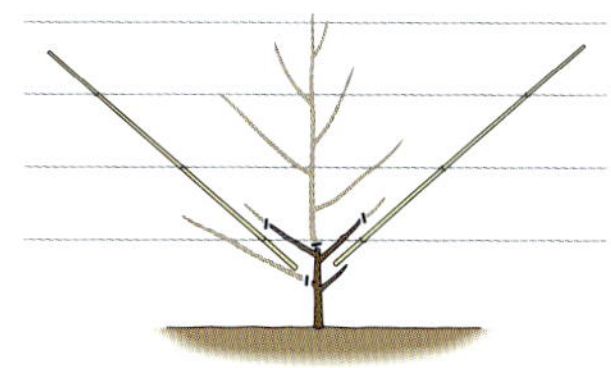

Binden Sie die ausgewählten Triebe an das Gestell und entfernen Sie alle anderen.

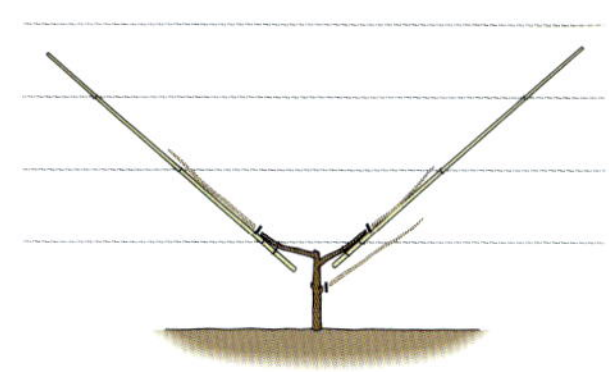

Schneiden Sie so viele Triebe, die von den beiden Haupttrieben ausgehen, zurück, bis auf jeder Seite vier Triebe stehen.

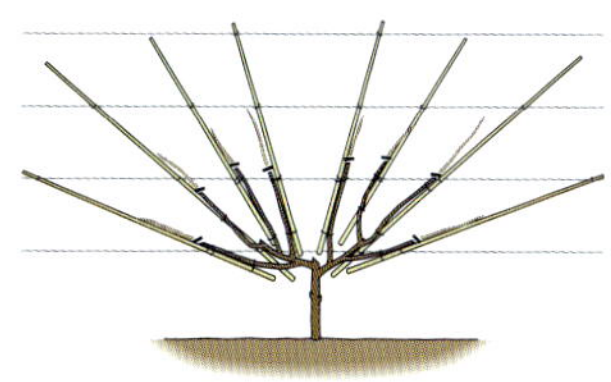

1. JAHR: Schneiden Sie den Baum auf etwa 45 cm zurück, aber lassen Sie dabei mehrere gesunde Knospen stehen. Bringen Sie Stöcke im 45-Grad-Winkel an. Gibt es Seitentriebe, wählen Sie nun zwei aus; andernfalls warten Sie, bis im Sommer welche wachsen, und schneiden die anderen ab. Binden Sie die beiden Triebe an die Stöcke.
2. JAHR: Kürzen Sie die beiden Seitentriebe um etwa zwei Drittel und entfernen Sie alle anderen Seitentriebe. Bringen Sie an jedem Seitentrieb jeweils einen Stock darüber und einen darunter an. Wählen Sie im Sommer die Seitentriebe aus, die Sie daran binden, und entfernen Sie alle anderen.
3. JAHR: Kürzen Sie die nun acht Seitentriebe um jeweils ein Drittel. Die Seitentriebe, die sich daran bilden, müssen im Sommer zurückgeschnitten werden.

Kübelpflanzen

Topf- oder Kübelpflanzen machen sich auf jedem Fensterbrett und jeder Terrasse gut. Doch überlegen Sie vorher sorgfältig, was Sie anbauen wollen.

Die meisten Menschen haben leider keinen großen Garten, sondern nur eine kleine Terrasse, einen Balkon oder gar nur ein Fensterbrett. Und selbst wenn Sie einen Garten haben, ist es sinnvoll, Pflanzen wie Kräuter in unmittelbarer Nähe zur Küche zu haben. Ein Problem von Pflanzen auf der Terrasse ist es, dass sie sich zum einen als Obst- oder Gemüse-, zum anderen aber auch als Zierpflanzen eignen sollten.

Der richtige Anbau

Verwenden Sie für die Kübel Kompost bzw. Blumenerde, wenn möglich torffrei. Fertige Pflanzsäcke sind meist preiswerter und lassen sich leichter tragen. Die Mischung ist speziell für den Anbau von Obst und Gemüse zusammengestellt. Deshalb brauchen Sie auch keine spezielle Erde, außer vielleicht für Heidel- oder Preiselbeeren. Hierfür verwenden Sie am besten einen Kompost für Heidekrautgewächse. Für größere mehrjährige Pflanzen wie Bäume brauchen Sie Kompost auf Erdbasis; er ist schwerer und verhindert, dass die Pflanzen umfallen.

Wer Geld sparen will, steigt auf hauseigenen Kompost um (siehe S. 222f.). Dieser sollte gut verrottet sein und vor allem keine größeren unverrotteten Stücke enthalten. Sie können den Kompost vor der Verwendung auch

Frische Kräuter
Kräuter auf der Terrasse sehen nicht nur wunderschön aus, sie verleihen Ihren Speisen auch einen unvergleichlich frischen Geschmack.

Paprika auf der Terrasse
Paprika sind ausgesprochen hübsche Terrassenpflanzen; mit einer großen Ernte dürfen Sie allerdings nicht rechnen.

DER GEEIGNETE ORT

Wählen Sie Obst, Kräuter, Salat und anderes Gemüse für den Kübel sorgfältig aus.

Große Kübel Mittlerweile gibt es Kübel zu kaufen, die etwas erhöht stehen, damit Sie sich nicht allzu sehr bücken müssen. Sie eignen sich ideal für größere Gemüsesorten wie Spinat, Rote Bete und Schalotten, aber auch für Kräuter und Salat. Wählen Sie den Standort – am besten einen sonnigen – gut aus, da sich mit Kompost gefüllte Kübel nur noch schlecht versetzen lassen.

Töpfe Für die meisten Sorten brauchen Sie Töpfe mit etwa 30 cm Durchmesser. Schnell wachsende Sorten wie Salat sind auch mit flachen Schalen zufrieden, für Wurzelgemüse wie Karotten brauchen Sie natürlich tiefere Töpfe. Darin bleiben die Pflanzen auch gut feucht, und Sie müssen weniger gießen. Zudem eignen sie sich für Obstsorten wie Heidelbeeren oder Zitrusfrüchte.

Körbe Darin fühlen sich Salat und anderes Gemüse wohl. So können Sie z.B. Gurken und Tomaten, aber auch Melonen in Körben anpflanzen. Generell empfehlen sich kürzere Pflanzen, alles andere wird schnell unhandlich. Versuchen Sie es doch auch einmal mit kugelförmigen Karotten, Buschbohnen und Kräutern wie Petersilie oder Basilikum.

Blumenkästen Pflanzen in Blumenkästen sind meist am wenigsten pflegeleicht. Oft kämpfen sie um Licht und bringen nur kleine Früchte hervor. Wenn Sie allerdings Pflanzen mit hübschem Blattwerk wählen, sind sie zumindest attraktiv. Mittlerweile gibt es Tomatensorten, die sich für den Anbau im Blumenkasten eignen, auch Chilischoten machen sich gut. Versuchen Sie es auch mit Radieschen, Rucola oder Mizuna.

Auf dem Fensterbrett Natürlich können Sie auch auf dem Fensterbrett eigenes Obst und Gemüse anbauen. Kleine Kräutertöpfe etwa halten sich dort wochenlang; wenn Sie diese allerdings im Supermarkt kaufen, sollten Sie sie in größere Behälter umtopfen und ihnen etwas langsam wirkenden Dünger geben. Das Fensterbrett ist auch der richtige Ort für Sprossen.

Hübsch und essbar
Chilischoten gedeihen gut im Gewächshaus, auf der Terrasse und sogar auf dem Fensterbrett.

sieben oder mit guter Gartenerde mischen, wenn Ihre Bodenqualität dies zulässt. Fügen Sie dem Kompost außerdem etwas langsam wirkenden Dünger hinzu.

Viele Sorten können Sie direkt im Kübel aussäen: Streuen Sie die Samen auf die Oberfläche und bedecken Sie sie mit etwas Kompost. Wenn Sie mehrere Sorten in einem Kübel anpflanzen wollen, ist es besser, die Pflanzen in kleinen Töpfen vorzuziehen. Empfindliche Sorten wie Buschbohnen oder Basilikum sollten Sie zunächst ins Gewächshaus stellen, bis die Frostgefahr im Freien gebannt ist. Ziehen Sie Karotten und Salat im frühen Frühjahr im Gewächshaus und bringen Sie die Pflanzen gegen Ende des Frühjahrs ins Freie.

Für Kübel geeignete Pflanzen

Großes, langsam wachsendes Obst und Gemüse eignet sich generell nicht so sehr für den Anbau im Kübel. Es sieht fast das ganze Jahr über recht unattraktiv aus, braucht aber viel Pflege. Dazu gehören z.B. Rosenkohl und andere Winterkohlsorten sowie Pastinaken.

Am besten eignen sich rasch wachsende Sorten. Diese können Sie bald ernten und durch andere ersetzen. Salat z.B. ist perfekt, etwa Kopfsalat, Rucola oder Mizuna. Empfehlenswert sind auch Radieschen, Rüben, Karotten, Mangold, Rote Bete und Frühlingszwiebeln. Ebenfalls erstaunlich gut machen sich Zwiebeln, die sehen aber – ebenso wie Knoblauch und Babylauch – nicht so gut aus. Erbsen sowie Sau-, Busch- und Stangenbohnen sind auch eine Option, stellen aber unterschiedliche Ansprüche an die Bewässerung. Bei Zucchini, Kürbis und Kartoffeln brauchen Sie nur eine Pflanze pro Kübel und können trotzdem reichlich ernten.

Bei Sorten, die man früher traditionellerweise im Gewächshaus gezogen hat, bemüht man sich nun um Neuzüchtungen, die winterhart sind. Dazu gehören auch Tomaten, Gurken, Paprika, Chili und Auberginen; sie gedeihen gut im Kübel auf der Terrasse.

Bei Kräutern ist es besonders praktisch, sie in Küchennähe zu haben. Koriander, Basilikum und Petersilie sind zwar am weitesten verbreitet, doch ebenso für den Kübel oder den Korb eignen sich Kräuter wie Lorbeer, Rosmarin, Thymian und Oregano.

Frischer Salat für die Küche
Salat eignet sich besonders gut für den Anbau im Kübel und lässt sich leicht ernten, wenn er in praktischer Nähe auf der Terrasse steht.

Bunte Mischung
Die Behälter müssen nicht jeweils nur eine einzige Pflanzenart enthalten. Sie können Kräuter und Gemüse zusammen anbauen oder auch einmal mit essbaren Blüten experimentieren.

TIPPS FÜR DEN ANBAU

- Wählen Sie kleine Sorten, die speziell für den Anbau im Kübel gezüchtet wurden. Auf den neuesten Stand bringt Sie der Saatkatalog für das kommende Jahr.
- Nach der Ernte werden Ihre Kübel einige Lücken aufweisen. In diese können Sie z.B. sehr gut Salatpflanzen setzen.
- Einige Gemüsesorten, z.B. Kartoffeln, bleiben im Kübel lieber unter sich, andere wie etwa Buschbohnen oder Salat sind geselliger und vertragen sich gut mit anderen Sorten.
- Stellen Sie mehrere Kübel zusammen. Heidelbeersträucher sehen im Spätsommer und Herbst toll aus und passen im Frühjahr, wenn sie noch weniger Struktur aufweisen, gut zu jungen Gemüsepflanzen.
- Die Kübel sollten transportabel sein – von der Sonne in den Schatten, vom vorderen Teil der Terrasse auf den hinteren usw.
- Ziehen Sie ein Bewässerungssystem und einen entsprechenden Timer in Betracht. Das Aufwendigste an Kübelpflanzen ist das Gießen; das System spart Zeit – und meist auch Wasser.
- Überlegen Sie gut, wer sich um Ihre Pflanzen kümmern kann, wenn Sie im Urlaub sind. Kübelpflanzen brauchen generell viel Aufmerksamkeit und Pflege.

So sehen die Kübel gut aus

Bei den Kübeln, Töpfen, Körben und anderen Behältern haben Sie eine sehr große Auswahl. Der Vorteil an großen Kübeln ist, dass die Pflanzen nicht so schnell austrocknen und welken. Plastiktöpfe eignen sich besser als Töpfe aus Terrakotta, da diese schnell trocken werden und bei Kälte zerspringen können. Natürlich sehen Plastiktöpfe nicht so gut aus – doch darauf wird niemand mehr achten, wenn Sie den Topf auch mit ungewöhnlichen Sorten wie z.B. essbaren Blüten bepflanzen.

Eine weitere Möglichkeit, mit unattraktiven Kübelpflanzen umzugehen, ist, sie zeitweise woanders unterbringen zu können, z.B. im Gewächshaus.

Bei einigen Gemüsesorten – etwa Karotten – dauert es mehrere Wochen, bis sie gekeimt haben und die Pflanzen zu einer anständigen Größe herangewachsen sind. Doch ist es dann so weit und der Topf quillt über vor fedrigen grünen Blättchen und orangeroten Karottenköpfchen, die keck aus der Erde hervorgucken, werden Sie es nicht bereuen, die Pflanze ins Sortiment aufgenommen zu haben.

Gut sehen Kübel vor allem auch dann aus, wenn Sie mehrere Sorten in einem anpflanzen. Eine Mischung aus Kräutern und Gemüse, dazwischen einige essbaren Blüten – das wirkt. Oder Sie probieren es einmal mit ungewöhnlich aussehenden Sorten wie violetten Buschbohnen oder gelben Zuckerschoten.

Gartenbewässerung

Einige Gemüsesorten brauchen zu bestimmten Zeiten ihrer Vegetationsperiode besonders viel Wasser, andere können Sie auch leicht überwässern. Kübelpflanzen etwa müssen regelmäßig gegossen werden, manchmal sogar zweimal am Tag. Sie können das Gießen jedoch schnell, leicht und effektiv gestalten.

Regenwasser oder Leitungswasser?

Für die meisten Menschen bietet sich in erster Linie Leitungswasser zum Gießen ihrer Pflanzen an: Es ist sauber, billig und leicht verwendbar, z.B. mit dem Gartenschlauch. Wenn Sie jedoch viel gießen müssen, ist das Wasser vielleicht doch nicht so preiswert, wie Sie glauben. Zudem ist Leitungswasser oft alkalisch und deshalb ungeeignet für Pflanzen wie Heidelbeeren.

Um Geldbeutel und Umwelt zu entlasten, sollten Sie die Anschaffung von einer oder zwei Regentonnen in Erwägung ziehen. Diese könnten Sie beispielsweise unter der Regenrinne an Ihrem Dach aufstellen – am besten auf einem großen, ebenen Stein, damit Sie die Gießkanne darunter füllen können.

Oder Sie investieren in unterirdische Zisternen und elektrische Pumpen, damit Sie das Wasser nicht jedes Mal mit der Gießkanne heraufschleppen müssen.

Junge Pflanze gut wässern
Pflanzen brauchen vor allem als junge Setzlinge viel Wasser. Unmittelbar nach dem Anpflanzen sollten Sie sich die Mühe machen und sie gründlich wässern.

So gießen Sie richtig

Ob Regen- oder Leitungswasser – irgendwie muss das Wasser auch noch auf die Pflanzen gelangen.

Mit der Gießkanne

Das Gießen mit der Gießkanne dauert am längsten, ist aber auch am effektivsten, da Sie nur dort gießen, wo es nötig ist. Die Gießkanne ist ideal, wenn Sie auch eine Regentonne haben. Für Setzlinge brauchen Sie eine Kanne mit einer feinen Tülle.

Mit dem Gartenschlauch

Wenn Sie Zeit sparen wollen, sollten Sie zum Gartenschlauch greifen. Auch damit gießen Sie nur dort, wo es nötig ist. Mittlerwile gibt es eine große Auswahl an Köpfen, die das Wasser sanft auf die Pflanzen herabregnen lassen.

SO SPAREN SIE WASSER

Wenn Sie plötzlich feststellen, dass Sie eigentlich jeden Abend gießen müssen, sollten Sie die folgenden Tipps beherzigen:

Mulchen Sie regelmäßig. Eine dicke Schicht organischen Materials speichert die Feuchtigkeit im Boden und wirkt der Verdunstung entgegen.

Timen Sie die Ernte. Wenn Ihr Gemüse im Hochsommer viel Wasser braucht, sollten Sie andere Sorten in Erwägung ziehen, die zu einer anderen Zeit reif sind. Oder ziehen Sie die Pflanzen im Gewächshaus vor – auch das verkürzt die Zeit bis zur Ernte.

Jäten Sie gründlich Unkraut. Häufig ist es gar nicht Ihr Gemüse, das dem Boden das Wasser raubt, sondern das Unkraut. Machen Sie ihm regelmäßig den Garaus.

VIER GOLDENE REGELN

Für welche Gießmethode Sie sich auch entscheiden – es gilt, ein paar goldene Regeln zu befolgen:

- Gießen Sie Setzlinge nur mit Leitungswasser, da dies die Verbreitung von Krankheiten verhindert.
- Gießen Sie immer entweder am frühen Morgen oder am späten Abend.
- Lenken Sie das Wasser zu den Wurzeln der Pflanzen. Fließt das Wasser zu schnell ab, stecken Sie eine Plastikflasche mit abgeschnittenem Boden verkehrt herum in das Erdreich und füllen diese mit Wasser – die effektivste Art, große einzelne Pflanzen wie Zucchini oder Tomaten zu gießen.
- Halten Sie die Blätter der Pflanzen möglichst trocken. Auf diese Weise können weniger Krankheitserreger in die Pflanze eindringen.

Über den Sprinkler
Einen Sprinkler schließen Sie am Gartenschlauch an und drehen ihn für ein paar Stunden am Tag auf. Ihn zielgerichtet einzusetzen, ist relativ schwierig, deshalb wird oft viel Wasser verschwendet. Allerdings können Sie sich in der Zwischenzeit um andere Dinge kümmern.

Über Bewässerungssysteme und Timer
Bewässerungssysteme sind durchaus eine Überlegung wert, wenn Sie Ihren Garten planen. Sie laufen mithilfe eines Timers über die normale Wasserversorgung und können so programmiert werden, dass die Pflanzen beispielsweise zweimal am Tag gegossen werden. Bezüglich des Wasserverbrauchs sind sie sehr effektiv, außerdem sparen sie Zeit und Mühe.

Es sind verschiedene Modelle auf dem Markt. Dazu gehören auch Schläuche mit Löchern, aus denen das Wasser tropft; sie eignen sich gut für Reihenbeete. Doch für welches System auch immer Sie sich entscheiden: Sie haben auf jeden Fall permanent Schläuche im Garten herumliegen, und das wird möglicherwiese nicht Ihren ästhetischen Ansprüchen gerecht.

Was braucht wann Wasser?

Diese Gemüsesorten müssen Sie nicht mehr zusätzlich gießen, wenn sie sich einmal an ihre Umgebung gewöhnt haben: Artischocken, Spargel, Brokkoli, Rosenkohl, Karotten, Blumenkohl, Knoblauch, Grünkohl, Zwiebeln, Pastinaken, Kürbis, Rhabarber, Schalotten und Steckrüben.

Diese Sorten sollten ein paar Wochen lang vor der Ernte regelmäßig gegossen werden: Saubohnen, Buschbohnen, Erbsen, Kartoffeln und Mais.

Diese Gemüsesorten gedeihen am besten, wenn sie während ihrer gesamten Vegetationsperiode regelmäßig gegossen werden: Auberginen, Sellerie, Zucchini, Gurken, Fenchel, Lauch, Kopfsalat, Paprika, Rettich und Radieschen, Stangenbohnen, Spinat und Tomaten.

Im Allgemeinen müssen Sie Obst- und Nussbäume gar nicht gießen, außer natürlich bei längeren Dürreperioden. Wenn Sie im frühen Frühjahr um den Stamm eine dicke Schicht Mulch geben und dafür sorgen, dass um den Baum herum kein Unkraut wächst, reicht das als Feuchtigkeitsspeicher völlig aus. Beerenobst sollten Sie schon regelmäßig gießen, insbesondere dann, wenn sich die Früchte bilden. Bei Schwarzen Johannisbeeren und Himbeeren etwa fällt die Ernte dann viel reichlicher aus. Die meisten Pflanzen im Garten kommen mit dem Wasser, das vom Himmel fällt, allerdings gut zurecht – vorausgesetzt, sie sind gut gemulcht und möglichst unkrautfrei.

Mit dem Gartenschlauch
Die meisten Pflanzen im Garten kommen auch ohne zusätzliches Gießen ganz gut zurecht. Ist es jedoch über längere Zeit trocken, sollten Sie ihnen eine kräftige Dusche mit dem Gartenschlauch gönnen.

Organischer Anbau

Einen konsequenten organischen Anbau können die meisten Hobbygärtner nicht durchführen, doch kann jeder Maßnahmen ergreifen, die die Umwelt Stück für Stück weniger belasten.

Wer Lebensmittel aus organischem Anbau im Supermarkt kauft, tut dies meist unter gesundheitlichen Aspekten. Doch noch immer ist nicht wissenschaftlich bewiesen, dass diese Lebensmittel besser für die Gesundheit sind als konventionell angebaute. Einigen Studien zufolge enthalten sie angeblich mehr Antioxidanzien und Vitamine, andere Studien konnten dies aber nicht bestätigen. Zumindest sind die Pestizidrückstände in organisch angebauten Lebensmitteln geringer.

Im eigenen Garten spielen vielleicht andere Erwägungen eine Rolle, insbesondere weil Sie dort den Gebrauch von Schädlingsbekämpfungsmitteln selbst in der Hand haben. Worauf sich der organische Anbau jedoch auf jeden Fall positiv auswirken wird, sind Tiere und Umwelt. Im Grunde geht es darum, mit der Natur zu arbeiten und nicht nur die Pflanzen, sondern die Natur insgesamt zum Wachsen und Gedeihen zu bringen.

Mit der Natur arbeiten
Neben Obst und Gemüse auch Blumen anzupflanzen, ist eine gute Möglichkeit, um Schädlinge und Krankheiten unter Kontrolle zu halten, ohne chemische Mittel einsetzen zu müssen.

Pflanzen ziehen

Um Pflanzen selbst zu ziehen, brauchen Sie vor allem zwei Dinge: Samen und Kompost. Organisch gezogene Samen gibt es schon seit Jahren, und das in ausgezeichneter Qualität. Nicht-organisch gezogener Samen wird zwar den Tieren in Ihrem Garten kaum schaden, belastet dafür aber bei der Herstellung die Umwelt. Greifen Sie also, wenn möglich, zu Ersterem.

Um die Samen zum Keimen zu bringen, brauchen Sie ein geeignetes Nährmedium. Unter umweltfreundlichen Gesichtspunkten eignet sich dafür am besten Kompost (siehe S. 222f.) aus dem eigenen Garten. Viele Leute entscheiden sich immer noch für Allzweckkompost aus dem Gartencenter, der lange Zeit Torf enthielt. Inzwischen weiß man jedoch, dass Torfgebiete auch als Kohlenstoffsenken dienen, die vielen Tieren einen Lebensraum bieten. Beim Torfstechen wird nicht nur dieser Lebensraum zerstört, sondern leider auch Kohlenstoff freigesetzt. Wählen Sie also Torfersatz, der heute überall erhältlich ist und ebenso gute Dienste leistet wie echter Torf. Um die Bodenqualität zu steigern, eignen sich Dung oder Pilzkompost – sogenannter Champost, auch als Champignonerde bezeichnet – ohnehin besser.

Auch für Kübelpflanzen sollten Sie torffreien Kompost nehmen. Nur sehr anspruchsvolle Pflanzen mit schlecht keimenden Samen brauchen den Rohstoff immer noch.

Die Pflanzen düngen

Unter Dünger verstehen die meisten Menschen immer noch chemischen Dünger. Tatsächlich kann ein Standarddünger im Obst- und Gemüsegarten extrem nützlich sein und die Produktivität Ihrer Pflanzen enorm erhöhen. Wer keinen chemischen Dünger verwenden mag, hat eine gute Auswahl an organischen Varianten, etwa Pellets aus Hühnermist, die den Pflanzen auch einen wahren Wachstumsboom bescheren.

Welchen Dünger Sie auch verwenden – Sie sollten dem Boden auf jeden Fall noch viel organisches Material hinzufügen. Hauseigener Kompost (siehe S. 222f.) eignet sich dafür am besten, doch auch Pilzkompost, Dung und sogar Rasen- und Heckenschnitt leisten gute Dienste.

Eine Oase der Natur
Teiche, Bäume und viele, viele Blumen bieten allen möglichen Tieren einen Zufluchtsort, von Fröschen bis zu Schwebfliegen. Auch sie helfen dabei, Schädlinge auf Distanz zu halten.

Geben Sie das Material als etwa 5 cm dicke Mulchschicht um die Pflanzen; es wird die Bodenzusammensetzung und -qualität verbessern und insbesondere gesunde Mikroorganismen im Boden fördern, die Nährstoffe binden und verhindern, dass die Wurzeln der Pflanzen erkranken.

Schädlinge und Krankheiten bekämpfen

Bei der Schädlingsbekämpfung ist es natürlich am bequemsten, zum Spray zu greifen. Es tut ja auch weh, mitansehen zu müssen, wie Schädlinge die mühsam gezogenen Pflanzen oder Früchte auffressen. Doch viele Schädlinge und Krankheiten kann man auch mit organischen Mitteln bekämpfen.

Mit der Fruchtfolge (siehe S. 23) verhindern Sie am effektivsten, dass die Pflanzen krank werden. So können sich die Erreger nicht in einem bestimmten Gebiet niederlassen. Wenn die Pflanzen allerdings öfter von einer Krankheit betroffen sind, ist es vielleicht am besten, sie ein paar Jahre lang gar nicht anzubauen.

Zum organischen Schädlingsbekämpfungsarsenal gehören auf jeden Fall feine Netze. Blattläusen rücken Sie mit dem Gartenschlauch zuleibe, Raupen sammeln Sie ab, Schmetterlingseier ebenfalls. Zudem gibt es auch organische Sprays. Sie sind vielleicht nicht so wirksam wie ihre chemischen Verwandten, aber auch nicht so aggressiv.

Sehr zu empfehlen ist die biologische Schädlingsbekämpfung. Dabei locken Sie die natürlichen Feinde der Schädlinge in Ihren Garten, etwa durch das Anpflanzen bestimmter Blumen. Das funktioniert im Gewächshaus gut mit den natürlichen Feinden von Mottenschildlaus und Roter Spinnmilbe, im Freien mit den natürlichen Feinden von Gefurchtem Dickmaulrüssler und Schnecken. Sie können die kleinen Helfer sogar im Internet bestellen, dort sind sie allerdings relativ teuer.

Mittlerweile sind organische Schneckenpellets auf dem Markt, die anderen Tieren nicht schaden. Auch mit physischen Barrieren können Sie Ihre Pflanzen schützen, vor allem wenn sie noch jung und empfindlich sind.

GÄRTNERN MIT TIEREN

Um nützliche Tiere in Ihren Garten zu locken, können Sie eine Reihe von mehr oder weniger einfachen Maßnahmen ergreifen.

Verwandeln Sie nicht alles in Rasen. Lassen Sie einen Teil des Grases stehen und diesen sich zu einer natürlichen Wiese entwickeln, auf der sich alsbald Insekten und kleine Säugetiere tummeln werden.

Heben Sie einen Teich aus. Möglicherweise siedeln sich darin Frösche an, die gern Schnecken fressen.

Pflanzen Sie einen Baum oder eine Hecke an. Diese bieten vielen heimischen Tieren Schutz.

Räumen Sie nicht zu schnell auf. Lassen Sie einige Pflanzen den Winter über stehen und lassen Sie an einer Stelle auch Laub bis ins Frühjahr hinein liegen.

Errichten Sie einen Komposthaufen. Dies ist die beste Art, Material aus dem eigenen Garten zu recyceln; außerdem bietet auch er vielen Tieren einen Lebensraum.

Bodenpflege

Kaum etwas hat so viel Einfluss auf Ihre Pflanzen wie der Boden und das Klima in Ihrem Garten. Am Wetter können Sie wenig ändern, die Qualität des Bodens können Sie allerdings erheblich verbessern. Dann sind Ihre Pflanzen gesünder und bringen eine reichere Ernte hervor.

Entwässerung

Wenn Sie Tonerde im Garten haben, müssen Sie die Entwässerung verbessern. Ein guter Abfluss stellt sicher, dass so viel Sauerstoff im Boden ist, dass die Wurzeln gut atmen können. Arbeiten Sie etwas groben Sand in den Boden ein oder bedecken Sie ihn jedes Jahr mit einer etwa 5 cm dicken Schicht organischen Materials, das von den Mikroorganismen in den Boden gebracht wird.

Fruchtbarkeit

Zum Wachsen brauchen Pflanzen eine Reihe von Mikronährstoffen, dazu noch jede Menge Stickstoff, Phosphor, Kalium, Kalzium, Magnesium und Schwefel. Im Obst- und Gemüsegarten laugen die Pflanzen den Boden allmählich aus, dort müssen die Nährstoffe ersetzt werden. In Hülle und Fülle sind diese wiederum in organischem Material enthalten; es setzt sie zudem nach und nach frei, was ideal für das Pflanzenwachstum ist. Gegebenenfalls müssen Sie noch etwas Dünger zufügen.

Düngerarten

Allzweck- oder Universaldünger

Diese enthalten im Allgemeinen Stickstoff, Kalium und Phosphor, idealerweise im Verhältnis 1:1:1, was auf der

VERSCHIEDENE BODENARTEN

Bevor Sie entscheiden, welches Obst und Gemüse Sie anbauen, sollten Sie zunächst feststellen, welcher Bodentyp in Ihrem Garten vorherrscht und ob Sie die Bodenqualität möglicherweise verbessern können.

Denn egal ob Steine, Sand, Ton oder Lehm – Sie können immer etwas für Ihren Boden tun, etwa die Nährstoffe ersetzen, die die Pflanzen ihm entziehen. Damit helfen Sie auch den Mikroorganismen, die den Boden gesund halten.

Stein Steinige Böden trocknen in der Regel schnell aus und sind oft nährstoffarm. Zudem erschweren die Steine das Umgraben. Auf diesen Böden gedeiht Wurzelgemüse wie Karotten nur schlecht, da die Wurzeln nicht gerade wachsen können.

Sand Sandige Böden trocknen ebenfalls schnell aus; in ihnen kann Wurzelgemüse allerdings ungehindert wachsen. Zudem sind sie leicht umzugraben. Leider sind sandige Böden nicht die fruchtbarsten Böden.

Ton Tonboden erkennen Sie daran, dass er an Ihrem Spaten kleben bleibt, wenn er nass ist. Das liegt daran, dass er aus sehr feinen Partikeln besteht, die leicht aneinanderhaften. Er speichert Nährstoffe in der Regel gut, wärmt sich allerdings nur langsam auf und lässt das Wasser schlecht abfließen.

Lehm Lehmböden sind für den Hobbygärtner ideal. Sie enthalten etwas Ton, der die Nährstoffe speichert, und ebenso etwas Sand, der die Entwässerung erleichtert.

Bestimmen Sie Ihren Bodentyp
Der Boden beeinflusst das Wachstum Ihrer Pflanzen. Sie können die Bodenqualität enorm steigern, wenn Sie viel gut verrottetes organisches Material einarbeiten.

Packung angegeben ist. Pellets aus Hühnermist enthalten meist etwas mehr Stickstoff als Kalium und Phosphor; dennoch sind auch sie ein guter Allzweckdünger, der universell einsetzbar ist.

Einnährstoffdünger
Sie enthalten, wie der Name schon sagt, nur einen Nährstoff, etwa Stickstoff in Form von Ammoniumsulfat. Dies ist nützlich, wenn Sie wissen, dass in Ihrem Garten genau dieser Nährstoff fehlt. So ist beispielsweise Magnesiumsulfat ein Dünger, der sich für Tomaten und Himbeeren eignet, wenn diese gelbe Stellen zwischen den Blattadern aufweisen.

Algenextrakte
Sie enthalten angeblich sehr viele Mikronährstoffe, bringen den Boden aber nur in Kombination mit einem anderen Dünger auf Vordermann.

Der pH-Wert des Bodens

Der pH-Wert sagt aus, wie sauer oder alkalisch der Boden ist. Heidelbeeren und Himbeeren etwa mögen es gern sauer, anderen ist das egal. Idealerweise beträgt der pH-Wert Ihres Bodens zwischen 6,5 und 7. Kohl allerdings bevorzugt einen pH-Wert von 7,5. Testen können Sie den pH-Wert mit einem entsprechenden Set aus dem Gartencenter. Ist er zu niedrig, also der Boden zu sauer, fügen Sie ihm Kalk hinzu. Dazu müssen Sie allerdings wissen, wie Ihr Boden grundsätzlich beschaffen ist – lehmig, tonig oder sandig –, denn daran bemisst sich die Kalkmenge.

Schwieriger ist es, den pH-Wert zu senken. Fügen Sie dem Boden Schwefelchips, gemischt mit organischem Material wie z.B. Rindenmulch, hinzu; das macht den Boden mit der Zeit saurer.

Organisches Material

Damit können Sie die Bodenqualität enorm verbessern:

- Es stellt Ihren Pflanzen Nährstoffe zur Verfügung, die sie sofort verwenden können.
- Es hilft bei der Entwässerung und erleichtert das Bearbeiten des Bodens, beispielsweise das Umgraben.

Rindenmulch
Rindenmulch enthält (wie auch anderes organisches Material) viele Nährstoffe, die nach und nach freigesetzt werden. Zudem verbessert er die Bodenstruktur, was den Wurzeln der Pflanzen zugute kommt.

- Es dient Ihren Pflanzen als langsam wirkender Dünger: Mikroorganismen zerlegen die komplexen organischen Moleküle und setzen Nährstoffe frei.
- Es lockert und lüftet den Boden. Je mehr Luft die Pflanzen um die Wurzeln haben, desto besser wachsen sie.
- Es hilft bei der Ansiedelung nützlicher Mikroorganismen. Diese wiederum helfen der Pflanze dabei, Krankheiten leichter abzuwehren.
- Es speichert Feuchtigkeit – Sie müssen weniger gießen.

Voluminöses organisches Material können Sie im Frühjahr als Mulchschicht auf das Beet geben. Doch auch hier haben Sie wieder die Qual der Wahl.

Hauseigener Kompost

Selbst zu kompostieren, ist eine gute Idee, doch wird Ihnen das vermutlich nicht immer genug Kompost liefern.

Laubkompost
Jede Art von Kompost, die Sie im Garten verwenden, sollte immer gut verrottet sein.

Recyceln Sie Ihre Abfälle
Hauseigener Kompost (siehe S. 222f.) ist eine sehr gute Möglichkeit, Gartenabfälle an Ort und Stelle zu recyceln.

Dennoch: Er kostet nichts, kommt nicht von weit her und kann die Bodenqualität entscheidend verbessern. Allerdings nistet sich auch gern Unkraut darauf ein.

Laubkompost

Hier kompostieren Sie nur Laub aus dem eigenen Garten, in dem sich kaum Unkrautsamen befinden. Es steigert die Bodenqualität zwar auch, enthält aber weniger Nährstoffe.

Pferdedung und Kuhmist

Dieses organische Material enthält Unmengen von Nährstoffen, kann also gezielt dafür eingesetzt werden, den Nährstoffgehalt des Bodens zu erhöhen. Es muss allerdings mehrere Monate Zeit gehabt haben zu reifen.

Champost oder Champignonerde

Champost oder Champignonerde sind abgetragene Pilzkultursubstrate, die beim Champignonanbau entstehen. Sie bestehen überwiegend aus Pferdedung, manchmal wird auch Hühnermist, Stroh, Kalk und Torf beigemengt. Champost ist sehr nährstoffreich und steigert die Bodenqualität enorm, macht den Boden aber alkalischer.

Mulchen oder Einarbeiten
Sie können den Kompost entweder als Schicht – Mulch – auf das Beet geben oder in den Boden einarbeiten.

Rindenmulch

Das Abfallprodukt der Forstwirtschaft eignet sich für Böden mit zu hohem pH-Wert, da es diesen senkt.

Rasen- oder Heckenschnitt

Immer mehr Städte sammeln den Rasen- oder Heckenschnitt von Privathaushalten, um ihn zu kompostieren. Diesen Kompost verkaufen sie dann wieder an die Privathaushalte. Informieren Sie sich bei Ihrer Stadtverwaltung darüber.

DAS BEET VORBEREITEN

Gar nicht umgraben Manche Menschen denken beim Hobbygärtnern zuerst an mühseliges Umgraben, doch viele wissen es besser: Manchmal ist das Umgraben gar nicht nötig. Wenn Ihre Beete beispielsweise sehr schmal sind, müssen Sie sie nie betreten und treten somit auch die Erde nicht fest.

Wenn Sie im frühen Frühjahr Ihr Beet mit einer mindestens 5 cm dicken Mulchschicht bedecken, hält dies nicht nur das Unkraut fern, sondern liefert Ihnen auch ein Medium, in das Sie direkt anpflanzen können. Wenn die Pflanzen dann gewachsen sind, müssen Sie nur wieder regelmäßig Unkraut jäten, und das Umgraben gehört der Vergangenheit an.

Einfaches Umgraben Für die Traditionalisten unter den Hobbygärtnern gehört das Umgraben der Beete im frühen Frühjahr zum Gartenjahr einfach dazu. Damit lockern Sie den Boden auf und können Steine sowie Unkraut leichter entfernen.

Doppeltes Umgraben Wer seinen Boden jedoch wirklich auf Vordermann bringen will, gräbt doppelt um. Keine leichte Arbeit, aber die Mühe wert!

Graben Sie zunächst einen einzelnen spatentiefen, etwa 30 cm breiten Graben; die Erde geben Sie in eine Schubkarre. Verteilen Sie eine Schicht organischen Materials auf dem Boden des Grabens. Heben Sie einen zweiten Graben gleicher Größe im Beet aus und geben Sie die Erde aus diesem Graben auf das organische Material im ersten Graben. Fahren Sie so fort, bis das Beet umgegraben ist; auf das organische Material im letzten Graben geben Sie die Erde aus der Schubkarre.

Kompostieren

Kompostieren ist die beste Möglichkeit, Abfälle aus Küche und Garten zu recyceln. Ein Komposthaufen darf in keinem Hobbygarten fehlen.

Hauseigenes Kompostieren ist nicht nur umweltfreundlich und gut für Ihre Pflanzen – es kann sogar Spaß machen! Der Kompost verbessert die Bodenqualität und eignet sich als Nährmedium für selbst gezogene Pflanzen. Auch Kübelpflanzen, z.B. Kartoffeln, gedeihen ausgezeichnet auf ihm. Und Sie sparen damit noch Geld. Wenn Sie Gas geben, haben Sie schon in drei Monaten eigenen Kompost – spätestens aber in einer Saison.

Der passende Behälter

Komposteimer lassen sich grob in zwei Gruppen einteilen. Die erste besteht aus kegel- oder zylinderförmigen Plastikeimern mit fest verschließbarem Deckel – was wichtig ist, um keine Ratten oder andere Schädlinge anzulocken. Sie sind ideal für den kleinen Garten und wenig Abfälle.

Dann gibt es noch größere Behälter aus Holz. Sie eignen sich für große Kompostmengen; wenn Sie sich mehrere davon anschaffen, können Sie getrennt kompostieren und einzelne Kompostarten mischen. Solche Behälter können Sie natürlich auch selbst basteln.

Der richtige Standort

Am besten stellen Sie Ihren Komposteimer an einen warmen und sonnigen Ort. Dadurch heizt sich der Kompost auf und zersetzt sich besser und schneller. Wenn Sie an diesem Platz an der Sonne jedoch lieber entspannen oder Gemüse anpflanzen, können Sie auch an einem schattigen Ort kompostieren – das dauert nur länger.

Herbstblätter Guten Laubkompost herzustellen, dauert länger als ein Jahr. Geben Sie ihn auf säureliebende Pflanzen.

Wichtig ist, dass der Eimer auf Erde steht, nicht etwa auf einer Oberfläche aus Beton.

Alles im Eimer?

Nein, es darf beileibe nicht alles in den Eimer. Pflanzen und Gemüse schon – solange das Gemüse roh ist. Das Material, das Sie kompostieren, sollte entweder stickstoffreich sein – Rasenschnitt, Gemüseschalen – oder kohlenstoffreich – Blätter, Pflanzenstängel, Pappe, alte Zeitungen. Am besten mischen Sie die beiden Gruppen 50:50. Auch gebrauchte Teebeutel und Eierschalen können Sie auf den Komposthaufen geben. Nicht kompostieren sollten Sie Fisch, Fleisch, Knochen und Speisereste, dies zieht Ungeziefer an. Auch mehrjähriges Unkraut wird vielleicht nicht zersetzt und breitet sich dann in Ihrem Garten aus.

Mischen oder nicht mischen

Idealerweise geben Sie immer gemischtes Material auf den Komposthaufen. Im Sommer zersetzt sich dies sehr rasch; stellen Sie sicher, dass der Komposteimer immer feucht ist und nicht austrocknet.

Darüber hinaus wird empfohlen, den Kompost von Zeit zu Zeit mit einer Mistgabel umzuschichten. Damit wird er nicht nur besser durchlüftet; auf diese Weise gelangt auch unzersetztes Material vom Rand in die Mitte des Haufens. Wenn Sie dies im Sommer einmal im Monat tun, ist der Kompost in drei Monaten fertig. Wenn nicht, reift der Kompost auch – es dauert eben nur länger.

Lästiges Unkraut

Bei der thermophilen Kompostierung – wenn sich der Komposthaufen also sehr aufheizt – werden alle Keime abgetötet, egal ob Blumen-, Gemüse- oder Unkrautsamen. Doch es ist unwahrscheinlich, dass der Komposthaufen in Ihrem Garten wirklich so heiß wird – stellen Sie sich deshalb darauf ein, dass einige Unkrautsamen überleben und Sie weiter fleißig Unkraut jäten müssen.

Sie können Ihren Kompost auch für Kübelpflanzen verwenden. Sieben Sie ihn, um größere, unzersetzte Teile zu entfernen, und mischen Sie ihn zur Hälfte mit qualitativ hochwertiger Blumenerde. Mulchen Sie die Kübelpflanzen mit Sand oder Rinde, dann hat Unkraut keine Chance.

Kein optischer Schandfleck
Sie können Ihren Komposteimer auch so gestalten, dass er sich perfekt an seine Umgebung anpasst.

DAS DARF AUF DEN HAUFEN

- Geschreddertes Papier (kein Hochglanzpapier!), Baumwolle, Wollstoffe
- Rohe Gemüseabfälle, Schalen, gebrauchte Teebeutel
- Einjähriges Unkraut
- Die Spitzen mehrjährigen Unkrauts
- Alte Pflanzen vom Beet
- Weicher Heckenschnitt
- Laub
- Rasenschnitt

UND DAS NICHT

- Holzige Abfälle wie Obstbaumschnitt – diese müssen zuerst geschreddert werden
- Synthetische Stoffe
- Speisereste
- Fleisch oder Knochen
- Kranke Pflanzen
- Bodenschädlinge
- Unkraut mit Samenköpfen
- Mehrjährige Wurzeln

SONSTIGE KOMPOSTIERMETHODEN

Es gibt noch andere Kompostiersysteme, mit denen Sie Ihre Küchen- und Gartenabfälle ebenfalls recyceln können.

KOMPOSTER

Wenn bei Ihnen nicht viele Garten-, dafür aber umso mehr Küchenabfälle anfallen, darunter auch Speisereste wie Nudeln und Reis, lohnt die Anschaffung eines Wurmkomposters. Der verwandelt mithilfe von Würmern Küchenabfälle rasch in humusreiche Erde. Stellen Sie den Wurmkomposter an einem geschützten Ort auf – er darf im Winter keinen Frost abbekommen.

BOKASHI-EIMER

Den Bokashi-Eimer können Sie in der Küche aufstellen und im Gegensatz zum Komposthaufen auch mit Speiseresten, Fisch und Fleisch füttern. Wenn Sie dem Kompost später eine spezielle Art Kleie hinzufügen, können Sie ihn auch auf den Komposthaufen im Garten geben. Bestellen können Sie den Bokashi-Eimer und die Kleie im Internet. Für Küchenabfälle ist er ideal.

LAUBKOMPOST

Laub zersetzt sich langsamer als andere Materialien und sollte – insbesondere wenn viel Laub anfällt – getrennt kompostiert werden. Laubkompost hat einen leicht sauren pH-Wert, eignet sich also ideal für säureliebende Pflanzen wie Heidelbeeren. Er enthält allerdings wenige Nährstoffe. Einen Laubkomposthaufen basteln Sie einfach aus vier Holzpfosten und Hasendraht.

Unkraut bekämpfen

Mit Unkraut hat jeder Gärtner zu kämpfen. Wenn Sie auch nur einen Flecken im Garten ein paar Monate lang vernachlässigen, werden Sie sich vor Unkraut bald nicht mehr retten können. Und das sieht nicht nur unordentlich aus – es raubt Ihren Nutzpflanzen auch Feuchtigkeit, Nährstoffe und Licht. Zudem verbreitet es Krankheiten. Es bleibt Ihnen also nichts anderes übrig, als regelmäßig Unkraut zu jäten.

Um Ihr Grundstück unkrautfrei zu halten, gibt es eine Reihe von Möglichkeiten. Sie erfordern unterschiedlich viel Zeit und Mühe.

Verschiedene Arten von Unkraut

Grundsätzlich gibt es zwei Arten von Unkraut, die dem Hobbygärtner ein Dorn im Auge sind: einjähriges und mehrjähriges Unkraut. Das einjährige keimt rasch, blüht schnell und verbreitet seine Samen in rasender Geschwindigkeit. Es bevölkert ein frisch umgegrabenes Beet schneller, als Sie gucken können, und bleibt manchmal jahrelang im Boden, bevor es keimt. Der Vorteil: Es wächst so rasch, dass es kaum Zeit hat, Wurzeln auszubilden, lässt sich also relativ leicht ausreißen. Mehrjähriges Unkraut werden Sie nicht so leicht los. Es besiedelt ein und denselben Ort manchmal jahrelang und wächst wieder nach, verbleibt beim Ausreißen auch nur das winzigste Wurzelchen im Boden. Deshalb stellt es für den Hobbygärtner auch meist das größere Problem dar, insbesondere wenn er ein lange brachgelegenes Grundstück bearbeitet. Einjähriges Unkraut siedelt sich dagegen gern auf frisch umgegrabenen Beeten mit nackter Erde an.

Beetabdeckungen

Wenn Sie die Zeit haben, sollten Sie Beete, auf denen noch keine Pflanzen wachsen, mit einem Material bedecken, das einerseits Unkraut abweist und andererseits vorhandenes Unkraut abtötet. Das kann einfache Pappe sein – die preiswerte Option –, ein speziell unkrautabweisender Stoff oder eine dicke Schicht hauseigenen Komposts. Manchmal sieht man auch Teppichboden, der wird aber nicht mehr empfohlen. Sie müssen die Abdeckung mindestens sechs Monate auf dem Boden lassen, um das Unkraut loszuwerden. Das gelingt jedoch nicht immer, und Sie müssen zusätzlich umgraben oder sprühen.

Sprühen

Wenn Sie so viel Zeit nicht und bei Chemikalien keine allzu großen Bedenken haben, ist ein Unkrautvernichtungsmittel eine gute Option. Empfehlenswert sind Produkte, die Glyphosat enthalten, da diese sich schnell im Boden auflösen. Treffen sie auf eine Pflanze, töten sie deren Wurzeln ab. Verwenden Sie das Produkt deshalb, wenn das Unkraut im Frühjahr wuchert; stellen Sie jedoch sicher, dass es keine erwünschten Pflanzen abtötet.

Umgraben

Umgraben sollten Sie dann, wenn Sie entweder einige Zeit das Beet abgedeckt oder ein Unkrautvernichtungsmittel eingesetzt hatten. Ist Ihr Garten sehr groß, sollten Sie dafür eine Fräse mit Benzinmotor in Betracht ziehen, die Sie sich anschaffen oder auch mieten können.

Ist Ihr Garten kleiner oder maschinell schlecht zugänglich, ist der Spaten Ihre einzige Waffe. Und das ist anstrengend, denn Sie müssen sich jedes Mal bücken, um das Unkraut zu entfernen. Nur dann kommt es nicht wieder.

Den Boden unkrautfrei halten

Ist es geschafft und Ihr Garten unkrautfrei, müssen Sie dafür sorgen, dass dies auch so bleibt. Haben Sie dabei ein besonderes Auge auf mehrjähriges Unkraut.

Mulchen

Wenn Sie jedes Jahr eine dicke Schicht organischen Materials auf die Beete aufbringen, wird dies die Samen des einjährigen Unkrauts, die im Vorjahr angeweht wurden, ersticken. Wenn Sie an so viel organisches Material nicht herankommen, lohnt die Anschaffung einer speziell unkrautabtötenden Plastikabdeckung. In diese können Sie Löcher schneiden und darin anpflanzen; sie eignen sich am besten für den Obstgarten oder das Kartoffelbeet. Billig sind diese Folien allerdings nicht.

Ein Paradies für Unkraut
Nackte Erde zieht Unkraut in Scharen an. Bedecken Sie sie mit Mulch oder einem anderen Material, das Unkraut abweist.

ANDERE WEGE, UM UNKRAUT ZU BEKÄMPFEN

Gründüngung Bei der Gründüngung pflanzen Sie kurzzeitig etwas anderes an, damit sich kein Unkraut ansiedeln kann und der Boden vor Erosion geschützt wird. Wenn das Beet im Frühjahr gebraucht wird, graben Sie die Pflanzen einfach unter und reichern den Boden damit zusätzlich mit Nährstoffen an. Geeignet sind Alfalfa, Phazelien und Winterroggen.

Hochbeete Mehrjähriges Unkraut schleicht sich oft vom Rand des Beets heran. Das können Sie mit Hochbeeten verhindern: Dann versperrt der Rahmen aus Holz oder einem anderen Material dem Unkraut den Weg.

Das richtige Werkzeug Eine gute Hacke oder ein Jäter sind zur Unkrautbekämpfung unverzichtbar (siehe S. 197). Wenn Sie viel in Bodennähe arbeiten müssen, kommt dafür auch eine Pflanzschaufel oder eine Handharke infrage. Wollen Sie ein Unkrautvernichtungsmittel verwenden, brauchen Sie auf jeden Fall eine Gießkanne mit sehr feiner Tülle. Noch besser wäre eine Sprühflasche, die das Mittel wie einen feinen Nebel verteilt. Spülen Sie die Kanne hinterher gut aus oder verwenden Sie für das Unkrautvernichtungsmittel am besten gleich eine separate.

Unkraut jäten

Eine weitere, einfache Methode, das Grundstück unkrautfrei zu halten, ist das Umgraben der Beete im frühen Frühjahr. Dann warten Sie, bis das einjährige Unkraut gekeimt hat, und graben es mit dem Jäter aus – oder besprühen es mit Unkrautvernichtungsmittel.

Beim Anpflanzen spielt der Abstand zwischen den Pflanzen und den Reihen eine große Rolle. Lassen Sie viel Platz, können Sie zwischen den Reihen entlangspazieren und bequem Unkraut jäten. Lassen Sie wenig Platz, kommen Sie mit der Hacke zwar schlechter durch, dafür kann sich aber auch nicht so viel Unkraut zwischen den Pflanzen ansiedeln. Probieren Sie aus, was Ihnen besser gefällt bzw. weniger Arbeit bereitet. Sie können das Unkraut mit den Fingerspitzen auszupfen oder dafür eine Handharke benutzen.

Regelmäßiges Jäten
Unkraut jäten müssen Sie die ganze Saison hindurch. Nur das stellt sicher, dass Sie der Herr im Garten sind – nicht das Unkraut.

Schädlingsbekämpfung

Als Hobbygärtner müssen Sie leider immer damit rechnen, dass in Ihrem Garten etwas Unvorhergesehenes geschieht. Wenn Ihre Pflanzen nicht so gesund aussehen, wie sie sollten, liegt dies vielleicht am Boden, am Wetter oder an einem bestimmten Schädling.

Falls Probleme auftreten, Sie aber zur richtigen Zeit ausgesät, Ihre Pflanzen vor Frost geschützt, sie gegossen und gedüngt haben, ist vielleicht ein Schädling oder eine Krankheit schuld. Das kann im Prinzip jeden Hobbygärtner treffen – Sie können allerdings vorbeugen.

Allgemeine Ratschläge

Fruchtfolge, Zwischen- und Partnerpflanzung

Eine Fruchtfolge im Vier-Jahres-Zyklus vermindert das Auftreten von Schädlingen und Krankheiten erheblich. Gegen Blattläuse und Raupen ist sie leider machtlos – die ziehen dem Gemüse einfach hinterher –, doch Krankheitserregern im Boden machen Sie damit effektiv den Garaus.

Partnerpflanzung
Ein gutes Beispiel für Partnerpflanzung ist das gemeinsame Anpflanzen von Ringelblumen und Tomaten. Die Ringelblumen schützen die Tomaten nicht nur vor der Mottenschildlaus, sondern sehen auch noch ausgesprochen hübsch aus.

Bei der Zwischenpflanzung bauen Sie mehrere Sorten in einem Beet an, was Schädlinge wie z.B. die Möhrenfliege ziemlich verwirrt: Bei all den Zwiebeln glaubt sie, es seien gar keine Karotten da.

Die Partnerpflanzung funktioniert ähnlich: Hier pflanzen Sie verschiedene Sorten zusammen an, die einander aktiv schützen. Am bekanntesten ist vielleicht das Beispiel von Ringelblume und Tomate: Erstere schützt Letztere vor der Mottenschildlaus.

Bodenfruchtbarkeit

Widerstandsfähige Pflanzen, die genug Nährstoffe und Wasser bekommen, können auch Schädlinge und Krankheiten leichter abwehren.

Hygiene

Auch eine gute Gartenhygiene hält Schädlinge und Krankheiten fern. Dies gilt insbesondere für das Gewächshaus. Dieses sollten Sie einmal im Jahr ausräumen und mit einem Desinfektionsmittel reinigen. Im Garten sollten Sie auf jeden Fall Pflanzen entfernen, die krank oder geschwächt aussehen, und Laub sowie abgefallene Äste aufsammeln. Krankes Pflanzenmaterial gehört nicht auf den Komposthaufen.

Ernte und Lagerung

Vermeiden Sie es, die Pflanzen bei der Ernte zu beschädigen. Wenn Sie Obst und Gemüse länger lagern, sollten Sie es regelmäßig prüfen, damit sich keine Schädlinge und Krankheitserreger einnisten.

Sortenauswahl

Mittlerweile gibt es viele Neuzüchtungen, die gegen bestimmte Schädlinge und Krankheiten resistent sind: Tomaten und Kartoffeln z.B. gegen Fäule. Die Wahl dieser Sorten löst das Problem allerdings nicht dauerhaft, da sich neue Krankheiten und Schädlinge einschleichen können.

Gärtnern mit Tieren

Viele Vögel, Säugetiere, Insekten und Bakterien können Schädlinge sein, andere Tiere hingegen können Sie im Kampf gegen Schädlinge enorm unterstützen. Igel, Frösche und Vögel halten Schnecken von Ihrem Garten fern, Insekten wie Marienkäfer, Netzflügler und Schwebfliegen fressen andere Schädlinge und sollten mit pollen- und nektarreichen Blumen angelockt werden (siehe auch S. 217). Und auch unter der Erdoberfläche haben Sie viele kleine Helfer: Zahlreiche Bodenmikroben schützen die Pflanzen vor Wurzelerkrankungen.

Schädlinge im Garten

Fluginsekten

Fluginsekten halten Sie besten durch Barrieren fern. Ein Vlies auf dem Beet schützt beispielsweise vor Blattläusen und Möhrenfliegen.

Wenn Sie ein Insektenvernichtungsmittel verwenden, haben Sie die Wahl zwischen systemischer und Kontaktbehandlung. Bei Ersterer nimmt die Pflanze die Chemikalie auf und tötet damit das Insekt, das von ihr frisst. Bei der Kontaktbehandlung werden die Insekten, nicht die Pflanzen mit der Chemikalie besprüht. Das soll umweltfreundlicher sein, denn wenn Sie z.B. am Abend sprühen, bleiben Bienen und andere bestäubende Insekten davon unberührt. Zudem sind auch organische Insektenvernichtungsmittel auf dem Markt.

Blattläuse

Blattläuse vermehren sich unglaublich schnell; sie schwächen die Pflanze und können sie schließlich sogar abtöten. Halten Sie nach den kleinen Biestern Ausschau und spritzen Sie sie einfach mit dem Gartenschlauch ab. Sie können ihnen auch mit einem Insektenvernichtungsmittel endgültig den Garaus machen oder – noch besser – Marienkäfer in Ihren Garten locken, die Blattläuse ganz oben auf ihrem Speiseplan haben.

Schnecken

Schnecken gehören zu den gefürchtetsten Schädlingen des Hobbygärtners. Vor allem zu Beginn der Saison können sie ganze Reihen von Setzlingen mal eben über Nacht vernichten. Denken Sie darüber nach, wie Sie Ihre Pflanzen vor Schnecken schützen können, bevor Sie auch nur ein einziges Saatgutpäckchen öffnen.

Entsprechende Pellets sind sowohl effektiv als auch preiswert, und mittlerweile gibt es sie auch in organischen Varianten. Sie können aber auch physische Barrieren errichten, z.B. eine kleine Mauer aus zerstoßenen Eier- oder Muschelschalen. Leider können sich Schnecken auch unterirdisch fortbewegen. Ebenfalls effektiv ist eine Plastikflasche mit abgeschnittenem Deckel und Boden, die Sie über dem Setzling in die Erde stecken (siehe rechts).

Bei Kübelpflanzen hilft ein im Gartencenter erhältlicher Kupferstreifen weiter, der den Schnecken einen elektrischen Schlag versetzt. Bei gutem Timing hält ein bestimmter mikroskopisch kleiner Wurm Ihren Garten schneckenfrei – ein natürlicher Feind des Weichtiers. Der hilft allerdings nur bei Nacktschnecken.

Vögel und Säugetiere

Vögel und kleinere Säugetiere halten Sie am besten mit Netzen oder einem Gitter aus Hasendraht davon ab, sich an Ihren mühsam gezogenen Pflanzen gütlich zu tun. Sind Kaninchen etwa ein Problem, brauchen Sie eine rund 1 m hohe Drahtbarriere, die 30 cm tief im Boden steckt.

Krankheiten im Garten

Viruserkrankungen

Viruserkrankungen kommen im Garten zwar nicht sehr häufig vor, bestimmte Pflanzen sind allerdings doch davon betroffen. Am bekanntesten sind wahrscheinlich das Tomaten- und das Gurkenmosaikvirus. Sind Ihre Pflanzen davon befallen, bleibt Ihnen nichts anderes übrig, als sie so schnell wie möglich zu entfernen und zu vernichten, damit sich das Virus nicht ausbreitet.

Pilzerkrankungen

Es gibt viele Pilzerkrankungen, die Obst- und Gemüsepflanzen befallen, und leider stehen dem Hobbygärtner von Jahr zu Jahr weniger Fungizide zur Verfügung.

Am besten beugen Sie diesen Erkrankungen vor – durch Fruchtfolge und eine gute Gartenhygiene. Wenn sie dennoch auftreten, sollten Sie so schnell wie möglich infiziertes Material entfernen sowie Töpfe und Gewächshaus einer gründlichen Reinigung unterziehen.

Pilzerkrankungen, die die Wurzeln der Pflanzen betreffen, beugen Sie am besten vor, indem Sie den pH-Wert des Bodens erhöhen. Pilze haben es gern sauer; liegt der pH-Wert des Bodens über 7 – beispielsweise durch das Hinzufügen von Kalk –, haben Pilze wie der Erreger der Kohlhernie kaum eine Chance.

EINE SCHNECKENBARRIERE ERRICHTEN

1 Schneiden Sie Deckel und Boden einer Plastikflasche ab.

2 Stecken Sie sie über dem Setzling etwa 5 cm tief in die Erde.

TEIL 4: *DIE ERNTE KONSERVIEREN*

Für welche Obst- und Gemüsesorten Sie sich auch entschieden haben – zu manchen Zeiten werden Sie sicherlich mehr ernten, als Sie frisch verzehren können. Das bedeutet jedoch noch lange nicht, dass das kostbare Gut verkommen muss; Sie können es konservieren und später genießen. In diesem Kapitel finden Sie die beliebtesten Methoden der Haltbarmachung, etwa die Herstellung von Marmelade, Gelee, saurem Gemüse und Chutneys, sowie Tipps zum Dörren und Einfrieren.

Die Küchenausstattung

Geräte zur Herstellung von Konserven, die Früchte oder Essig enthalten, müssen wegen der Säure aus einem nichtreaktiven Material wie z.B. rostfreiem Stahl, Plastik, Nylon oder Holz bestehen. Bei heiß Eingemachtem müssen die Behälter natürlich auch hitzebeständig sein.

Töpfe

Es gibt zwar auch spezielle Einmachtöpfe, doch im Grunde können Sie freilich jeden Topf verwenden, wenn er die folgenden Voraussetzungen erfüllt:

- Er sollte aus einem nichtreaktiven Material wie rostfreiem Stahl bestehen oder eine Antihaftbeschichtung haben. Unbeschichtete Kupfer-, Messing- oder Aluminiumtöpfe eignen sich nicht.
- Er sollte schwer, mit dickem, ebenem Boden sein, damit der Inhalt gleichmäßig erhitzt wird und nicht anbrennt.
- Wenn möglich, sollte der Topf oben etwas weiter sein als unten, was die Oberfläche des Inhalts vergrößert und überschüssige Flüssigkeit schneller verdampfen lässt. Werden nur kleinere Mengen einer Soße oder eines Sirups hergestellt, können Sie auch eine beschichtete Pfanne verwenden.
- Der Topf sollte über zwei einander gegenüberliegende Griffe verfügen, damit Sie ihn leicht heben können.
- Bei süßem Eingemachtem darf der Topf nur etwa bis zur Hälfte gefüllt sein, da die Mixtur beim Erhitzen spritzt.

Die Küchenwaage

Eine Küchenwaage ist nicht unbedingt notwendig, kann jedoch sehr nützlich sein. Wenn Sie größere Mengen einmachen wollen, ist Ihre Körperwaage im Badezimmer vielleicht besser geeignet.

Messer

Die Verwendung von scharfen, qualitativ hochwertigen Messern aus rostfreiem Stahl verhindert, dass sich das Obst und Gemüse beim Schneiden verfärbt.

Gewürzsäckchen

Diese Säckchen ähneln einem Seihtuch, sind aber kleiner und mit einer Schnur zum Verschließen ausgestattet. Sie können sie im Fachhandel kaufen oder zu Hause selbst herstellen. Man bindet das Säckchen an den Griff des Topfs und hängt es hinein, damit es seine Aromen abgibt. Sie können auch ein ganz normales Tee-Ei verwenden.

Langstieliger Holzlöffel

Der lange Stiel verhindert, dass Sie sich an heißen Mischungen verbrennen. Es ist wichtig, dass der Löffel aus Holz ist, da Metall mit der Säure reagieren und die Lebensmittel verfärben würde.

Schaumlöffel

Beim Erhitzen entsteht bei der Herstellung von Marmelade und Gelee oft Schaum, den Sie entfernen müssen, damit das Endprodukt nicht trüb wird. Mit dem Schaumlöffel können Sie auch eventuelle Kernreste entfernen.

Zuckerthermometer

Dieses Gerät ist zur Herstellung von Marmelade und Gelee einfach unerlässlich, da es hierbei sehr auf die Temperatur beim Erhitzen ankommt. Sie bekommen es im Fachhandel; wählen Sie am besten eine Variante, die Sie in den Topf hängen können.

Siebe

Auch diese Geräte sollten aus Nylon oder Plastik bestehen.

Schüssel

Sie brauchen Schüsseln verschiedener Größe.

Messbecher

Der Messbecher sollte ebenfalls hitzebeständig sein, um auch heiße Flüssigkeiten abmessen zu können.

Trichter

Sie brauchen zwei Trichter: einen breiten, mit dem Sie die Einweckgläser befüllen können, und einen schmalen für Flaschenhälse. Auch sie sollten, wenn möglich, antihaftbeschichtet sein.

Schöpflöffel

Den brauchen Sie für das Einfüllen in den Trichter.

Geleetuch

Geleetücher bekommen Sie mittlerweile in fast jedem gut sortierten Haushaltswarengeschäft. Sie bestehen aus einem feinmaschigen Material, meist Nylon. Sie sind nicht teuer und können gewaschen und mehrmals verwendet werden. Normalerweise benutzt man sie zur Herstellung von Gelee, um den Saft herauszufiltern: Sie hängen das Tuch über eine Schüssel und lassen den Saft heraustropfen, ohne zu pressen. Damit Ihnen der Arm dabei nicht lahm wird, gibt es entsprechende Ständer zu den Tüchern zu kaufen – oder Sie improvisieren und basteln sich selbst einen.

Dampfdrucktopf

Wenn das Rezept verlangt, dass die Zutaten vorgekocht werden, kann ein Dampfdrucktopf Zeit sparen und verhindern, dass sich die Zutaten optisch und geschmacklich verändern. Studieren Sie vorher die Gebrauchsanweisung des Geräts.

Einkochautomat

Zur Herstellung von Marmelade, Gelee, Butter, Käse, Chutneys, eingelegtem Gemüse und einigen Obstkonserven empfiehlt sich die Anschaffung eines Einkochautomaten. Diese bestehen aus Aluminium oder porzellanbeschichtetem Stahl und sind mit einem herausnehmbaren Einsatz und fest verschließbarem Deckel ausgestattet. Die Gläser darin müssen mindestens mit 2,5 cm kochendem Wasser bedeckt sein können; achten Sie also beim Kauf des Einkochautomaten bzw. der Einmachgläser auf die entsprechende Größe.

Gläser und Flaschen

Gläser mit einem Durchmesser von 7,5 cm sind für eingelegtes Gemüse am nützlichsten, da sie sich leicht befüllen lassen. Für Marmelade und Gelee reichen 6 cm. Das Fassungsvermögen sollte zwischen 450 ml und 950 ml betragen, das sind die gängigsten Größen für den Hausgebrauch. Bei sorgsamem Umgang können die Gläser mehrfach wiederverwendet werden, dann müssen Sie nur die Deckel (siehe unten) austauschen. Die Gläser müssen jedoch bei jedem Gebrauch vollständig intakt sein, damit sich keine Bakterien einnisten können, die die Lebensmittel verderben. Außerdem kann ein angeknackstes Glas zerspringen, wenn eine heiße Mischung hineingefüllt wird.

Vor dem Gebrauch müssen die Gläser und Flaschen sterilisiert werden. Spülen Sie sie gründlich mit heißem Seifenwasser und anschließend mit klarem Wasser nach. Stellen Sie sie in einen mit Wasser gefüllten tiefen Topf und kochen Sie sie 10 Minuten aus. Nehmen Sie sie mit einer Zange heraus und lassen Sie sie auf einem Geschirrtuch trocknen. Das Sterilisieren im Geschirrspüler ist nicht zu empfehlen. Lassen Sie die Gläser vollständig auskühlen, bevor Sie sie mit kaltem Einmachgut befüllen, und füllen Sie sie immer nur bis zur empfohlenen Grenze (siehe einzelne Zubereitungsarten).

Deckel

Am besten besorgen Sie sich die Deckel – in der Regel Schraub- oder Schnappverschlüsse – im Fachhandel, da sie aus bestimmten (säurebeständigen) Materialien bestehen müssen, um das Einmachgut nicht anzugreifen und zu verderben.

Für die Verwendung von Einkochautomaten gibt es eigene zweiteilige Deckel: einen flachen Teil zum Auflegen auf die Gläser und einen Ring zum Festschrauben. Sie verfügen über eine spezielle Versiegelung und können – bis auf die Ringe – nicht wiederverwendet werden. Konsultieren Sie die Gebrauchsanweisung des Herstellers.

Marmelade

Bei der Herstellung von Marmelade hängt die Zuckermenge, die Sie zufügen, vom Zuckergehalt der Frucht ab, aus der Sie die Marmelade zubereiten – normalerweise beträgt sie 60 bis 65 Prozent des Gewichts des Endprodukts.

Marmelade selbst machen

1 Stellen Sie die Einweckgläser bei niedriger Temperatur in den Ofen, um sie anzuwärmen. Geben Sie die benötigte Zuckermenge in eine Schüssel und stellen Sie diese ebenfalls in den Ofen. Stellen Sie eine Untertasse dagegen in den Kühlschrank. Säubern und verlesen Sie die Früchte und bereiten Sie sie je nach Sorte vor. Geben Sie sie mit der erforderlichen Menge Wasser in einen Topf und erhitzen Sie sie.

2 Nehmen Sie den Topf vom Herd und geben Sie den warmen Zucker zur Fruchtmasse. Erhitzen Sie die Mischung langsam und unter ständigem Rühren mit einem Holzlöffel, bis sich der Zucker vollständig aufgelöst hat. Ein Klecks Butter verhindert, dass sich allzu viel Schaum bildet.

3 Bringen Sie die Mischung nun ohne Rühren zum Kochen und lassen Sie sie 10 bis 15 Minuten kochen. Die Temperatur auf dem Zuckerthermometer sollte 104 °C betragen.

4 Um festzustellen, ob die Marmelade fertig ist, geben Sie einen Klecks davon auf die kalte Untertasse und verreiben sie sanft mit der Fingerspitze. Wirft die Oberfläche Falten, ist die Marmelade so weit. Oder Sie nehmen mit einem Holzlöffel etwas Marmelade aus dem Topf, lassen sie ein wenig abkühlen und dann in den Topf zurücktropfen. Die Marmelade ist fertig, wenn sie einen kompakten Tropfen bildet, der als Ganzes in den Topf zurückfällt.

5 Schöpfen Sie eventuellen Schaum ab. Lassen Sie die Marmelade 10 Minuten im Topf stehen, bevor Sie sie in Gläser abfüllen. Verarbeiten Sie die befüllten Gläser im Einkochautomaten weiter (siehe S. 231).

Ein Hinweis

Die Ziffern in den Abbildungen beziehen sich auf den jeweiligen Zubereitungsschritt (auch im Folgenden).

1

2

DAS BRAUCHEN SIE

GERÄTE

Sterilisierte Gläser (siehe S. 231)
Hitzebeständige Schüssel
Kleiner Teller oder Untertasse
Scharfes Messer aus rostfreiem Stahl (optional)
Schneidebrett
Großer Topf
Langstieliger Holzlöffel
Zuckerthermometer
Teelöffel
Backblech oder Holzbrett
Schaumlöffel
Schöpfkelle
Pfannenwender aus Plastik
Sauberes Geschirrtuch und heißes Seifenwasser
Einkochautomat
Schilder für die Gläser

ZUTATEN

Zucker
Leicht unreife, unbeschädigte Früchte, am besten ungewaschen
Zitronensaft (optional)
Etwas ungesalzene Butter (optional)

PFLAUMENMARMELADE

1,25 kg Pflaumen, halbiert
300 ml Wasser
1 kg grobkörniger Zucker oder Gelierzucker
Etwas ungesalzene Butter
Ergibt etwa 1,6 kg Marmelade

Je nach Pflaumensorte variiert die Marmelade in der Farbe. Wenn Sie Zwetschgen verwenden, wird die Marmelade eher grünlich-gelb.

1 Bringen Sie Pflaumen und Wasser in einem Topf zum Kochen. Lassen Sie sie unter gelegentlichem Umrühren 25 bis 30 Minuten köcheln – Früchte und Schalen sollten ganz weich, die Flüssigkeit sollte fast verdampft sein.
2 Rühren Sie den Zucker ein, bis er sich aufgelöst hat. Fügen Sie die Butter hinzu, bringen Sie alles noch einmal zum Kochen und lassen Sie es 10 bis 15 Minuten kochen, bis die Marmelade fertig ist (siehe S. 232).
3 Entfernen Sie eventuellen Schaum und Kernreste und lassen Sie die Mischung etwa 5 Minuten abkühlen.
4 Befüllen Sie die vorbereiteten Gläser und stellen Sie sie in den Einkochautomaten. Beschriften Sie die Gläser und lagern Sie sie an einem kühlen, dunklen, trockenen Ort einen Monat lang vor dem Öffnen. Die Marmelade hält sich bis zu zwei Jahre.

3

5

Gelee

Grundsätzlich ähnelt die Zubereitung von Gelee der von Marmelade. Sie dauert jedoch länger, und Sie müssen noch einige zusätzliche Aspekte beachten. Aus Obst mit hohem Pektingehalt (siehe unten) lässt sich das beste Gelee zaubern, es kann jedoch auch gut mit Früchten mit niedrigem Pektingehalt kombiniert werden. Sie können auch Zucker mit Pektin verwenden.

Gelee selbst machen

1 Stellen Sie die Einweckgläser bei niedriger Temperatur in den Ofen, um sie anzuwärmen. Geben Sie die benötigte Zuckermenge in eine Schüssel und stellen Sie diese ebenfalls in den Ofen. Stellen Sie eine Untertasse dagegen in den Kühlschrank. Säubern Sie die Früchte – schälen oder entsteinen müssen Sie sie nicht. Geben Sie sie mit der erforderlichen Wassermenge in einen Topf und garen Sie sie unter Rühren.

2 Gießen Sie den Inhalt des Topfs in ein Geleetuch, das Sie über einer großen Schüssel abtropfen lassen. Das dauert 8 bis 12 Stunden.

3 Messen Sie den aufgefangenen Saft ab und geben Sie ihn in einen Topf. Fügen Sie pro 575 ml Saft 450 g warmen Zucker hinzu. Erhitzen Sie das Ganze unter Rühren, bis sich der Zucker aufgelöst hat, und lassen Sie es bei 104 °C so lange kochen, bis das Gelee fertig ist. Rühren Sie nun nicht mehr um, da sich sonst zu viele Luftblasen im Gelee bilden.

4 Nehmen Sie den Topf vom Herd und schöpfen Sie eventuellen Schaum ab. Wenn Sie noch weitere Zutaten wie z.B. Kräuter zugeben, lassen Sie das Gelee 10 Minuten ruhen, damit sich die Zutaten gleichmäßig im Gelee verteilen.

5 Füllen Sie das Gelee in die vorbereiteten Gläser ab und stellen Sie die Gläser in den Einkochautomaten.

PEKTINGEHALT VON OBST

Hoch: Brombeeren (leicht unreif), Kochäpfel, Preiselbeeren, Stachelbeeren, Zitrusfrüchte, Rote Johannisbeeren
Mittel: Tafeläpfel, Aprikosen, Brombeeren (reif), Loganbeeren, Maulbeeren, Pflaumen, Himbeeren
Niedrig: Bananen, Heidelbeeren, Kirschen, Feigen, Trauben, Melonen, Nektarinen, Pfirsiche, Rhabarber, Erdbeeren

1

2

DAS BRAUCHEN SIE

GERÄTE

Sterilisierte Gläser (siehe S. 231)
Hitzebeständige Schüssel
Kleiner Teller oder Untertasse
Scharfes Messer aus rostfreiem Stahl (optional)
Schneidebrett
Großer Topf
Langstieliger Holzlöffel
Geleetuch, wenn möglich mit Gestell
Große Schüssel
Zuckerthermometer
Teelöffel
Schaumlöffel
Backblech oder Holzbrett
Schöpfkelle
Pfannenwender aus Plastik
Sauberes Geschirrtuch und heißes Seifenwasser
Einkochautomat
Schilder für die Gläser

ZUTATEN

Zucker
Leicht unreife Früchte
Wasser

3

ESTRAGON-ORANGEN-GELEE

1,8 kg Orangen, halbiert und in Halbkreise geschnitten
450 g Zitronen, halbiert und in Halbkreise geschnitten
2,8 l Wasser
Grober Zucker oder Gelierzucker
20 g Estragonblätter
Ergibt etwa 2,5 kg Gelee

Aromatische Kräuter-Frucht-Gelees wie dieses passen ausgezeichnet zu gebratenem oder gegrilltem Fleisch, Geflügel und Wild – entweder als Beilage oder in die Soße gerührt. Sie passen auch gut zu Pâté; das Estragon-Orangen-Gelee etwa zu Fischpâtés mit Lachs oder Forelle. Statt des Estragons können Sie auch Thymian oder Minze verwenden.

1 Geben Sie Orangen, Zitronen und Wasser in einen Topf, bringen Sie das Ganze zum Kochen und lassen sie es etwa 1½ Stunden köcheln, bis die Früchte weich sind.
2 Gießen Sie den Inhalt des Topfs in ein Geleetuch und lassen Sie den Saft über Nacht an einem kühlen Ort in eine große Schüssel abtropfen.
3 Entsorgen Sie das Fruchtmark im Geleetuch. Messen Sie den Saft ab und geben Sie ihn in einen Topf. Fügen Sie pro 575 ml Saft 450 g Zucker hinzu. Fügen Sie auch den Estragon hinzu. Erwärmen Sie das Ganze unter Rühren, bis sich der Zucker aufgelöst hat, und lassen Sie es dann 15 Minuten stark kochen, bis das Gelee fertig ist (siehe S. 232).
4 Schöpfen Sie eventuellen Schaum ab und lassen Sie das Gelee 15 Minuten ruhen. Verteilen Sie den Estragon vorher möglichst gleichmäßig mit einem Löffel. Füllen Sie das Gelee in die vorbereiteten Gläser und stellen Sie die Gläser in den Einkochautomaten. Beschriften Sie die Gläser und lagern Sie sie an einem kühlen, dunklen, trockenen Ort. Das Estragon-Orangen-Gelee hält sich bis zu einem Jahr.

Eingemachtes Obst & Gemüse

Sie können das Obst und Gemüse, das Sie nicht frisch verzehren, auch einmachen, etwa mit Essig, der gewürzt oder gesüßt sein kann. Verarbeitet wird das Gemüse entweder roh oder gekocht. Rohes Gemüse wird vorher in Salz eingelegt, um ihm die Feuchtigkeit zu entziehen; dann kann sich der Essig besser entfalten. Beim Kochen verdampft die überschüssige Flüssigkeit, dann ist Salz nicht notwendig.

Obst & Gemüse selbst einmachen

1 Bereiten Sie Obst und Gemüse wie im Rezept verlangt vor. Rohes Gemüse bestreuen Sie großzügig mit Salz, bedecken es mit einem Teller und lassen es über Nacht stehen. Alternativ können Sie das Germüse auch in Salzwasser einweichen und ebenfalls mit einem Teller beschwert über Nacht stehen lassen. Gekochtes Obst und Gemüse bereiten Sie je nach Rezept vor; gießen Sie es nach dem Kochen in ein Sieb ab und lassen Sie es gut abtropfen.

2 Bereiten Sie den Einmachessig nach Rezept zu und lassen Sie ihn abkühlen. Sie können die Gewürze darin lassen oder sie entfernen, je nach gewünschter Geschmacksintensität. In Salz eingelegtes Gemüse spülen Sie unter fließendem kaltem Wasser ab, trocknen es gründlich mit einem sauberen Geschirrtuch und breiten es auf einem weiteren Geschirrtuch zum vollständigen Trocknen aus. Mit rohem Gemüse, das Sie in Salzlake eingelegt haben, verfahren Sie ebenso: Sie spülen es unter fließendem kaltem Wasser ab und lassen es gut trocknen.

3 Stellen Sie die sterilisierten Gläser auf ein Backblech oder Holzbrett. Befüllen Sie die Gläser bis 2,5 cm unter den Rand mit dem Gemüse. Es darf ruhig fest hineingepackt werden, damit nicht allzu viel Luft dazwischen ist, doch muss der Essig noch dazwischen passen.

4 Je nachdem, ob das eingelegte Gemüse noch knackig oder eher weich sein soll, verwenden Sie den Essig kalt oder erhitzt. Geben Sie ihn bis 1,5 cm unter den Rand in die Gläser. Schwenken Sie die Gläser vorsichtig, damit überschüssige Luft entweichen kann. Hat das Gemüse die Tendenz, oben zu schwimmen, geben Sie ein Stück zerknülltes Backpapier darauf, das Sie nach ein paar Wochen entfernen. Verschließen Sie die Gläser mit säurebeständigen Deckeln und stellen Sie sie zwei bis drei Monate an einen kühlen, dunklen, trockenen Ort, bevor Sie sie öffnen. Ausgenommen Rotkohl: Diesen müssen Sie innerhalb von drei bis vier Monaten nach dem Einmachen verzehren, da er sonst zu weich wird.

1

2

3

DAS BRAUCHEN SIE

GERÄTE

Scharfes Messer aus rostfreiem Stahl (optional)
Schneidebrett
Teller zum Beschweren (optional)
Plastikschüssel (optional)
Großer Topf
1 Stück Gaze (optional)
1 langes Stück Schnur (optional)
Langstieliger Holzlöffel
Küchenkrepp oder Geschirrtücher
Sterilisierte Gläser (siehe S. 231)
Backblech oder Holzbrett
Schöpfkelle oder Messbecher
Trichter
Heißes Seifenwasser
Warme Einmachgläser mit breiter Öffnung
Backpapier
Säurebeständige Deckel (siehe S. 231)

ZUTATEN

Obst oder Gemüse
Salz (optional)
Gewürze
Essig
Grober oder brauner Zucker (optional)

4

ROTKOHL MIT ORANGE

1 Kopf Rotkohl, ca. 1 kg, geviertelt, vom Strunk befreit und in Streifen geschnitten
1 große Zwiebel, abgezogen und in feine Scheiben geschnitten
Salz
Schale und Saft von 3 großen unbehandelten Orangen

Für den Gewürzessig:
350 ml Himbeeressig
175 ml Rotweinessig
1½ TL ganze Pimentkörner, leicht zerstoßen
1½ TL schwarze Pfefferkörner
1½ TL Gewürznelken
2 Lorbeerblätter, halbiert
5 cm Zimtstange
1 EL brauner Zucker
75 g Rosinen
Ergibt etwa 1 kg Rotkohl

Verzehren Sie den Rotkohl innerhalb von drei bis vier Monaten nach dem Einmachen, da er sonst zu weich wird. Er passt gut zu Brot und Käse, zu geräuchertem Fleisch und zu Eintöpfen.

1 Schichten Sie Kohl und Zwiebeln in ein Sieb und bestreuen Sie jede Schicht mit Salz. Stellen Sie das Sieb über Nacht auf einem Teller an einen kühlen Ort. Spülen Sie das Gemüse am nächsten Tag gut ab und trocknen Sie es. Breiten Sie es dazu auf einem sauberen Geschirrtuch aus.
2 Geben Sie für den Gewürzessig alle Zutaten sowie Orangenschale und -saft in einen Topf und erwärmen Sie sie unter Rühren langsam, bis sich der Zucker aufgelöst hat. Anschließend 2 Minuten kochen, dann abkühlen lassen.
3 Erwärmen Sie den Essig, rühren Sie die Rosinen unter den Kohl und füllen Sie die Mischung fest in vorbereitete Gläser. Geben Sie zwischendurch immer wieder Essig über den Rotkohl. Schwenken Sie das Glas, damit überschüssige Luft entweichen kann. Versiegeln Sie die Gläser und lassen Sie sie abkühlen. Beschriften Sie sie und lagern Sie sie an einem kühlen, dunklen, trockenen Ort mindestens einen Monat lang, bevor Sie sie öffnen. Der Rotkohl hält sich bis zu einem Jahr, schmeckt nach drei bis vier Monaten aber am besten.

Chutneys

Chutneys bestehen aus einer Obst- und Gemüsemischung, die mit Essig, Zucker und Gewürzen aufgekocht wird. Man gart das Chutney bei geringer Hitze, bis alle Zutaten weich sind und die Flüssigkeit fast verdampft ist. Fertig ist das Chutney, wenn Sie mit einem Löffel über den Topfboden fahren und sich der »Graben« nicht sofort wieder schließt. Chutneys können fruchtig, pikant oder süßsauer sein.

Chutney selbst machen

1 Waschen und putzen Sie das Obst und Gemüse, schneiden Sie es in Stücke und geben Sie es mit dem Essig und den Gewürzen in einen Topf. Sie können auch ein Gewürzsäckchen (siehe S. 230) verwenden, am Griff befestigen und in den Topf hängen. Bringen Sie die Zutaten zum Kochen und lassen Sie sie anschließend ohne Deckel so lange köcheln, bis sie weich sind, aber noch Biss haben. Das kann zwischen 30 Minuten und 1½ Stunden dauern. Rühren Sie gelegentlich um, damit nichts anbrennt.

2 Rühren Sie den Zucker bei geringer Hitze ein und rühren Sie weiter, bis er sich aufgelöst hat. Bringen Sie das Ganze dann noch einmal zum Kochen und lassen Sie es so lange weiterkochen, bis die Masse eingedickt ist. Nehmen Sie das Gewürzsäckchen aus dem Topf. Das Chutney ist fertig, wenn keine Flüssigkeit am Topfboden zu sehen ist, wenn Sie mit einem Kochlöffel darübergefahren sind. Lassen Sie es noch eine Weile stehen, dann dickt das Chutney noch etwas ein.

3 Füllen Sie das Chutney in die vorbereiteten Gläser und stellen Sie die Gläser in den Einkochautomaten.

1

2

DAS BRAUCHEN SIE

GERÄTE

Scharfes Messer aus rostfreiem Stahl (optional)
Schneidebrett
Gewürzsäckchen (optional)
Langstieliger Holzlöffel
Backblech oder Holzbrett
Schöpfkelle oder Messbecher
Trichter
Sauberes Geschirrtuch und heißes Seifenwasser
Sterilisierte Gläser (siehe S. 231)
Einkochautomat
Schilder für die Gläser

ZUTATEN

Gemüse
Obst (frisch oder getrocknet)
Essig
Gewürze
Zucker

3

ZUCCHINICHUTNEY

670 g Zucchini, in grobe Stücke oder dicke Scheiben geschnitten
Salz
2 Zwiebeln, abgezogen und gehackt
3 Knoblauchzehen, abgezogen und gehackt
175 g Rosinen
½ EL schwarze Pfefferkörner, zerstoßen
2 EL frischer Ingwer, gehackt
1½ TL Selleriesalz
900 ml Weißweinessig
300 g feiner brauner Zucker
Ergibt etwa 1 kg Chutney

Am besten schmeckt das Chutney, wenn Sie kleine Zucchini verwenden. Größere sind wässriger und verlieren beim Salzen deshalb auch mehr an Aroma.

1 Schichten Sie die Zucchini in ein Sieb und bestreuen Sie jede Schicht mit Salz. Stellen Sie das Sieb auf einen Teller und lassen Sie die Zucchini über Nacht abtropfen.
2 Spülen Sie das Gemüse am nächsten Tag unter fließendem kaltem Wasser ab, lassen Sie es abtropfen und tupfen Sie es trocken. Geben Sie es mit Zwiebeln, Knoblauch, Rosinen, Pfefferkörnern, Ingwer, Selleriesalz und Essig in einen Topf, bringen Sie es zum Kochen und lassen Sie es anschließend etwa 15 Minuten weiterköcheln, bis Zwiebeln und Zucchini weich sind.
3 Rühren Sie den Zucker ein, bis er sich aufgelöst hat, und lassen Sie die Mischung so lange weiterköcheln, bis sie leicht eindickt; rühren Sie dabei häufig um.
4 Füllen Sie das Chutney in die vorbereiteten Gläser und stellen Sie die Gläser in den Einkochautomaten. Lassen Sie die Gläser abkühlen, beschriften Sie sie und stellen Sie sie an einen kühlen, dunklen, trockenen Ort. Warten Sie mindestens einen Monat, bevor Sie die Gläser öffnen. Das Chutney hält sich etwa ein Jahr lang.

Trocknen

Früher nutzte man die austrocknende Wirkung von Sonne und Wind, um Obst und Gemüse haltbarer zu machen. Bei hauseigenem Trocknen sind Sie auf bestimmte Obst- und Gemüse- sowie einige Kräutersorten beschränkt. Wunderbar selbst herstellen lassen sich allerdings Aromata wie z.B. getrocknete Orangenschalen.

Das Trocknen im Ofen

1 Wählen Sie nur qualitativ hochwertige Zutaten aus. Früchte sollten gerade reif, aber noch fest sein und keine Flecken haben; Sie müssen sie eventuell schälen und entsteinen. Wurzelgemüse lässt sich in der Regel besser trocknen als Blattgemüse.

2 Schneiden Sie das Gemüse in dünne Scheiben und blanchieren Sie es, ausgenommen Tomaten, Paprika, Okraschoten, Pilze, Rote Bete und Zwiebeln. Entstielen Sie die Pilze und halbieren Sie Tomaten, Pfirsiche und Pflaumen.

3 Tauchen Sie Obst, das sich verfärbt, z.B. Äpfel und Birnen, in ein Zitronensaft-Wasser-Gemisch: 6 EL Saft auf 1 l Wasser.

4 Legen Sie einen Ofenrost auf ein mit Alufolie belegtes Backblech und legen Sie die Lebensmittel auf den Rost. Halbierte Früchte legen Sie mit der Schnittfläche nach unten. Schieben Sie das Blech mit dem Rost in den Ofen und stellen Sie die Temperatur auf 60 °C ein. Stecken Sie einen Holzlöffel in die Ofentür, damit diese leicht geöffnet bleibt.

5 Wenden Sie das Obst oder Gemüse nach der Hälfte der Trockenzeit. Es sollte am Ende sehr trocken und ledrig sein.

6 Lassen Sie das Obst oder Gemüse erst vollständig auskühlen, bevor Sie es zwischen Schichten von Backpapier in einen luftdicht verschließbaren Behälter geben. Stellen Sie den Behälter an einen kühlen Ort, aber nicht in den Kühlschrank.

Das Trocknen an der Luft

1 Bereiten Sie das Obst oder Gemüse vor und beträufeln Sie es, falls nötig, mit etwas Zitronensaft (siehe links).

2 Fädeln Sie es der Länge nach auf dünne Holzstäbe auf und legen Sie diese mit etwas Abstand zueinander in eine Auflaufform, damit die Luft gut zirkulieren kann.

3 Stellen Sie die Form an einen warmen, trockenen Ort, z.B. in einen Schrank. Die Lebensmittel sind fertig, wenn sie gänzlich getrocknet und verschrumpelt sind.

3

6

DAS BRAUCHEN SIE

GERÄTE

Scharfes Messer aus rostfreiem Stahl (optional)
Schneidebrett
Ofenrost
Aluminiumfolie
Backpapier

ZUTATEN

Obst und Gemüse, das getrocknet werden soll

Sie können zu Hause nur bestimmte Obst-, Gemüse- und Kräutersorten trocknen sowie Aromata wie z.B. getrocknete Orangenschale herstellen. Am besten schmecken die Lebensmittel, wenn sie an der Sonne im Freien getrocknet wurden; dafür ist es in unseren Breiten jedoch leider oft zu regnerisch.

Kräuter trocknen

Kräuter mit festen Blättern – darunter Thymian und Rosmarin – lassen sich besser an der Luft trocknen als Kräuter mit weichen Blättern wie etwa Basilikum.

1 Ernten Sie die Kräuter kurz bevor die Pflanze blüht, wenn möglich am Morgen, wenn der Tau schon getrocknet, die Sonne aber noch nicht zu heiß ist. Lassen Sie die Stängel möglichst lang, wenn Sie das ganze Bund trocknen wollen.

2 Zum Trocknen im Bund binden Sie die Kräuter nicht zu fest mit einer dicken Schnur zusammen und hängen sie an einem warmen, trockenen Ort, aber nicht in direkter Sonne auf. In etwa drei Tagen sind die Kräuter getrocknet.

3 Sie können die Stängel oder Blätter auch einzeln auf einem Tuch ausbreiten und drei bis fünf Tage an einem warmen Ort trocknen lassen. Oder Sie geben sie in Papiertüten mit kleinen Löchern darin und trocknen sie etwa drei Tage.

4 Die Kräuter sind fertig, wenn die Stängel und Blätter spröde sind und leicht zerrieben werden können, aber noch ihre ursprüngliche grüne Farbe haben. Bewahren Sie getrocknete Kräuter in einem luftdicht verschlossenen Behälter an einem kühlen, dunklen und trockenen Ort auf.

TROCKENZEITEN IM OFEN

Ananas, vom Strunk befreit und in 5 mm dicke Scheiben geschnitten	36–48 Stunden
Apfelringe	6–8 Stunden
Aprikosen, halbiert und entsteint	36–48 Stunden
Bananen, geschält und längs halbiert	10–16 Stunden
Beeren, im Ganzen	12–18 Stunden
Birnen, geschält, halbiert, entkernt	36–48 Stunden
Gemüse, in 5 mm dicken Scheiben	2 Stunden
Gemüse, in 1,5 cm dicken Scheiben	7–8 Stunden
Kirschen, entsteint	18–24 Stunden
Kräuter, als Bund	12–16 Stunden
Pfirsiche, geschält, halbiert, entsteint,	36–48 Stunden
in Spalten geschnitten	12–16 Stunden
Pflaumen, halbiert	18–24 Stunden

Einfrieren

Das Einfrieren von Lebensmitteln bei unter –18 °C verhindert, dass Bakterien sie verderben; zudem mindert es die Enzymaktivität und verzögert somit den Verfallsprozess. Die Lebensmittel sollten schnell eingefroren werden, damit sich keine großen Eiskristalle bilden, die die Zellwände beschädigen – dann würden die aufgetauten Lebensmittel schnell in sich zusammenfallen. Das Auftauen sollte dagegen langsam geschehen.

1 Wenn Sie mehr als 1 kg Obst oder Gemüse einfrieren wollen, sollten Sie den Thermostat im Tiefkühlgerät auf »Schockfrosten« schalten. Legen Sie sich gefrierfachgeeignete Behälter, Plastikbeutel, Klarsichtfolie, Aluminiumfolie und Plastikbehälter bereit.

2 Bereiten Sie Obst und Gemüse entsprechend vor; die Lebensmittel müssen vollständig kalt sein.

3 Gemüse sollten Sie vor dem Einfrieren blanchieren, damit es Farbe, Geschmack, Konsistenz und Nährwert behält; außerdem werden dabei die Enzyme zerstört, die den Verfall sonst beschleunigen würden. Schrecken Sie das Gemüse nach dem Blanchieren mit eiskaltem Wasser ab und lassen Sie es gut abtropfen.

4 Brombeeren, Schwarze und Rote Johannisbeeren, Heidelbeeren, Stachelbeeren und Himbeeren sollten Sie auf einem mit Folie ausgelegten Blech oder Tablett ausgebreitet einfrieren und erst danach portionsweise in Plastikbeutel geben. Auf diese Weise bleiben die Früchte möglichst unbeschädigt.

5 Verteilen Sie das Obst und Gemüse auf passende Behälter. Wenn zu viel Platz zwischen den Stücken ist, füllen Sie die Lücken mit zerknülltem Küchenkrepp aus. Füllen Sie die Behälter nur bis 2,5 cm unter den Rand.

6 Soßen, Suppen, Pürees u. Ä. können Sie in Plastiktüten füllen, die Sie dann in feste Behälter legen. Füllen Sie auch diese nur bis 2,5 cm unter den oberen Rand, damit sich die Flüssigkeit noch ausdehnen kann. Ist die Flüssigkeit fest geworden, nehmen Sie die Tüte aus dem Behälter und verschließen und beschriften sie.

7 Sind die Lebensmittel gefroren, schalten Sie den Thermostat wieder auf normale Stufe zurück.

4

6

8 Zum Einfrieren von Kräutern breiten Sie diese auf einem Blech aus, frieren sie ein und geben sie danach in Gefrierbeutel; binden Sie diese nur locker zu. Gehackte Kräuter frieren Sie entweder separat oder als Mischung ein. Sehr beliebt sind »Kräuter der Provence«: Basilikum, Oregano, Thymian, Petersilie und Rosmarin. Sie können die Kräuter auch portioniert einfrieren, das erleichtert das Auftauen in der gewünschten Menge. Verwenden Sie dazu beispielsweise auch Eiswürfelbehälter: Geben Sie etwa 2 Esslöffel gehackte Kräuter in die einzelnen Fächer, bedecken Sie das Ganze mit Wasser und frieren Sie es ein. Diese Kräutereiswürfel können Sie dann in die Speisen geben, ohne sie vorher aufzutauen.

DAS BRAUCHEN SIE

GERÄTE

Gefrierbeständige Behälter
Gefrierbeutel
Klarsichtfolie
Aluminiumfolie
Plastikbehälter

LAGERZEITEN

GEMÜSE	
Die meisten Gemüsesorten	8–12 Monate
Zwiebeln	3–6 Monate
Kräuter	6 Monate
Nicht empfehlenswert: Kopf- und anderer Salat, Frühlingszwiebeln, Radieschen, Mais ohne Hüllblätter	
OBST	
Das meiste Obst	8–12 Monate
Zitrusfrüchte	4–6 Monate

MARMELADE AUS GEFRORENEN HIMBEEREN

700 g selbst eingefrorene Himbeeren
1 kg extrafeiner Zucker
125 ml flüssiges Pektin
Ergibt etwa 1,6 kg Marmelade

Marmelade aus tiefgekühlten Früchten wird nicht gekocht, weshalb sie frischer und natürlicher schmeckt und eine hellere, leuchtendere Farbe hat. Zur Abwechslung können Sie es auch einmal mit Vanillezucker statt mit normalem Zucker probieren. Diesen können Sie auch ganz einfach selbst herstellen: Stecken Sie eine Vanilleschote in ein mit Zucker gefülltes Glas und lassen Sie sie zwei Wochen stehen. Die Vanilleschote kann im Glas bleiben oder anderweitig verwendet werden.

1 Geben Sie die Himbeeren in eine Schüssel und rühren Sie mit einer Gabel vorsichtig den Zucker unter. Lassen Sie die Mischung 20 Minuten stehen und rühren Sie gelegentlich um.
2 Gießen Sie das flüssige Pektin darüber und rühren Sie 3 Minuten lang ununterbrochen.
3 Füllen Sie die Marmelade bis 1 cm unter den Rand in einen gefrierbeständigen Behälter. Verschließen und beschriften Sie den Behälter und lassen Sie ihn etwa 5 Stunden lang ruhen.
4 Stellen Sie den Behälter 24 bis 48 Stunden in den Kühlschrank, bis die Marmelade geliert.
5 Stellen Sie den Behälter nun in das Gefrierfach, wo sich die Marmelade bis zu 6 Monate hält.
6 Lassen Sie die Marmelade vor dem Servieren etwa 1 Stunde bei Zimmertemperatur auftauen.

Aussaattabelle

In dieser Tabelle finden Sie alle wichtigen Informationen zur Aussaat der einzelnen Sorten.

GEMÜSE	AUSSAAT-TIEFE	PFLANZEN-ABSTAND	REIHEN-ABSTAND	AUSSAAT-ZEIT	ERNTEZEIT
Artischocke	1 cm	75 cm	75 cm	Spätwinter	Spätes Frühjahr/ Frühsommer
Aubergine	0,5 cm	46 cm	50–75 cm	Frühes/mittl. Frühjahr	Spätsommer/Herbst
Brokkoli	1 cm	40–60 cm	40–60 cm	Frühes/spätes Frühjahr	Hochsommer/ mittl. Frühjahr
Buschbohne	2 cm	5 cm	30 cm	Mittl. Frühjahr/ Hochsommer	Frühsommer/ mittl. Herbst
Chicorée und Endivie	1 cm	30 cm	20–40 cm	Mittl. Frühjahr/ Frühsommer	Hochsommer/ Frühwinter
Chili	1 cm	30 cm	30 cm	Frühes Frühjahr	Hochsommer/ mittl. Herbst
Chinakohl	1 cm	30 cm	30 cm	Frühsommer/ Hochsommer	Spätsommer/ Frühwinter
Erbse	2,5 cm	5–10 cm	7,5–15 cm	Frühes Frühjahr/ Hochsommer	Spätes Frühjahr/ mittl. Herbst
Essbare Blüten	Siehe Angaben auf dem Saatgutpäckchen				Ganzjährig
Fenchel	1 cm	30 cm	30 cm	Mittl./spätes Frühjahr	Spätes Frühjahr/ Frühherbst
Frühlingszwiebel	1 cm	2–5 cm	30 cm	Frühes Frühjahr/ Hochsommer	Spätes Frühjahr/ Spätherbst
Grünkohl	1 cm	45 cm	45 cm	Mittl. Frühjahr	Frühherbst/Spätwinter
Gurke	2,5 cm	15 cm	10–12 cm	Spätes Frühjahr	Hochsommer/ mittl. Herbst
Karotte	1 cm	2,5 cm	50 cm	Frühes Frühjahr/ Frühsommer	Spätes Frühjahr/ Spätherbst
Kartoffel, früh	10 cm	40 cm	50 cm	Frühes/mittl. Frühjahr	Früh-/Spätsommer
Kartoffel, mittelfrüh	10 cm	40 cm	24 cm	Frühes/ mittl. Frühjahr	Hochsommer/ Frühherbst
Kartoffel, spät	10 cm	40 cm	75 cm	Frühes/mittl. Frühjahr	Spätsommer/Spätherbst
Knoblauch	3 cm	7,5 cm	40 cm	Herbst oder Frühwinter	Spätes Frühjahr/ Frühherbst
Knollensellerie	Auf die Erde	30 cm	30 cm	Frühes Frühjahr	Frühherbst/Spätwinter
Kohl	1 cm	15–50 cm	80–90 cm	Frühes Frühjahr	Ganzjährig
Kohlrabi	1 cm	10 cm	40 cm	Frühjahr/ Frühsommer	Spätes Frühjahr/ Frühwinter
Kohlrübe	1 cm	30 cm	65 cm	Mittl./spätes Frühjahr	Mittl. Herbst/Frühwinter
Kürbis	2,5 cm	15 cm	1 m	Frühjahr	Hochsommer/ mittl. Herbst
Kopfsalat	0,5 cm	1,5 cm	30 cm	Frühes Frühjahr/ Herbst	Frühsommer/ Spätherbst
Lauch	0,5 cm	15 cm	60 cm	Frühjahr	Spätsommer/ frühes Frühjahr
Mais	2,5 cm	Blöcke (3 x 3 oder 5 x 5)	35 cm	Mittl. Frühjahr	Spätsommer/Frühherbst

GEMÜSE	AUSSAAT-TIEFE	PFLANZEN-ABSTAND	REIHEN-ABSTAND	AUSSAAT-ZEIT	ERNTEZEIT
Mangold	1,5 cm	30–50 cm	30–50 cm	Mittl. Frühjahr	Frühes Frühjahr/ Spätherbst
Markkürbis	1 cm	50 cm	1 m	Spätes Frühjahr	Sommer/mittl. Herbst
Mikrogemüse	0,5 cm	2 mm	Keine Angabe	Ganzjährig	Ganzjährig
Mizuna	1 cm	2,5 cm	40 cm	Frühes Frühjahr/ Frühherbst	Hochsommer/ mittl. Winter
Pak Choi	1 cm	20 cm	30 cm	Mittl. Frühjahr/ Spätsommer	Spätsommer/ Frühwinter
Paprika	1 cm	30 cm	30 cm	Frühes Frühjahr	Hochsommer/ mittl. Herbst
Pastinake	1 cm	15 cm	20–30 cm	Frühes Frühjahr	Frühherbst/Spätwinter
Rettich und Radieschen	1 cm	2,5 cm	15 cm	Ab frühem Frühjahr	Spätes Frühjahr/ Spätherbst
Rosenkohl	1 cm	90 cm	80–90 cm	Spätes Frühjahr	Mittl. Herbst/ Spätwinter
Rote Bete	1,5 cm	2,5 cm	20–30 cm	Mittl. Frühjahr/ Frühsommer	Frühsommer/ mittl. Herbst
Rucola	1 cm	1 cm	20–30 cm	Mittl. Frühjahr/ Frühherbst	Spätes Frühjahr/ mittl. Herbst
Saubohne	5 cm	20 cm	20–30 cm	Spätherbst oder mittl. Frühjahr	Früh-/Spätsommer
Schalotte	1 cm	15 cm	30 cm	Frühes Frühjahr	Spätsommer/ mittl. Herbst
Spargel	10 cm	10 cm	90 cm	Mittl. Frühjahr	Mittl./spätes Frühjahr
Spinat	1 cm	20 cm	30 cm	Frühes Frühjahr	Frühsommer/Herbst
Sprossen	Keine Angabe	Keine Angabe	Keine Angabe	Ganzjährig	Ganzjährig
Stangenbohne	5 cm	40 cm	50 cm	Mittl. Frühjahr	Sommer/mittl. Herbst
Stangensellerie	Auf die Erde	20 cm	70 cm	Frühjahr	Frühsommer/Spätherbst
Steckrübe	2 cm	20 cm	15 cm	Ab frühem Frühjahr	Frühsommer/ mittl. Herbst
Süßkartoffel	Keine Angabe	45 cm	45 cm	Keine Angabe	Mittl./später Herbst
Tomate	0,5 cm	45–60 cm	1 m	Spätes Frühjahr	Sommer/mittl. Herbst
Topinambur	10–15 cm	30 cm	30 cm	Spätwinter/Frühjahr	Spätherbst/Winter
Zuckerschote	5 cm	10 cm	7,5–15 cm	Frühes Frühjahr/ Hochsommer	Spätes Frühjahr/ mittl. Herbst
Zucchini	1 cm	50 cm	1 m	Spätes Frühjahr	Sommer/mittl. Herbst
Zwiebel	1 cm	10 cm	20 cm	Frühjahr und Herbst	Frühsommer/ Frühherbst

Überblick über die Pflanzen

Der Überblick über die Qualitäten der Pflanzen hilft Ihnen bei der Auswahl der Sorten.

GEMÜSE	PREIS-LEISTUNGS-VERHÄLTNIS	PFLEGE	EINFRIEREN/LAGERN
Artischocke	✿✿✿	✿✿✿✿	✿✿
Aubergine	✿✿✿✿	✿✿	✿✿
Blumenkohl	✿✿✿	✿✿✿	✿✿
Brokkoli	✿✿✿✿	✿✿✿	✿✿
Buschbohne	✿✿✿✿✿	✿✿✿✿	✿✿✿✿
Chicorée	✿✿✿✿✿	✿✿✿	✿✿
Chili	✿✿✿✿	✿✿	✿✿✿✿
Chinakohl	✿✿✿✿	✿✿	✿✿
Endivie	✿✿✿✿✿	✿✿✿	✿✿
Erbse	✿✿✿✿✿	✿✿✿✿	✿✿✿✿
Fenchel	✿✿✿	✿✿✿	✿✿
Frühlingszwiebel	✿✿✿✿✿	✿✿✿✿	✿✿
Grünkohl	✿✿✿✿✿	✿✿✿✿	✿✿
Gurke	✿✿✿✿✿	✿✿✿	✿✿
Kardone	✿✿✿	✿✿✿✿	✿✿
Karotte	✿✿✿✿✿	✿✿✿✿	✿✿✿✿✿
Kartoffel	✿✿✿✿✿	✿✿✿✿	✿✿✿✿✿
Kefe	✿✿✿✿	✿✿✿	✿✿✿✿
Knoblauch	✿✿✿✿✿	✿✿✿✿	✿✿✿✿✿
Knollensellerie	✿✿✿✿	✿✿✿	✿✿✿
Kohl	✿✿✿✿	✿✿✿	✿✿✿
Kohlrübe	✿✿✿✿	✿✿✿	✿✿✿
Kohlrabi	✿✿✿✿	✿✿✿	✿✿✿
Kopfsalat	✿✿✿✿✿	✿✿✿✿	✿✿
Kürbis	✿✿✿✿✿	✿✿✿✿	✿✿✿✿
Krautstiel	✿✿✿✿✿	✿✿✿✿	✿✿
Lauch	✿✿✿✿✿	✿✿✿✿	✿✿✿
Mais	✿✿✿✿	✿✿✿✿	✿✿
Mangold	✿✿✿✿✿	✿✿✿✿	✿✿
Markkürbis	✿✿✿✿✿	✿✿✿	✿✿✿
Mikrogemüse	✿✿✿	✿✿	✿✿
Mizuna	✿✿✿✿✿	✿✿✿✿	✿✿
Pak Choi	✿✿✿✿	✿✿	✿✿
Paprika	✿✿✿	✿✿	✿✿
Pastinake	✿✿✿✿✿	✿✿✿✿	✿✿✿✿✿
Spargel	✿✿✿✿✿	✿✿✿✿	✿✿
Rettich	✿✿✿✿✿	✿✿✿✿	✿✿
Riesenkürbis	✿✿✿✿✿	✿✿✿✿	✿✿✿✿
Rosenkohl	✿✿✿✿	✿✿✿	✿✿
Rote Bete	✿✿✿✿✿	✿✿✿✿	✿✿✿
Rucola	✿✿✿✿✿	✿✿✿✿	✿✿
Saubohne	✿✿✿✿✿	✿✿✿✿	✿✿✿✿
Schalotte	✿✿✿✿✿	✿✿✿✿	✿✿✿✿✿
Spinat	✿✿✿✿✿	✿✿✿✿	✿✿
Sprossen	✿✿✿✿	✿✿	✿✿
Stangenbohne	✿✿✿✿✿	✿✿✿✿	✿✿✿✿
Stangensellerie	✿✿✿	✿✿✿	✿✿
Steckrübe	✿✿✿✿✿	✿✿✿	✿✿✿
Süßkartoffel	✿✿✿	✿✿✿	✿✿
Tomate	✿✿✿✿✿	✿✿	✿✿✿
Topinambur	✿✿✿✿✿	✿✿✿✿	✿✿✿✿
Zucchini	✿✿✿✿✿	✿✿✿✿	✿✿
Zuckerschote	✿✿✿✿	✿✿✿	✿✿✿✿
Zwiebel	✿✿✿✿✿	✿✿✿✿	✿✿✿✿✿

KRÄUTER	PREIS-LEISTUNGS-VERHÄLTNIS	PFLEGE	EINFRIEREN/LAGERN
Basilikum	✪✪✪✪✪	✪✪	✪✪✪
Dill	✪✪✪✪	✪✪✪	✪✪✪
Estragon	✪✪✪✪✪	✪✪✪✪	✪✪✪
Fenchelgrün	✪✪✪✪	✪✪✪	✪✪✪
Kerbel	✪✪✪✪	✪✪✪✪	✪✪✪
Koriander	✪✪✪✪✪	✪✪✪	✪✪✪
Liebstöckel	✪✪✪✪	✪✪✪✪	✪✪✪
Lorbeer	✪✪✪✪✪	✪✪✪✪✪	✪✪✪
Minze	✪✪✪✪✪	✪✪✪✪	✪✪✪
Oregano	✪✪✪✪✪	✪✪✪✪	✪✪✪
Petersilie	✪✪✪✪✪	✪✪✪✪	✪✪✪
Rosmarin	✪✪✪✪✪	✪✪✪✪✪	✪✪✪
Salbei	✪✪✪✪✪	✪✪✪✪	✪✪✪
Schnittlauch	✪✪✪✪✪	✪✪✪✪	✪✪✪
Thymian	✪✪✪✪✪	✪✪✪✪	✪✪✪

OBST & NÜSSE	PREIS–LEIST.-VERHÄLT.	PFLEGE	EINFRIEREN/LAGERN
Apfel	✪✪✪✪✪	✪✪✪	✪✪✪✪✪
Aprikose	✪✪✪	✪✪✪	✪✪
Birne	✪✪✪✪✪	✪✪✪	✪✪✪✪
Brombeere	✪✪✪	✪✪✪	✪✪✪
Erdbeere	✪✪✪✪✪	✪✪✪✪	✪✪✪
Feige	✪✪✪✪	✪✪✪✪	✪✪✪
Haselnuss	✪✪✪	✪✪✪✪	✪✪✪
Heidelbeere	✪✪✪	✪✪✪✪	✪✪✪
Himbeere	✪✪✪✪✪	✪✪✪✪	✪✪✪
Kiwi	✪✪✪	✪✪✪	✪✪
Lambertshasel	✪✪✪	✪✪✪✪	✪✪✪
Mandel	✪✪✪✪	✪✪✪	✪✪✪✪
Melone	✪✪✪✪	✪✪✪✪	✪✪
Mirabelle	✪✪✪✪✪	✪✪✪	✪✪✪
Nektarine	✪✪✪	✪✪✪	✪✪
Passionsfrucht	✪✪✪	✪✪✪	✪✪
Pfirsich	✪✪✪	✪✪✪	✪✪
Pflaume	✪✪✪✪✪	✪✪✪	✪✪✪
Physalis	✪✪✪	✪✪✪	✪✪
Preiselbeere	✪✪✪✪	✪✪	✪✪✪
Rhabarber	✪✪✪✪✪	✪✪✪✪	✪✪
Rote Johannisbeere	✪✪✪✪	✪✪✪✪	✪✪✪
Sauerkirsche	✪✪✪✪✪	✪✪✪	✪✪✪
Schw. Johannisbeere	✪✪✪✪	✪✪✪✪	✪✪✪
Stachelbeere	✪✪✪✪	✪✪✪	✪✪✪
Süßkirsche	✪✪✪✪✪	✪✪✪	✪✪✪
Traube	✪✪✪✪	✪✪✪	✪✪✪
Walnuss	✪✪✪✪	✪✪✪✪	✪✪✪
Weiße Johannisbeere	✪✪✪✪	✪✪✪✪	✪✪✪
Zitrusfrüchte	✪✪✪	✪✪	✪✪✪
Zwetschge	✪✪✪✪✪	✪✪✪	✪✪✪

Winterhärtezonen

Die Robustheit einer Pflanze misst sich nicht nur an ihrer Fähigkeit, tiefe Temperaturen zu überstehen, sondern wird noch von einer Reihe anderer Faktoren bestimmt. Dazu gehören der Schutz, den Sie ihr gewähren, ebenso wie der Standort, den Sie für sie in Ihrem Garten wählen.

Australien und Neuseeland

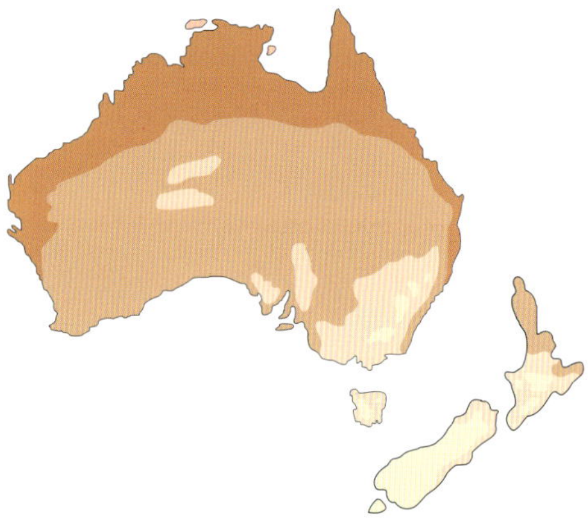

Südafrika

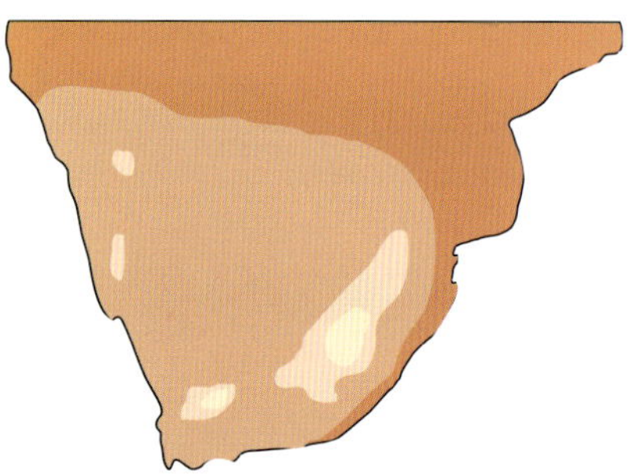

Europa

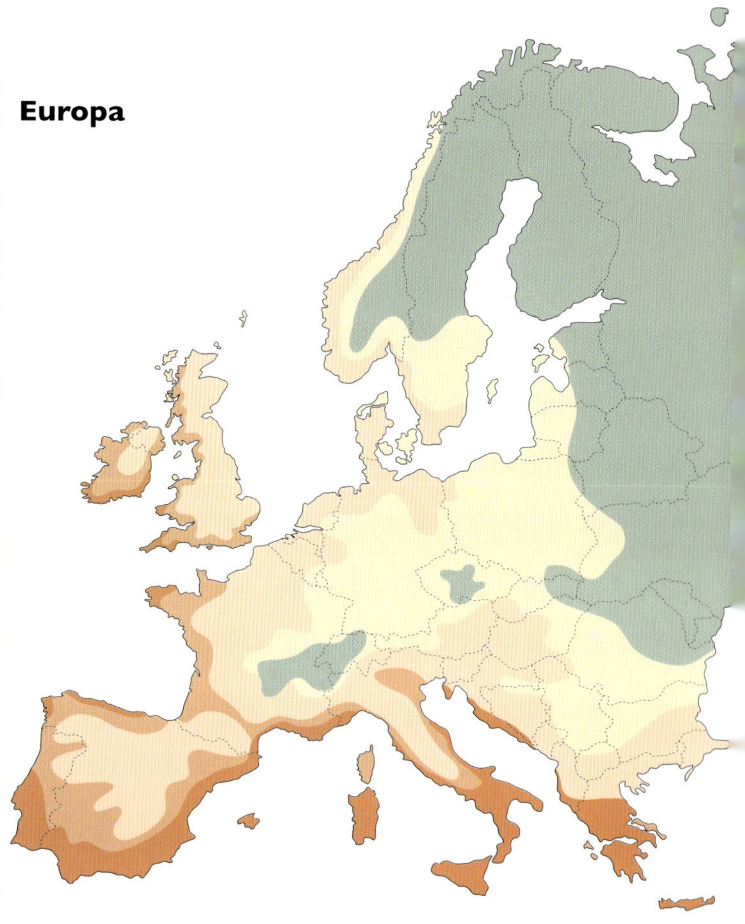

LEGENDE

Durchschnittliche Jahrestiefsttemperaturen

Zone 1	Unter −45 °C
Zone 2	−45 bis −40 °C
Zone 3	−40 bis −34 °C
Zone 4	−34 bis −29 °C
Zone 5	−29 bis −23 °C
Zone 6	−23 bis −18 °C
Zone 7	−18 bis −12 °C
Zone 8	−12 bis −7 °C
Zone 9	−7 bis −1 °C
Zone 10	−1 bis 5 °C

Vereinigte Staaten von Amerika

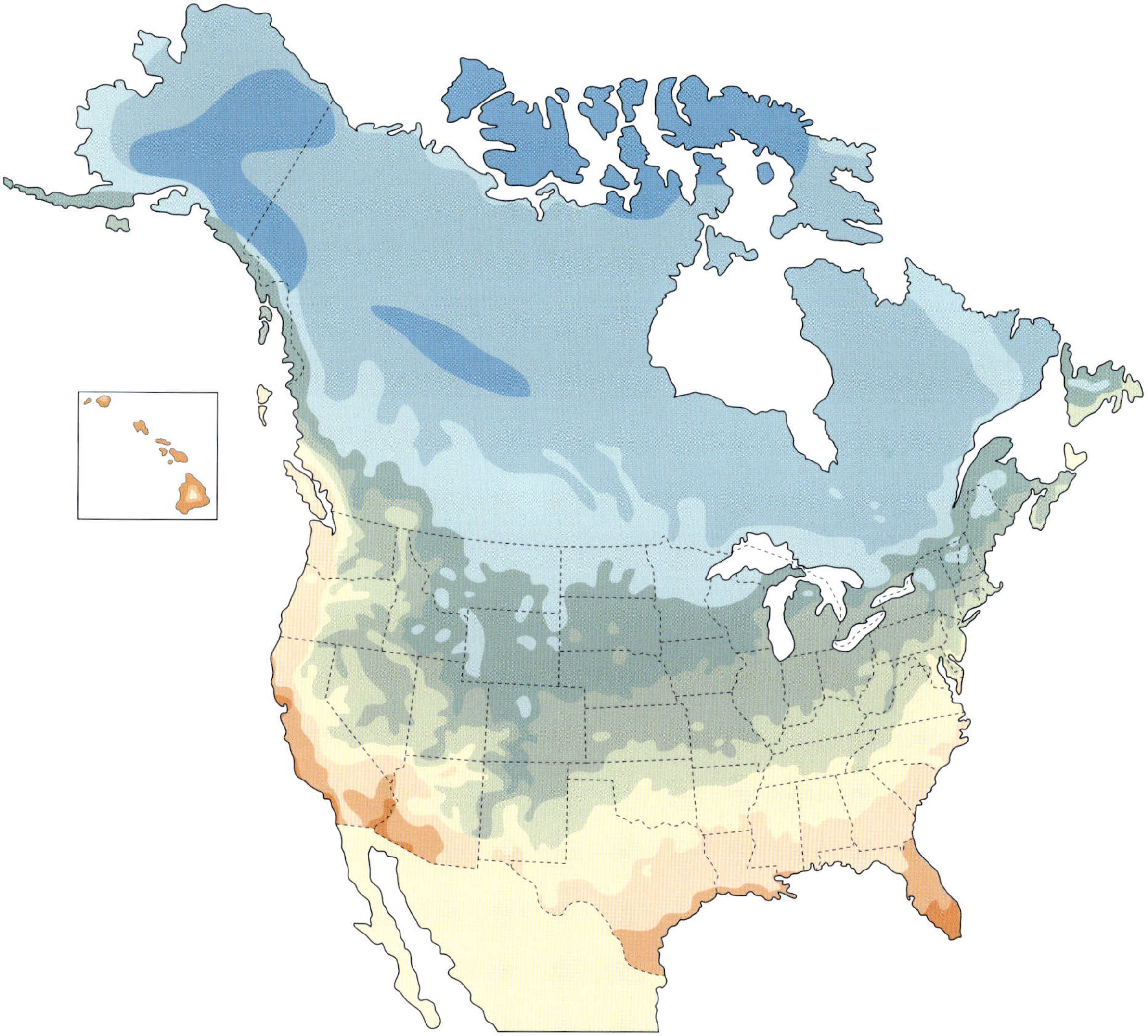

Register

T

U

V

W

Z

Bildnachweis

Der Verlag bedankt sich bei den folgenden Fotografen und Agenturen für die freundliche Genehmigung zur Verwendung Ihrer Bilder:

Jenny & Colin Guest
S. 32u–33u, 34, 36, 37, 38ul/ur, 39o/ul, 40, 40u, 42u, 43u, 44u, 46u, 17ul, 18o, 19u, 51, 56ur, 58, 59Mr, 62Mr, 64u–65u, 65o, 70, 71u, 72u, 73, 74u–75u, 78u, 79u, 82o, 84u, 87, 88u, 90ul, 100, 101ur, 104uM, 105ur, 106u–107u, 120u, 122u, 123u, 124ul/uM, 127u, 132u, 133u, 134u, 135o, 161o, 168u, 169u, 183, 214, 215, 227

Mark Winwood
S. 31, 35, 45o, 47ur, 48u, 52, 53u, 60u, 63ul, 66, 69, 77, 82u, 83, 86, 88o, 89ur, 93ur, 96uM/ur, 97o, 98, 104, 108u, 110u, 112, 113u, 119u, 124ur, 135u, 140, 146u, 152ul, 154u, 155, 158o/ul, 171u, 177u, 178u, 179u, 185, 199o, 204

John Grain
S. 2, 3M/u, 11, 80u, 154o, 162u, 163ul

Jenny Steel www.wildlife-gardening.co.uk
S. 216

Key Sexton http://blog.gardening-tools-direct.co.uk
S. 226

Photolibrary
S. 12–13, 16, 17, 19o, 50u, 61, 81, 92, 94ur, 95u, 111o, 128, 129ol/or, 129ul, 130, 131ul, 150, 162, 163ur, 165, 198u, 213, 223o/ul/ur

Getty Images
S. 33ol/or, 43o, 103u, 106o

Quintet Publishing
Bilder: S. 230ol/ur, 231ol, 232, 233, 234, 235, 236, 237, 238, 239, 240, 241, 242, 243
Text: S. 230–243

Alle anderen Bilder: Copyright Quarto Publishing plc.
Der Verlag hat alle Anstrengungen unternommen, die Urheber der Bilder ausfindig zu machen. Sollte dies in Ausnahmefällen einmal nicht gelungen sein, bitten wir, dies zu entschuldigen. Wenn Sie uns eine Nachricht zukommen lassen, werden wir den Fehler in zukünftigen Ausgaben beheben.